U0115819

穢跡金剛法全集

（全彩本）

果濱 編撰

《穢跡金剛法全集》（全彩本）自序

　　本書自 2004 年 9 月出版至今 2023 年，已多次的印刷製作，計有壹萬多冊了，凡是華人地區皆有很多人在修習這個「穢跡金剛法」，本次印刷將原本名稱《穢跡金剛法全集》（增訂本），改成了《穢跡金剛法全集》（全彩本），就是全書都成為「彩色書」的意思，並增加許多精彩的內容。將原書 366 頁擴增至近 600 頁，近 30 萬字，增加的內容將在底下略作簡介。

　　末學的「穢跡金剛法」傳法上師為台灣新北市樹林市福慧寺上欽下因老和尚(大陸天津市雲河縣人。俗姓閻，名鳳麟，法名敬緣，法號欽因。國曆：民國 18 年，公元 1929 年 1 月 30 日。農曆：公元 1928 年，12 月 20 日，肖龍。20 歲於北京入伍從軍，在國民黨軍中擔任少尉行政官，掌文書，擅書法毛筆，字跡工整莊嚴。1950 年 5 月隨軍來台。35 歲時於 1962 年 12 月 6 日出家)，時間是民國 79 年(1990 年)的 8 月 19 日，那年和尚是 63 歲，福慧寺舉辦第一次傳授「穢跡金剛咒法」的公開灌頂法會，法會由大乘精舍舍長樂崇輝居士發起，當天灌頂阿闍黎由和尚親自主持、敬德法師協助，參與灌頂人數多達百人。弟子當年是與嘉南藥專(今嘉南藥理大學)佛學社同學從高雄北上受法，法會當天還逢颱風天，就在風雨交加下，和尚親傳「穢跡金剛咒」與「金剛根本手印」，從此弟子即修學「金剛咒法」至今 2023 年，如果以「資歷」來算的話，這樣末學的「受法與習咒」也就長達三十多年了。

　　恩師在民國 106 年(2017 年)12 月時，因「小感冒」而住進新莊的衛生福利部臺北醫院，當時弟子去探視和尚時，和尚親口跟我說：慧三師公都有《年譜》，我也應該要有《年譜》記錄。可是當時和尚身體尚佳，吾等眾人都不以為意，認為和尚住世「百年」應該沒有問題，後來我還是答應幫和尚收集《年譜》資料；沒想到才過一個月，和尚就突然於民國 107 年(2018 年)的 1 月 22 日(農曆 12 月 6 日)下午一時十分入滅圓寂，享者壽 91 歲。眾生福薄，真是令人百感交集，沒能讓和尚住世「百年」。

後來弟子就努力完成和尚交付編輯《年譜》的工作，取名爲《欽因老和上年譜略傳》，並免費結緣「電子書」。

　　和尚平日修行以持誦《普賢行願品》、《金剛經》爲主，餘則終日「念佛」及持誦「穢跡金剛咒」。先後剃度了三十七位出家法子，復傳「賢首兼慈恩宗」法脈共計四十七人。恩師生平曾經傳授過的「三皈、五戒、金剛咒、根本手印」等四眾弟子，經過末學的整理，至少有千人以上。和尚此生度眾功德圓滿，祈望恩師能早日乘願再來度眾生。

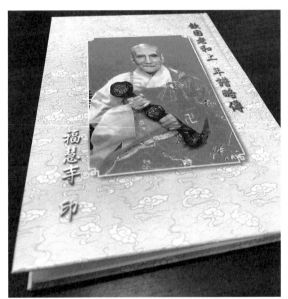

《欽因老和上年譜略傳》
新北樹林區靈山福慧寺出版
住持：釋體化
編撰：果濱居士
地址：二三八台灣新北市樹林區三興路七十七號
電話：○二─二六八九二四四○
　　　○二─二六八九二七四四
出版日期：二○一八年二月二日

　　猶記恩師在 77 歲那年(民國 93 年，2004 年 9 月 5 日，農曆 7 月 21 星期日，時值準備地藏法會，寺內體欽法師、及專校老同學蔡歕在夫妻皆來幫忙)，在福慧寺的「觀音殿」當眾宣布，今後有二位居士可以負擔「金剛咒法」傳法重擔，可以「代師」對外傳授「金剛咒法」和「金剛根本手印」，一位是末學果濱，一位是果強居士(楊國強。高雄市立空中大學教師)。就在同年的 9 月 14 日，臺北東區禪門舉辦「漢傳穢跡金剛法灌頂及研討會」，在福慧寺傳法，當時參與灌頂者近二百人。我與果強師兄便在當天當和尚的助手，幫忙教授「金剛咒」與協助學習「金剛根本手印」。法會當天便開始結緣由老和尚親自撰寫序文的《漢傳穢跡金剛法集》一書。所以這本「穢跡金剛」書的歷史程序是：

一、《漢傳穢跡金剛法集》（直排書)–2004 年 9 月發行
二、《穢跡金剛法全集》（直排書)–2007 年 8 月發行
三、《穢跡金剛法全集》（增訂本，橫排書)–2012 年 8 月發行
四、《穢跡金剛法全集》（全彩本，橫排書)–2023 年 6 月發行

本次新增「金剛杵」多篇的「經典」研究文獻，如：

▨ 「金剛杵」與「穢跡金剛杵」造型的解說。

▨ 「金剛杵」可長達「十六指」(30cm，約一尺)之研究。

▨ 「金剛杵」的「杵座」造型應以「蓮華座」為主。

▨ 「金剛杵」的「頭髮」上為何要戴「髑髏骨」的經文說明。

▨ 「穢跡金剛杵」上的「頭髮」為何是「上豎」的經文說明。

▨ 修持「穢跡金剛杵」的方法。

▨ 若用「精練的鐵、桃木、柳枝、雷擊棗木」做的「穢跡金剛杵」有何功效？

▨ 金剛杵亦可「裝藏」或全身「貼金」。

▨ 供養「穢跡金剛杵」的方法。

新增與「穢跡金剛法」有關的「五部佛典&三部論著」。

第一部《佛說陀羅尼集經・卷九・金剛烏樞沙摩法印咒品》。

第二部《穢跡金剛說神通大滿陀羅尼法術靈要門》。

第三部《穢跡金剛禁百變法經》。

第四部《大威力烏樞瑟摩明王經》。

第五部《大威怒烏芻澁麼儀軌經》。

附錄一：《密跡力士大權神王經偈頌》。

附錄二：《密跡力士大權神王眞言法》。

　　　　《密跡力士大權神王（穢跡金剛）眞言曼荼羅法》

這五部佛典與三部論著，末學都已儘可能的加上註解了。

　　另外末學曾於 2019 年 5 月，請精於雕刻佛像的台灣新北樹林 丁師傅雕刻由我設計的「九尺穢跡金剛」。丁老闆非常用心，先試刻了一尊四尺二的「模板」金剛像；再據此「模板」放大到九尺高，經過前前後後的修改無數次，我也去監工了無數次，共花了二年的製作過程，終於 2021 年 4 月 1 日完工，並請回「暫住」於末學土城的楞嚴齋，目前需待「緣份具足」後才會移駕到另外「道場」安住。相關的圖片展示請參閱本書「九尺木雕彩繪版穢跡金剛圖像集」去，諸位可好好欣賞。最後期望這本的《穢跡金剛法全集》（全彩本）能帶給修持此法的行者獲得最大的利益，並早日與本尊穢跡金剛相應，進而成就佛果道業。

　　　　　　　　　　　公元 2023 年 5 月 18 日　果濱寫於土城楞嚴齋

《穢跡金剛法全集》（增訂本）再版序

　　本書自 2004 年 9 月出版至今 2012 年早已銷售一空，這幾年在臺灣與大陸傳授穢跡金剛的法師也愈來愈多了，除了樹林區 福慧寺的欽因老和尚一直在傳授此法外，尚有海內外諸多顯密大德在弘傳此金剛咒法。由於獲此法傳授灌頂的修行者眾多，許多讀者均來信索書作為修行暨研究教材，故本書將重排版印刷，並改名為《穢跡金剛法全集》（增訂本），將原書 336 頁增訂 30 頁到 366 頁。增加的內容將在底下略作簡介。

　　第六「金剛杵」篇增加「修持穢跡金剛杵的方法、用精練的鐵做的穢跡金剛杵經典介紹、用桃木做的穢跡金剛杵有何功效？」三篇研究短文。

　　第九「功德篇」末增加「密教誦咒與五辛葷食的探討」一文，例舉 47 部的密教經典來說明為何持咒者不能食「葷辛」的原因。裡面有「唐密開元三大士」善無畏、金剛智、不空三位密咒祖師對「持咒」與「葷辛」的經典資料。

　　第十「修持篇」末增加「觀想自己即穢跡金剛本尊的修行法介紹」一文，介紹如何透過「觀想」修持穢跡金剛法。後面再加上「修持真言有八大要領，需具正見而執持真言方能成就」、「持誦咒語的十大重要法則」、「持咒無靈驗皆為宿業，應讀大乘經典及懺悔禮拜」諸內容。

　　末學的穢跡金剛法傳法上師為樹林市 福慧寺 欽因老和上，自受法以來已修學二十餘年，感應不勝枚舉，茲舉三則與大眾分享修學心得。

　　一、2010 年的 7 月末學正準備前往大華嚴寺講「漢傳佛典死亡學」課程的途中，按慣例，車子一發動，車內的「穢跡金剛咒語」即自動撥放，行經金城路與員山路的交叉路口，竟忘了左轉（似乎命中注定），只好繼續

前往下一個左轉處待轉。正在下一路口待轉時，對向有一輛大貨車過來，我以為大貨車後面沒有車子(因為看不到，也沒看見後面跟著小黃)，所以當大貨車一過，我就把握機會直接左轉了，沒想到大貨車後面「緊跟」著一台小黃，我當下「直覺」就是小黃已經從我車邊肚子裡面撞進來，我倆都沒有人煞車(因為大家都沒看見對方，所以沒人煞車)。但奇怪的事，竟然沒有事！往前移動十公尺處我停了下來，結果小黃也停下來，我們倆見面第一句話都說：「你有事嗎？有撞到嗎？」小黃司機也嚇的臉白，我自己也是嚇到，因為有被「撞到」的一種「真實感」存在著！其實我們倆都沒事，沒撞到，但是「直覺」就是已撞進車肚內，這真是一件「靈異」的事，此時我車內的金剛咒仍然不斷的撥放中。

　　二、某年的過年末學回臺中過年，離家前將房門全部上鎖，結果自己房間的鑰匙忘了帶出。等過完年返家時，人已經進入客廳，但無法進入自己的房間(時佛堂與我同在一個房間內)，當時就想來碰運氣，隨便抓一把「類似」的鑰匙來試開看看，結果怎麼試就是不開，而且過年期間開鎖店都沒營業；心正在想，好不容易已回自己家中，竟然無法進入「最重要的佛堂與房間」。此時心中開始向穢跡金剛「祈禱」：金剛菩薩啊！您就大顯神通讓房門能開，如果不能開，我也無法上香泡好茶供奉您！心中邊唸著金剛咒祈禱；邊拿著隨便一隻「類似的鑰匙」亂開一通，結果「房門」突然開啟，我當時著實嚇了一跳，冒出冷汗，以為房間裡面真有「人住」或者有「小偷」？接著趕緊上香供養金剛菩薩，連忙感謝不斷禮拜。後來我再拿起剛剛那隻能開的鑰匙再試一遍(因為本人不輕易相信神通，世上很多事都是「運氣巧合」產生的)，無論怎麼試，就是不能再開門(因為鎖孔位置完全不同)。這是本人親身體驗，金剛菩薩在吾人臨危時真會顯神通的！

　　三、末學所供奉所加持過的「桃木金剛杵」也常派上用場，舉凡某人身上有穢氣時，拿著「金剛杵」邊念咒邊加持某人，常有不可思議的「效力」。甚至如果在夢中有不祥夢出現，醒來只要結持「穢跡金剛根本手印」五分鐘，再回頭睡，不祥事就會消失，屢試不爽。如果去參加往生助念回來，執持「金剛杵」來除穢氣，功效也非常明顯。

最後期望這版的《穢跡金剛法全集》（增訂本）能帶給修此法的行者獲益，能早日與本尊穢跡金剛相應，進而成就菩提佛果。

公元 2012 年 7 月 30 日　果濱寫於土城楞嚴齋

《穢跡金剛法全集》自序

　　未曾有一法，不從因緣生。佛爲眾説法，乃因病予藥，隨眾生心，應所知量。蓋佛般涅槃，顯佛「不常、不生」也，然《大陀羅尼末法中一字心咒經》有云：「**我滅度之後，分布舍利已，當隱諸相好，變身為此咒**」。佛雖涅槃，仍繫眾生，化身爲「咒」，續渡眾生，亦顯佛「不斷、不滅」也。「不常不斷、不生不滅」乃佛最眞之教。

　　《穢跡金剛説神通大滿陀羅尼法術靈要門》經云：「**如來愍諸大眾，即以大遍知神力，隨左心化出不壞金剛**」。佛左心化現不壞金剛（穢跡金剛），顯心者，不在左、右、內、外、中間；心乃「**離一切相**」，清淨本然也；心亦「**即一切法**」，周遍法界也。故化現穢跡金剛三首八臂九目右足騰空，持四十二字咒五印四寶四十二道祕。三首者，顯法、報、化三身不二也。八臂者，顯八聖道、八不中道也。九目者，顯密教胎藏九方便也。右足騰空者，顯不捨眾生，不取眾生也。四十二字梵咒，聲聲皆入四十二實相字門也。五大手印者，五部密藏也。四大寶印者，密教四曼也。四十二道祕者，四十二靈印，神變無窮，不可思議。

　　螺髻梵王初示我慢，不來省佛，與天女共欲樂。我慢者，我相也；若無我、人、眾生、壽者，何來我慢之心？然則「蓋世功德，一驕便無」，豈虛言哉？天女共欲，顯婬爲本，惡通五濁。夫婬心不除，塵不可出也。螺髻雖示以「染穢」，佛則示金剛以「淨」除「穢」，正顯淨、穢俱無實自性，本體亦空也。《楞嚴經》云：「**言妄顯諸真，妄真同二妄**」，則「**以淨除諸穢，淨穢同二穢**」，經文深義，權實不二。螺髻事跡亦吾人修行之借鑒耳。

　　《楞嚴經》云：「**我滅度後，末法之中，多此妖邪，天魔魑魅，熾盛世間，潛匿奸欺**」，故佛斥特以「戒」爲師，又誨以「**不作聖心，名善境界，若作聖解，即受群邪**」。佛、魔乃一念間，可不愼乎？

　　末法眾生，諸根陋劣，如來陀羅尼，應機而生，密護眾生。明‧憨山 德清禪師云：「**云神咒者，乃一切諸佛祕密實相心印……雖以『止觀』之力而消磨之，蓋有深固幽遠，殊非智力可到者，苟非仰仗諸佛如來祕密心印咒輪而攻擊之，倘內習一發，則外魔易侵，如此又何能出生死，證真常，而入寂光淨土哉？蓋行有顯密，前『正觀』之力，所謂顯行，此『陀羅尼』，乃密行耳**」。是故，佛雖涅槃，留咒渡眾。期穢跡金剛「四十二梵咒、五大手印、四大寶印、四十二祕印」，傳授後世，願正法永住。

公元 2007 年 7 月 1 日　果濱寫於土城楞嚴齋

《漢傳穢跡金剛法集》 上欽 下因老和尚序

　　余年三十有五則隨慧三老和尚出家，恩師爲北京廣善寺賢首宗兼慈恩宗四十代祖師，並承穢跡金剛密法之脈。恩師於民國37年(1948年)來台，于福慧寺草創之時，矢志供奉穢跡金剛，讚歎誓願宏廣，庇祐佛子，且與恩師緣甚深云云。寺成，嘗公開傳授穢跡金剛兩次，得法者眾，靈祐者亦不計其數。

　　恩師捨報於民國75年(1986年)，囑余續任主持兼弘此法。民國79年(1990年)嘗公開傳授一次。樂此法者，皆得滿願。邇來，余悟無常迅速，四大幻軀，無人能免，故後爾僅授少數個別請法，嘉許精進之願心也。

　　今有果濱行者，受余法灌頂弟子也。解行並進，擅《楞嚴經》及陀羅尼教，兼有修持護法之願行。余委以編撰《漢傳穢跡金剛法集》，一爲續恩師遺志，二使穢跡金剛密法永住世。盼嚮此法者，皆得大利益，與本尊相應，早證菩提。

　　今余更闡明，凡持此法者，需明因果，不得錯亂，否則不蒙其利反受其害，學者不可不知！是爲此序。

欽因筆

2004年9月10日　樹林福慧寺

《漢傳穢跡金剛法集》自序

未曾有一法，不從因緣生。佛爲眾説法，乃因病予藥，隨眾生心，應所知量。蓋佛般涅槃，顯佛「不常、不生」也，然《大陀羅尼末法中一字心咒經》有云：「我滅度之後，分布舍利已，當隱諸相好，變身爲此咒」。佛雖涅槃，仍繫眾生，化身爲「咒」，續渡眾生，亦顯佛「不斷、不滅」也。「不常不斷、不生不滅」乃佛最眞之教。

《穢跡金剛説神通大滿陀羅尼法術靈要門》經云：「如來愍諸大眾，即以大遍知神力，隨左心化出不壞金剛」。佛左心化現不壞金剛（穢跡金剛），顯心者，不在左、右、內、外、中間；心乃「離一切相」，清淨本然也；心亦「即一切法」，周遍法界也。故化現穢跡金剛三首八臂九目右足騰空，持四十二字咒五印四寶四十二道祕。三首者，顯法、報、化三身不二也。八臂者，顯八聖道、八不中道也。九目者，顯密教胎藏九方便也。右足騰空者，顯不捨眾生，不取眾生也。四十二字梵咒，聲聲皆入四十二實相字門也。五大手印者，五部密藏也。四大寶印者，密教四曼也。四十二道祕者，四十二靈印，神變無窮，不可思議。

螺髻梵王初示我慢，不來省佛，與天女共欲樂。我慢者，我相也；若無我、人、眾生、壽者，何來我慢之心？然則「蓋世功德，一驕便無」，豈虛言哉？天女共欲，顯婬爲本，惡通五濁。夫婬心不除，塵不可出也。螺髻雖示以「染穢」，佛則示金剛以「淨」除「穢」，正顯淨、穢俱無實自性，本體亦空也。《楞嚴經》云：「言妄顯諸眞，妄眞同二妄」，則「以淨除諸穢，淨穢同二穢」，經文深義，權實不二。螺髻事跡亦吾人修行之借鑒耳。

《楞嚴經》云：「我滅度後，末法之中，多此妖邪，天魔魑魅，熾盛世間，潛匿奸欺」，故佛斥特以「戒」爲師，又誨以「不作聖心，名善境界，若作聖解，即受群邪」。佛、魔乃一念間，可不慎乎？

　　末法眾生，諸根陋劣，如來陀羅尼，應機而生，密護眾生。明・憨山 德清禪師云：「云神咒者，乃一切諸佛祕密實相心印……雖以『止觀』之力而消磨之，蓋有深固幽遠，殊非智力可到者，苟非仰仗諸佛如來祕密心印咒輪而攻擊之，倘內習一發，則外魔易侵，如此又何能出生死，證眞常，而入寂光淨土哉？蓋行有顯密，前『正觀』之力，所謂顯行，此『陀羅尼』，乃密行耳」。是故，佛雖涅槃，留咒渡眾。期穢跡金剛「四十二梵咒、五大手印、四大寶印、四十二祕印」，傳授後世，願正法永住。

　　台北縣 樹林 福慧寺，開山祖師上慧下三長老，北京 廣善寺賢首宗兼慈恩宗第四十代住持，傳承北京派穢跡金剛法，於民國 37 年(1948 年)來台建福慧寺，續傳金剛密法。長老於民國 75 年(1986 年)圓寂，上欽下因老和尚接任住持，續承弘法大任。今蒙灌頂傳法恩師上欽下因老和尚，愍卹眾生，心繫法脈，特囑編纂《漢傳穢跡金剛法集》。末學愚鈍，微盡心力完成恩師託咐，今書已呈慈鑒，特爲此序。

　　　　　　　　　　公元 2004 年 9 月 1 日　果濱寫於土城楞嚴齋

穢跡金剛法全集(全彩本)

目錄

果濱序文

果濱·編著

設計重點介紹（果濱 撰文）

1 整塊的木頭採用台灣最頂規的[台灣檜木]。

2 金剛佛手上的[劍]與[戟]，改成[桃木]規格。

3 頂上[化佛]底下的台座盤上[一條龍]，整尊金剛佛總共是9龍纏身。

4 所有的龍爪都是[五爪]，有完整的[龍舌、龍牙、龍耳、龍尾、龍魚鰭、龍鱗片、龍關節、龍的[火焰披毛]。

每條龍各外加左右2條[鬚](軟藤材料)

5 身體全都都有[肌肉、動脈、肉塊、喉結、喉嚨動脈]

從最下「石頭」底線算到頂上化佛的「背光」止

全部是 275 公分(釐米)

從金剛佛的「腳底」算到頭上的「頭髮」止

全部是 180 公分(釐米)

台灣第一尊9尺高度[木刻]的穢跡金剛

新北市樹林福慧寺供奉

上欽下因老和尚

穢跡金剛大成就者

穢跡金剛根本上師

第一、本尊篇

穢跡金剛的現起因緣簡介

佛陀涅槃後，化身為「咒音」渡化眾生。據《大陀羅尼末法中一字心咒經》中，佛親口說：（《大正藏》第十九冊頁316中）

> (於)我「滅度」之後，(於)分布「舍利」已，當隱諸(真身之)「相好」，(然後)「變身」為此「咒」。佛有二種身：「真身」及「化身」。若(皆)能(獲得)「供養」者，福德無有異，此「咒」亦如是，一切諸天人，(皆)能生(出)「希有」心，受持及供養(此咒)，所得諸功德，如我(真)身(而)無異。

從這段經文可得知釋迦牟尼佛於「涅槃」後，也會「變身為咒語」，以「咒音」為自己的「化身」而留人間渡化眾生。

關於「穢跡金剛」的「現起」因緣有很多種，據《穢跡金剛說神通大滿陀羅尼法術靈要門》經中的記載是這樣的：佛於農曆二年十五日於中印度 拘尸那伽羅 (Kuśinagara 拘尸那伽羅;拘夷那竭;俱尸那;拘尸那;瞿師羅;劬師羅;拘尸城)城外阿恃多伐底河(Ajitavatī 希連河;伐提河)邊的娑羅(sāla)雙樹間入涅槃，當時佛陀臥床四邊各有同根的娑羅樹一雙，其樹每邊一雙中之「一株」，因悲傷而自動「變白」，所有的枝葉、花果、皮幹皆爆裂墮落，逐漸枯萎，另一株則尚存，故此雙樹亦稱為「四枯四榮樹」或「非枯非榮樹」。

佛剛臨入「涅槃」，此時三千大千世界有無量百千萬眾的天龍八部、人、非人等，大家都向著佛，於四面哽咽啼泣悲惱而住，還有無量的諸天大眾及釋提桓因等也都欲來對佛陀作最後的供養與觀省。這時只有螺髻 梵王(śikhin 編髮;持髻;螺髻梵。因此梵王頭髮之頂髻作螺形狀，故稱螺髻梵王，他曾為色界初禪天之第三天「大梵天王、娑婆世界主」)一人不來供養佛與觀省，而且與千萬億眾的「天女」在共相「欲樂」中。

這時眾人們都認為今日是佛陀的「涅槃」日，螺髻梵王不來「供養」佛陀，一定有「我慢之心」，於是大家便派遣了百千眾的「咒仙」前往收服螺髻梵王，結果百千眾的咒仙去到螺髻梵王宮殿處，見到宮殿「外圍」都以種種「不淨污穢物」作為「城塹」，眾「咒仙」們見此「污穢物」，各各皆「犯咒」而死。大眾從未見過這種「怪事」，於是又改驅策無量的「金剛聖眾」持著咒語而往收服，結果在整整七天之中，也沒有一位「金剛聖眾」能將螺髻梵王給降伏押回。大眾見此情形，更加感到悲哀，而

同聲說偈言：

> 苦哉「大聖尊」（釋迦佛），入真（入涅槃真際）何太速？
> 諸天猶決定，（唯有諸）天（眾）人（聲聲）追喚得（願能喚得釋迦佛能繼續住世度眾），
> 痛哉「天中天」（釋迦佛），入真（入涅槃真際）如火滅！

說完偈誦後，眾人皆泣不成聲。此時佛陀憐愍大眾，即以「大遍知」的「神力」，從佛的「左心」化現出一尊「不壞金剛」（穢跡金剛），「穢跡金剛」立刻在眾中從座而起，跟大眾說：「**我有大神咒，能取彼螺髻梵王**」。說完後，「穢跡金剛」即在大眾中顯現大神通，三千大千世界大地六種震動，天宮、龍宮及諸鬼神宮殿全都被「穢跡金剛神力」給摧伏崩落，然後騰身前往螺髻梵王宮殿住處，才用「手指」一指，在「咒力」的摧伏下，螺髻梵王宮殿住處所有的「醜穢不淨」立刻變為清淨大地！

此時「穢跡金剛」對螺髻梵王說：「你這大愚癡的人，如來已臨入涅槃了，你為何不去供養佛？還與諸天女在此共相欲樂」？說完後，「穢跡金剛」便以「金剛不壞」之威力，稍用「手指」一指，螺髻梵王當下便「妄情盡消、穢垢皆淨」，隨即螺髻梵王便發起「菩提心」與「穢跡金剛」同歸回佛陀的涅槃處所。

於是大眾都讚歎說：「穢跡金剛大力士，你究竟如何才有如是的大神力，能將螺髻梵王縛禁而來至於此」？「穢跡金剛」即報告說：「**若有世間眾生，被諸天惡魔一切外道所惱亂者，但誦我咒十萬遍，我自現身，令一切有情，隨意滿足，永離貧窮，常令安樂**」。這就是我們修學誦唸「穢跡金剛咒」的一大事因緣。

還有在唸這咒之前要先發「大願」，內容如下：

> **南無我本師釋迦牟尼佛，於如來滅後，受持此咒，誓度群生，令佛法不滅，久住於世。**

說完這個願文後，「穢跡金剛」就說了「**大圓滿陀羅尼神咒穢跡真言**」。

以上是穢跡金剛「示現」的緣起，螺髻梵王後來被佛陀授記名為「**清淨光明佛**」，而「<u>穢跡金剛</u>」亦名為「**大權神王佛**」。所以四眾弟子在紀念追憶「佛涅槃日」時，其實此日就是穢跡金剛的「生日」！

修持「穢跡金剛咒」的功德本來就不可窮盡，《密跡力士大權神王經偈頌》云：「**本咒功能說之不可盡，精嚴加持詔示諸神異，水湧波動寶杵橫飛轉，像儀光出言語端的奉**」。從經典中我們可以大略整理出約「四十二種功德」，如：

一、位尊德貴。二、降伏情慾。三、去染除穢。四、通染通淨。

五、方便修學。六、聰明智慧。七、得大福報。八、離貧得富。

九、降魔鬼病。十、延壽消災。十一、治瘟疫病。

十二、治惡瘡病。十三、療冷寒症。十四、治百萬病。

十五、治夜驚怖。十六、夜夢吉祥。十七、令得安樂。

十八、滅諸罪事。十九、畫像滅罪。二十、防蛇毒獸。

二十一、辟諸毒食。二十二、防水難患。二十三、止雹息雪。

二十四、辟兵災橫。二十五、辟官諍訟。二十六、免除盜賊。

二十七、治兒夜啼。二十八、眾神庇護。二十九、鬼神禮敬。

三十、諸王貴敬。三十一、金剛侍衛。三十二、子息易得。

三十三、生產順利。三十四、得善姻緣。三十五、超渡解脫。

三十六、見亡者事。三十七、本尊夢感。三十八、本尊相隨。

三十九、證總持門。四十、得宿命智。四十一、速獲菩提。

四十二、授記作佛。

以上詳細內容請參閱【穢跡金剛功德篇】。

關於<u>釋迦佛</u>的「涅槃日」(即穢跡金剛的生日)有六種以上的異說

(底下皆以「陰曆;農曆」算)

❶《大般涅槃經》云：世尊……「二月十五日」臨「涅槃」。

❷《佛說大般泥洹經》云：佛……「二月十五日」，臨「般泥洹」。

❸《善見律毘婆沙》云：如來……「二月十五日」，平旦時入「無餘涅槃」。

❹《菩薩從兜術天降神母胎說廣普經》云：佛……欲捨身壽入「涅槃」，「二月八日」夜半。

❺《長阿含經》云：「八日」取滅度……「二月」取涅槃。

❻《大唐西域記》云：聞諸先記曰：佛以生年八十，「吠舍佉月」(Vaiśākha)，後半十五日，入般涅槃，當此「三月十五日」也。

❼《般泥洹經》云：佛……「四月八日」般泥洹。

❽《佛說灌洗佛形像經》云：十方諸佛皆用「四月八日」夜半時而「般涅槃」。

❾《佛說摩訶刹頭經》云：十方諸佛，皆用「四月八日」夜半時「般泥洹」。

❿《薩婆多毘尼毘婆沙》云：以「八月八日」，沸星[沸星的出現預示吉祥，佛經中多預示佛的出生或出家]出時，取「般涅槃」。

⓫《大唐西域記》云：「說一切有部」則佛以「迦剌底迦月」(Kārttika)，後半八日，入般涅槃，當此「九月八日」也。

第二、正名篇

穢跡金剛不同的異名稱呼

「穢跡金剛」，梵語的羅馬拼音寫法為 Ucchuṣma 或 Ucchuṣmaḥ。據《中華佛教百科全書・六》頁 3604 述敘說：「穢跡金剛」為「密教」及「禪宗」所奉祀的忿怒尊之一，為北方羯磨部的「教令輪」身(佛如來為度難度眾生所現的忿怒相之身)，又作「烏文沙摩、烏文瑟麼、烏文澀摩、烏素沙摩」明王等。Ucchuṣma 字在漢文佛典的音譯有：

「烏芻澀摩、嗢麤澀摩、塢麄澁麼、塢芻瑟摩、烏蒭沙摩、烏蒭瑟摩、烏芻瑟摩、烏樞沙摩、烏摳沙摩」等不同譯法。在義譯上則有：

「火頭金剛、焚燒穢惡金剛、不淨金剛、不壞金剛、受觸金剛、除穢忿怒金剛、穢跡金剛、穢迹金剛、穢積金剛」……等譯名。

其實 Ucchuṣma 字原意是指「爆裂的聲音」、「除穢忿怒」的意思，在古印度有時 Ucchuṣma 也當作 agni 火神的別名，所以「穢跡金剛」便另外有「火頭金剛」的稱呼，以「火」燃燒一切「煩惱污穢」而達「清淨」之地。

然而據唐代慧琳國師所撰的《一切經音義・卷三十六》說，將古梵語「烏蒭澀摩」翻譯成漢語的「不淨金剛」、「穢跡金剛」、「火頭金剛」等名稱，都不是正確的譯法。這樣對聖者有點不敬，有毀罵聖者的意思。他的義譯名應呼作「焚燒穢惡」，這才是正確的漢語譯法。慧琳國師的看法如下：(《大正藏》第 54 冊頁 545 下)

「除穢忿怒尊」，舊譯名「不淨金剛」或名「穢跡金剛」，並拙譯不正(劣拙不是很正確的翻譯)，有同「毀罵聖者」(的意思在裡面)，其「實義」(真實的意義)不然(不是這樣的)，或(有譯)名(作)「火頭金剛」，亦非「正譯」(完全正確的譯辭)。

梵云「烏蒭澀摩」(ucchuṣma)，義譯云「焚燒穢惡」。此(烏蒭澀摩)聖者(乃)以深淨「大悲」，不避「穢觸」(污穢濁觸)，救護眾生，以大威光，猶如猛火，燒除煩惱、(及燒除)妄見(讒妄邪見)分別「垢淨、生滅」之心，故名「除穢」。

又梵名「摩賀摩羅」，唐云「大力」。(烏蒭澀摩)以「大慈力」，猶如「熾火」，燒除「穢惡生死」業，故名「大力」也。

不過，南宋的志磐大師仍是將之尊稱為「穢迹金剛」。如志磐大師《佛祖統紀‧卷四》云：（《大正藏》第 49 冊頁 166 下）

> 題稱「穢迹」者，如經云：「金剛」指梵王(穢迹金剛以手指向螺髻梵王處的)穢物(而轉)變為(清淨)「大地」，所謂以「神通」(轉)變其「穢境」，故得名之為「穢迹金剛」。

後來承接慧琳《一切經音義》之作的遼‧希麟大師所集《續一切經音義‧卷五》也有相同的說明：（《大正藏》第 54 冊頁 954 上）

> 烏樞瑟摩，次音「昌朱反」。梵語也，或云「烏蒭沙摩」，此云「穢跡」。舊翻為「不淨潔」皆謬，新翻(譯)為「除穢忿怒尊」也。案「瑜伽」依二種輪，現身攝化：一「教令輪」現端嚴身。二「威怒輪」現極怖身，為調難調諸有情故，現可畏身也。

> 附：三輪身(三種輪身、三輪)：
> 指「自性、正法、教令」三種輪身。例如大日如來為救濟眾生，現出方便之「菩薩、明王」之相狀，依序分為三類：
> (一)自性輪身：即大日如來以本地「自性之佛體」教化利益眾生。
> (二)正法輪身：顯現「菩薩身」說示正法，教化利益眾生者。
> (三)教令輪身：為教化「難度」之眾生，故顯現「大忿怒相」(如大日如來現忿怒不動明王之相)。

《續一切經音義‧卷七》亦有同樣的說明：（《大正藏》第 54 冊頁 963 下）

> 烏樞瑟摩，梵語或云「烏蒭沙摩」。舊譯云「穢跡金剛」，此言有失(有些過失處)，似毀(謗)於「聖者」也。新翻(譯)為「除穢忿怒尊」，謂以金剛慧，(而)現威怒身，降伏「難調穢惡」(之)有情故也。

儘管稱呼皆有異說，但時至今日，也很少有人將「穢跡金剛」稱為「除穢忿怒金剛」的。下面就「穢跡金剛」種種異名的經典出處整理說明如下：

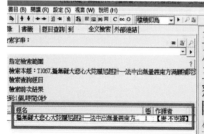

主。四佛為母耶。曰不得。何故不得。曰四波羅蜜為定[1]為[2]慧。[3]則不得四波羅蜜為主。四佛為主。譬如雖父母共產生諸子名父不為母。以五智忿怒相配。五智不動尊(毘盧遮那忿怒。自性輪般若菩薩)降三世尊(阿閦佛忿怒。自性輪金剛薩埵菩薩)軍荼利(寶生佛忿怒。自性輪金剛藏王菩薩)六足尊(無量壽佛忿怒。自性輪文殊師利菩薩)金剛藥叉(不空成就佛忿怒。自性輪即可是寂靜身。又穢積金剛為不空成就佛忿怒。自性輪金剛業也。穢積即[烏>烏]芻澁摩菩薩也)無能勝(釋迦牟尼佛忿怒。自性輪慈氏菩薩)馬頭觀音(無量壽佛

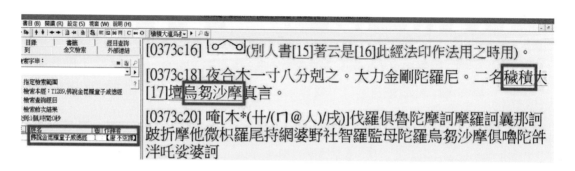

[0373c16] ▱ (別人書[15]著云是[16]此經法印作法用之時用)。

[0373c18] 夜合木一寸八分剋之。大力金剛陀羅尼。二名穢積大[17]壇烏芻沙摩真言。

[0373c20] 唵[木*(廿/(冂@人)/戌)]伐羅俱魯陀摩訶摩羅訶曩那訶跛折摩他微枳羅尾持網婆野社智羅監母陀羅烏芻沙摩俱嚕陀絆泮吒娑婆訶

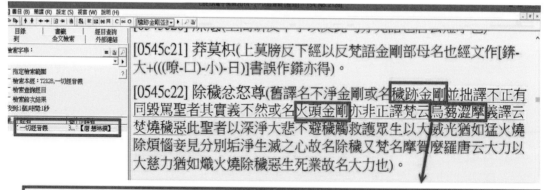

[0545c21] 莽莫枳(上莫膀反下經以反梵語金剛部母名也經文作[鋒-大+(((嘹-口)-小)-日)]書誤作鏺亦得)。

[0545c22] 除穢忿怒尊(舊譯名不淨金剛或名穢跡金剛並拙譯不正有同毀罵聖者其實義不然或名火頭金剛亦非正譯梵云烏芻澁摩義譯云焚燒穢惡此聖者以深淨大悲不避穢觸救護眾生以大威光猶如猛火燒除煩惱妄見分別垢淨生滅之心故名除穢又梵名摩賀麼羅唐云大力以大慈力猶如熾火燒除穢惡生死業故名大力也)。

只是説翻譯的「名稱」沒有「很正確」。並不是説「穢跡金剛」與「烏芻澁摩」是「完全不同」的二尊

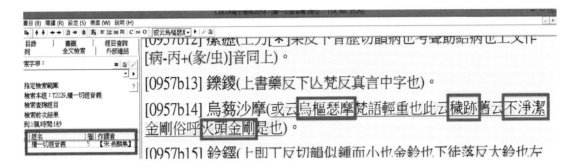

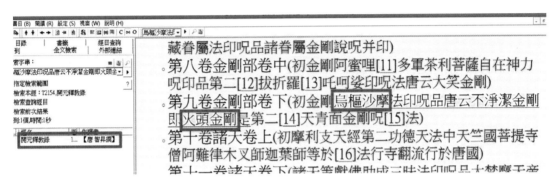

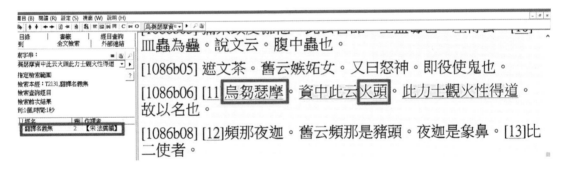

一、穢跡金剛

　　「穢跡金剛」一名出自唐代北印度僧人阿質達霰(Ajita-Senapati 意譯無能勝將)法師所譯之三部密典，分別為《穢跡金剛説神通大滿陀羅尼法術靈要門》一卷、《穢跡金剛禁百變法經》一卷，及《大威力烏樞瑟摩明王經》三卷，三經同收錄於《大正藏》第 21 冊頁 158、頁 159 和頁 142。自此三經譯出傳世，「穢跡金剛」的尊號便風行於世人。

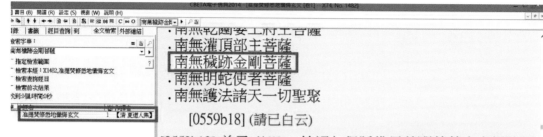

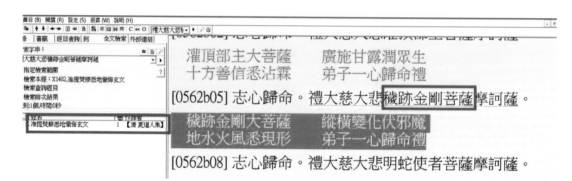

二、穢積金剛

「穢積金剛」一名，出自唐代不空大師所譯之《攝無礙大悲心大陀羅尼經計一法中出無量義南方滿願補陀落海會五部諸尊等弘誓力方位及威儀形色執持三摩耶幖幟曼荼羅儀軌》。經文云：(《大正藏》第 20 冊頁 130 上)

> 又「穢積金剛」，為不空成就佛(之)忿怒(尊)，(穢積金剛之)「自性輪」(為)金剛業(菩薩)也，「穢積」即「烏芻澀摩」菩薩也。

另不空譯《佛說金毘羅童子威德經》也如此云：(《大正藏》第 21 冊頁 373 下)

> 「大力金剛」陀羅尼，二名「穢積大壇烏芻沙摩」真言。

在《新書寫請來法門等目錄》中亦記云：(《大正藏》第 55 冊頁 109 中)

> 《穢積金剛神妙經》一卷(無人名)七紙。

　　從以上經文資料可以證明「穢積金剛」，亦為五方五佛北方的「不空成就佛」所化現的忿怒身，而「穢積金剛」與「烏芻澀摩明王」亦是同尊同體。

三、受觸金剛、不淨金剛、不淨潔金剛

　　「受觸金剛」、「不淨金剛」二名，亦是出自不空大師所譯的《底哩三昧耶不動尊聖者念誦祕密法》，經文云：（《大正藏》第 21 冊頁 14 上）

> 如(在)「瑜伽會」中，佛初成正覺(之時)，(於)大集會中，(於)一切「曼荼羅」所攝(之)三界之眾。(其中)有「摩醯首羅」者，(此)即是三千世界之「主」，(摩醯首羅)住三千界之中，(因)心「慢」故，不肯從所召命，而作是念：
> (我摩醯首羅)是三界之主，更有誰(比我更)尊(貴)而召(命)我耶？
> (摩醯首羅)復作是念：彼(有)持明(持誦明咒)者，畏(懼)一切(的)「穢惡」，(故)我今(將變)化作一切「穢污之物」，(穢物將)四面圍繞而住其中，彼(指會持明咒之金剛仙人大眾們)所施「明術」何所能(有所作)為？
> 時無動明王(不動明王)承佛教命(而)召(令)彼(摩醯首羅)天，見其作如此「事」(穢物之事)，(不動明王)即(變)化(出)「受觸金剛」，即是「不淨金剛」，令彼(抓)取之(摩醯首羅)。
> 爾時「不淨金剛」，須臾悉(食)噉所有「諸穢」，令盡無餘，便執彼(摩醯首羅)來至於佛所……

　　上述經文在唐・善無畏講解；一行的《大毘盧遮那成佛經疏》也有相同記載（詳《大正藏》第 39 冊頁 679 上），經文所描述的內容，十分相似《穢跡金剛說神通大滿陀羅尼法術靈要門》記載有關「穢跡金剛」化現的「緣起」。不同的在於「受觸金剛」或「不淨金剛」為「無動明王」(不動明王)所化現，而不是釋迦牟尼佛所化現。而在《穢跡金剛說神通大滿陀羅尼法術靈要門》中所說的「螺髻梵王」則變成了「摩醯首羅」，也許這是兩部類似的經典「敘述」吧！

　　還有唐代中印度僧阿地瞿多(Atikūṭa 意譯無極高。公元 652~654 年間人)所譯之《陀羅尼集經・卷十二》亦將「穢跡金剛」名為「不淨金剛」，經云：（《大正藏》第 18 冊頁 888 下）

安「烏摳沙摩」座，唐云「不淨金剛」……

「穢跡金剛」或名為「不淨潔金剛」，如唐・阿地瞿多譯《陀羅尼集經・卷八》云：（《大正藏》第 18 冊頁 860 下）

> 「金剛烏樞沙摩法印咒品」。烏樞沙摩(二合)護身法印咒第一。唐云「不淨潔金剛」。印有十七，咒有四十二。

「烏樞沙摩」即是「烏樞沙摩明王」，於唐代時亦尊稱為「不淨金剛、不淨潔金剛」，指的就是「穢跡金剛」本尊。

四、不淨忿怒金剛

「不淨忿怒金剛」一名，出自唐代東印度僧善無畏所譯之《蘇婆呼童子請問經》，經云：（《大正藏》第 18 冊頁 728 下和頁 742 下）

> 當應知「夜叉」等(降)下，即須發遣(派發遣送)，若(魔羅剎仍)不肯(離)去者，即應便誦「妙吉祥偈」，或誦「不淨忿怒金剛」真言……

還有善無畏譯《蘇悉地羯羅經》云：（《大正藏》第 18 冊頁 679 中）

> 施彼歡喜，應當以「金剛微那羅」真言，而作護摩。或用大怒，或用「不淨忿怒」而作護摩……

另不空大師譯《蕤呬耶經》亦云：（《大正藏》第 18 冊頁 766 上）

> 金剛棒尊、不淨忿怒尊……

五、大力金剛

慧琳國師《一切經音義·卷三十六》認為「穢跡金剛」應義譯為「焚燒穢惡」外，又名為「大力」金剛，如云：（《大正藏》第54冊頁545下）

「除穢忿怒尊」……梵云**「烏蒭澁摩」**，義譯云**「焚燒穢惡」**……又梵名**「摩賀摩羅」**，唐云**「大力」**，以大慈力猶如熾火，燒除穢惡生死業，故名**「大力」**也。

「摩賀摩羅」的梵文羅馬拼音為「Mahā-bala」。「Mahā」是「大」的意思。「bala」是「能力」、「大力」、「廣大」、「勢力」的意思，合起來說就是「大力」。

不空譯《佛說金毘羅童子威德經》云：（《大正藏》第21冊頁373下）

「大力金剛」陀羅尼，二名**「穢積大壇烏蒭沙摩」**真言。

青龍寺東塔院沙門阿嚩他捺哩茶(唐云義操)集《胎藏金剛教法名號》云：（《大正藏》第18冊頁206上）

火頭，號**「大力金剛」**。

以上面經文資料可知，「大力金剛」確為「穢跡金剛」的別名。

六、大力大忿怒明王

《佛說無二平等最上瑜伽大教王經·卷五》云：（《大正藏》第18冊頁530上）

爾時世尊大遍照如來，復入普遍變化金剛加持三摩地，從是三摩地出已，宣說**「大力大忿怒明王」**大明曰：
唵(引一句)嚩日囉(二合)骨嚕(二合引)馱(二)摩賀(引)末羅(三)賀那捺賀缽左尾特網(二合)娑野(四)嗢囕澁摩(二合)骨嚕(二合引)唐吽(引)發吒(半音五)

這個咒文內容和不空譯《大威怒烏芻澀麼儀軌經》的咒文是完全一樣的（詳《大正藏》第 21 冊頁 136 中）。又據《妙臂菩薩所問經》云：(《大正藏》第 18 冊頁 757 上)

行人便須再以「稻花、白芥子、酥蜜」相和，即誦「赤身大力明王真言」，及「穢跡忿怒明王」真言等，作護摩。

所以「穢跡金剛」亦有「大力大忿怒明王」的別名。

七、火頭金剛

「火頭金剛」一名出自慧琳《一切經音義・卷三十六》云：(《大正藏》第 54 冊頁 545 下)

舊譯名「不淨金剛」或名「穢跡金剛」……或名「火頭金剛」。

遼・希麟大師《續一切經音義・卷五》載：(《大正藏》第 54 冊頁 957 中)

烏芻沙摩，或云「烏樞瑟摩」。梵語輕重也，此云「穢跡」，舊云「不淨潔金剛」，俗呼「火頭金剛」是也。

《開元釋教錄・卷十二》載：(《大正藏》第 55 冊頁 599 中)

第九卷金剛部卷下。初金剛「烏樞沙摩」法印咒品，唐云「不淨潔金剛」即「火頭金剛」，是第二天青面金剛咒法。

南宋・法雲《翻譯名義集》云：(《大正藏》第 54 冊頁 1086 中)

烏芻瑟摩，資中此云「火頭」，此力士觀火性得道，故以名也。

《阿吒薄俱元帥大將上佛陀羅尼經修行儀軌・卷二》載：(《大正藏》第 21 冊頁 196 下)

十九者降伏樹精，使「火頭金剛」。

另外較為人熟知的「火頭金剛」名號出自唐・般剌密諦所譯之《大佛頂如來密因修證了義諸菩薩萬行首楞嚴經》，經云：（《大正藏》第 19 冊頁 127 上）

烏芻瑟摩，於如來前，合掌頂禮佛之雙足，而白佛言：我常先憶久遠劫前，性多貪欲。有佛出世，名曰空王(Dharma-ganābhyudgata-rāja)**，說多婬人，成猛火聚**(多貪婬慾者將導致猛火積聚，生為慾火，死為業火)**。教我遍觀百骸**(全身骨節)**四肢，諸「冷、煖」氣，神光**(精神之火光)**內凝，化多婬心，成智慧火，從是諸佛皆呼召**(稱呼召喚)**我，名為『火頭』**(火頭金剛)**，我以火光三昧力故，成阿羅漢。心發大願，諸佛成道，我為力士，親伏魔怨**(妖魔怨賊)**。佛問圓通**(圓滿通達)**，我以諦觀**(審諦觀照)**身心**(冷)煖觸**(密宗瑜伽或名此修法為「拙火」或「靈熱」，亦屬轉慾火為智火的方式)**，無礙**(不為婬心惡業所礙)**流通**(神光智火流貫全身)**。諸漏既銷，生大寶燄，登無上覺，斯為第一。**

另外在《諸阿闍梨真言密教部類總錄・卷二》中又有將穢跡金剛名為「**大頭金剛**」的，如云：（《大正藏》第 55 冊頁 1127 上）

「烏樞瑟摩」法六，集經亦名「大頭金剛」，《大佛頂經》具說本行。

八、火首金剛

「火首金剛」一名，記載於唐代佛陀多羅法師所譯之《大方廣圓覺修多羅了義經》經云：（《大正藏》第 17 冊頁 922 上）

爾時，會中有火首金剛、摧碎金剛、尼藍婆金剛等八萬金剛，並其眷屬，即從座起，頂禮佛足而白佛言⋯⋯

在唐・宗密大師撰《大方廣圓覺修多羅了義經略疏》解釋說：（《大正藏》第 39 冊頁 576 上）

爾時會中有「火首」，首「頭」也，頭有火焰故。

「首」即頭之意思，所以「火首金剛」即是指「火頭金剛」。

九、觸身忿怒金剛

在《金剛頂一字頂輪王瑜伽一切時處念誦成佛儀軌》云：(《大正藏》第19冊頁325下)

若入便易處，用「觸身忿怒」烏芻瑟摩印。

另《十一面觀自在菩薩心密言念誦儀軌經》亦云：(《大正藏》第20冊頁143上)

入一切觸穢處，加護自身，用「觸身忿怒」烏芻沙摩印。

可見「穢跡金剛」也有冠名稱為「觸身忿怒」金剛。

十、烏賢大王

「烏賢大王」一名，出自《真禪內印頓證虛凝法界金剛智經》，為明·宣宗宣德三年（公元1428年）宮廷內的寫繪本，由智光法師所編撰，此經圖文並茂，在經中曾尊稱「穢跡金剛」為「烏賢大王」。

《真禪內印頓證虛凝法界金剛智經》著錄於清宮《秘殿珠林》與故宮《善本舊籍總目》，附圖一百零三幅均未題名，今根據經中文意，自訂各畫題名。《秘殿珠林》與《善本舊籍總目》亦未著錄畫家資料；今查第三卷末幅「烏賢文殊三昧耶曼荼羅」畫幅左下角處，有泥金款署：「臣商喜敬繪」。

畫幅中的「烏賢大王」與「穢跡金剛」造形有著密切之關係。一樣為九頭，各具

圓睜怒視的三目，裂嘴齜牙，黃髮上豎，左右各有九臂，結作合掌、禪定、施無畏、與願、訓誡等印，瓔珞、耳環、腕釧、臂釧、足釧為飾，赤裸上身，虎皮為裙，三足成展立戰鬥姿，足下踩踏三骷髏頭。

「烏賢大王」的忿怒形象，與三折立姿曲線流暢、天衣曼妙服飾華美、慈眉善目一切妙善的普賢菩薩，以及靈秀聰慧、清靜皎潔、端坐蓮華的文殊童子，形成鮮明有趣的對比。

十一、密跡力士大權神王、大權神王佛、密跡力士大神王、不壞金剛

上面稱呼皆出自元・廣福大師僧錄管主八所撰之《密跡力士大權神王經偈頌》和《穢跡金剛說神通大滿陀羅尼法術靈要門》等相關穢跡金剛經典內。

十二、瀨疥菩薩

大陸江南無錫市南門外保安寺的無梁殿，該寺始建于梁大同(535—546)初，是無錫十大古剎之一。宋元明清四代該寺屢毀屢建。現僅存「無梁殿」和殿前一棵明代銀杏樹。「無梁殿」殿名「穢跡」，建於明嘉靖年間。通體磚石拱券結構，不施寸木，不設樑柱，俗稱「無梁（量）殿」。這類建築流行於明代，現存實物很少。殿原為三間兩進，現僅存「明間」。1988 年市文物管理部門對僅存的「明間」作了修茸。「無梁殿」現存壁龕中，原有一座木雕「穢跡金剛」像，俗稱「瀨疥菩薩」現已不存。1983 年 11 月 21 日無錫市人民政府公佈為市級文物保護單位。按照無梁殿沿革的說法，時人亦有將稱「穢跡金剛」稱為「瀨疥菩薩」的！

十三、淨身金剛明王、威怒淨身金剛

日僧空海由其師惠果阿闍梨之口說而筆記的《祕藏記》載：（《大正藏・圖像部一》頁 10 下）

> 「金剛藥叉」(為)不空成就佛(之)忿怒(尊)，(金剛藥叉之)「自性輪」即牙菩薩(金剛藥叉菩薩亦云金剛牙菩薩)，(金剛牙菩薩)是「寂靜身」也。
> 又以「穢積金剛」為不空成就佛(之)忿怒(尊)，(穢積金剛之)「自性輪」(為)金剛業(菩薩)也。「穢積金剛」即「烏蒭澀麼」菩薩也。

「金剛藥叉」是不空成就佛的忿怒身，而「穢積金剛」亦是不空成就佛的忿怒身。所以可得知「金剛藥叉」與「穢積金剛」均為不空成就佛的忿怒身同體尊。

另據《仁王護國般若波羅蜜多經陀羅尼念誦儀軌》中提到「第四北方金剛藥叉菩

薩」時，云：（《大正藏》第 19 冊頁 514 下）

　　北方「金剛藥叉」菩薩摩訶薩，手持金剛鈴，放琉璃色光，與四俱胝藥叉往護其國……手持金剛鈴者，其音震擊覺悟有情。表以般若警群迷故，依「教令輪」(佛如來顯現「菩薩身」說法教令眾生者)現作「威怒淨身金剛」。示現四臂，摧伏一切可畏藥叉。

　　附：三輪身(三種輪身、三輪)：
　　指「自性、正法、教令」三種輪身。例如大日如來為救濟眾生，現出方便之「菩薩、明王」之相狀，依序分為三類：
　　(一)自性輪身：即大日如來以本地「自性之佛體」教化利益眾生。
　　(二)正法輪身：顯現「菩薩身」說示正法，教化利益眾生者。
　　(三)教令輪身：為教化「難度」之眾生，故顯現「大忿怒相」(如大日如來現忿怒不動明王之相)。

　　以經文的敘述來看，「金剛藥叉」另有了「威怒淨身金剛」的名號，所以在《中華佛教百科全書・三》頁 1085 就直接說「淨身金剛明王」即「烏樞沙摩明王」也。

十四、金剛兒、會迹金剛、更觸金剛、付金界金剛、穢觸金剛、觸穢金剛、烏芻瑟魔

下面的稱呼比較少見，這些都是日人對穢跡金剛的「異名稱呼」。

據《阿娑縛抄・百三十四》云：（《大正圖像部・九》頁 404 中）

　　穢積金剛，亦云「金剛兒」。

為什麼「穢跡金剛」有了「金剛兒」的外號？根據《佛光大辭典》頁 3561 是有這麼說法，云：

　　「金剛童子」，梵名 Kani-krodha，又作「金剛兒」，為密教胎藏界曼荼羅金剛部院第三行上方第五位之尊。或謂係「阿彌陀佛」之化身，或謂與「烏瑟沙摩」

明王為同體之尊。呈忿怒形，身為肉色，高舉左腳，伸展兩臂，左手持金剛杵，右手向下結施無畏印，右足踏於蓮花上，頭部有圓光，髮呈上揚之火燄狀。

據《白寶口》云：（《大正圖像部・七》頁 84 下）

穢積金剛，或「會迹金剛」，亦云「不淨金剛」，亦云「火頭金剛」……云「更觸金剛」。

據《白寶抄・烏瑟沙摩法雜集》云：（《大正圖像部・十》頁 1057 下）

或云「穢跡金剛」，名「付金界」，又「穢觸」(污穢濁觸)云。

據《覺禪鈔・烏樞瑟麼》云：（《大正圖像部・五》頁 299 上）

或云「穢跡金剛」，名「付金界」，又「穢觸」(污穢濁觸)云。

據《授法日記》云：（《大正藏》第 77 冊頁 95 上）

此明王亦名「觸穢金剛」。

據《金剛頂一字頂輪王瑜伽一切時處念誦成佛儀軌》，《大正藏》第 19 冊頁 325 下的「第二十三個註釋」說：

烏蒭瑟摩＝烏芯瑟魔。

第三、本生篇

穢跡金剛本生因緣故事

一、穢跡金剛為「釋迦牟尼佛」的忿怒化身

　　據《穢跡金剛禁百變法經》和《穢跡金剛說神通大滿陀羅尼法術靈要門》經中，可以明確的知道「穢跡金剛」是從「釋迦牟尼佛」的左心所化現的「不壞金剛」。

二、穢跡金剛為北方「不空成就佛」的忿怒尊

　　唐・不空大師譯《攝無礙大悲心大陀羅尼經計一法中出無量義南方滿願補陀落海會五部諸尊等弘誓力方位及威儀形色執持三摩耶幖幟曼荼羅儀軌》。經文云：（《大正藏》20 冊頁 130 上）

　　　　又「穢積金剛」，為不空成就佛(之)忿怒(尊)，(穢積金剛之)「自性輪」(為)金剛業(菩薩)也，「穢積」即「烏芻澀摩」菩薩也。

　　從經文可以證明「穢積金剛」，為北方的「不空成就佛」所化現的忿怒身，又據《大乘瑜伽金剛性海曼殊室利千臂千缽大教王經》載：**釋迦牟尼如來其時五世尊中示現出世為佛，名曰不空成就如來**（《大正藏》第 20 冊頁 750 下），可見五佛思想中「不空成就如來」即是「釋迦牟尼佛」，所以「穢積金剛」即是「釋迦牟尼佛」的忿怒身。而「穢積金剛」與「烏芻澀摩明王」又是同尊同體。

三、「金剛藥叉」與「穢跡金剛」為同體

　　據《金剛峰樓閣一切瑜伽瑜祇經・卷二》云：（《大正藏》第 18 冊頁 268 下）

　　「大金剛焰口」降伏一切魔怨品第十二。爾時世尊，復觀一切未來世諸薄福有情，住大悲盡三昧，而說伽陀曰：
　　有佛名「金剛大藥叉」，吞噉一切惡有情，及無情等物，三世一切惡，穢觸(污穢濁觸)染慾心，令彼速除盡，吞噉無有餘。

　　從經文可得知，「大金剛焰口」即是「金剛大藥叉」，其吞噉三世一切「惡穢濁觸」的染欲心，即同於《底哩三昧耶不動尊聖者念誦祕密法》所描述的「不淨金剛(穢跡金剛)，須臾悉噉所有諸穢，令盡無餘」。

又據日僧<u>空海</u>由其師<u>惠果</u>阿闍梨之口說而筆記的《祕藏記》載：（《大正藏‧圖像部一》頁10下）

> 「金剛藥叉」(為)<u>不空成就佛</u>(之)<u>忿怒</u>(尊)，(金剛藥叉之)「自性輪」即<u>牙菩薩</u>(金剛藥叉菩薩亦云金剛牙菩薩)，(金剛牙菩薩)是「寂靜身」也。
> 又以「穢積金剛」為<u>不空成就佛</u>(之)<u>忿怒</u>(尊)，(穢積金剛之)「自性輪」(為)<u>金剛業</u>(菩薩)也。「穢積金剛」即「烏蒭澁麼」菩薩也。

這是說「**金剛藥叉**」是<u>不空成就佛</u>的忿怒身，<u>金剛藥叉</u>之「自性輪」即是<u>金剛牙菩薩</u>(據《大日經義釋演密鈔‧卷四》云：摧破魔羅勝軍眾(金剛牙菩薩)。又據《大方廣佛華嚴經疏鈔會本》云：摧破魔羅勝軍眾即金剛藥叉菩薩，亦云金剛牙菩薩)，這是屬於「寂靜身」。而「穢積金剛」亦是<u>不空成就佛</u>的「忿怒身」，<u>穢積金剛</u>之「自性輪」即是<u>金剛業菩薩</u>。如果再從<u>智證</u>請來五大尊像中，當中卻沒有「金剛藥叉」像，反而以「烏蒭澁麼」替代。所以可得知「金剛藥叉」與「穢跡金剛」均為為<u>不空成就佛</u>的忿怒身同體尊。區別在：

> 「**金剛藥叉**」之自性輪是<u>金剛牙菩薩</u>，屬於「**寂靜身**」。
> 「**穢積金剛**」之自性輪為<u>金剛業菩薩</u>，屬於「**忿怒身**」。

「自性輪身」的意思指諸佛教化眾生之「本地自性佛位」，例如<u>大日</u>如來係以「本地自性之佛體」在化導眾生，故稱為「自性輪身」。

如果從《略述金剛頂瑜伽分別聖位修證法門》來探討，「毘盧遮那佛」的內心證得「**金剛藥叉方便恐怖三摩地智**」，而「**金剛藥叉**」菩薩是住<u>不空成就如來</u>左邊月輪。既然「**金剛藥叉**」與「**穢跡金剛**」同體，則「**穢跡金剛**」與「**毘盧遮那佛**」和<u>不空成就如來</u>又有了密切的關係。如《略述金剛頂瑜伽分別聖位修證法門》云：（《大正藏》第18冊頁289下）

> 「**毘盧遮那佛**」於內心，證得「**金剛藥叉**」方便恐怖三摩地智，自受用故，從「金剛藥叉」方便恐怖三摩地智，流出「金剛牙」光明，遍照十方世界，降伏剛

強難化眾生，安置於菩提道，還來收一體，為令一切菩薩，受用三摩地智故，成「金剛藥叉」菩薩形，住「不空成就如來」左邊月輪。

四、穢跡金剛為「不動明王」所化現

<u>不空</u>《底哩三昧耶不動尊聖者念誦祕密法》，經文云：（《大正藏》第 21 冊頁 14 上）

……時<u>無動明王</u>(不動明王)承佛教命(而)召(令)彼(摩醯首羅)天，見其作如此「事」(穢物之事)，(不動明王)即(變)化(出)「受觸金剛」，即是「不淨金剛」，令彼(抓)取之(摩醯首羅)。爾時「不淨金剛」，須臾悉(食)噉所有「諸穢」，令盡無餘，便執彼(摩醯首羅)來至於佛所……

上述經文在《大毘盧遮那成佛經疏》也有相同記載（詳《大正藏》第 39 冊頁 679 上），「穢跡金剛」成為「無動明王」(不動明王)的化現身，而不是《穢跡金剛說神通大滿陀羅尼法術靈要門》中所云「釋迦牟尼佛」所化現。

五、穢跡金剛為「普賢菩薩」、「金剛薩埵」所化現

據<u>不空</u>《大威怒烏芻澀麼儀軌經》云：（《大正藏》第 21 冊頁 135 下）

十方所有佛，妙智悲濟者，常住菩提心，是故我稽首，<u>普賢</u>(菩薩)即諸佛，(對彼)受職(授職灌頂為)<u>持金剛</u>(菩薩)，為調伏難調，(普賢菩薩)現此(烏芻澀麼)明王體。以其法勝(法義殊勝)故，「淨」與「不淨」(皆能兼)俱。

從經文可得知「穢跡金剛」(烏芻澀麼明王)為「普賢菩薩」所化現身。若再據《金剛頂瑜伽略述三十七尊心要》云：（《大正藏》第 18 冊頁 292 上）

……即易杵為「金剛薩埵」，即「普賢菩薩」之異名。

「普賢菩薩」的異名就是「金剛薩埵」，則「穢跡金剛」(烏芻澁麼明王)亦為「金剛薩埵」所化現身也。

六、穢跡金剛為「金剛手菩薩」所化現

據《大樂金剛不空真實三昧耶經般若波羅蜜多理趣釋》云：(《大正藏》第 19 冊頁 609 下）

> 「金剛手菩薩」摩訶薩者，此菩薩本是「普賢」，從「毘盧遮那佛」二手掌，親受五智金剛杵，即與灌頂，名之為「金剛手」(菩薩)。

由上可得知「普賢菩薩」即是「金剛手菩薩」，所以我們也可以說「穢跡金剛」不只是普賢菩薩所化現，亦為「金剛手菩薩」所化現。若再據《大威力烏樞瑟摩明王經》云：(《大正藏》第 21 冊頁 142 下）

> 爾時「金剛手菩薩」……即入「怖畏金剛大忿怒遍喜三摩地」……從三摩地安詳而起，告徒眾言……我今說「烏樞瑟摩」祕密曼荼羅法，若暫聞者，一切事業皆悉成就。不有非時夭橫，但諸惡事皆不及身。「毘那夜迦」(vināyaka 亦有分成二尊，一頻那，即豬頭使者。二夜迦，即象鼻使者。毘那夜迦或說即是大聖歡喜天)伺不得便，一切眾生之所愛敬，一切怨敵常皆遠離，一切密言皆得成驗。

可知「金剛手菩薩」在《大威力烏樞瑟摩明王經》中宣說了「烏樞瑟摩」穢跡金剛的祕密曼荼羅法，只要有人暫聞此法，一切事業、密言皆能得以成驗。

第四、事蹟篇

穢跡金剛於《藏經》中所扮演的角色暨事蹟

一、觀世音菩薩遣二十八部金剛聖眾護持誦大悲咒者，穢跡金剛為其第二部

經云：「說偈勅曰：我遣密跡金剛士，烏芻、君荼、鴦俱尸，八部力士賞迦羅，常當擁護受持者」。

——《千手千眼觀世音菩薩廣大圓滿無礙大悲心陀羅尼經》云：若能如法誦持大悲咒者，於諸眾生起慈悲心者，觀世音菩薩當敕一切善神龍王金剛密跡二十八部眾，常隨衛護不離其側。二十八部眾的第二部就是「烏芻瑟摩穢跡金剛」。詳《千手觀音造次第法儀軌》。《大正藏》第 20 冊頁 138 上和頁 108 中。

二、穢跡金剛名號出現在「軍荼利大隨求咒」的咒文中

經云：「烏樞沙摩耶 泮 烏樞沙摩 俱嚧馱也 泮 薩婆 烏樞沙摩南 泮 烏樞沙弭南 泮 折覩嚧 婆擬儞弊藥(二合)」。

——詳《西方陀羅尼藏中金剛族阿蜜哩多軍吒利法》，《大正藏》第 21 冊頁 60 上。

三、《法華經》曼荼羅儀軌中，穢跡金剛位於「第三院」的東北門上

經云：「次於第三重院。東門置持國天王……門東置如意伽樓羅王，於東北隅聖烏芻沙摩金剛。」

——詳《法華曼荼羅威儀形色法經》，《大正藏》第 19 冊頁 602 下和頁 605 中。及《成就妙法蓮華經王瑜伽觀智儀軌》，《大正藏》第 19 冊頁 596 上。

四、穢跡金剛位於《大毘盧遮那成佛神變》曼荼羅中第十一會第二壇

經云：「化佛從口出，次烏芻沙摩，作大忿怒形，黑色光焰起。」

——詳《大毘盧舍那成佛神變加持經蓮華胎藏悲生曼荼羅廣大成就儀軌》，《大正藏》第 18 冊頁 136 下。

五、在《藥師如來觀行儀軌法》中，穢跡金剛為被祈請

「二十八部金剛藏王」中的第三尊

經云：「弟子一心啟請二十八金剛藏王。<u>大輪</u>金剛、<u>軍荼利</u>金剛、<u>大烏芻</u>
沙摩金剛、<u>大摧碎</u>金剛。」

——詳《藥師如來觀行儀軌法》，《大正藏》第 19 冊頁 29 上。

六、在《諸佛大陀羅尼都會道場品》中，穢跡金剛為南面東頭第一座主

經云：「當院南面，從東第一。安烏摳沙摩座（唐云<u>不淨金剛三十二</u>）、次安跋
折囉吒訶婆座（三十三）、次安……。」

——詳《陀羅尼集經‧卷十二》，《大正藏》第 18 冊頁 888 下和頁 894 下。

七、世尊與<u>穢跡</u>金剛和<u>軍荼利</u>共同宣說「金剛阿蜜哩多軍荼利菩薩自在神力咒」

經云：「爾時世尊，與軍荼利、烏摳沙摩等，共會宣說是「大自在威力陀羅
尼法印神咒」，時三千大千世界六種震動。」

——詳《佛說陀羅尼集經‧卷八》，《大正藏》第 18 冊頁 851 下。

八、在《佛說金剛藏大威神力三昧法印咒品》中，穢跡金剛為「金剛藏王菩薩」的眷屬

經云：「爾時世尊告金剛藏：善哉！善哉！汝今愍念諸眾生故，稱其名字，
我亦印可。汝今隨意稱其名字。時金剛藏蒙佛聽許，稱其名曰：
跋折囉蘇摩訶……跋折囉烏芻沙摩……是菩薩等皆居我右。」

——詳《佛說陀羅尼集經‧卷七》，《大正藏》第 18 冊頁 841 上。

九、穢跡金剛出現在「阿吒薄俱元帥大將」的「畫像法」中

經云：「復次有畫像法，凡欲救眾生病，與一切所求，先畫作一鋪神將
像……二手作印執杵、執棒、執跋折羅、執杖。次作烏摳沙摩將軍，

著衣甲，以手相叉，怒目下看張口，次須作四箇天王。」

——阿吒薄俱，梵名 āṭavaka，為十六藥叉大將之一，又作太元帥明王、鬼神大將、曠野神。為消除惡獸及水火刀兵等障難，鎮護國土與眾生之神。詳《阿吒薄俱元帥大將上佛陀羅尼經修行儀軌》，《大正藏》第 21 冊頁 195 下。

十、穢跡金剛位於《頂輪王大曼荼羅灌頂儀軌》中的「第三院」

經云：「次第三院，同第二界道。東南角歌供養菩薩(形服皆金色)……西北角獻喜菩薩(形服皆金色)，次烏芻瑟摩金剛、金剛藏菩薩。」

——詳《頂輪王大曼荼羅灌頂儀軌》，《大正藏》第 19 冊頁 328 中。

十一、穢跡金剛咒印出現在《一字頂輪王瑜伽儀軌》中

經云：「如來初成佛，於菩提樹下，以此印密言，摧壞天魔軍。若入便易處，用觸身忿怒，烏芻瑟摩印，右手如常拳。」

——詳《金剛頂一字頂輪王瑜伽一切時處念誦成佛儀軌》，《大正藏》第 19 冊頁 325 下。

十二、在《大方廣菩薩藏文殊師利根本儀軌經》中穢跡金剛是眾多出席集會的明王之一

經云：「爾時金剛手菩薩，告自明王眾言：汝等今者集會於淨光天釋迦牟尼佛所，今此明王，具忿怒相，與摩賀努底等，奉其教勅，各將眷屬，一念之間，皆來集會。所謂最上明王……阿怛哩鉢多明王、塢芻摩明王等。如是明王，現大忿怒。內含慈忍，降伏有情。」

——詳《大方廣菩薩藏文殊師利根本儀軌經》，《大正藏》第 20 冊頁 840 中。

十三、穢跡金剛於《大聖妙吉祥菩薩說除災教令法輪》中，是四大明王之一，位於佛後左邊角

經云：「於佛前右邊角內，畫四臂降三世明王，青色……於佛後左邊角內，畫四臂大力烏芻澀摩金剛明王，赤色。此四大明王，並皆坐寶盤，石上火焰圍繞。」

——四大明王為「四臂降三世」、「無動明王」、「四臂無能勝明王」、「四臂大力烏芻澀摩金剛明王」，此四大明王，並皆坐寶盤石上，火焰圍繞，如是依教安布，名曰「一切如來祕密除災教令法輪」。詳《大聖妙吉祥菩薩說除災教令法輪》，《大正藏》第 19 冊頁 344 上。

十四、穢跡金剛是四川「大足石窟」的十大明王之一

——穢跡金剛在四川「大足石窟」中，編號第二十二的十大明王像之一——「穢跡明王」，位於二十一號摩崖的底層。「穢跡明王」神態威猛，身體健壯。如憤怒明王般，兩眼圓睜，眉頭聳起，嘴咬左拳。「穢跡明王」，劍眉插鬢，豹眼凸出，鼻翼張開，獠牙外露，有叱吒風雲的氣概。上伸一臂，手抓金輪，似蘊蓄著無窮力量。「穢跡明王」像除西側五尊接近完工外，其他因元兵入四川，皆未完成，大塊的體積及流利的斧鑿痕以及粗打的石胎，可清晰瞭解古代匠師的雕刻過程。

第五、法相篇

穢跡金剛的法相特色介紹

漢傳「穢跡金剛」形像計有「二臂、四臂、六臂、八臂」四種造形。如果據阿質達霰所譯的三部《穢跡金剛》經典來看是「八臂」像的穢跡金剛，如《密跡力士大權神王經偈頌》云：

聖像「端嚴」(端莊咸嚴)，「三頭」及「八臂」，「九目」閃爍，執「索」都圓備。
頂光「如來」合掌「端嚴」(端莊咸嚴)啟(次王畫八臂相儀、寶印、靈符)。
(其)左踏「寶石」，右印「蹺足」立。(有)「八龍」纏臂(具)一切「神變」(之靈)異。(所畫之「像」與)本體(大權)神王一一都無異，

現就《大藏經》和《圖像部》的資料，一一分述之。

漢傳二臂像之一

頭：髮「黃色」，上衝

手：左(手)持「杵」、右(手執持)「娜拏」(daṇḍa 刀杖；器杖)

身：復次「畫像法」，取兩肘「㡧 彩」(古代的彩布；彩色的木棉)，畫大威力「烏芻瑟麼」(ucchuṣma)明王：

❶身「赤」色。

❷怒形。

❸「狗牙」露出。

❹密目(如狸眼即是)。

　　——詳《大威力烏樞瑟摩明王經》(《大正藏》第 21 冊頁 144 上)

其餘：《大威力烏樞瑟摩明王經》又云：「烏樞瑟摩明王」，持青「難拏」(唐言棒)以「夜叉」及「阿修羅」眾，并「訶利帝母」及其「愛子」等為侍從，皆瞻仰明王。

　　——詳《大威力烏樞瑟摩明王經》(《大正藏》第 21 冊頁 143 上)

漢傳二臂像之二

手：右手舒「五指」，以「掌」(而)拓心。左手持「杵」。

腳：左足踏「毘那夜迦」(vināyaka 亦有分成二尊，一頻那，即豬頭使者。二夜迦，即象鼻使者。毘那夜迦或說即是大聖歡喜天)，右足踏「娜拏」(daṇḍa 刀杖；器杖)。令「娜拏」一頭押「毘那夜迦」。

——詳《大威力烏樞瑟摩明王經》(《大正藏》第 21 冊頁 149 上)

漢傳二臂像之三

手：右釼(古同「劍」)下「罥 索」，捧及「三胋」(古同「股」)叉，「器仗」皆(火)焰(生)起。
奉教等金剛，如是等上首。

身：烏芻沙摩，作「大忿怒」形，(身形)「黑色」(有)光焰(生)起。

——詳《大毘盧舍那成佛神變加持經蓮華胎藏悲生曼荼羅廣大成就儀軌》(《大正藏》第 18 冊頁 136 下到 137 上)

漢傳四臂像之一

手：有「四臂」。右上手執「劍」，次(右)下(手執)「羂 索」。
左上(手)打「車棒」，(左)下(手執)「三股叉」，「器仗」上並(火)焰(生)起。

身：畫大威力「烏芻瑟摩」(ucchuṣma)明王，大忿怒形：
❶目「赤」色。
❷通身黵 黑色(青黑色)。
❸舉體(火)焰(生)起(指全身流著火焰)。

——詳《大威力烏樞瑟摩明王經》(《大正藏》第 21 冊頁 143 上)

漢傳四臂像之二

手：左上手掌「髑髏」，(左)下手竪「頭指」(食指)擬勢(作比劃指向之勢)。
右上手持「那拏」(daṇḍa 刀杖;器杖)，(右)下手執「杵」。

身：於應肘量緤 (古代的彩布;彩色的木棉)上，畫「大威力明王」。像前畫一「毘那夜迦」(vināyaka 亦有分成二尊，一頻那，即豬頭使者。二夜迦，即象鼻使者。毘那夜迦或說即是大聖歡喜天)，蹦跪合掌。

腳：「左足」下踏一「毘那夜迦」。

——詳《大威力烏樞瑟摩明王經》(《大正藏》第 21 冊頁 149 上)

漢傳四臂像之三

頭：髮上竪。

手：怒形，四臂。一手掌「髑髏」，第二手(持)「娜拏」(daṇḍa 刀杖;器杖)，第三手(持)「人頭」，第四手(持)「杵」。

身：衣「虎皮」褌 (古代稱作「兜襠布」，具一段兩側，有窄長布條的一種長寬布條，可遮擋私部，亦似日本傳統的内褲樣式)。

　　——詳《大威力烏樞瑟摩明王經》(《大正藏》第 21 册頁 148 上)

漢傳四臂像之四

頭：目「赤」色。

手：四臂。右手(執)拂，(右)下手執「娜拏」(daṇḍa 刀杖;器杖)。

　　左上手，並舒「五指」，「側手」(則靠)近額(頭)，微低其頭，作「禮佛」勢。

　　(左)下手(執)「赤索」。

身：佛右畫「大力烏쒀瑟瘞」明王。

　　——詳《大威力烏樞瑟摩明王經》(《大正藏》第 21 册頁 153 中)

漢傳四臂像之五

頭：眉間(現)顰蹙(皺眉蹙額)，其目可怖。髮「黃色」，上竪。咬下脣，「狗牙」(最)上(應露)出。

手：四臂。

　　左「上手」，持「杵」。(左)下(手執)「羂索」。

　　右「上手」，並屈，竪「頭指」(食指)擬勢(作比劃指向之勢)。

　　(右)下手(作)「施願」(手印)。

身：復次畫像法，用應肘量㲲 (古代的彩布;彩色的木棉)，畫「大威力明王」：通身(爲)「黑色」，(火)焰(生)起，忿怒形。左目(應作)「碧色」。

其餘：衣虎皮褌 (古代稱作「兜襠布」，具一段兩側，有窄長布條的一種長寬布條，可遮擋私部，亦似日本傳統的内褲樣式)。(以)「蛇」(即爲「龍」類)為瓔珞。

　　——詳《大威力烏樞瑟摩明王經》(《大正藏》第 21 册頁 155 中)

漢傳四臂像之六

手：左定，(手)執「罥索」。

右理(有可能是「左理」二個字的誤寫)，(手執珍)寶(的)「數珠」。

右惠，(手)執「三戟」(杵)。

右智，(手作)「滿願印」。(「滿願印」的手印是)以「惠、方、願」屈(此指「小指、無名指、中指」作屈狀)，(以)「智、力」直(此指大姆指、食指作直狀)加哺。

(明王自身)以「獸皮」為衣。

右(手)有兩「赤蛇」(紅色的蛇)，蟠絞垂(至)胸臆(處)，令(兩蛇頭面)膽(仰向)「本尊」(之)面。

(明王)亦(於)「四臂」(之)兩膊 (之間有青)白(蛇)，有一「蛇」遶之，其色甚「青白」，住(於)「寶池蓮」上。

身：烏芻沙摩(明王)，(於)髮髻(中)遶(著一條)自地(很可能是「白也」二個字的錯字。而「也」字古通「它」，就是「蛇」的意思)。(烏芻沙摩明王)身相(作)「大青色」，(有種種)金剛「寶瓔珞」，甚大「忿怒」相。

　　——詳《法華曼荼羅威儀形色法經》(《大正藏》第 19 冊頁 605 中)

漢傳四臂像之七

頭：然後(請畫師)畫作「火頭金剛」：其像身長「可」(大約)佛一肘(約 60cm)、(或)二尺三寸半(約 71cm)。除其「光座」，更作「高大」，亦彌精好。和「彩色」，用「薰陸香」汁，不用「皮膠」。取一「水罐」，著壇「中心」，日日當設一「七人」齋，若不辦者，「一人」亦得。

手：(烏樞沙摩)其像色「青」，而有「四臂」。右手向膊 (之處而)把「跋折囉」(金剛杵)。

左手向肩(之處)而把「赤索」(紅色的繩索)。其(紅色的繩)索「盤屈」，狀似「盤蛇」。

右手舒下，仰「大(拇)指」博「頭指」(食指)，直下舒，其餘「三指」，纏屈向上。

左手屈臂向上，手把「數珠」，用「中指頭」而招其珠，面貌端正，極令姝妙。

畫「二龍王」絡「左髆 」上，其二「龍頭」(應)相鉤，仰視在於「胸」前，(龍)尾在「背」上，俱純「赤色」。

又「四龍王」並作「青色」，各絞(纏住)一臂。

又二龍王亦皆「青色」，各絞(纏住)腳脛 (小腿)。

其(烏樞沙摩)像(的)頭上(有)一「白龍王」，絞盤(而)豎頭。

其餘：其(烏樞沙摩)像「腰」下(有)「虎皮」縵ᵑ胯(指衣服掩蔽了大腿與小腿的一些部分)。頭髮「火焰」，悉皆使(直)豎。非但「頭」上，項背(頸項和背脊)亦有「火焰」之光。

其(烏樞沙摩)頭光上，左右各畫一「蓮華座」。

①「左蓮華」上作阿閦佛像(一本云釋迦佛)，結跏趺坐。

②左手「仰掌」，橫在臍下，右手「仰掌」，在右膝上，「指頭」(食指)總垂。

③「右蓮華」上作阿彌陀佛像，結「加趺坐」，手作阿彌陀輪印。謂左手「仰掌」，「大(拇)指、無名指」兩頭相拄，「食、中、小」三指，皆舒展之，右手同前。

④作但以此手覆「左手」上，二手「大(拇)指、無名指甲」，齊之「相拄」。

⑤其佛像上，畫作「諸天」散華之像，其上作雲，如「電光色」。

⑥其(烏樞沙摩)「金剛像」底，畫作「海水」，中有「蓮華」，於其華上。

⑦立「金剛」著，海中畫作八箇「阿修羅王」，左邊四箇、右邊四箇。

⑧其「八王」形皆作「低頭禮拜」之形。

　　　　——詳《陀羅尼經・卷九》(《大正藏》第18冊頁864中)

漢傳六臂像之一

頭：三目、六臂。

手：右「第一手」，屈臂，當股(而)持「寶棒」。

　　(右)「第二手」，舉(手向)上，舒肘，(手)執「三古杵」。

　　(右)次手，申臂，(手)持「索」。

　　左「第一手」，作「施願」(印)。

　　(左)次手，屈臂舉上，(手)持「輪」。

　　(左)次手，(手)持「念珠」。

身：(身皆作)「青紺」色。以「諸蛇」纏(繞著)「手足」。以「髑髏」(作)為「瓔珞」(的莊飾)。

腳：(身)坐(於)「赤蓮」(紅蓮華)，垂(著)「右足」。

　　智證大師請來烏瑟澀摩明王像。

　　　　——詳《大正圖像十・白寶抄・烏瑟沙摩雜集》頁1062上。

漢傳六臂像之二

手：左理，(手結)「檀拏印」。

　　左定，(手)執「鈝鐣」。

　　左理，(手)握(持)「金輪」。

　　右慧，(手)執「寶劍」。

　　右智，(手執持)「鉞斧」相，(有)金剛寶「瓔珞」，(莊)嚴(其)身不可量。

　　左理，(手執珍)寶(的)「數珠」。

　　右慧，(手)執(持)「三股」(杵)。

　　右智，(作)「滿願印」。(「滿願印」的手印是)以「慧、方、願」屈(此指「小指、無名指、中指」作屈縮狀)，「智、力」(此指大拇指、食指)真如「嘴」(狀)。

　　(明王自身)以「獸皮」為衣，(於)「右肩」(有)二「赤蛇」，蟠結垂(至本尊的)「胸臆」(處)，令(紅蛇)「頭」(朝著)本尊(方)向。

　　(明王)亦(於)「四臂」(之)「兩膊」(肩膀；胳臂)，(皆)有一「蛇」遶之，其色甚「青白」，住(於)「寶池蓮」上。

身：北門(之)「鳥芻澁摩」菩薩，(於)髮髻(中)遶(著一條)「白蛇」。(鳥芻澀摩菩薩的)身相(長)大，(身作)「青色」，(有種種)金剛寶「瓔珞」，甚大，「忿怒」相，(具)「六臂、六足」體(此指六隻手臂、六隻腳)。

　　——詳《攝無礙大悲心大陀羅尼經計一法中出無量義南方滿願補陀落海會五部諸尊等弘誓力方位及威儀形色執摩耶幖幟曼荼羅儀軌》(《大正藏》第20冊頁133上到中)

漢傳八臂像之一

頭：三頭、八臂、九目立。

手：都攝寶印(此爲「金剛拳印」，故與《穢跡金剛禁百變法經》經文說的「都攝錄印」是不同的)、火輪、金剛揮「罥ㄐㄩㄢˋ 索」、鈴音、八龍纏身臂。

(右一手「開山印」(禁山印)。

二手「金剛杵」。

三手「寶鈴」。

四手「寶印戟」。

左一手「都攝印」(金剛拳印)。

二手「火輪」。

三手「罥索」。

四手「寶劍」)

身：九目、三面(三個臉)、利劍、寶印戟。青黑(色)、藍澱(色)、髮赤(紅色)、(髮)上豎(而)起。

(手)腕ㄨㄢˋ 慣(古同「貫」→穿)寶錙ㄗ (套在腳腕上的環形裝飾物，亦稱爲「如意寶釧」)。

腳：(左)足(是站立)按(壓於)「閻浮界」。

「右足」印空(右腳的足印是騰空狀態)。

其餘：(腰繫)「綵裙」繚繞(而)起。(有)「智火」(智慧火焰)洞然塞滿「虛空」中

——詳《密跡力士大權神王經偈頌》（《大正藏》第 32 冊頁 778 中）

漢傳八臂像之二

頭：唐本畫像云：忿怒形，「立」盤石上，面(稍爲朝)向(著)「右方」。開口。有上「鬚」，頭髮(皆)「聳上」。

手：「八臂」具足。

左、右(之)「第一手」(都)作(相同的手)「印」，以「大指」押「中、無名」指(的指甲上)，舒立「小指、頭指」(食指)。

以「右手」寄於「左脇」邊(的位子)，以「左手」(則)寄於「腹側」(邊的位子)，各以(其手)掌(而朝)向外。

右「第二手」，舉(手向)上，(手執)持「劍」。

(右)第三手，(手)執(金剛)「鈴」。

(右最)下手，把(持)「羂索」(而)垂下。

左「第二手」，舉(上向)上，(手)執「輪」，(造形是)「六輪」，(皆)放「火焰」(狀)。

(左)次手，持「長劍」。

(左最)次手，垂申，(手)把「三鈷」縛日羅(vajra 指三鈷的金剛杵)。

身：(身上)有「天衣」。(金剛像的)「頸」(上有)懸(掛著)「瓔絡」。

腳：舉「右腳」(之)躍勢(狀)，「左足」直踏(立於)「石」上，「足邊」(皆)放「火焰」(相)。

　　　——詳《大正圖像十·白寶抄·烏瑟沙摩雜集》頁 1061 下。

漢傳八臂像之三

頭：唐本穢迹金剛像。身「赤肉色」(紅肉之色)，面有「三目」，頭髮不聳豎(此說法與所有的經論是不一樣的)，(髮上有)著「天冠」，冠緒飄舉，其(天冠之)色「白」如常。身(稍爲)面向「左方」，(腳立)於「盤石」上。

手：有八臂。

左、右(之第)「一手」(都)結(相同的手)「印」，如(於前面所述的最)初「第一手」像(的手)印(即指以「大拇指」押著「中指、無名指」的指甲上，「小指」與「食指」皆舒立作直狀)。

左上手，舉(手過)頭(而朝)上，(手)持「劍」。

(左)中手，(手)持「三古鈴」。

(左最)下手，伸下臂，(手)把「索」。

右上手，持如「鞘」(之)物，若是「棒」歟。

(右中)手，「屈肘」(而)向上，持「獨股金剛杵」。

(右最)下手，垂把「弓箭」。

身：腰(部)纏(有)「赤綵帛」(的帶子)。(身著)「青天衣」(的)袈裟。

腳：(站)立(於)「石」上，從「石」四邊(皆)出生「火焰」。

其餘：(穢跡金剛像本)尊(的)上空中，有「化佛」坐像，是釋迦佛也。

　　　——詳《大正圖像十·白寶抄·烏瑟沙摩雜集》頁 1062 上。

錄自《大正·圖像十·白寶抄·烏瑟沙摩雜集》

尊像差別

集經云畫作火頭金剛。其像身長可佛一肘二尺三寸半餘。其光高大亦彌精好。其像色青而有四臂。右手向肩而把赤索，其索盤屈狀似盤蛇。右手向膊屈而直下，舒其餘三指縷屈向上。左手屈臂向上，手把數珠，用中指頭而搯其珠。面貌端正，極令殊妙。畫二龍王絡左右膊上，其二龍頭相鉤仰視，在胸前尾在背上，俱純赤色。又四龍王並作青色，各絞一臂。又二龍王各絡腳脛，其頭上一白龍王絞頭。其像腰下虎皮縵跨，頭髮火焰悉皆使竪，頭上項背亦有火焰之光云、

此像如文可作端正殊妙。何智證大師請來本抄法花曼荼羅等皆作忿怒形乎。隨私見古京本畫作端正像是合經也。

錄自《大正·圖像十·白寶抄·烏瑟沙摩雜集》

二卷經上云烏樞瑟摩明王持青難拏（云唐火棒），夜叉及阿修羅眾并訶利帝母等為侍，皆悉瞻仰明王。

又云佛左畫烏芻瑟摩明王大忿怒形，目赤色，通身豔黑色，舉體焰起而有四臂。右上手執劍，次下羂索，左上打車棒，下三股叉器仗，上並焰起云、

又云以己血書之髮上竪怒形，四臂，一手掌髑髏，第二手娜拏，第三手人頭，第四手杵，衣虎皮褌黑云、

是降怨像也。㮇㮇形像說之可勘本文。

唐本畫像云忿怒形，立磐石上面向右方，開口有上齦八臂具足。左右第一手作印，以大指押中無名指，舒立小指頭指，以右手寄於左脇邊，以左手寄於腹側，各以掌向外。右第二手舉上持劍，第三手執鈴下手把羂索垂下。左第二手舉上執輪，次放火焰，次手持長劍，次手垂下把日羅。舉右腳躍勢，左足直踏石上，足邊放火焰。頭頸懸瓔珞有天衣，頭髮聳上，搯本故不知身色。像下書此之神呪是釋迦世尊以神通力出金剛而宣說之。誦時宜先讚聖，次稱三寶名。

錄自《大正‧圖像十‧白寶抄‧烏瑟沙摩雜集》

又唐本穢迹金剛像身赤肉色面有三目。頭髮不聳竪著天冠。～緒飄舉其色白如常身面向左方磐石上有八臂左右一手結印如初第一手像印下左上手舉頭上持劍中手持三古鈴下手伸下臂把索右一手手持如鞘物若是棒欹手屈肘向上持獨肱金剛杵腰纏赤綵帛下手垂把弓箭著青天衣袈裟立石上從石四邊出生火焰尊上空中有化佛坐像是釋迦佛也（僧從可唐）智證大師請來烏瑟澀摩明王像三目六（戀手可得之本云～）臂青紺色右第一手屈臂當股持寶棒第二手擧上舒肘執三古杵次手申臂持索次左第一手作施願次手屈臂擧上持輪次手持念珠以諸蛇纏手足以觸髏爲瓔珞。坐赤蓮花垂右足此法息災增益敬愛調伏并產生訴訟等。臨本文可勘之其供養香花燒安悉香用赤色花紫花亦得又著赤衣坐菖蒲席。～可數甀（已上出集經也）

以上介紹了四種穢跡金剛「二臂、四臂、六臂、八臂」的形像，而在《密跡力士大權神王經偈頌》中曾說：（若人能）彩畫「頂像」（即大權神王：穢跡金剛）除卻「阿鼻獄」（之罪）。如果有人「彩畫」穢跡金剛形像，則此人可滅除阿鼻重罪也！

關於「烏樞沙摩」(ucchuṣma 穢跡金剛)尊像顏色的問題

1 從唐朝的「純佛典」中，最先、最早翻譯的密教經典中說的是全身「青色」，但這個「青」字在古代有時指「藍」色，有時是指「青綠、綠」色，有時也指「黑」色，如後面所附的證據說明。

2 後來的《大威力烏樞瑟摩明王經》說的顏色有「三種不同」的說法。
全身--青黑色 (就是深藍色)。
全身--紅色。
全身--黑色。

3 在《大威力烏樞瑟摩明王經》經文要結束時，出現了「三種」顏色的「誦咒觀想法」。
觀想 oṃ 為「紅色」。
觀想 hūṃ 為「青色」。
觀想 phaṭ 為「白色」。

4 元朝廣福大師(管主八)所撰寫的《密跡力士大權神王經偈頌》是說全身「青黑色、藍澱色」。請注意，這不是「佛經」，而是個人的「撰寫」而已。

所以現在的烏樞沙摩(穢跡金剛)的顏色，就有二種做法。

第一種做法：金剛的3頭及全部身體都是「藍色」(直接全身彩上深藍色，或天空藍)。

第二種做法：只有金剛「中間的頭」及全身是「藍色」(採用天空藍)
　　　　　(因顏料問題，「天空藍」放久了也會變成「深藍色、黑藍色、青黑色」)

金剛左右頭改成「紅頭、白頭」，與「藏密」金剛尊像的搭配方式是相同的。

下面是經文相關出處的「證據」！

一、從唐朝最早的阿地瞿多(Atikūṭa 意譯無極高。公元 652~654 年間人)翻譯的「烏樞沙摩」像，經文說的是「**青色**」，然後只有 4 個手臂

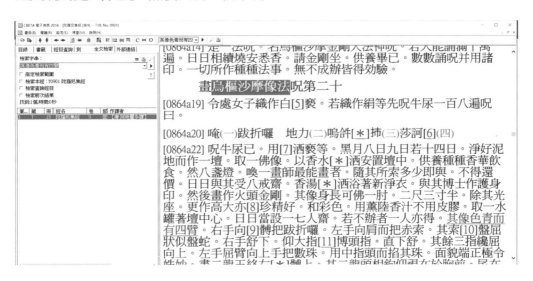

二、再來是唐朝阿質達霰(Ajita-Senapati 意譯無能勝將。公元 732 年間人)翻譯的「烏樞沙摩」像。在《大威力烏樞瑟摩明王經》經文說的顏色，有三種。

第一種說的是全身「**黤黑色**」(青黑色)，然後也只有 4 個手臂

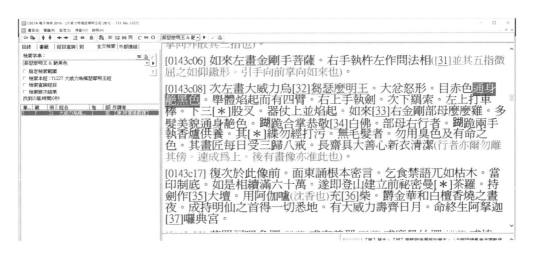

在《大威力烏樞瑟摩明王經》中第二種說的是全身「赤色」(紅色)。

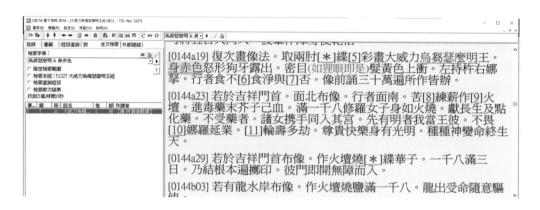

在《大威力烏樞瑟摩明王經》中第三種說的是全身「黑色」

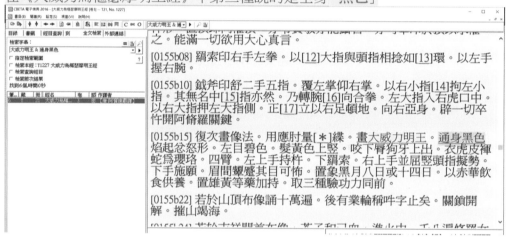

　　在《大威力烏樞瑟摩明王經》的「卷下」，經文要結束時，出現了「三種」顏色的「誦咒觀想法」，

　　一、以手指「拄」著你的「額頭」，觀「唵字」，但要觀想是「紅色」。

　　二、以手指「拄」著你的「心」，觀「吽字」，但要觀想是「青色」。

　　三、以手指「拄」著你的「腳」，觀「發吒字」，但要觀想是「潔白色」。

　　這樣的「觀想」就出現了三種顏色。

一紅、二青、三白

到了元朝的<u>廣福大師</u>(公元 1314～1320。<u>管主八</u>)，他所撰寫的《密跡力士大權神王經偈頌》，就說是「**青黑色**」，但是為「**八臂**」。

請注意，這不是「佛經」，而是個人的「撰寫」而已。

廣福大師_(管主八)的《密跡力士大權神王經偈頌》又說是「**青黑、藍澱**」色。

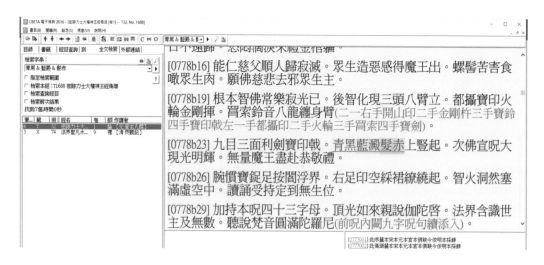

古代「青」字的顏色問題

(1)《荀子‧勸學》:「**青**」取之於「**藍**」而青於藍。南朝梁‧劉勰《文心雕龍‧通變》:
夫「**青**」生於「**藍**」。「**青色**」的染料是從「崧藍」和「蓼藍」植物中提煉來的,但它的
顏色卻比原植物更深一點。「**青**」色其實是「**藍**」與「**綠**」之間的一種過渡顏色。

(2)「**青**」字在古代有時指「**藍**」色,有時是指「**青綠、綠**」色,有時也指「**黑**」色。如
下所舉:

(3)【青天】:指天,其色「藍」。《莊子‧田子方》云:夫至人者,上闚「青天」,下
　　　　　潛黃泉,揮斥八極,神氣不變。
　　【青空】:蔚藍的天空。
　　【青黑】:
　　　　　　1.青色和黑色。
　　　　　　2.青色裡面帶著黑色。
　　　　　　3.墨藍色。
　　【青靛】:即靛青,「深藍色」的一種染料。
　　【青燄】:「青藍色」的火焰。常用以指燈光、磷火等。
　　【靛青】:一種從「藍草」中提煉的染料。

(4)【青山】:青蔥的山嶺。
　　【青山綠水】:青色的山,綠色的水,形容秀麗的景色。
　　【青川】:碧綠的水流。
　　【青玉盤】:喻碧綠的荷葉。
　　【青芊】:指碧綠茂盛的莊稼。
　　【青光】:綠熒熒的光色。
　　【青光眼】:眼內的壓力增高引起的嚴重損害視力的眼病。症狀是瞳孔放大,角

膜水腫，呈現「灰綠色」。

【青豆】：青色豆莢、綠豆。

【青甸】：綠色的郊野。

【青枝綠葉】：青綠色的枝葉。

【青肥】：即綠肥。

【青油油】：形容青綠而潤澤。

【青荷】：綠色的荷葉。

【青原】：綠色原野。

【青野】：綠色的田野。

【青陰】：綠色的樹蔭。

【青蛙】：通常為綠色，也有灰色斑紋。

【青楊】：一種梧桐青楊的樹木。

【青溪】：碧綠的溪水。

【青碧】：青綠色。常用以形容山色、煙色、天色等。

【青蔥】：翠綠色。

【青翠】：鮮綠貌。

【青潤】：猶言綠油油。

【青樹】：常綠喬木。亦泛指綠樹。

【青鮮】：苔蘚，苔色青綠。

【青蟲】：綠色小蟲。

【青蟬】：蟬的一種，色綠而小。

【青疇】：綠色的田野。

(5)【青蠅】：蒼蠅，蠅色黑，故稱。

【青裳】青黑色的衣裳，為賤者所服，亦借指農夫、蠶婦、僮婢等。

穢跡金剛的「嘴牙」明確的是「狗牙」，而不是「獠牙」

據唐・阿質達霰譯《大威力烏樞瑟摩明王經》中共出現三次對「穢跡金剛」的「牙齒」描敘，經文都明確的說是「狗牙」，而不是「獠牙」二個字，如下截圖所示：

[0144a16] 若於吉祥門首布像。誦三十萬遍訖。阿脩羅女自出迎之。可將五百人同入。彼輩作障身便乾枯。

[0144a19] 復次畫像法。取兩肘[*]㲲[5]彩畫大威力烏芻瑟摩明王。身赤色怒形狗牙露出。密目(如狸眼即是)髮黃色上衝。左持杵右娜拏。行者食不[6]食淨與[7]否。像前誦三十萬遍所作皆辦。

[0144a23] 若於吉祥門首。而北布像。行者面南。著[8]縞緤薪作[9]以

[0155b10] 鉞斧印舒二手五指。覆左掌仰右掌。以右小指[14]拘左小指。其無名中[15]指亦然。乃轉腕[16]向合拳。左大指入右虎口中。以右大指押左大指側。正[17]立以右足頓地。向右亞身。辟一切卒忤開阿脩羅關鍵。

[0155b15] 復次畫像法。用應肘量[*]緤。畫大威力明王。通身黑色焰起忿怒形。左目碧色。髮黃色上豎。咬下脣狗牙上出。衣虎皮褌蛇為瓔珞。四臂。左上手持杵。下羂索。右上手並屈臂頭指擬勢。下手施願。居間疊威甚可怖。黑色黑月八日或十四日。以赤華飲食供養。

[0157c02] 曩慕囉怛曩(二合)怛囉(二合)夜也(一)唵(二)嚩日囉(二合)俱路(二合)馱(三)摩訶麼攞(四)訶曩娜訶跛者(五)尾馱望(二合)娑也(六)烏芻瑟麼(二合)俱[17]路(二合)馱(七)鈝(八)頗吒([18]吒半音呼之九)娑嚩(二[*]合)[*]訶(十)

[0157c06] 復次畫像法。用應肘量[*]緤。畫大威力明王。通身黑色露出狗牙。髮黃上衝。忿怒舉身焰起。左持杵右[19]擲拏。黑月八日或十四日布像。以赤華赤食飲供養。加持雄黃新[*]緤[20]披神線(天竺淨行以緤線循環合為繩鹿如三指名神線絡膊之)或木[21]㮿杵輪鉞斧劍等類。若焰起或就持明仙。怖生蘇形。纔熱當著行。

沒有任何一部「純密教佛典」中有「獠牙」這二個字的資料，如下截圖：

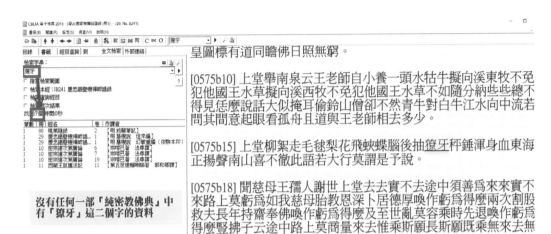

在藏經中檢索「狗牙」二個字，卻出現高達 91 筆的資料，如下截圖：

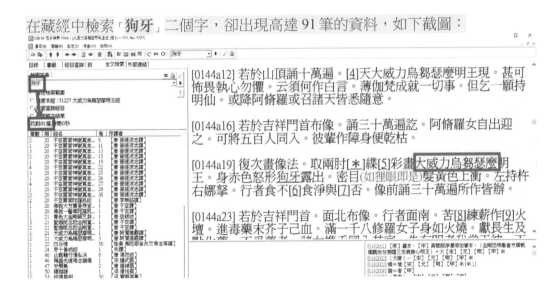

狗牙的照片

狗牙造型

狗牙造型

狗牙造型
側面視角

狗牙造型

狗牙造型

狗牙造型

其餘相關漢傳的「穢跡金剛」圖像

漢傳八臂穢跡金剛

漢傳八臂穢跡金剛

金剛

穢跡

馬芥龍居士恭繪

烏枢沙摩明王像

唐時代（9世紀末）

紙本著色　縦80.7cm　横30.8cm

Ucchuṣma, "Fiery-headed Vajra"
Tang dynasty, late 9th century A. D.
Ink and colours on paper.
H. 80.7cm, W. 30.8cm

大穢跡金剛明王

九尺木雕彩繪版「穢跡金剛」圖像集

　　木頭採用最好的「台灣檜木」。中間的「金剛佛」，真實身高就是 180cm，一公分都不能「少」的。

　　設計成「九龍盤佛」，就是「化佛」下面的「蓮華台」再盤上一條龍，總共九條龍，整尊只有「劍」與「戟」，改成了「桃木」規格。

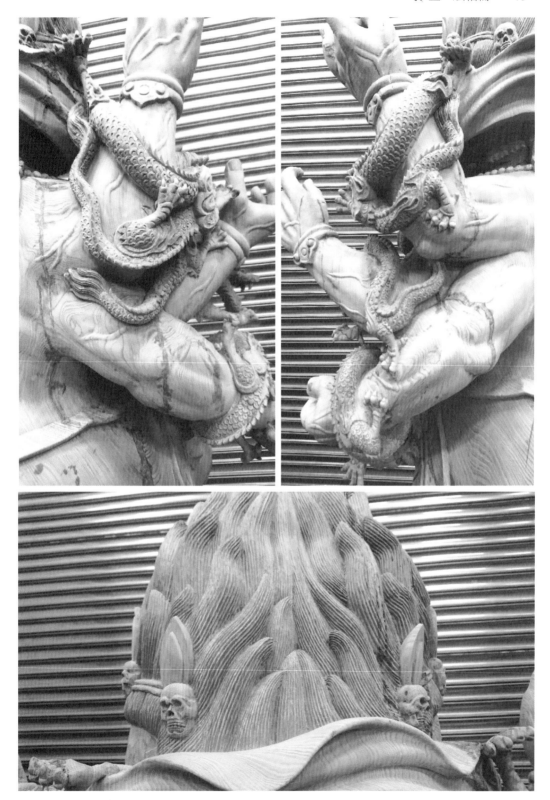

詳細解說，請參考
https://drive.google.com/drive/folders/1GrvyJroy7OPj_ofU1iSGMrkNnSj-
uPyX?usp=sharing

藏傳六臂「綠色」穢跡金剛

身：膚色綠。

頭：三面六臂，正面「綠」，右面「藍」，左面「白」。

手：中間二隻手交叉，在胸前結「金剛印」。

最上面第一右手，執「金剛杵」。

最下面第二右手，執「金剛鐵鈎」。

最上面第一左手，執「金剛鈴」。

最下面第二左手，執「金剛羂索」。

腳：腿右屈、左伸，壓住一切「厲鬼」。

其餘：頭戴「人頭骨」與「瓔珞」，以「人皮、象皮」和「虎皮」嚴身。

六臂綠色穢跡金剛

藏傳六臂「煙色」穢跡金剛

身：膚色深煙灰。

頭：三面六臂，正面「深煙灰」，右面「白」，左面「紅」，每面三隻慧眼。

咧嘴呲牙，鬚、眉、髮黃褐捲曲燃燒。

手：最上面第一右手，執「十字羯摩杵」。

中間第二右手，執「五股金剛杵」。

最下面第三右手，執「金剛鐵鉤」。

最上面第一左手，執「金剛杖」。

中間第二左手，執「金剛羂索」。

最下面第三左手，作「金剛印」狀。手均上舉。

腳：腿「八字」姿勢而立。

其餘：以「五頂骨」為冠，五十隻「鮮頂骨」為腋授，四肢繞「蛇」，「虎皮」為裙。

六臂煙色穢跡金剛

藏傳四足煙色穢跡金剛

藏傳六臂「紅赭」穢跡金剛

身：膚色深赭。

頭：三面六臂，正面「紅赭」，右面稍「白」，左面「豔紅」。各面三隻似火的「慧眼」。

　　咧嘴呲牙，鬚眉「紅、黃」燃燒，「褐髮」捲曲，紅腹，「青黑」龍蛇繞身。

手：最上面第一右手，執「寶印戟」。

　　中間右手，執「十字羯摩杵」彎曲在胸前。

　　最下面右手，執「金剛鐵鈎」。

　　最上面第一左手，執「金剛杖」。

　　中間左手，執「金剛罥索」彎曲在胸前。

　　最下面左手，作「金剛印」狀，手均上舉。

腳：穿虎裙，右腿屈，左腿伸。腳踩「外道」像。

其餘：全身遍滿忿怒「紅火」，「青黑蛇」從「脖子」纏到「肚皮」上。

紅赭穢跡金剛(竹巴噶舉傳)

藏傳六臂「白」穢跡金剛

身：膚色全白。

頭：三面六臂，正面「白」，右面「黃」，左面「紅」。各面三隻似火的「慧眼」，咧嘴
　　呲牙，褐髮捲曲。

手：最上面第一右手，執「十字羯摩杵」。

　　中間第二右手，執「寶鈴」。

　　最下面第三右手，執「寶印戟」。

　　最上面第一左手，執「金剛杖」。

　　中間第二左手，執「金剛印」。

　　最下面第三左手，執「火輪」。手均上舉。

腳：穿黃色虎裙，右腿屈，左腿伸。

六臂白穢跡金剛

藏傳四臂「紅」穢跡金剛

身：膚色暗紅。

頭：一頭、一面、三眼。

手：四臂大力明王。

　　　左手向佛(而作)頂禮。

　　　右手執「拂」。

　　　左上手執「金剛索」。

　　　右上手持「金剛棒」(上面內容據漢傳密典《佛說出生一切如來法眼遍照大力明王經·卷上》)。

腳：穿白色虎裙，右腿屈、左腿伸。

其餘：全身遍滿忿怒「紅火」，「青黑蛇」從「脖子」纏到「肚皮」上。

　　　　(據《佛說出生一切如來法眼遍照大力明王經·卷上》云：)**眼如朱，髮如熾火，如焰上聳。**

註：以上資料出自《佛說出生一切如來法眼遍照大力明王經·卷上》，漢傳經典所記載的「紅色大力明王穢跡金剛」即是藏傳的「四臂紅穢跡金剛」。

藏傳四臂紅穢跡金剛

藏傳二臂忿怒穢跡金剛母

身：膚色藍黑，忿怒佛母模樣。

頭：三隻慧眼，雙手於胸間抱住盛滿的「甘露瓶」，披頭散髮。

手：全無一飾。

腳：雙腿并立於「蓮華」日輪之上。

其餘：散披黑絲。

二臂忿怒穢跡金剛母

二臂穢跡金剛

二臂紅穢跡金剛

其餘相關藏傳的「穢跡金剛」圖像

底下圖片來源：《諸佛菩薩聖像贊》

年代：清朝

現藏：美國哈佛大學

藏傳三頭六臂穢跡(威積)金剛

藏傳三頭六臂煙色穢跡(威積)金剛

ཕོ་བོ་སྟུབ་པ་ཆེ་གསང་བདག

ཨོཾ་ཛ་ཀ་རུ་ཉ་ཧཱུྃ་ན་ཕེ་ཨ་ཙི་ཏ་ཧ་ན་
བི་མ་ལ་ཨ་ཡ་ཧཱུྃ་ཕ་དུ་ན་ཧུ་ན་ཧ་ན་
དག་ཨོཾ་ཧུ་ཧ་ཧ་ན་ས་ཤུ་ཧ་ར་མ་དུ་
ཤ་བི་མ་ལེ་ཧུ་ན་ཊ་ཧུ་ཧ་ན་ད་ས་ཧ་
ར་ཧ་ཏ་ཆེ་ཧ་ཧུ་ན་ས་པ་ས་ཧ་བ་ཏ་
ཧཱུྃ་རུ་ར་ག་ཅུ་ན་ཧཱུྃ་ཕེ་ཧུ་ཧ་ཧ་ན་
ར་ཏ་ས་ཆ་ཏ་ན་ཧི་ན་ས་ཧ་ན་ཀ

藏傳三頭六臂綠色穢跡（威積）金剛

藏傳三頭六臂穢跡忿怒金剛

第六、金剛杵篇

穢跡金剛杵的簡介

一、「金剛杵」造型的解說

宋・天息災譯《一切如來大祕密王未曾有最上微妙大曼拏羅經》卷 5
〈鈴杵相分出生儀則品 6〉

(1)復次金剛手菩薩白佛言：世尊！云何名(爲)「金剛杵」？彼杵(的)「上、下、中間」，
云何(作)分別(呢)？唯願世尊以「大智」(之)自在而為(吾人)開說。

(2)佛告金剛手菩薩言：諦聽！(所謂)金剛杵者，(應)以「三印」(三個法印)印(證)之。金剛
手！我今說「五股杵」(的眞實意義)：

❶(杵的最)上(面有)「五股」(者)，表(法是指五位佛陀)毘盧遮那佛、(東方)阿閦佛、(南方)寶生
佛、(西方)無量光(無量壽)佛、(北方)不空成就佛。

❷(杵的最)下(面也有)「五股」者，表(法是指)四(種)波羅蜜，所謂「金剛」波羅蜜等。

❸(杵的)中(間)表(示)「清淨菩薩」(的)變化身(爲)「忿怒明王」。

註：四波羅蜜

前面：東方爲「金剛」波羅蜜菩薩，黑青色，左手蓮花上有篋本，右手結阿閦如來之印，具金剛堅
　　　固之智用。

左邊：南方爲「寶」波羅蜜菩薩，白黃色，左手蓮花上有寶珠，右手持四角金輪，生萬德眾寶。

後面：西方爲「法」波羅蜜菩薩，赤肉色，結無量壽之印，上承蓮花，蓮上有篋本，具說法、斷疑慧
　　　門之德。

右邊：北方爲「羯磨」波羅蜜菩薩，又稱「業」波羅蜜菩薩，青色，左手蓮花上有篋本，右手執羯磨
　　　杵，成就利益眾生之事業。

宋・天息災譯《一切如來大祕密王未曾有最上微妙大曼拏羅經》卷 5
〈鈴杵相分出生儀則品 6〉

(1)金剛手！彼阿闍梨及彼持誦(咒語)人，若有依「法」受持，復發「勇猛精進」之心，
(應觀)想自身(即)如「金剛薩埵」，(如此)當得一切佛「最上微妙法界」、最上「勇猛智清
淨法」。

(2)金剛手菩薩復言：佛今已說「金剛杵」相分所有(內容)。(請再宣說)隨(著不同的)「佛」、
隨(著不同的)「法、祕密真言」，乃至(有種種)「別相」(的)微妙金剛杵，及一切「真言」等，
(以及)調伏「藥叉、羅刹」，并(能)破壞一切「極惡之者」(的)一切法等。唯願如來以

「自在智慧」(的)方便(為眾)演說。

(3)佛言金剛手：「金剛杵」有「隨部」(隨不同的佛部、菩薩部、金剛部、明王部……等)種種之相。

❶若復「五股」(金剛杵者，應)作「圓相」，令「股」(與股之間)不(互)相(黏)著。

①其「中股」(應)比「餘股」(再)長「半指節」(的長度)。

(此指五股的「中間」那股，應比其餘「四股」還要長出一點點)

②其杵，上、下正分(為)「三分」，兩「頭」并「中」，是名「三分」。

此(是)「金剛智慧自在菩薩金剛杵」(的造形)。

❷或如「寶形」及「圓相」(形)，(杵)頭(要)稍(為再)礓䂩(張)開(一點)，此(是為)「寶部金剛杵」(的造形)。

❸或如「蓮花」相寶莊(嚴)，此是「蓮花部金剛杵」(的造形)。

❹或如「優缽羅花」形，有「四面」，作「十二股」，於「蓮花」中出，「股」頭(之間)不相(黏)著，此名(為)「羯磨金剛杵」(的造形)。

❺或有「三股」(造形)，亦是(為)「羯磨金剛杵」(的造形)。

❻若復(用)「堅牢、圓相」(去)作「五股」(的)頭(要)相(黏)著(者)，其「股」(應)作「三稜」相，此是(為)「如來最上金剛杵」(的造形)。

❼若復作「九股」，(則)上下(要有)猛焰(火之)相，此是(為)「忿怒金剛杵」(的造形)。

❽若復(作)「獨股」(金剛杵)，即是(為)「微妙心金剛杵」(的造形)。

(4)又復(若要是)降伏「藥叉、羅剎」(則應)用「金剛劍」，亦(欲)於「調伏法」而(獲)得成就(者)，

(5)又復(應)屈如「中指」(的)「中節」，此名(為)「金剛叉」。

(6)又有「微妙祕密金剛鈴」，亦分(作)「三亭」，或分「七亭」(的造形)。

(7)其「金剛鈴」上(應)有「三界道」，其上面(的)「杵」或(作)「九股」(的造形)，(此)是(屬於)「忿怒變化明王」(的金剛)鈴。

(8)(金剛鈴上面的杵)或是(作)「七股」，亦是(為)「金剛忿怒明王鈴」(的造形)。

(9)若(金剛鈴)上面(是)「五股」杵(的造形)，(應)是五部「金」(剛的造形)。

圓型

中間的股比餘股稍長

圓型

五股相黏著

五股不互相黏著

二、「穢跡金剛杵」造型的解說

從「穢跡金剛」相關的經典記載來看，其中對「穢跡金剛杵」的造形，都沒有詳細說明的內容。所以「後人」大多參考《陀羅尼集經・卷七》的「跋折囉商迦羅」法來製作。基本上，法法相通，都是可行的。

《陀羅尼集經・卷七・跋折囉商迦羅》

(1)若人欲得「跋折囉商迦羅」（vajra śaṃkalā 此指「金剛鎖」菩薩，或名「執持」金剛。「鎖」亦譯作 śaṅkalā）驗者……（應於）壇中心安「商迦羅」（vajra śaṃkalā 金剛鎖菩薩，鎖古同「鎖」）像。

(2)若（完全）無「像」者……或於地上「畫著」，亦得。（可於）東方畫著「跋折羅」形……（可）畫作「人面形」（亦即「人臉」的造型）。其（人）面（形的）頭上，（可）畫著「跋折囉」（金剛杵的造）形，立著（於）頭上，勿作其（它的）身形（去）代（替）。

(3)其身（指金剛杵「中間」的部份）者，（可）畫作「杖」形，其杖（的）頭（頂端）上，（即連）著彼（人）面形。（所謂）作其「杖」（之）形（者），（即似）如「錫杖」莖（之狀）。

(4)其（人）面（的）頭上，（可）畫作「頭髮」（最上最頂的髮應該呈現「直豎狀」），（然後整個頭髮是以）「散垂」（的狀態而往）下之。

(5)（頭面像的）右耳（可）畫著「金釧 」（的裝飾，其實「左耳」亦應同步有「金釧」的）。

清・元度輯《密跡力士大權神王真言法》

「跋枳」即「跋折囉」，此言「金剛」。按《陀羅尼集經》載「金剛商迦羅壇印法」云：畫作人面，其面頭上畫「跋折囉形」，立著頭上。其身畫作杖形，如錫杖形。竊意所謂「杵像」者，當不異此。

➜ 可見<u>元度</u>大師自己私下也認為，穢跡金剛的「杵像」，當不異於此也。

如果依現代流傳且常見的雕刻方式有兩種，第一種比較簡單，如下敘述：

先刻一「穢跡金剛」的人頭像（單頭像或參頭像），臉部五官表情均同「穢跡金剛」像，頭髮上有五張「骷髏」臉，在「穢跡金剛」頭上有半個「金剛杵」形，下半身又類似一般金剛杵的「三角橛」或「八棱角」。材料以「桃木、棗木」為上等，其

次「沈檀香木」也行。

1尺3
39cm

7.5吋
7吋半
23cm

6.5吋
6吋半
19cm

打火機

第二種比較複雜，如下敘述：

先刻一支如「杖」形的「五股金剛杵」，再由四層結構組合而成。

第一層：杵身上最頂端為「穢跡金剛」本尊，必須是「三面九目」的忿怒降魔造形。

第二層：刻上「八大菩薩」之慈悲聖容，只需刻頭像即可。八大菩薩是「觀世音菩薩、彌勒菩薩、虛空藏菩薩、普賢菩薩、金剛手菩薩、妙吉祥菩薩、除蓋障菩薩、地藏菩薩」。

第三層：是空的，留作裝臟及各種聖物用。

第四層：刻上「四大天王」的頭像，四大天王是「東方持國天王、南方增長天王、西方廣目天王、北方多聞天王」。也是以威猛忿怒相為佳。

一尺三的「穢跡金剛」杵

三頭金剛＋八大菩薩＋四大寶盒＋四大天王

四大寶盒

裝臟用

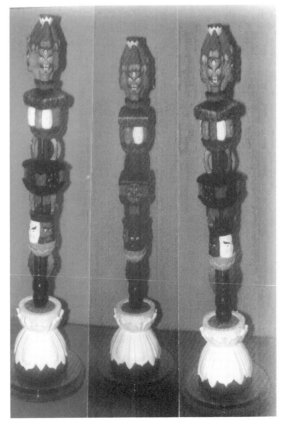

「金剛杵」的「杵尖」若作「三楞」造型，也稱作「三棱、三橛、三角橛」的「金剛杵」

《陀羅尼集經》卷 12

南面東頭，第一座主名「烏樞沙摩」(二合)(ucchuṣma 穢跡金剛)，(於)「蓮花座」上作「跋折囉」(金剛杵)，其「跋折囉」，細腰，三楞(角)。

《大陀羅尼末法中一字心呪經》

若欲成就「金剛杵」者，取好鋌ૐ 鐵(古通「錠」→未經加工成器的銅、鐵)，長「十六指」(即 30 公分。一尺長)，打作「三稜²」(角的造型)。

《佛説一髻尊陀羅尼經》

取「佉陀羅木」(Khadira 紫檀ૐ 木；紫薑木；檀木；薑木；木紫檀；木紫薑；紫荊木)，橛長「十二指」(23 公分)，「三稜²」(角所)成者。

唐‧栖復集《法華經玄贊要集》卷 13

言「金剛」者，貞云：「金剛」異物，(乃)「堅」不可壞，而能(破)壞「諸物」……其(金剛杵的造)形(爲)「三稜」(角者)，(爲能)打破「百分、千分」(之意)，皆須作「三稜」(角者)，為(能)「鑽破」一切寶也。

《一字奇特佛頂經》卷 2

又法，欲令禁止「殺害」……對門作「青幡ૐ」，其幡作「三橛」金剛杵形。

「金剛杵」的「杵尖」若作「八楞」造型，也稱作「八棱、八概、八角概」的「金剛杵」

《陀羅尼集經》卷9

(1)「呪師」須作一「金剛杵」……作「杵」法者，合「金、銀、銅」三物共和(合)，鑄作其「杵」，杵有「八楞」(角)，形如「金剛力士」把杵，杵長「尺二」(此已很接近「一尺三」的規格了)。

(2)若無如上(金+銀+銅)「三種物」者，當取東引「桃根」(應指「桃木」根)作之。

《大樂金剛不空真實三昧耶經般若波羅蜜多理趣釋》卷2

(1)或時(觀)想己身(現)「紇利」(hrīḥ)字門，成「八葉蓮華」，(於)胎(藏界)中(觀)想「金剛法」，於「八葉」上(觀)想「八佛」，或時(於)他身(觀)想「吽」(hūṃ)字，(與)「五股」金剛杵。

(2)(於壇場的)中央把處(觀)想「十六大菩薩」，以自(性)「金剛」與彼「蓮華」二禮(古通「理」)和合，成為「定、慧」。

　　「杵尖」作「八棱角」可表為「八葉座、八瓣蓮花」，又稱為「八葉蓮座」。可表法「因位」為「八識」，果位為「八智」；轉識成智，「因、果」一如，「理、智」不二等諸多義理。

　　密教的「胎藏界曼荼羅」中央區也稱為「中臺八葉院」，裡面是以大日如來為中心，在其周圍八方之蓮瓣，各置寶生佛、開敷華王佛、無量壽佛、天鼓雷音佛等四佛，加上普賢、文殊、觀音、彌勒等四菩薩，總合為「八葉、九尊」，為「三密相應」時，我人肉團心(心臟)開敷之相，此即密宗行者所常修的「八葉蓮華觀」。

　　「八棱角」漸漸縮至「尖端」，亦可謂是為「一真法界」的意思。所以「八棱角」金剛杵有很多的「表法」與「涵義」的。唐朝鑑真大和尚在招提寺使用的「金剛杵」就是以「八棱角」的「獨鈷杵」造形為主。「獨鈷」也可說是表「獨一」的法界，或表「精進勇猛」義、「摧破」義。

　　「穢跡金剛杵」的「髮」如「火焰」而「上豎」，寶冠上有「五張骷髏頭」為「裝飾」表「不淨觀、白骨觀、人生無常觀、降伏諸鬼神觀」等的表義。

　　「杵身」之「中央握處」有「上、下」三重瓣的「八葉蓮」，以「雙連珠文紐帶」，此是表「金剛界」曼荼羅賢劫中的「十六尊」大精進菩薩。或說杵身「上半」表「佛界」，杵身「下半」表「眾生界」，即為「生佛不二」之義。以上都是為「金剛杵」表法的意思。

三、有關「金剛杵」可長達「十六指」(30cm，約一尺) 的經文研究

唐・輸波迦羅譯《蘇婆呼童子請問經・卷一・分別金剛杵及藥證驗分品》

復次蘇婆呼童子……汝當諦聽聞已，廣為人說，欲作「跋折囉」(金剛杵)者。

量長八指(15cm，約五寸)。

或長**十指**(19cm，約六寸半)。

或長**十二指**(23cm，約七寸半)。

或長**十六指**(30cm，約一尺)。

其量最極長者，二十指(39cm，約一尺三)。

唐・不空譯《都部陀羅尼目・卷一》

無量種各不同杵。五股、三股、一股。

長「**十六指**」(30cm，約一尺)為上。

「**十二指**」(23cm，約七寸半)為中。

「**八指**」(15cm，約五寸)為下。

乃至「一指節」者，為下。

《都部陀羅尼目》有說應以「十六指」(30cm，約一尺)的長度為最上、最優的，但這個尺寸在中國的「文公尺」上卻是「不吉」的，可是佛經是「古印度」的文化，對古印度的密教來說，這尺寸仍然是「大吉」的！在密教經典中強調「十六指」長的「金剛杵」，數量還真的不少呢，例如：

(1)唐・<u>阿質達霰</u>譯《大威力烏樞瑟摩明王經・卷二》(同屬於穢跡金剛法內容)：
　　若「補沙鐵」，作杵，長「十六指」(30cm，約一尺)，以「紫檀」遍塗之。

(2)唐・<u>輸波迦羅</u>譯《蘇悉地羯羅經・卷二・成就諸物相品》：
　　若欲成就「拔折囉」者，先以「鑌鐵」作「折拔囉」，長「十六指」，兩頭皆作「三股」，或「紫檀」作，或三金作。三金者，謂金銀熟銅。

(3)唐・<u>不空</u>譯《一字奇特佛頂經・卷一・先行品》中說：
　　若欲成就「金剛杵」，取「霹靂木」(即指雷擊木)，十六指，作金剛杵。

(4)唐・<u>寶思惟</u>譯《大陀羅尼末法中一字心咒經》中說：
　　若欲成就金剛杵者，取好「鋌鐵」，長**十六指**，打作「三棱」，上下各作三頭。

(5)宋・天息災譯《大方廣菩薩藏文殊師利根本儀軌經・卷十六・說一字大輪明王畫像成就品》中說：

求金剛杵，用「鑌鐵」，作三股，長十六指。

(6)宋・施護譯《佛說無二平等最上瑜伽大教王經・卷六》中說：

其量依法「十六指」，想已決定得成就。三叉「二十六指」（48cm，約一尺六）量，依法觀想作黃色。

當然也有經典說可以到「二十六指」長的，例如宋・法賢《佛說妙吉祥最勝根本大教經・卷三》：

復次「寶棒」成就法，用「吉祥木」作一「棒」，長二十六指（48cm，約一尺六），修事華妙，以「金」裏棒。

古印度佛經説的「金剛杵」長度與現代「文公尺」的對照表

古印度 佛經說的金剛杵長度	神或佛、菩薩規格(左右的長度，或上下的總高度) 文公尺規格		
八指長	15 cm--約 5 吋 --無對應到「字」		
十指長 (小手可用的尺寸)	19 cm(義。貴子)--約 6.5 吋		
十二指長 (一般男女皆可用的尺寸)	23 cm(順科;橫財)--約 7.5 吋		
十六指長 (大手掌者可用的尺寸)	30 cm--約 1 尺 --無對應到「字」		
二十指長 (供奉&加持他人用的尺寸)	39 cm(財至;登科)--約 1 尺 3 吋		

只有中國人才用「字」在算的，古印度或東密都是用「指長」在算，

所以金剛杵的長度，無論是什麼材質，桃木、雷劈木、棗木、檀木，金、銀、銅…

最適合手握&具有「順科&橫財」應該是 23 公分(約 7.5 吋)的。

最適合供養、鎮宅、加持他人用&具有「財至;登科」應該是 39 公分(約 1 尺 3 吋)的。

離	官鬼	13.4218 ～ 14.764 (cm)
離	失脫	14.764 ～ 16.1062 (cm)
義	添丁	16.1062 ～ 17.4484 (cm)
義	益利	17.4484 ～ 18.7906 (cm)
義	貴子	18.7906 ～ 20.1328 (cm)
義	大吉	20.1328 ～ 21.475 (cm)
官	順科	21.475 ～ 22.8171 (cm)
官	橫財	22.8171 ～ 24.1593 (cm)
官	進益	24.1593 ～ 25.5015 (cm)
官	富貴	25.5015 ～ 26.8437 (cm)
劫	死別	26.8437 ～ 28.1859 (cm)
劫	退口	28.1859 ～ 29.5281 (cm)
劫	離鄉	29.5281 ～ 30.8703 (cm)
劫	財失	30.8703 ～ 32.2125 (cm)
害	災至	32.2125 ～ 33.5546 (cm)
害	死絕	33.5546 ～ 34.8968 (cm)
害	病臨	34.8968 ～ 36.239 (cm)
害	口舌	36.239 ～ 37.5812 (cm)
本	財至	37.5812 ～ 38.9234 (cm)
本	登科	38.9234 ～ 40.2656 (cm)
本	進寶	40.2656 ～ 41.6078 (cm)
本	興旺	41.6078 ～ 42.95 (cm)
財	財德	42.95 ～ 44.2921 (cm)
財	寶庫	44.2921 ～ 45.6343 (cm)
財	六合	45.6343 ～ 46.9765 (cm)
財	迎福	46.9765 ～ 48.3187 (cm)
病	退財	48.3187 ～ 49.6609 (cm)

密教經典說的金剛杵「長度」與中國「文公尺」吉與凶的對照表

八指長的金剛杵
15cm=約5寸

十指長的金剛杵
19cm=約6.5寸

十二指長的金剛杵
23cm=約7.5寸
這個尺寸對中國來說是「大吉」的尺寸長度！最合適的！

十六指長的金剛杵
30cm=約10寸（1尺）
這個尺寸對中國來說是「不吉」，對古印度來說是「吉」

二十指長的金剛杵
39cm=約1尺三

這二種尺寸都已不適合「手握、執持」了。僅適合供奉、加持他人用

二十六指長的金剛寶棒
48cm=約1尺六

四、「金剛杵」的「杵座」造型，應以「蓮華座」為主

《陀羅尼集經》卷 12〈佛說諸佛大陀羅尼都會道場印品〉

(1)南面，東頭，第一座主名「烏樞沙摩」(二合)(ucchuṣma 穢跡金剛)，(於)「蓮花座」上作
「跋折囉」(金剛杵)，其「跋折囉」，細腰，三楞(角)。上下三股，峯刃尖利。色如前
說，(有)光焰圍繞。

(2)第二座主，名「跋折囉尸佉囉」，(於)「蓮花座」上作「跋折囉」(金剛杵)，(有)光焰圍
繞。

(3)第三座主，名「阿蜜哩多軍荼利」，(於)「蓮花座」上作「跋折囉」(金剛杵)，(有)光焰
圍繞。

(4)第四座主，名「迦尼俱爐陀」，(於)「蓮花座」上作「跋折囉」(金剛杵)，(有)光焰圍繞。

(5)第五座主，名「波多囉跋折囉」，(於)「蓮花座」上作「跋折囉」(金剛杵)，(有)光焰圍
繞。

(6)第六座主，名「跋折囉央俱施」，（於）「蓮花座」上作「跋折囉」（金剛杵），（有）光焰圍繞。

(7)西面南頭，第一座主，名「商迦羅」，（於）「蓮花座」上作「跋折囉」（金剛杵），（有）光焰圍繞。

(8)第二座主，名「烏摩提毘」，（於）「蓮花座」上作「跋折囉」（金剛杵），（有）光焰圍繞。次二肘地為道場門。

(9)次其門北，第一座主，名「摩醯首羅」天，（於）「蓮花座」上作「跋折囉」（金剛杵），（有）光焰圍繞。

(10)第二座主，名「波履跢婆」（二合）天，（於）「蓮花座」上作「跋折囉」（金剛杵），（有）光焰圍繞。

《陀羅尼集經》卷 12〈佛說諸佛大陀羅尼都會道場印品〉

(1)第三座主，名「尼藍跋陀羅」（此云青金剛也），（於）「蓮花座」上作「跋折囉」（金剛杵），（有）光焰圍繞。

(2)第四座主，名母鬱（二合）吒伽（此是正位），（於）「蓮花座」上作「跋折囉」（金剛杵），（有）光焰圍繞。

(3)第五座主名穌婆休，（於）「蓮花座」上作「跋折囉」（金剛杵），（有）光焰圍繞。

(4)第六座主，名「穌跋折囉室哩尼」（此是正位），（於）「蓮花座」上作「跋折囉」（金剛杵），（有）光焰圍繞。

(5)第七座主，名「金剛印王」，（於）「蓮花座」上作「跋折囉」（金剛杵），（有）光焰圍繞。

(6)第八座主，名「懼嘻耶金剛」，（於）「蓮花座」上作「跋折囉」（金剛杵），（有）光焰圍繞。

(7)第九座主，名「跋折囉母瑟致」（二合），（於）「蓮華座」上作「跋折囉」（金剛杵），傍作「拳形」，（有）光焰圍繞。

(8)第十座主，名「謨娑（上音）羅」，（於）「蓮花座」上作「細腰杵」，狀如「金剛力士」把杵，（有）光焰圍繞。

(9)西面，南頭，第一座主，名「他化自在天王」，（於）「蓮花座」上作「跋折囉」（金剛杵），（有）光焰圍繞。

(10)第二座主，名「化樂天王」，（於）「蓮花座」上作「跋折囉」（金剛杵），（有）光焰圍繞。

(11)第三座主，名「兜率天王」，（於）「蓮花座」上作「跋折囉」（金剛杵），（有）光焰圍繞。

(12)第四座主，名「夜摩天王」，(於)「蓮花座」上作「跋折囉」(金剛杵)，(有)光焰圍繞。

《陀羅尼集經》卷12〈佛說諸佛大陀羅尼都會道場印品〉
第二，即是「金剛王」位，(於)「蓮華座」上作「跋折囉」(金剛杵)，(有)光焰圍繞。

五、「金剛杵」的「頭髮」上為何要戴「髑髏骨」的經文說明

《般若守護十六善神王形體》卷1

(總共有十六位善神，其中第十一位善神名字是)離一切怖畏神，形體(有)如「帝釋天」(般)，但(於頭)頂上有「髑髏」(的裝飾)，髑髏上有「三股形」。

《佛說造像量度經解》卷1

凡言_(所刻畫的菩薩或金剛明王)「善相」者，其相貌「莊嚴」，俱同「菩薩」_(之)相，_(以)「善相」_(當作頭頂的)「寶冠」。

(若是作)「忿怒」相(者)，則用「髑髏」_(當作寶)冠。

《佛説瑜伽大教王經》卷2〈三摩地品 4〉
_(以)「髑髏」為冠髮髻。

《佛説幻化網大瑜伽教十忿怒明王大明觀想儀軌經》卷1
以「八大龍王」而為嚴飾，_(以)「虎皮」為衣，_(以)「髑髏」為冠。

《佛説大悲空智金剛大教王儀軌經》卷4〈金剛王出現品 15〉
帶「髑髏」鬘_等，_(而)現「忿怒」相……足踏四魔，現「忿怒」相，帶_(著)「髑髏」鬘。

《法華曼荼羅威儀形色法經》卷1
東南聖_(的)「軍荼利」_(明王)，髮髻_(帶著)「髑髏」冠……
西北聖_(的)「降三世」_(明王)，_(以)「髑髏」_(作)大髻冠。

六、「穢跡金剛杵」上的「頭髮」為何是「上豎」的經文說明

唐・<u>阿地瞿多</u>《陀羅尼集經》卷9〈金剛烏樞沙摩法印咒品〉

然後(請畫師)畫作「火頭金剛」(ucchuṣma 穢跡金剛)……頭髮「火焰」，悉皆使(直)豎。

唐・<u>阿質達霰</u>《大威力烏樞瑟摩明王經》卷1

畫大威力「烏芻瑟麼」(ucchuṣma 穢跡金剛)明王：身「赤」色。怒形……髮……上衝。

唐・<u>阿質達霰</u>《大威力烏樞瑟摩明王經》卷1

畫「大威力明王」(ucchuṣma 穢跡金剛)：通身「黑色」，(火)焰(生)起，忿怒形……髮……上豎。

清・<u>咫</u>ㅂ 觀記《密跡力士大權神王(穢跡金剛)真言曼荼羅法》(錄自《法界聖凡水陸大齋法輪寶懺・卷九》)

赤髮(紅色的頭髮)，<u>上豎</u>。

「金剛杵」除了「桃木、棗木」外，也可選「水曲柳木、紫薑木、紫檀木」下去刻製的

《佛說一髻尊陀羅尼經》卷 1

其「跋折羅」（金剛杵），（若）無「金、銅」（的材料）者，（可）取「柳木」（一般的「柳木」太脆弱是不能做「杵」的，要選 水曲柳木，木質較堅硬，別名「東北楞喜」，這在俄羅斯大部分地區都有生長。它生長的氣候環境為溫帶季風氣候。耐寒，抗風力強），

及「紫薑木」（Khadira 紫檀喜 木；紫薑木；檀木；薑木；木紫檀；木紫薑；紫荊木），亦得。

《西方陀羅尼藏中金剛族阿蜜哩多軍吒利法》卷 1〈燒火法品 6〉

（若）欲得治「惡龍」，（應）取「佉地羅」（Khadira 紫檀喜 木；紫薑木；檀木；薑木；木紫檀；木紫薑；紫荊木），或「紫檀」（木），長十二指（23 cm），作「跋折羅」（金剛杵）。

若於外出時，「金剛杵」也可「隨身攜帶」，或作供養或或作修持修法，進而保持「杵不離身」也，但需要「保護袋」才行

唐‧金剛智《藥師如來觀行儀軌法》卷 1

次佛結界，請大輪金剛稽請偈。

稽首殊結大花齒，力士密跡大輪王。

「烏蒭沙摩」（ucchuṣma 穢跡金剛）不動尊，火頭結界「軍荼利」……

為護弟子持誦者，發心讚請應聲期。

願「大金剛」清淨眾，（以）「跋折羅杵」（金剛杵）自「隨身」（金剛杵應「隨身」而「杵不離身」之意）。

於此道場禮念處，周迊圍繞作結界。

七、修持「穢跡金剛杵」的方法

　　依經典說，修持「穢跡金剛」密法，不必另外設壇，只需是以「金剛杵」作壇來修即可，如修持「準提佛母咒」一樣，也是以「準提神鏡」為壇。行者若有「經濟」能力的話，可請專門雕刻的佛具店代為雕刻「金剛杵」，造形如上述所言，隨刻一種皆

可。然後置「金剛杵」於「法桌前」唸咒即可，或者像密宗行者，「手執」起「金剛杵」來唸咒亦得。若有「殊勝」感應的話，「金剛杵」可能會稍為「自動」一下，或變作種種「異物」，此時行者千萬不能**心驚恐懼**，應該**離一切相**、**不取一切瑞相**，《陀羅尼集經‧卷九‧烏樞沙摩法》中云：「**行者當見金剛之時，勿生恐懼，若心怖畏，即令其人失心荒亂。所以者何？其人若能使得金剛，即能制伏一切鬼神……當須強心，牢固其志，勿心動轉**」、「**爾時咒神下來現形，或夢中見其咒神形。正見神時，咒師莫怖，身毛不動，安然定想，隨心任意，種種發願**」。如果心生恐懼，那這些「**瑞相**」可能就會消失了。

此時行者應更加精誠的誦咒，如果再有瑞相的話，可能會感得「金剛杵」昇空離地，或者三尺、五尺、七尺……等。此為「穢跡金剛」現「真身」時，修法之人應該立刻起身「**禮拜皈依**」穢跡金剛聖者，然後在聖者面前「**求哀懺悔**」往昔所作的惡業，接著再發廣渡眾生的「**四弘誓願**」，或者誦「**弟子於如來滅後，受持此咒，今得穢跡金剛菩薩感應現身，誓度群生，令佛法不滅，久住於世**」。「金剛聖者」此時會為你授「**菩提**」之記，自此身心皆得解脫，離苦得樂，得大成就！不過經典有說明：「**先須誦十萬遍滿，然後作法，若課未充，不得效驗**」。

按照「大多數」的密教經典說法，凡是「金剛杵」都應該常常「手持」著唸誦，不是永遠只放佛桌上供養，如果「杵」過大不適合「手持」則便不需如此。「穢跡金剛杵」亦是「金剛杵」的一種，所以如果在修持「穢跡金剛咒」時也應「手持」唸誦。

底下有１７部經典提到「金剛杵」的使用及唸誦方式，
當然「穢跡金剛杵」也是在「適用」的「理論」內。

1 《穢跡金剛禁百變法經》卷1

(1)若誦一切諸咒，先須「作壇」。若誦我此(穢跡金剛)咒者，即勿須「作壇」，但剗(剗 削。剗通「刻」→刻鏤契)一「跋枳」(即跋折囉 vajra→金剛)金剛櫡(形狀有點類似刀劍造形的套子叫「櫡」)杵。

(2)(將金剛杵置)於(有)「佛塔」(之)中，或(置)於(修行或佛堂的)「靜室」中。用「香泥」塗地(此指

古代對「道場壇城」地面的處理方式，現代人已不需)，**隨其大小**(多少)，(應)**著**(以)**種種「香、華」供養**(金剛杵)**。**

(3)(若能)**安**(金剛)**杵**(於)**壇**(場)**中，**(以穢跡金剛咒)**呪一百八遍，其「杵」即**(可能發生)**自「動」。** 或(此金剛杵將)**變作種種「異物」，**(此時行者)**亦勿怪之。**(行者應保持「無恐無懼相、心寂靜相、不貪著相」而面對之)

(4)(若見金剛杵有所移動或變動時)**更**(應繼續)**誦呪一百八遍**(以上)**，其**(金剛)**杵**(可能)**自去**(離)**地**(而飛)**，** (飛行高至)**三尺**(唐代的一尺即今天的 30 cm，三尺即現代的 91 cm 高)**以來，或五、六、七尺，乃至**(高至)**「一丈」**(唐代的一丈＝10 尺，即現代的 300 cm 高)**以來。**

(5)**持**(穢跡金剛咒)**法之人，**(此時應)**即須**(立刻對穢跡金剛聖像或金剛杵作)
　　❶**歸依。**(一心禮拜皈命穢跡金剛佛)
　　❷**懺悔。**(於金剛佛面前懺悔往昔與現在所造諸惡業，祈求加持與消業)
　　❸**發願。**(發願以「生死大事」為第一，願此生緣盡，能順利往生西方淨土。其餘的，例如可再發願說：道心不退、身體健康、事業平安……等等)

(6)(穢跡金剛)**我**(即)**於彼中，即**(顯)**現**(出)**「真身」，**(並將)**隨**(持咒)**行人**(其)**意所「願樂」者，並皆**(令彼)**速**(獲)**得「如意」**(如你的心意而獲滿願)**，**(穢跡金剛)**我即與**(彼人)**授「菩提」**(成佛)**之「記」，即**(令彼能獲)**得「身心解脫」。**

(7)(以上「杵」動或飛升之事，及底下總共 46 道符印祕法)**先須誦**(穢跡金剛咒)**十萬遍滿**(數)**，然後作法，若**(持咒功)**課未充**(未達充足圓滿的遍數)**，**(否則)**不得効驗……**

☑ 《蘇婆呼童子請問經・卷上》

(1)**如上所說諸色類「金剛杵法」者，一一皆須而作「五鈷」，淨妙端嚴，勿使缺減。 行者欲念誦時，以香泥塗，并散上「妙好花」而供養，發大慈心，**(應該儘量)**手執「金剛杵」念誦真言。法事畢已，復重供養。**

(2)**上以其**(金剛)**「杵」，置**(於)**本尊**(的)**「足下」，後誦念時，亦復如是。** **若不「執持妙金剛杵」，而作念誦者，終不成就。何以故？** **以「鬼神不懼」，「善神不加被」，是故一切法事，難得成驗。**

(3)**若不辦造「金剛杵」者**(假如沒有經濟能力可以請購到「金剛杵」者)**，亦須應作彼**(金剛的手)**「印」，然後一心如法「念誦」，亦得成就。**

(4)**勿生放逸，徒喪功夫，不如別修餘業。**

註解：如果沒有拿著「金剛杵」來誦咒的話，是不容易成就的。原因是「鬼神不懼」，而且「善神」不來

加持。所修的「咒法」是很難得到「靈驗」的。當然也有人只打「手印」，亦可獲得大靈驗的，這在「經典」上有非常多的經文證據的。法無定法，是也。

所以「經濟」不允許買一隻「金剛杵」的人，就可改成「打手印」來修行即可，不必太執著「非杵不可」，或執著「無杵必不能成就」的事。

需知密法很多的「經文強調」都是代表——「極尊重」的意思，而不是「非如此執行、非如此做」不可的。

例如在《楞嚴經·卷七》上就說：「縱不作壇，不入道場，亦不行道，誦持此咒，還同入壇行道功德」。所以實在無法「完成」入壇道場的情況時，只需一心誦「楞嚴咒」即可；但如果在「經濟許可」的情形下，經文又會告訴你應該「詳細」的設立「壇場」。如經文說：「先取雪山大力白牛……取其糞和合栴檀以泥其地……以此十種細羅為粉，合土成泥以塗場地。方圓丈六為八角壇，壇心置一金銀銅木所造蓮華，華中安鉢……」這些「設備」都是需要「經濟」才行的。

另外在《大輪金剛陀羅尼經》上也說，如果沒有「能力」造辦「如法」的壇場，也找不到「明師、上師、大師」來教授咒語，那就先誦 21 遍「大輪金剛咒」，以此來補缺這些「不如法、不圓滿」的情形。

③ 《蘇磨呼童子請問經伴侶分·第一卷上》

(1)或用「紫檀木」作「拔折羅」(金剛杵)，如上所說諸「拔折羅杵」(金剛杵)。一一皆須而作「五鈷」，(或作)「三鈷」(造型)，諸妙端嚴，使無缺壞。

(2)欲「念誦」時，(應)以「塗香」等而作供養(金剛杵)，發大慈心，(然後以)手執「金剛杵」(而)念誦真言。

註解：可以用「紫檀木」來做「金剛杵」。但是要記得「手執」金剛杵來唸誦真言。當然不可能是「一直」手執著「金剛杵」的，所以持「累」時，即讓金剛杵「回座」即可。不必太執著要永遠「手拿著」。

④ 《都部陀羅尼目一卷》

(1)杵，(可採用)「金、銀、銅、鐵、石、水晶、佉陀羅木」等(的材料)，(有)無量種各(個)不同(的金剛)杵(造型)。(或是呈現)五股、三股、一股(的)，(但金剛杵)長(度應該以)

(2)「十六指」(30cm)為上，

「十二指」(23cm)為中，

「八指」(15cm)為下，

乃至「一指節」者為下。

(3)_(故於)此_(《蘇婆呼童子請問》)經中説：「不執金剛杵」，念誦者，無由得成就。

註解：金剛杵，如果手「夠大」的人，當然可以採用「16指」長度(30cm)的金剛杵爲「上等」。

但如果不是「木製」的杵，會覺的很重，不容易「執持」。

如果手是屬於「普通型」的人，那「12指」(23cm)長就很夠用。

如果手眞的很小的人，那只能用「10指」(19cm)長度的杵。或是「8指」(15cm)長度的杵。

5《大陀羅尼末法中一字心咒經》

自坐茅草，受持此咒。「兩手執杵」誦咒，咒之，其「杵」即便_(有)「火」_(光生)出。

註解：也可以用「兩手執持」著金剛杵來唸咒的方式。

6《不空羂索神變真言經・卷五》

若解放者，誦「祕密心真言」。若為「鬼神作病惱」者，_(則可)住_(立於)其人_(之)前。_{(然後以}

手)執「杵」_(對著有「鬼神病」的人)擬_(指向；比劃)之，其病即差_{分(癒)}。

註解：以手拿著金剛杵，然後對著「被鬼神作亂者」前誦咒，杵的「方向」可朝著病人前「比劃」一下，

鬼病就會好。

7《阿吒薄俱元帥大將上佛陀羅尼經修行儀軌・卷上》

即誦「大咒」一百八遍，_(以)手執「杵」印地，誦之。

註解：以手拿著金剛杵唸咒，然後印向「大地」的方向而誦咒。

8《佛說陀羅尼集經・卷八》

若一切「惡風」，及惡雹雨，損(害)五穀時，(應手)執「金剛杵」，(然後)連續「誦咒」，(拿著金剛杵，然後)遙(遠的)擬(指向；比劃)打之(也就是拿金剛杵，對著天空，做出「比劃、指向、打擲」的動作)，應時(惡風及雹雨)即(停)止。

註解：需以手拿著「金剛杵」，然後「比向」天空，做出類似「打擲」的動作，然後連續誦咒。

9 《建立曼荼羅及揀擇地法》

(1)於一切如來前，以「清淨三業」至誠禮敬。作此禮已，便即雙膝「長跪」以(入)定，(然後以)手執「金剛杵」，當(於自己的)心(胸前而)直豎(著金剛杵)。

(2)以「慧手」(此指「右手」)舒(展)五(個)輪(指)，(以)「平掌」(而)按(於)地，(再)誦前經中(的)「驚發地神偈」七遍，每誦一遍(偈)，(即)一按於地。又(加)誦「地天真言」，(共一)百八遍。

註解：需以手拿著「金剛杵」而誦咒。

10 《奇特最勝金輪佛頂念誦儀軌法要》

(可以採用)「左手」執「金剛杵」，及其「數珠」，(於)東(而)坐，誦「佛頂心咒」。(再以)「柳枝」攪水，(誦)咒「一百八遍」。(以所)持(的)「咒水」(之)器，(進)入道場中。

註解：可以採用「左手」拿著「金剛杵」誦咒，或「左手」拿著「數珠」。

11 《佛說持明藏瑜伽大教尊那菩薩大明成就儀軌經·卷二》

即誦「佛眼菩薩大明」，八百遍，當誦「明」(咒)時。

「右手」(可)持(佛)珠，

「左手」(可)執「金剛杵」。

註解：可以採用「右手」拿「念珠」，左手「拿著金剛杵」方式誦咒。法無定法，是也。

12 《諸佛境界攝真實經》卷1〈出生品2〉

得此金剛已，「右手」執「金剛杵」，轉於掌中，安置當心。而說偈言：此是一切諸如來，最勝金剛大悉地，諸佛授我以兩手，無相現相為利生。

註解：也可以是採用「右手」拿著「金剛杵」的方式。法無定法，是也。

13 《佛說金剛香菩薩大明成就儀軌經·卷下》

(1)復次，若復有人被「星曜」所「執魅」者。

(2)行人（應作站）立（之）身，如「舞勢」，（然後以）「右手」執（持）「金剛杵」，先安（金剛杵於）「心」上，想自心如「日輪」。照耀熾盛，作「忿怒相」，復移（動）「金剛杵」，安（於自己的）「腰側」。即口誦「押左押唧」，彼「星曜」所執自解。

註解：要治療被「星曜鬼」附身的情形，可以先以「右手」拿「金剛杵」，將「金剛杵」先放在自己的「心」上位子，然後觀想「金剛忿怒相」，接著把「金剛杵」移到「腰側」的位子上，繼續唸咒，那「被星曜鬼附身」的情形，就可以馬上得到解除。

14《大方廣菩薩藏文殊師利根本儀軌經・卷十六》

或（欲）求成（就）「金剛杵」者……（應手）執「金剛杵」，誦真言「八十洛叉」（800萬遍）……然誦（咒）者，（於手）執此「金剛杵」已，（即）能作一切事，無不隨意。

註解：需「拿著金剛杵」誦咒。

15《一字奇特佛頂經・卷中》

(1)（應）手執「金剛杵」，誦「十洛叉」（100萬遍）。於黑月（之）「十四日」中夜時……（可以）「左手」執（持）「金剛杵」，結跏趺坐，念誦。

(2)於晨朝時，其（金剛）「杵」（將會發生）「千光」晃耀（的神跡），（此是）由（於手）「持」此（金剛）「杵」（的原因），即（可）得成就。

註解：可以採用「左手」拿著「金剛杵」的方式誦咒。

16《金剛光焰止風雨陀羅尼經》

(1)若有「非時」（的）一切「惡風、暴雨、霜雹、雷電、霹靂」災害起者，（應該）加（持與手）執「金剛杵」，（誦咒）一百八遍，（以手五）輪（指）擲（著「金剛杵」而稍作揮）舞（金剛）杵（的動作），（然後將金剛杵朝向天空，即能）擊撥一切「災風、暴雨、霜雹、雷電」……

(2)（若修咒）不間斷者……（能）得大安樂。

註解：需以「手」拿著「金剛杵」誦咒。

17《廣大寶樓閣善住祕密陀羅尼經・卷上》

(1)爾時釋迦牟尼佛……告「金剛密跡菩薩」言：

善男子！汝今可（以手）執「金剛杵」，於大眾中，而（敲）扣其（大）地。

(2)金剛密跡菩薩便奉「佛命」，(即以手)執「金剛杵」，於大眾中，而(嶽)扣其地。

爾時「大地」應聲(即出現)裂破，成四角陷，三千大千世界六種震動。

註解：佛也曾經命令「金剛密跡菩薩」必須「手持金剛杵」，然後「輕扣大地」的祕密方式。

八、若用「精練的鐵」做的「穢跡金剛杵」有何功效？

《佛說陀羅尼集經‧卷九‧烏樞沙摩咒法功能》

「火頭金剛降魔器仗法」　(指「穢跡金剛專用的降魔杖」)：

當用淨好「熟鑌鐵」　(鑌讀音為「濱」，指精緻的鐵材)，作「金剛杵」，(金剛)杵長(為)「一尺」(約30cm)。

註解：如果不是「木製」的杵，會覺的很重，不容易「執持」。

《佛說不空羂索陀羅尼儀軌經‧卷下》

「金剛橛」真言曰……(以)是咒加持「鑌鐵金剛橛」，(金剛杵的)量長(為)「八指」(15cm)。

《大方廣菩薩藏文殊師利根本儀軌經‧卷十五》

若有求「金剛杵」成就者，當用「赤檀」(紅檀木)作「獨股金剛杵」，或作「鑌鐵金剛杵」。

《大方廣菩薩藏文殊師利根本儀軌經‧卷十六》

或求「金剛杵」(成就者)，(可)用「鑌鐵」作「三股」(的金剛杵)，長(度為)「十六指」(約30cm)。

《佛說七俱胝佛母准提大明陀羅尼經》

或以「銅」(製)、「鑌鐵」(製)、「木」(製)等(材料去)作「金剛杵」。

(先將「金剛杵」)置(於)病人邊，念誦(咒語)。

(再)以「杖」(此指「金剛杵」)打(病人)，

(如果病人身上有「鬼病」的話)亦即奔走。

九、若用「桃木」或「柳枝」做的「穢跡金剛杵」

有何功效？

《陀羅尼集經》之〈諸天等獻佛助成三昧法印咒品〉云：

若有人忽得「天魔羅雞室陀」鬼病(據《青色大金剛藥叉辟鬼魔法(亦名辟鬼殊法)》云：此「傳屍病鬼」，亦

名「天魔羅難室陀鬼」)……(可以)「左手」執(持)「柳枝」(去)打病人(一般的「柳木」太脆弱是不能做「杵」的，

要選「水曲柳木」，木質較堅硬，別名「東北梣」，這在俄羅斯大部分地區都有生長。它生長的氣候環境爲溫帶季風氣候。耐

寒，抗風力強)，數數(屢次重複的)作此法。

註解：可見用加持唸過咒的「柳枝杖杵」去敲打病人身上的「病」，他的疾病就可解除，甚至全癒。

更何況是以加持過「穢跡金剛咒力」的「金剛杵」法器呢！

《陀羅尼集經》之〈釋迦佛頂三昧陀羅尼品〉云：

(1)諸比丘，取東引「桃枝」無瘡病者(指桃木沒有任何的損壞情形，因爲桃木有容易「裂開」的缺點，所以

應該要選「無裂開、斷開」的木料爲主。桃木有「十桃九裂」之稱，所以如果選用桃木所刻的金剛杵，可以等其「裂縫」較

大時，再送去「修補」即可，大致只會裂一次，不會再裂第二次的)。

(2)以(手)「印」印(在桃)「枝」(上)，(然後對「桃枝金剛杵」誦)咒二十一遍。

(再拿加持過的「桃枝金剛杵」去)打病人身，其病即瘥(再拿)……用「桃枝」(桃枝的金剛杵)打法：

先打(病人的)「左臂肘」內，

次打「右肘、腰間、曲脉(膝)」，其病即瘥(再拿)。

註解：經文的意思是先用「手印」印在「桃枝」的「金剛杵」上，然後再對「金剛杵」加持念咒 21 遍，再

用這個「金剛杵」去打有鬼病人的身體，他的疾病就可解除，甚至全癒。用「金剛杵」打病

人的依序是「左臂手肘、右臂手肘、腹腰間、大腿、小腿」等處，病人的鬼病即可全癒。

《七俱胝佛母所說准提陀羅尼經》

(1)若人被鬼魅所著，或復病者，身在遠處，不能自來。或念誦人，又不往彼。取

「楊柳枝」(一般的「柳木」太脆弱，要選「水曲柳木」，木質較堅硬)、或「桃枝」、或「花」，(對楊柳枝或

桃枝或花)加持一百八遍，使人(派一個人)將往病人(之處)所，以「枝」拂(敲打拂拭)病人。

(2)或以「花」使病人嗅(聞)，或以「花」打病人，是魅即去，病者除瘥(再拿)。

註解：在「桃枝」上加持念咒 108 遍，然後叫人拿著這去病人的住處，對病人「敲打」，這個有「鬼魅」

附身的病人，他身上的「鬼魅」就會立刻除去。病馬上就好了～

《穢跡金剛說神通大滿陀羅尼法術靈要門》

取一「桃枝」，長三尺(91cm)，(一邊)攪水(一邊)誦呪，一百遍，(則)一切「夜叉、羅剎」皆(將)來(顯)現。

《阿吒婆拘鬼神大將上佛陀羅尼經》

爾時大將白佛言：世尊！我有「天弱騰蛇印」，一切毒藥、惡鬼魅等，悉能降伏，印其病處，大驗……此是「天狗騰蛇印」，上作槃屈龍頭，在天狗上天，狗如師子形，並張口作印，用「桃木」刻之。

《龍樹五明論》

(1)取「桃木」根，方匕ٍ四寸，以剞（刻削，通「刻」字➜刻鏤ٍ）此印，燒五色繒作灰。以「朱沙」和擣，取井花水清淨，誦呪呪七百返……

(2)若有人被「惡鬼」所持，寒乍熱，隨其「痛處」以「藥」塗(之)，呪之「三七返」(21遍)，用(此)印(章去印)「痛處」，痛則除愈。

《大使呪法經》卷1

(1)爾時「毘那夜迦」說如是說已，復告世人，若有持我「陀羅尼」者，當為說作「壇、畫像」法……如是受持法「造像」法者……

(2)又造像，取唐「桃」(木)及唐「棗」(木)，剞相好，不得輕酙。或復「銀、銅」及以「白鑞」鑄……作形像。

註解： 如果修金剛呪的人，佛桌上同時擁有「桃木」與「棗木」製的「金剛杵」，那肯定是一件非常開心幸福的事啊！

「唵薄迦準茶阿波哆曳莎訶」

爾時毘那夜迦說如是說已，<u>復告世人</u>：「<u>若有持我陀羅尼</u>者，<u>當爲說</u>作壇畫像法。汝當諦聽，不得異疑。縱有持法者，當須至心誦滿十萬遍，即作壇如是一度至心，我亦隨願滿足。二度立壇供養者，我皆明現不待須臾。經於十度立壇，乃至終身，上品上聖不可稱量。如是受持法造像法者，爲美色衣。即白月一日爲首。求財珍翫及其榮祿等者，於月十五日爲首。圓壇量可一肘，或可隨意大小。當用小黃犢子糞以作圓基，自填計合厚薄隨意，加復香泥高於七寸，或可一寸或尺二寸。其土用處隱他□深谷一小畜不□者。又造像取唐桃及唐棗剋相好，不得輕翫。或復銀銅及以白鑞等。於以用皆得相好不新。珍作形像，雙身象頭抱持相合，而有左右男女之相。高以五寸或復尺二，相好具足。造像之時不

明・蓮池大師《雲棲法彙（選錄）（第 12 卷-第 25 卷）》
世人取「桃木」作乩，以降仙，然多「精靈」不散之鬼。

《洛陽伽藍記校釋》
古人以爲「桃木」可以制鬼，故魏氏把「桃枝」。(例如)《事類賦・卷二十六》引典術曰：桃(木)者，(是)五木之精(華)，其(五木之)精生「鬼」門，(能抑)制「百鬼」，故今作「桃人」著門以(鎮)壓(陰)邪。

十、若用「雷擊棗木」做的「穢跡金剛杵」有何功效？

「雷擊木」是指被雷電擊的樹木，又叫作「雷劈木、霹靂木」，會因什麼樣的木頭被雷擊而給予不同的名稱，例如被雷擊打到的「棗木、桃木、柳木、楊木」等，民間普遍認爲被雷擊到的木頭是由「上天的雷電」所劈開，這些殘留在「雷擊木」上的「能量」對「靈體、鬼魂、精靈、冤魂、野鬼、狐黃、常蟒」等具有一定的震懾之力，因爲雷已經把「鬼怪邪魔」都從這棵樹上驅走了，其他的「鬼怪邪魔」再見到這棵樹木時，就不敢再靠近它。所以在大陸東北一帶，民間常用繩子穿起一塊的「雷擊木」，然後戴在小孩的手腕上，或者掛在脖子上，這樣孩子就不容易被鬼神給干擾，於是「雷擊木」

就逐漸成爲有力的避邪法物。佛教的「咒語用印章」或「金剛杵」常記載要使用「雷擊木」材料爲上等。

雷擊棗木

得雷擊神木。世間諸種樹木。唯棗木經雷擊。不疏不松。棗木易得。棗木受雷亦非稀見。然先天雷炁難以封存。故神物奇異。先爲道家至寶。

氣息相感。投射荒原。應在乙亥。乙爲陰木。爲諸木之先。亥爲陰水。乙禾生於亥水。當爲眾木之源。隋故高尉李淳風《金鎖流珠引》載「棗木爲萬木之母也」乙亥合生。應化爲山頭雷火之象。《三命通會》論其山頭火。內含明敏清靜之氣。葆光晦迹。寂然無形。稟之靈荏焉。

世傳。道士多用棗木爲令牌。自明以降亦多以棗木研爲木劍。迄十四代嗣漢張天師。繼宗大真人《崆峒問答》亦有其驗。載「用棗木刻劍形于上。命諸弟子代行法事」。乃因其赤心而堅。內藏風雷而神也。以令牌所存先天雷炁爲引。催發體內所含元始祖炁。敕令風雲雷雨而用之。指揮休生傷杜而如意。

龍虎山嗣漢天師府萬法宗壇。搜尋天材地寶。秉承典籍記載。如法安奉雷擊神木。封雷鎮炁。加持祭煉。終得保存雷炁。神木汝成。又以金木交割。精雕細琢。覆以錦囊。藏於瓷匣「複觀複禱」惟恭惟敬。喜見寶物即成。供十方善信弟子。供奉結緣。悉仗正信。普同供養。

其得數者。可爲玄道高人也。《太公六韜》有雲。所謂楓天棗地。天風吹噓而楓木自朽。雷火相擊而棗木自裂。其爲异也。蓋風雷之靈荏焉。

時有天昏昏。地沉沉。四境起烏雲。九霄走蛟龍。惟迅雷之激烈。耀閃電之揚鞭。走四野之輕車。震驚百里。裂十圍之古樹。霹靂一聲。鴻蒙剖破。正謂天有其怒。

不寧不令。木承爲雷。必變必异。恭惟蒙神恩庇是境。福陰茲方。律令可馳。天地清寧。枝莖摧折。棗木受大霆。後經結界安鎮。調濟坎離。方

敕水敕符

龍虎山嗣漢天師府萬法宗壇

龍虎山嗣漢天師府萬法宗壇

望采龍聞萬法宗壇

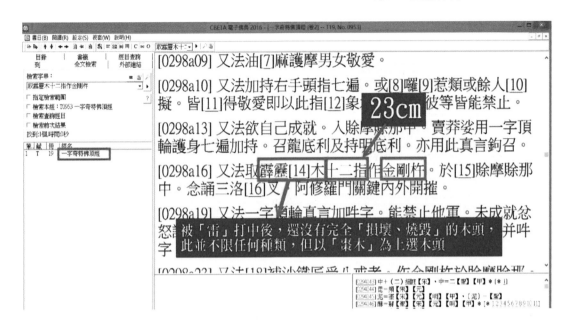

《佛說常瞿利毒女陀羅尼呪經(并行法)》

「印」用「霹靂棗木」(雷擊棗木)，(正)「方」(型，長寬高都是)一寸七分(一寸七分==**5.032**公分)。

《陀羅尼集經》卷 2〈佛說跋折囉功能法相品〉

(1)若人欲作「跋折囉」者，先取「金」等五色之物，皆未曾經作「器用」者，何名五色？

(2)一金、二銀、三赤銅、四鑌鐵、五錫。「合和」為作「跋折囉」形(意思是「金剛杵」可採用「金、銀、赤銅、鑌鐵、錫」這五種共「合和」做成的材料)。

(3)若無此五種，可(改採)用「霹靂棗心」(雷擊棗木的「木心堅硬」部位)，亦得，且未作其「跋折囉」前，先須豫呪「金、銅」等物，「一百八」遍，呪曰……

註解：如果不是「木製」的杵，會覺的很重，不容易「執持」。

《大使咒法經》卷 1

(1)爾時「毘那夜迦」說如是說已，復告世人，若有持我「陀羅尼」者，當為說作「壇、畫像」法……如是受持法「造像」法者……

(2)又造像，取唐「桃」(木)及唐「棗」(木)，剋相好，不得輕觑。或復「銀、銅」及以「白鑞」鑄……作形像。

註解： 如果修金剛咒的人，佛桌上同時擁有「桃木」與「棗木」製的「金剛杵」，那肯定是一件非常開心幸福的事啊！

《龍樹五明論》卷2

若人持「金剛杵印」者，潔淨，齋戒百日。取「棗心」(此指「棗木」的「木心堅硬」部位)，方「二寸」，刻之。治一切惡虫狩、若虎狼、師子、象馬、駝驢、惡蛇、惡蜥(古同「蠍」)、熊羆、犳狼。一切有毒，此印錄之。

《一字奇特佛頂經》

若欲成就「金剛杵」，取(應取)「霹靂木」(此指遭雷擊過的木頭，沒有特別說明是「棗木」)，(約)十六指(30cm)作「金剛杵」……具其杵獻佛，種種食飲供養佛……手(應)按其(金剛)「杵」上(而)念誦(咒語)，乃至(能獲)三種成就。

《一字奇特佛頂經·成就毘那夜迦品》

取「霹靂木」(此指遭雷擊過的木頭，沒有特別說明是「棗木」)十二指(23cm)，作「金剛杵」。於「睒摩睒那」中，念誦「三洛叉」，「阿修羅」門(的)關鍵，內外(將被)開摧。

《大威力烏樞瑟摩明王經》

若「霹靂木」(此指遭雷擊過的木頭，沒有特別說明是「棗木」)，刻作「三股(鈷)杵」，(若遇)有大雪、(大)雷、(冰)電降(下)。右手持(「霹靂木」做的金剛)杵，(結)降山(手印)，或他境(之處的)雪等，(將可)移往其處。

《密宗道次第廣論》卷3

「衣服」亦以彼「咒」，「咒」而披著，次以「雷擊木」(此指遭雷擊過的木頭，沒有特別說明是「棗木」)，或「苦楝木」，(或)「尸林株杌」(木)，或用「栴檀」(木)，或用(其)餘(的)木(料)，刻(作)「三股杵」。

十一、金剛杵亦可「裝藏」或全身「貼金」。手持金剛杵誦咒可感「三大靈驗相」

《陀羅尼集經》卷2〈佛説跋折囉功能法相品〉

(1)若人欲作「跋折囉」者，先取「金」等「五色」之物，皆未曾經作(過任何的)「器用」者。何名五色？一「金」、二「銀」、三「赤銅」、四「鑌鐵」、五「錫」，合和為作「跋折囉」形。

(2)若無此五種，可用「霹靂棗心」(雷擊棗木的「木心堅硬」部位)，亦得。且未作其「跋折囉」(之)前，先須豫呪「金、銅」等物，一百八遍，呪曰：唵(一)摩訶迦囉(二)那吒俱鉢囉(三)莎訶(四)……

(3)其(由「金、銀、赤銅、鑌鐵、錫」和合的的)「跋折羅」，可重(達)「八兩」(唐代一兩平均數值為42.798克。所以八兩=342公克)，長「十二指」(23cm)，(以手的)「橫指」為量(測方式)。

(4)(金剛杵的)兩頭(可作)「三股」(造型)，亦有「五股」(的造型)。

(5)其(若採用)「五股」者，(此)名為「大跋折囉」，必須終身持「梵行者」，(方)合用受持。若無「戒行」，不得持用「五股」(易)損身。

(其實此理是這部《陀羅尼集經》所説，但若從其餘藏經的內容來看，並無「持五股金剛杵者，若沒有終身梵行，會導致損身」的內容，需知密法很多的「經文強調」都是代表--「極尊重」的意思，而不是「非如此執行、非如此做」不可的。所以「法無定法」，不必太過執著於此。詳見後面所附的經文便是證據)

(6)其「跋折囉」(造型)，皆須「腰間」(呈現)圓(型)，作(相)似(於)「檳榔形」。(金剛杵的)「中間」可容「一把」許(之)長，(應)盡力「雕鏤」，惟取(雕刻的)「端正」，不得「麁惡」。

(7)(金剛杵經過)磨治(圓滑)了已，(可以)「真金」塗飾(其身，此即指「貼金、安金」的方式)，(可於)正當(金剛杵的)「腰間」，開一「方孔」，擬下「舍利」(「裝藏」的意思)……

(8)行者示語，令好「用心」(者而)作之，擬備(而)不輕。當(於製)作「杵」時，(其)「呪聲」莫絕(咒文於前面所示：唵．摩訶迦囉．那吒俱鉢囉．莎訶)，(供香的)香煙不(要)斷(絕)。

(9)其「匠功」(之)價(錢)，任索多少(此指刻金剛杵的價錢不得「討價還價」的意思)，不得(有)酬還……

(10)呪師「右手」把「跋折囉」，左手「搖珠」，惟須盡力，至心誦呪。限至(金剛杵)現於三種「光相」。何為三相？

一者、其「跋折囉」(金剛杵)自然而「暖」(熱之相)。

二者、(有)「煙」出(現)。

三者、放「大光明」。

❶若有「煖相」(出)現(時)。持「杵」(之)行者，自然(將)感得一切「藥叉、羅刹」，及諸

「人」等，皆悉同心，恭敬(於你)如(同)佛(般)。

❷若(有)「煙」相(出)現(時)。持「杵」(之)行者，自然感得(將來的)「所去」(任何)之處，一無障礙，又無(任何的)「病苦」。

❸若(有)放(大)「光相」(出)現(時)，(將)感得一切「呪神」自在(的)擁護行者，行者(將)常為一切「天龍八部鬼神人非人」等，皆悉「恭敬」(於你)，仍於一切諸「眾生類」六分之中，稱(讚你)於「無比」……(任何)諸呪，能誦得者，皆悉成就，(獲)最勝「靈驗」，由是「金剛跋折囉杵」威神力故。

《諸佛境界攝真實經》卷 2〈金剛界大道場品 3〉

(1)爾時菩薩，依前觀照而白佛言：我今已見。佛言：云何為見？

(2)菩薩答言：(應)見「滿月」中「五股」金剛，(則)一切煩惱，悉皆摧碎，如銷黃金，其色煥然。如此「智慧」，最為第一，即是諸佛「不生不滅金剛之身」。如彼「菩薩」觀於「月輪」，「瑜伽」行者，亦復如是。

《一切如來大祕密王未曾有最上微妙大曼拏羅經》卷 5〈鈴杵相分出生儀則品 6〉

(1)復次金剛手菩薩白佛言：世尊！云何名(為)「金剛杵」？彼杵(的)「上、下、中間」，云何(作)分別(呢)？唯願世尊以「大智」(之)自在而為(吾人)開說。

(2)佛告金剛手菩薩言：諦聽！(所謂)金剛杵者，(應)以「三印」(三個法印)印(證)之。金剛手！我今說「五股杵」(的眞實意義)：

❶(杵的最)上(面有)「五股」(者)，表(法是指五位佛陀)毘盧遮那佛、(東方)阿閦佛、(南方)寶生佛、(西方)無量光(無量壽)佛、(北方)不空成就佛。

❷(杵的最)下(面也有)「五股」者，表(法是指)四(種)波羅蜜，所謂「金剛」波羅蜜等。

❸(杵的)中(間)表(示)「清淨菩薩」(的)變化身(為)「忿怒明王」。

《蘇婆呼童子請問經》卷 1〈分別金剛杵及藥證驗分品 4〉

(1)復次蘇婆呼童子，為汝及為未來善男子，發心念誦「祕密真言」門者，說持「跋折囉」。汝當諦聽聞已，廣為人說……

(2)若欲求成就「意樂」諸欲者，用「白檀木」(雕)作「跋折囉」(金剛杵)，或用「紫檀木」(去雕)，皆得用之。

(3)如上所說諸(種種)色類(的)「金剛杵」法者，一一(應)皆須而作「五鈷」(的造型)，淨妙端嚴，勿使缺減……若不辦造「金剛杵」者(此指「經濟」能力有限的人，當然亦無法「雕製」金剛杵的)，亦須應作彼「印」(此指手結彼「本尊的手印」)，然後一心如法念誦，亦得成就，勿生放逸徒喪功夫，不如別修餘業。

十二、供養「穢跡金剛杵」的方法

平時應該要早晚供香及水、水果、各種素齋的食物、茶、咖啡……等，每週應以上等的香粉好好供養穢跡金剛。

方法是手持著杵，然後將穢跡金剛杵移到「香火旺盛」的地方，讓穢跡金剛杵好好的「薰習」，時間勿過長，一下子即可，要小心控制「火候」，以免「木製」的杵因會溫度過熱而「斷裂」。

若有餘力每半個月應該好好的供養香花、素果，那穢跡金剛杵將會產生不可思議的力量，這是「有形」的外部供養部份，而這些方法都是有「經典」依據的，如下：

1 《說無垢稱經・卷五》

有佛世界，名一切妙香。其中有佛號最上香臺，今現在彼，安隱住持。彼世界中，有妙香氣，比餘十方一切佛土人天之香，最為第一……彼佛世尊及菩薩眾所食「香氣」，微妙第一。普薰十方，無量佛土。

註解： 可見有一些佛國土的佛世尊或菩薩們，的確是以「香」為食的。

2 《大威力烏樞瑟摩明王經・卷中》

若以「飲食」、「香華」供養像(指穢跡金剛像)。像前地上畫人或王……坐誦「十萬遍」，彼并族貴敬。

註解： 修穢跡金法應該用「香華」和「飲食」好好的供養它。

3 《蘇悉地羯囉經・卷中》

復次！若欲入「本尊」室，先視「尊顏」，合十指爪。當小低頭，復以器盛淨水，隨所作事……燒香"熏"之，應誦真言七遍。

註解： 可見也有用「香」去薰本尊像的供養方式。

4 《金剛薩埵說頻那夜迦天成就儀軌經・卷一》

爾時「金剛薩埵」說此最上第一儀軌，能於一切眾生，作種種成就，利益之事……若持「明」(大明咒)者，降伏「設咄嚕」，造「頻那夜迦天」像……若欲除病……燒「安悉香」，"薰"彼「天像」，速得除差🐌。

註解：可見也有用「香」去薰本尊像的供養方式。

5 《佛說最上祕密那拏天經・卷下》

誦「大明」(大明咒)，燒「安悉香」，"薰"「像」即放光。乃至梵天、那羅延天、大自在天、毘沙門天、摩賀迦羅天等。亦如前法，燒「安悉香」"薰"，及誦「大明」加持「像」；皆放光。

註解：可見有用「香」去薰「本尊像」的，像即「放光」的方式。

至於「內部」的供養部份，即是精進修持穢跡金剛咒，那穢跡金剛本尊必會時時刻刻保護著我們，不會有盜賊、水火、五兵之難。

如《大威力烏樞瑟摩明王經・卷中》云：「若恆憶念此密言者，本尊隨逐，眾魔不近。」

如果覺得請來的「金剛杵」都是「原木色」，不好看，或者太白、顏色太淺的話。

建議：可以燒「純檀木粉」來供養它，然後把它「上妝」成「肉色」即可。「上妝」就是「薰」的意思。天天薰，一星期即會「變色」，太約是接近「肉色」，或深一點即可。

　　但不要將「金剛杵」太靠近「香火」，否則會「燒裂」掉！也不要「薰」過頭，變成「黑色」，這樣「金剛杵」的「五官」都會不見！

第七、漢傳根本咒篇

漢傳穢跡金剛根本咒語的研究

漢傳根本咒篇

漢傳穢跡金剛根本咒語的研究

關於穢跡金剛根本咒語，版本約有十種之多，底下就這十種版本逐一分字比較之。

1 《真言集》。日本龍巖、白巖和尚編的《真言集》頁 10。

2 《水陸儀軌》頁 35。

3 《雲棲法彙・諸經日誦》。詳《蓮池大師全集・三》頁 1830。

4 《智覺禪師》。智覺禪師（永明 延壽）所傳的咒語內容詳《卍續藏》第 111 冊頁 164 上。

5 《穢跡金剛靈要門》。完整名是《穢跡金剛說神通大滿陀羅尼法術靈要門》。咒語內容詳《大正藏》第 21 冊頁 158 中。

6 《穢跡金剛百變法經》。完整名是《穢跡金剛禁百變法經》。咒語內容詳《大正藏》第 21 冊頁 161 中。

7 《真覺禪師》。真覺禪師所傳的咒語內容詳《大正藏》第 21 冊頁 161 中。

8 《密跡力士經偈頌》。完整名是《密跡力士大權神王經偈頌》，咒語內容詳《大正藏》第 32 冊頁 778 下。及《乾隆藏》第 109 冊頁 516 下。

9 《敦煌本》。《穢跡金剛顯神通大陀羅尼》，伯 3047 號，內容就是《穢跡金剛說神通大滿陀羅尼法術靈要門》，詳《敦煌寶藏》第 126 冊頁 138 下到 139 下。咒語出現在《敦煌寶藏》第 126 冊頁 138 下。

10 《大藏祕要》。

　　表格中的□符號代表「缺字」。因為在《穢跡金剛禁百變法經》的後面有段補述的文字敘述說：（《大正藏》第 21 冊頁 161 中）

　　古經本咒四十三字。唐太宗朝人多持誦，感驗非一，除去十字今就錄出，速獲靈應，無過是咒。

　　咒總共是「四十三字」，唐太宗時除去「十」個咒字。其實以漢字來算共「四十三字」，因為把「般囉(二合)」當成了二個字，其實以梵字來算，只有四十二字，正好符合《密跡力士大權神王經偈頌》一再重複說的：

「寶印鎮心靈文四十二」
「朱書方印四十二道祕」
「大滿神咒四十二道聖」
「四枚正印四十二道祕」
「堪與眾會遠畫四十二，梵夾靈文貝多葉上成，一一分明不離梵字體」
「滿咒王手指結印起，五種寶印列宿四十二」。

　　亦符合唐・阿地瞿多譯《佛說陀羅尼集經・卷九・金剛烏樞沙摩法印咒品》中的說的：

「咒有四十二」

　　下面就將十種版本的四十二個咒字以圖表分解之。

	1	2	3	4	5	6
1《真言集》	唵	佛	舌	屈	律	摩
2《水陸儀軌》	唵(甕)	怫(必)	咶(滑)	喔(骨)	嘩(魯)	摩
3《雲棲法彙》	唵	怫	咶	喔	嘩	摩
4《智覺禪師》	唵(引)	佛	舌	屈	聿(唯律切)	摩
5《穢跡金剛靈要門》	唵	怫	咶	喔	嘩	摩
6《穢跡金剛百變法經》	唵	怫	咶	喔	嘩	摩
7《真覺禪師》	唵	佛	听	窟	聿	摩
8《密跡力士經偈頌》	唵	怫	吼	喔	嘩	摩
9《敦煌本》	唵	怫	咶	喔	律	摩
10《大藏祕要》	唵	怫	咶	喔	嘩	摩

	7	8	9	10	11	12
1《真言集》	訶	鉢囉(二合)	恨	那	礙(二合)	勿
2《水陸儀軌》	訶	鉢囉	狠	那	㖃(許)	吻
3《雲棲法彙》	訶	般囉(二合)	很	那	㖃(音許)	吻
4《智覺禪師》	訶	鉢囉	恨	那	㖃(音許)	勿
5《穢跡金剛靈要門》	訶	鉢囉(二合)	哏(恨)	那	㖃	吻
6《穢跡金剛百變法經》	訶	般囉(二合)	很	那	㖃	吻
7《真覺禪師》	訶	般那	很	那	詡	吻
8《密跡力士經偈頌》	訶	般囉	哏	那	噓	吻
9《敦煌本》	訶	鉢囉	哏	那	㖃	吻
10《大藏祕要》	訶	般囉(二合)	很	那	㖃	吻

	13	14	15	16	17	18
1《真言集》	汁	勿	醯	摩	尼	微
2《水陸儀軌》	汁(直)	吻(刿)	醯	摩	尼	微
3《雲棲法彙》	汁	吻	醯	摩	尼	微
4《智覺禪師》	汁	勿	醯	摩	尼	微
5《穢跡金剛靈要門》	汁(什)	吻	□	□	□	微
6《穢跡金剛百變法經》	汁	吻	醯	摩	尼	嚩
7《真覺禪師》	泮	吻	□	□	□	尾
8《密跡力士經偈頌》	只	吻	醯	摩	尼	微
9《敦煌本》	汁	吻	□	□	□	微
10《大藏祕要》	汁	吻	醯	摩	尼	嚩

	19	20	21	22	23	24
1 《真言集》	吉	微	摩	那	栖	唵
2 《水陸儀軌》	吉	微	摩	那(拏)	棲	唵(甕)
3 《雲棲法彙》	咭	微	摩	那	棲	唵
4 《智覺禪師》	吉	微	摩	那	棲	唵
5 《穢跡金剛靈要門》	咭	微	摩	那	栖	□
6 《穢跡金剛百變法經》	咭	㘁	摩	那	棲	唵
7 《真覺禪師》	劫	尾	摩	那	棲	□
8 《密跡力士經偈頌》	吉	微	摩	那	栖	唵
9 《敦煌本》	咭	微	摩	那	栖	□
10 《大藏祕要》	咭	㘁	摩	那	棲	唵

	25	26	27	28	29	30
1 《真言集》	斫	急	那	烏	淥	慕暮
2 《水陸儀軌》	斫	急	那(拏)	烏	深(澁)	暮
3 《雲棲法彙》	斫	急	那	烏	深	暮
4 《智覺禪師》	斫	急	那	烏	深	暮
5 《穢跡金剛靈要門》	□	□	□	嗚	深	慕(暮)
6 《穢跡金剛百變法經》	斫	急	那	烏	深	暮
7 《真覺禪師》	□	□	□	烏	澁	謨暮
8 《密跡力士經偈頌》	捘	割	囉	嗚	深	暮
9 《敦煌本》	□	□	□	嗚	深	暮
10 《大藏祕要》	斫	急	那	烏	深	暮

	31	32	33	34	35	36
1 《真言集》	屈	律	吽	吽	吽	泮
2 《水陸儀軌》	喔(骨)	嘩(魯)	吘	吽	吽(烘)	泮
3 《雲棲法彙》	喔	嘩	吽	吽	吽	泮
4 《智覺禪師》	屈	聿	吽	吽 呼含切	吽(于令切)	泮
5 《穢跡金剛靈要門》	喔	嘩嘩	吽	吽	□	泮
6 《穢跡金剛百變法經》	喔	嘩嘩	吽	吽	吽	泮
7 《真覺禪師》	窟喔	聿嘩	吽	吽	吽	發發泮泮
8 《密跡力士經偈頌》	喔	嘩嘩	哈哈	吽	吽	泮
9 《敦煌本》	喔	嘩嘩	吽	吽	□	泮
10 《大藏祕要》	喔	嘩嘩	吽	吽	吽	泮

	37	38	39	40	41	42
1《真言集》	泮	泮	泮	泮	莎	訶
2《水陸儀軌》	泮	泮	泮	泮(癹)	娑	訶
3《雲棲法彙》	泮	泮	泮	泮	莎	訶
4《智覺禪師》	泮	泮	泮	泮(音潑)	娑	訶
5《穢跡金剛靈要門》	泮	泮	☐	☐	娑	訶
6《穢跡金剛百變法經》	泮	泮	泮	泮	娑	訶
7《真覺禪師》	發	發	☐	☐	莎	訶
8《密跡力士經偈頌》	癹	☐	☐	☐	薩	訶
9《敦煌本》	泮	☐	☐	☐	沙	訶
10《大藏祕要》	泮	泮	泮	泮	娑	訶

從上面四十二個咒字的十種版本比較中，我們再藉助漢文相應對的「羅馬摹擬拼音」來進一步整理，盡可能把各種情形整理出來，然後找一個比較接近的版本。漢字部份暫時以《穢跡金剛靈要門》、《穢跡金剛百變法》兩部經典及《敦煌本》為準，其餘的版本為輔。羅馬拼音部份的轉寫，根據<u>李珍華</u>;<u>周長楫</u>編《漢字古今音表》、<u>徐金松</u>編《臺語字典》及《廈門音新字典》。至於所得的結果，以「可能性較大」作結論，所以謹供參考，不代表百分之百完全正確的！

1 唵。即為梵語的 oṃ 音。

2 咈（必 bhi）、佛（bu）、𡸧（hut）。以 bhi 可能性較大。

3 咶（滑 kut）、舌（siat;chih）、吼（ho;hau）、㖚（hau;kho）。以 hau 或 ho 可能性較大。

4 㖏（kut）、窟（khut）。以 gu 可能性較大。

5 嚕（lu）、聿（ut）、律（lut）。以 ru 可能性較大。㖏嚕即梵語的 guru 音。

6 摩（ma）。即為梵語的 ma 音。

7 訶（ha）。即為梵語的 hā 音。

8 鉢囉（pra）。即為梵語的 pra 音。

9 哏（恨 hun）、很（hun）。

10 那（na）。

11 㖄（許 ho;hu;kho）、詡（hu）、噓（hu;ha）。以 hu 可能性較大。

12 吻（bun）、勿（but）。以 bu 可能性較大。

13 汁（chiap）、什（sip）、直（tit）、只（chi）。以 ci 或 chi 可能性較大。

14 吻（bun）、勿（but）。以 bu 可能性較大。

15 醯（he;hi）。以 hi 可能性較大。

16 摩（ma）。

17 尼（ni）。即為梵語的 ṇi 音。

18 微（hui）、尾（vi;bi）。以 vi 可能性較大。

19 咭（kiat;khiat）。以 ki 或 khi 可能性較大。

20 微（hui）、尾（vi;bi）。以 vi 可能性較大。

21 摩（ma）。

22 那（na）。

23 棲（chhe;se）、栖（chhe;se）。以 se 可能性較大。

24 唵。即為梵語的 oṃ 音。

25 斫（chiok）、拶（ca;ja）。

26 急（kip）。

27 那（拏 na）、囉（ra）。另據《大正藏》第 21 冊頁 158 下注解 24 云：斫急那＝社置羅，斫急那極可能就是梵語的 jaṭila 音。

28 烏（u;o）。以 u 可能性較大。

29 深（chhim）。

30 暮（bo;mu）。28、29、30 三字即為梵語的 ucchuṣma 音。

31 喎（kut）、窟（khut）。以 gu 可能性較大。

32 嚕（lu）、聿（ut）、律（lut）。以 ru 可能性較大。喎嚕即梵語的 guru 音。

33 吽、斜。即為梵語的 hūṃ 音。

36 泮、癹。即為梵語的 phaṭ 音。

41 娑。即為梵語的 svā 音。

42 訶。即為梵語的 hā 音。

下面再將四十二個咒字以「漢字」與「悉曇字」相對，此表格之音僅供參考！表格內的悉曇字不代表是百分之百正確的，務必依止金剛上師或具德仁波切口傳之音為准。

	1	2	3	4	5
漢字 悉曇字	唵	啼	咭	喎	嘩
	6	7	8	9	10
漢字 悉曇字	摩	訶	鉢 囉(二合)	哏	那
	11	12	13	14	15
漢字 悉曇字	哷	吻	汁	吻	醯
	16	17	18	19	20
漢字 悉曇字	摩	尼	微	咭	微
	21	22	23	24	25
漢字 悉曇字	摩	那	栖	唵	研
	26	27	28	29	30
漢字 悉曇字	急	那	烏	深	暮
	31	32	33	34	35
漢字 悉曇字	喎	嘩	鈝	鈝	鈝
	36	37	38	39	40
漢字 悉曇字	泮	泮	泮	泮	泮
	41	42			
漢字 悉曇字	娑	訶			

梵音中文大意略釋

注意：正確咒音務必依止金剛上師或具德仁波切口傳為准，勿自行猜測持誦！底下所作的中文解釋亦是謹供參考！

唵・　咈咭嘔啈・　摩訶缽囉(二合)・啈那啍・　吻汁吻・〈醯〉〈摩〉〈尼〉・
oṃ・　bhihauguru・　mahāpra--　hun-nahu・　bucibu・　himaṇi・
(歸依　怖畏 上師　　大智者　　祕密　　安住　　真摩尼寶珠體性)

微咭微・　摩那栖・
vikivi・　manase・
(攝伏　　作意妄想)

〈唵〉・〈斫〉〈急〉〈那〉・鳴深慕・嘔啈・
oṃ・　jaṭila・　ucchuṣma--guru
(歸依　結髻苦行者　烏芻瑟摩;穢跡;除穢上師)

觖　觖〈觖〉・泮　泮　泮・〈泮〉〈泮〉・娑訶・
hūṃ・hūṃ・hūṃ・phaṭ・phaṭ・phaṭ・phaṭ・phaṭ・svāhā・
(降伏　　　　摧破　　　　　　　圓滿)

【果濱梵咒教學集】☛裡面有「教學」的參考檔案
https://drive.google.com/drive/folders/1ohxkIA8G8AE4cFqrumXFqa0VCvxUPOmv?usp=sharing

下面再附上《真言集》及《敦煌本》的穢跡金剛咒影本。

唵佛呾屈律摩訶鉢囉恨邜㘬勿汁勿醯摩尼微吉微摩
唵咓所㤻邜烏溪慕屈律䉼䉼䉼泮泮泮泮泮莎訶
那栖唵所㤻邜烏溪慕屈律䉼䉼䉼泮泮泮泮泮莎訶

附錄：大威力烏芻澀摩金剛曼荼邏請召陀羅尼（亦名立現驗）

→ 出自《房山石經‧釋教最上乘秘密藏陀羅尼集》頁 214。

namo‧ratna-trayāya‧nama--ścaṇḍa--vajra--pāṇaye‧
mahā--yakṣa--senā--pataye‧
oṃ‧vajra--krodha‧mahā--caṇḍa①‧hana--daha--paca‧
vikira‧vi-dhvaṃsaya‧ehyehi‧bhagavan‧
hana--hana‧daha--daha‧paca--paca‧vikira‧vi-
dhvaṃsaya‧deva‧nāthendra②‧pūjita‧sarva‧ātma-
jita‧sarva‧ātma-ja‧
suru--suru‧kuru--kuru‧muru--muru‧kurva--kurva‧mahā--
kurva‧kunaṭi--kunaṭi‧mahā--kunaṭi‧naṭi--naṭi‧mini--
mini‧mahā--mini‧kini--kini‧mahā--kini‧kha--kha‧
khāda--khāda‧khāhi--khāhi‧khuru--khuru‧turu--turu‧
ṭuṭa--ṭuṭa‧hana--hana‧daha--daha‧paca--paca‧gṛhṇa--
gṛhṇa‧bandha--bandha‧matha--matha‧pra-matha--pra-
matha‧cchinda--cchinda‧bhinda--bhinda‧bhūta--pati‧
asurā--pura‧vi-dhvaṃsana--kara‧
ucchuṣma‧krodha‧mahā--bala‧dhama--dhama‧yama--
yama‧kara--kara‧kiri--kiri‧kuru--kuru‧
hūṃ‧phaṭ‧muru--muru‧hūṃ‧phaṭ‧
suru--suru‧hūṃ‧phaṭ‧
hana--hana‧hūṃ‧phaṭ‧
daha--daha‧hūṃ‧phaṭ‧
paca--paca‧hūṃ‧phaṭ‧
hṝ--hṝ‧hūṃ‧phaṭ‧
he--he‧hūṃ--hūṃ‧phaṭ--phaṭ‧svāhā‧

註：①②皆採用《大正藏》第二十一冊頁 154 中的版本。

烏芻澀摩大威力根本密言 (又名獨股金剛咒)

➜《大正藏》第二十一冊頁 137 上、154 上。

oṃ・hūṃ--hūṃ--hūṃ・phaṭ--phaṭ--phaṭ・

ugra-- śūla--pāṇi・hūṃ--hūṃ--hūṃ・phaṭ--phaṭ--phaṭ・
最勝;最極 鈷杵;又 持;手

jyoti- nirnāda・hūṃ--hūṃ--hūṃ・phaṭ--phaṭ--phaṭ・
光明;星　吼聲;震動

svāhā・

烏芻澀摩大力金剛心中眞言

➜《房山石經》頁 215 上。

oṃ・vajra--krodha・māha--bala・
　　　　金剛　　忿怒　　　　　大力

hana--　daha--paca・matha・
殺害;破壞 能燒;破壞 燒;煮;熟　能催;能降

vikira(ṇa)・vi-dhvaṃsaya・jaṭila・lambodara・
壞散;摧伏　　　破壞、降伏、敗壞 結髻苦行者　腹垂

ucchuṣma--krodha・
烏芻瑟摩;穢積　忿怒

hūṃ・phaṭ・svāhā・

第八、藏傳咒語篇

藏傳穢跡金剛咒語介紹

藏傳穢跡金剛咒語介紹

漢傳的「烏樞瑟摩穢跡金剛」法不僅與唐密有甚深因緣，與藏密佛法亦有密切關係，如在《藏密真言寶典》（宗教文化出版社）中即有「**烟色穢積金剛真言**」（頁290）、「**綠色穢積金剛真言**」（頁291）、「**忿怒穢積母真言**」（頁291）、「**忿怒穢積金剛真言**」（頁 418）……等。藏傳穢跡金剛咒語內容依據各個傳承法派不同，導致「咒文」皆有差異性。不只藏文咒語不同，連各家所作的「藏音中文摹擬」與「羅馬拼音」都不盡相同。

今僅將穢跡金剛咒語的「藏音」與「羅馬拼音」作個大略的介紹，實際咒文及咒音還是依個人「法脈傳承」為准。

注意： 真正的咒音「讀法」請務必依止您的上師傳囑為准，本文咒音只作「參考」，
　　　　請勿自行猜測持誦。

煙色穢跡金剛眞言

藏名：

ཁྲོ་བོ་སྨེ་བརྩེགས་ལྡུང་ཁྲའི་གཟུངས།

khro-bo sme-brtsegs dud-kh

藏文咒語（第一段咒音版本）：

ཨོཾ་བྷུརྐུཾ་མ་ཧ་པ་ན་ཡེ་བྷུརྩི་བྷུརྐྷི་བི་མ་ན་སེ་ཨུ་ཙུཥྨ་མ་ཧ་ཀྲོ་དྷ་ཧཱུྃ་ཕཊ།

藏音摹擬（第一段咒音版本）：

嗡・哺日枯母・嘛哈阿札(巴日)那雅・哺日咨・哺日克・比嘛納塞・烏最嘛・嘛哈阿酌達(嘎若達)・吽・呸・

羅馬拼音（第一段咒音版本）：

oṃ・bhurkuṃ・mahā-praṇaye・bhurci・bhurkhi・
vimanase・ucuṣma・mahā-krodha・hūṃ・phaṭ・

藏文咒語（第二段咒音版本）：

ཨོཾ་བྷུརྐུཾ་རི་ལི་ཤུ་ཐར་ག་ཧུར་ཤི་བི་མ་ལེ་ཨུ་ཙུཥྨ་མ་ཧ་ཀྲོ་དྷ་ཧཱུྃ་ཕཊ།

藏音摹擬（第二段咒音版本）：

嗡・哺日枯母・日哩盧・塔日夏・乎日晞・比嘛睞・烏最嘛・嘛哈阿酌達(嘎若達)吽・呸・

羅馬拼音（第二段咒音版本）：

oṃ・bhurkuṃ・riliśu・thar-śa・hur-śi・vimale・
ucuṣma・mahā-krodha・hūṃ・phaṭ・

綠色穢跡金剛眞言

藏名：

ཁྲོ་བོ་སྨེ་བརྩེགས་ལྗང་ཁུ།

Khro-bo sme-brtsegs ljan-khu

羅馬拼音：(咒語內容同煙色穢跡金剛)

(1)oṃ・bhurkuṃ・mahā-praṇaye・bhurci・bhurkhi・vimanase・ucuṣma・mahā-krodha・hūṃ・phaṭ・

(2)oṃ・bhurkuṃ・riliśu・thar-śa・hur-śi・vimale・ucuṣma・mahā-krodha・hūṃ・phaṭ・

忿怒穢跡金剛眞言（忿怒王穢積咒）

藏名：

ཁྲོ་བོ་སྨེ་བརྩེགས་ཀྱི་གཟུངས།

khro-bo sme-brtsegs

藏文咒語：

ཨོཾ་བྷུར་ཀུཾ་མ་ཧཱ་པྲ་ཎ་ཡ་བྷུར་ཙི་བྷུར་ཀི་བི་མ་ལེ་ཨུ་ཙུཥྨ་
ཀྲོ་དྷ་ཧཱུྃ་ཧཱུྃ་ཕཊ་ཕཊ་སྭཱ་ཧཱ།

藏音摹擬（第一種傳承版本）：

嗡・哺日咕母・嘛哈阿札(巴日)那雅・哺日咨・哺日革・比嘛睞・塢翠嘛・酌達
(嘎若達)・吽・吽・呸・呸・梭哈・（據《藏密真言寶典》頁418。宗教文化出版社）

羅馬拼音（第一種傳承版本）：

oṃ・bhurkuṃ・mahā-praṇaya・bhurci・bhurṣi・
vimale・ucuṣma・krodha・hūṃ・hūṃ・phaṭ・phaṭ・
svāhā・

藏音摹擬（第二種傳承版本）：

嗡・普爾公・嘛哈布喇拏雅・普爾吉・普爾給・微摩那悉・烏究斯麻・哥囉特・
吽・吽・坡者・坡者・梭哈・（據《中國藏密寶典・第四冊》頁304及310、322。民族出
版社）

羅馬拼音（第二種傳承版本）：

oṃ・bhurkuṃ・mahā-praṇaya・bhurci・bhurṣi・
vimanase・ucuṣma・krodha・hūṃ・hūṃ・phaṭ・
phaṭ・svāhā・

念怒穢跡母眞言

藏名：

ཁྲོ་མོ་སྨེ་བརྩེགས་ཀྱི་གཟུངས།

khro-mo sme-brtsegs

藏文咒語：

ཨོཾ་ཡར་ཁོ་ཙིར་ཁོ་བི་མ་ན་སེ་ཨུ་ཙུཥྨ་མ་ཧ་ཀྲོ་དྷ་ཧཱུྃ་ཕཊ།

藏音摹擬：

嗡‧阿日康‧咨日康‧比麻納塞‧烏最嘛‧嘛哈阿酌達(嘎若達)‧吽‧呸‧

羅馬拼音：

oṃ‧arakhaṃ‧cirkhaṃ‧vimanase‧ucuṣma‧mahā-krodha‧hūṃ‧phaṭ‧

註：本處不提供藏文咒語的穢跡金剛修持「儀軌」。諸位有興趣者可參考：

　　　書名：《藏文典籍目錄》

　　　出版社：民族出版社

　　　語言：簡體中文、藏文

其中與穢跡金剛有關的如下：

※夏仲法尊阿旺策仁文集：

　　➔依穢跡忿怒王法門安排火葬法，極怖金剛焰

※薩迦‧袞噶洛卓文集：

　　➔大力明王唸誦法，威攝異論

　　➔空行母穢跡金剛母之寶瓶儀軌

※薩迦‧袞噶堅贊文集：

　　➔穢跡明王修法

第九、功德篇

修持穢跡金剛法可得四十二種功德

持誦「穢跡金剛咒」的功德本來就不可道盡，因為咒乃佛的祕密，具有無量無邊的功德，無窮邊際皆不可盡數。茲舉《大威力烏樞瑟摩明王經・卷上》云：（《大正藏》第 21 冊頁 142 下）

爾時薄伽梵金剛手菩薩摩訶薩，如師子顧作此瞻視，唱如是言：大部多主！我今説「烏樞瑟摩」祕密曼荼羅法，若「暫聞」者，一切「事業」皆悉成就，不有非時「夭橫」，但諸「惡事」皆不及身，毘那夜迦(vināyaka 亦有分成二尊，一頻那，即豬頭使者。二夜迦，即象鼻使者。毘那夜迦或説即是大聖歡喜天)**伺不得便，**(能為)**一切眾生之所「愛敬」，一切「怨敵」常皆遠離，一切「密言」皆得成「驗」，諸「金剛法」**(也能)**任運當成**(就)**，一切「不祥」即得「解脱」，一切「吉慶」常當「加護」，若**(能)**持此「明」**(明咒真言)**滿十千遍**(1 萬遍)**，即同「登壇」、具足「灌頂」。**

下面就從《穢跡金剛禁百變法經》、《穢跡金剛說神通大滿陀羅尼法術靈要門》、《大威力烏樞瑟摩明王經》、《密跡力士大權神王經偈頌》、《佛說陀羅尼集經・卷九・金剛烏樞沙摩法》……等相關「穢跡金剛」主要經典整理出四十二種功德。其中在《大威力烏樞瑟摩明王經》和《陀羅尼集經・金剛烏樞沙摩法》兩部經中所提到的「穢跡金剛咒」與《穢跡金剛禁百變法經》略有不同，但是只要誠心持誦，隨取其一，亦可達同樣的效用。

一、位尊德貴

在《大輪金剛總持陀羅尼經》（《大正藏》第21冊頁161下）有云：「**汝等金剛聞持咒方法，速先誦『大輪金剛陀羅尼神咒』，汝不持此法門者，一切諸咒縱令有驗，猶有行偽盜法之罪**」（行偽指「修行的咒法」有「虛偽不實、不如法」的情形。「盜法」二個字應該理解成「方便偷工、不圓滿、不如法」字解；「法」字應作「作法」字解，不宜作「修法、佛法」字解。「方便偷工的作法」就是指修持「本尊」應該要入「壇城、如法的儀軌、如法的灌頂」……等。如果這些都沒有做，甚至做的不圓滿，那叫做「方便偷工減料」的「不圓滿、不如法」的修持）。然而在修「大輪金剛咒」前的「稽請偈頌」中，「穢跡金剛」卻又成為必定要祈請的大聖者金剛，如「大輪金剛稽首請偈」云：（《大正藏》第21冊頁166上）

稽首珠髻大華齒，力士密跡大輪王，「烏芻沙摩」不動尊，火頭結界軍荼利，或嗔或喚作威怒，移山轉海須臾間，降伏羅刹眾毒心，聞說真言皆怖畏……

從這段偈頌來看，「烏芻沙摩」（穢跡金剛）的地位顯得更加的尊貴！

二、降伏情慾

《穢跡金剛禁百變法經》云：「**有螺髻梵王，將諸天女……前後天女，千萬億眾，共相「娛樂」，聞如來入般涅槃而不來觀省……我等徒眾……策百千眾咒仙，到於彼處，乃見種種「不淨」……各犯咒而死……是時如來左心化出不壞金剛……有大神咒能取彼梵王……即自騰身至梵王所，以指指之，其彼「醜穢物」，變為大地**」。

佛涅槃當時，有螺髻梵王跟千萬億眾的天女共相「欲樂」，佛弟子們派了百千眾的咒仙前往降伏螺髻梵王，可是咒仙們到了螺髻梵王欲樂之處，就被那些「淫穢不淨」之物給打敗，各各犯咒而死。此時如來的左心化現了「不壞金剛」（穢跡金剛），然後以大神咒前往降伏，才用手一指，那些「淫穢不淨」立刻變成了「清淨大地」。由此可知穢跡金剛咒具有降伏「破壞淫穢」之功。

再據《楞嚴經》中所說的「火頭金剛烏芻瑟摩」也是將「婬心」轉化成「智慧火」的修行方式，經云：「**烏芻瑟摩……多婬人，成猛火聚。教我遍觀百骸四肢，諸冷煖氣，神光內凝，化多『婬心』，成『智慧火』，從是諸佛皆呼召我，名為『火頭』**」。

　　佛弟子如果有「淫欲深重」的「習性」，可修穢跡金剛咒法「輔助」。女眾亦應修持穢跡金剛來「護身」，以防「暴力侵害」之事。「穢跡金剛」的本願就是要護持清淨正法，庇護眾生，不受任何「淫汙之害」。

　　《密跡力士大權神王經偈頌》清楚的說：五濁惡世(以)「婬欲」為根本，(眾生具)「生、熟」二臟，(故於)腹內作「生理」(生命成長之理)，(所有)「髮毛、爪齒、涕唾」及「膿血」，(以及)「筋骨、髓腦」盡是「腥羶」(之)物……大權(神王)忿怒告示化王(第二尊的化神王)知：善哉！大悲！汝能作此事。(能)普滿(普遍圓滿而令)「眾生」均霑(受你的)大惠恩，(你的)大行願力(能讓)眾生得「利益」。

三、去染除穢

　　「穢跡金剛咒」向來就是專門除穢的，凡欲入穢處，一定要持誦「金剛咒」，少則七遍，如《大日如來劍印》(《大正藏》第18冊頁199上)云：「凡解穢法有二種穢，一者欲入觸穢處，即以「烏芻澀麼」忿怒真言，誦真言七遍，能辟除一切「穢惡」，(令)不著(於你的)身心。以此(咒語)「加持」(自己)身，(即)如忿怒金剛(般)，(所有的)毘那夜迦(vināyaka 亦有分成二尊，一頻那，即豬頭使者。二夜迦，即象鼻使者。毘那夜迦或說即是大聖歡喜天)不能得便(去侵害你)」。

　　《陀羅尼集經‧烏樞沙摩解穢法印第十七》(《大正藏》第18冊頁863中)云：「若見死尸、婦人產處、六畜(馬、牛、羊、雞、狗、豬)產生，(凡有)「血光」流(之)處，(若)見如是等種種「穢」時。即作此「印」，(並)誦「解穢咒」，即得清淨。所行咒法，悉有效驗；若不爾者(如果不誦咒作手印的話)，(即可能)令人失驗(失去效驗)」。經文雖說是要唸「解穢咒」，但以持誦「穢跡金剛」咒即可。

　　又《蘇悉地羯羅經》云：「若於穢處，不淨等處，緣事(因有事情故必)須(前)往，(可)先誦『烏摳沙摩真言』」(《大正藏》第18冊頁646下)。《金剛恐怖集會方廣軌儀觀自在菩薩三世最勝心明王經》中亦說「行人每於便痢(大小便瀉痢)處，憶念『穢身真言』」(《大正藏》第20冊頁12上)。可見如果我們要前往殯儀館、停屍間、火葬場、大小便溺處、不淨屋、鬼怪地、死尸處，或有血光不祥之地……等，都可以持誦「穢跡金剛」咒

來護身。在《大威力烏樞瑟摩明王經‧卷中》所提到的加持方法是：「**若自經穢**(經過穢處)，**但誦**(此咒語)**之，解**(可解除)**矣，若**(以咒語)**加持『右大母指』**(誦咒)**七遍，以其印**(去印)**額，**(每)**誦一遍**(咒)**，次**(印)**右肩、次**(印)**左肩、次**(印)**心、次**(印)**喉，**(即能)**成「護身」。**(能)**辟師子、虎、狼，及諸『怖畏』」**(《大正藏》第 21 冊頁 149 下)。

四、通染通淨

據《陀羅尼集經‧卷九》云：「**誦咒之人，諸法之中，皆不許「染」**(污)。**唯『烏樞沙摩金剛法』**(能)**通**(達於)**「若染、若淨」，無所「禁制」**(禁忌制止)，(但)**若人能去**(除)**諸「貪雜染」**(的話)，**其法**(當然會)**更好，所有功能不可具論」**(《大正藏》第 18 冊頁 866 下)。《大威力烏樞瑟摩明王經‧卷下》亦云：「**『烏芻瑟麼』明王教法，不拘「淨、穢」，示**(現)**忿怒相」**(《大正藏》第 21 冊頁 156 下)。

誦咒修行的人，在其餘諸法當中，有關誦咒本人，或誦咒地點皆有要求應以「清淨」為准。唯獨修持「烏樞沙摩穢跡金剛」法，能通「染」通「淨」，無所禁制，乃至有人在「不淨處」默念亦得，或處於「廁所」內「默念」亦得，或女人「經期」時誦念此咒亦得。但是經文也有說明「**若人能去**(除)**諸貪雜染，其法**(當然會)**更好，所有功能不可具論**」也！

五、方便修學

一般習學咒語皆需作壇，或結壇結界，方能如法受持。而修持穢跡金剛咒者則不必一定要作壇，只需刻一「金剛橛杵」於佛塔或靜室中供養，然後隨力持咒。如《穢跡金剛禁百變法經》云：「**若誦一切諸咒，先須作壇。若誦我此咒者，即勿須作壇。但剋**(刻削。通「刻」字➔刻鏤貌)**一跋枳**(即「跋折囉」vajra ➔ 金剛)**『金剛橛**(似刀劍的造形)**杵』，於佛塔中，或於靜室中，用香泥塗地，隨其大小，著種種香華供養」**一般修持法者多數會刻一「跋枳」(vajra 金剛) 杵，然後作種種供養，於「金剛杵」前持誦本咒。

六、聰明智慧

修持「穢跡金剛咒」能得智慧大辯才，能讓根性愚鈍者開發心智，如《密跡力士大權神王經偈頌》說：(若遇)**心智「頑鈍」無所知「分曉」，欲求「智慧」**(與欲)**都攝**(都

統總攝)伽陀(gāthā)用，(可)吞服「呪印」(此指「心智自然智宿命智印」)，(穢跡金剛將)默(贈)與(你)「大辯才」，(能獲)總持「多聞」、博雅(學識淵博精雅)、(獲眾)多「究竟」(之理)……(就算)未成「最上」(佛果，亦能)早獲「智辯才」，(獲)「心眼」靈明，諸法自然(能)成(就)。《穢跡金剛禁百變法經》也說：「得聰明多智，辯才無礙」。唐‧道世律師也曾開示說：「夫神咒之為(妙)用也，(能)拔矇昧(矇蔽愚昧)之信心，(開)啟正真之明慧(聰明智慧)，(摧)裂重空(重重執著空相)之巨障(巨大障礙)，(消)滅積劫之深痾ㄜ (深重疾病)……咒是三世諸佛所說，若能至心受持，無不靈驗」(詳《法苑珠林‧卷六十》，《大正藏》第53冊頁734下)。又如唐末五代‧永明 延壽《萬善同歸集》云：「乃至密持神呪，靈貺ㄎㄤˋ (因靈驗而獲得賜貽功德)照然，護正防邪，降魔去外；(能降)制重昏(重重昏暗)之巨障(巨大障礙)，(消)滅積劫之深痾ㄜ (深重疾病)；(的)現不測(不可測度)之神通，示難思(難思難議)之感應」。

七、得大福報

　　《密跡力士大權神王經偈頌》云：「若(有)一微塵墮(於任何之處)咒於物上(然後持金剛咒加持此微塵物)，(只要有)風吹(此被加持過的)微塵(而)落在(任何)眾生身，所得『福報』如似恒河數」。假如有任何一微塵掉落於「唸過穢跡金剛咒」的任何物體上，然後再由風將這微塵吹拂到任何的眾生身上，這樣被吹拂到的眾生都可以獲得如恒河沙數的「功德福報」。其實在《千手千眼觀世音菩薩廣大圓滿無礙大悲心陀羅尼經》也曾提到咒語這樣不可思議的功德，如彼經云：「若誦持者，行於道路，大風時來，吹此人身毛髮衣服，(只要經)餘風(之)下(所越)過(的)諸類眾生，得其人飄身(之)風(而)吹著身者，一切重罪惡業並皆滅盡，更不受三惡道報，常生佛前，當知受持者，福德果報不可思議」(《大正藏》第20冊頁109上)。

八、離貧得富

　　修持「穢跡金剛咒」可得世間福報圓滿，遠離「貧窮」之害，如《穢跡金剛說神通大滿陀羅尼法術靈要門》云：「若有世間眾生，被諸天惡魔一切外道所惱亂者，但誦我咒十萬遍，我自現身，令一切有情隨意滿足，永離『貧窮』，常令安樂」。又云：「若持咒人求種種『珍寶摩尼如意珠』等者，但至心誦咒，自限多少，我即自送，滿其所願」。

《密跡力士大權神王經偈頌》亦云：(若遇)貧窮(而)受苦，(則)誦念(金剛咒可獲如)給孤(獨長者之巨)富，(可獲)長生不死(之)「戒定」與「菩提」，(穢跡金剛將)惠施(給)眾生(令其)後世(得)「大貴富」。(若有想要)學習「神丹」(而得)「紫磨」(般如)黃金(之殊)勝(者)。

足見修持「穢跡金剛咒」可得「財富、珍寶」等種種殊勝的功德。

九、降魔鬼病

《穢跡金剛說神通大滿陀羅尼法術靈要門》云：「世尊！若有眾生，多被諸惡鬼神之所惱亂，誦此咒者，皆不能為害，永離苦難」。隋‧天台智者大師對唸誦咒來治鬼病之事也嘗開示說：當誦「大乘」方等諸經(之)「治魔咒」，(可)「默念」誦之，(心)存念「三寶」。若出「禪定」(之時)，亦當「誦咒」……若是「鬼病」，當用彊(古同「強」)心加咒(強大的意志力加持誦念咒語)以助治之。(詳《修習止觀坐禪法要‧覺知魔事八》，《大正藏》第 46 冊頁 471 上)。

在《佛說出生一切如來法眼遍照大力明王經(《大正藏》第 21 冊頁 209 下)》更說明了「穢跡金剛」降伏魔王的事蹟，云：「爾時無數俱胝那庾多百千萬毒害魔王，為『塢麤瑟麼』大力明王攝伏，恐怖戰慄，心慌迷悶，四肢無力，無所覺知。身命不顧，魔王自業五種繫縛(能將眾生結縛於欲界之五種煩惱，即：有身見結、戒禁取見結、疑結、欲貪結、瞋恚結等五結。能將眾生結縛於色界、無色界之五種煩惱，即：色貪結、無色貪結、掉舉結、慢結、無明結等五結)」。

十、延壽消災

《穢跡金剛禁百變法經》中曾提到「符印」法的使用，不過這些印法都時須先誦滿十萬遍咒語，與本尊相應後，才能如法作法，如果課未充，是不得效驗的。這些符印咒法不只能治病，甚至能讓人延年益壽，經云：「此七道亦能治萬病，吞之亦令人『長壽』、『益智』大神驗……此上七道用朱書紙上，吞之千枚，令人『延年』，即得與天地齊壽」。經上雖是這樣說，但這是在「顯」金剛咒與符印之「威德力」，也願修此法者勿生「貪心」，一切以「平常心」去持咒修法。

十一、治瘟疫病

「瘟疫病」其實就是《地藏經》中所說的「行病鬼王」，也類似於 2002 年 11 月發生發生的 **sars** 疫病，也同於 **2019** 年底發生的「**COVID-19** 新型冠狀病毒肺炎」一樣。這種「瘟疫病」在古時候一直都存在，當時人們也都採用「持咒」的方式去除滅，如《千眼千臂觀世音菩薩陀羅尼神咒經》《大正藏》第 20 冊頁 87 上）曾記載：「**昔有罽賓國，疫疾流行，人得病者，不過一二日並死，有婆羅門真帝將此法行，疫病應時即得消滅，『行病鬼王』出離國境，知有驗矣**」。

在《穢跡金剛說神通大滿陀羅尼法術靈要門》也有說明持誦穢跡金剛咒能去除「瘟疫」的「行病鬼王」，經云：「**若欲令『行病鬼王』不入界者，於十齋日，誦我此咒一千八遍，能除百萬衰患**」。

十二、治惡瘡病

「穢跡金剛咒」能治療「惡瘡」等皮膚病，如《陀羅尼集經・卷九》云：「**若有人患『惡瘡』者，以此印摩瘡上，誦咒，其瘡即差**（瘥病）→病癒）……**一切諸人見者歡喜**」（《大正藏》第 18 冊頁 861 中）。《大威力烏樞瑟摩明王經・卷中》《大正藏》第 21 冊頁 149 中)亦云：「**若『惡瘡、丁瘡』，加持土七遍，和水塗之，差**（瘥病）→病癒）」。

十三、療冷寒症

「穢跡金剛咒」能治療「冷寒」症，如《陀羅尼集經・卷六》《大正藏》第 18 冊頁 862 中）云：「**若人患『冷病』**（畏寒症）……**又以此火，於病人**（屋）宅（之）**四邊遶之，數**寸 數**誦咒，為結界者，其病即差**（瘥病）→病癒）」。《大威力烏樞瑟摩明王經・卷中》亦云：「**若『菖蒲』**（之）**根末，和蜜**（與酥蜜相和合），**加持一千八，服之，療『冷癥』**」（《大正藏》第 21 冊頁 149 下）。

(註：第一種畏寒症是由「鬼病」引起，所以要用「火」對治，就是在病人的屋宅四邊，持著「火把」圍遶，來回數遍，專心持金剛咒，讓屋子的「鬼氣」離開，此時病人就不再那麼的「冷」。
　　第二種畏寒症純粹是「身體病」，所以要吃中藥了，就是以「菖蒲」的「根莖」（堯韭）加上「蜜」，先加持 1080 遍咒語，然後畏寒症的人服用。
　　《道藏》中甚至有《菖蒲傳》一卷，有詳細敘述了服食「菖蒲」的方法：首先採集細小片似魚鱗狀的菖蒲，約一斤，以「淨水」和淘米剩下的「泔水」浸泡，各一晚，再刮「去皮」，等曬乾後再「搗碎」，再同「糯米粥」和勻，參入「蜂蜜」，做成「丸子」，風乾它。每日白天送飲 30 丸，臨睡前再服 30 丸。這樣吃一個月，可以消食；兩個月，去痰；5 年，白髮變黑，掉的牙齒都可以再生

出來）。

十四、治百萬病

《穢跡金剛說神通大滿陀羅尼法術靈要門》云：「世尊！若有善男子、善女人，欲救療『萬病』者，誦上咒四十萬遍，見有病者，治之有驗，無問淨與不淨，隨意驅使，我當隨從滿一切願」。這是穢跡金剛咒能治療「萬病」的經文，還有《密跡力士大權神王經偈頌》中亦說能治「四百零四種病」，經云：「行住坐臥心口常持誦⋯⋯『四百四病』及諸妖精怪，蠱毒陰崇(陰邪崇盛)害他眾生命，患人宿業多生冤債病，朱書祕咒永遠除瘥去」。

天台智者大師亦嘗云：「**咒術治病者：萬法悉有「對治」，以相厭禳**ㄖ**，善知其「法術」用之，無不即愈。咒法出諸「修多羅」及「禪經」中，「術法」諸師，祕之，多不妄傳**」(詳《釋禪波羅蜜次第法門‧卷四》，《大正藏》第46冊頁506上)。

十五、治夜驚怖

《陀羅尼集經‧烏樞沙摩結界法印咒第三》云：「**若人夜臥心驚怖者，亦如上法，咒三七遍，二十一遍彈指臥者，永無驚怖**」(《大正藏》第18冊頁861中)。這是說如果有人晚上睡覺常常會有「驚怖」的情形發生，那只需持「穢跡金剛咒」二十一遍，然後用水或手輕彈睡眠者（類似加持的動作），從此即可免除驚怖惡夢！

十六、夜夢吉祥

修穢跡金剛也可得本尊保護，讓夜夜都得「吉祥夢」，如《大威力烏樞瑟摩明王經‧卷下》云：「**誦守護密言二十一遍，隨意至處為界，成護持，魔眾不近。欲眠，為之『夢想清淨』**」(《大正藏》第21冊頁157下)。

十七、令得安樂

《穢跡金剛說神通大滿陀羅尼法術靈要門》云：「**若有未安樂之人，令安樂者**」。這是「穢跡金剛咒」能讓人得大安樂，遠離災害，離苦得樂。

十八、滅諸罪事

《密跡力士大權神王經偈頌》云：患人「宿業」多生「冤債病」，(只要)朱(砂)書(寫)「祕呪」，永遠除瘥(疾)去。如果有宿世的惡業及冤親債主等，只要勤持「穢跡金剛咒」定能除去惡業。民國‧<u>印光</u>大師對咒語能消業也曾開示說：「持咒以不知義理，但止至誠懇切持去，竭誠之極，自能業消智朗，障盡福崇，其利益有非思議所能及者」(詳《印光法師文鈔‧上冊》頁241，復<u>張雲雷</u>居士書二)。

十九、畫像滅罪

如果能彩畫穢跡金剛像，如法持誦「穢跡金剛咒」，亦能除去阿鼻地獄業，如《密跡力士大權神王經偈頌》云：(若人能)彩畫「頂像」(即大權神王；穢跡金剛)除卻「阿鼻獄」(之罪)。又據《大威力烏樞瑟摩明王經‧卷上》云，如果能供養「穢跡金剛」聖像可獲無量功德，如「若供養像，黃芥子和欝金……滿七日，國王貴敬。若供養像……大臣貴敬。若供養像……族姓人貴敬……天神貴仰」等(詳《大正藏》第21冊頁146上)。

二十、防蛇毒獸

《穢跡金剛說神通大滿陀羅尼法術靈要門》云：「若令諸惡鬼神毒，蛇蠍猛獸等毒以滅者，取淨灰，圍所居穴孔，並自出來。當微出聲，咒之一百遍，其蛇等一切蠱獸，各滅毒心，不敢傷人，速得解脫」。如果遇到「蛇蠍猛獸」、「惡狗狼犬」或「獅子虎狼」會傷人時，專心持誦「穢跡金剛」咒即可使這些動物不敢傷人，乃至也可藉穢跡金剛咒力而得解脫畜生道之業報。

如果持咒加持水，再將咒文灑於房屋周遭，蚊鼠蟑螂惡蟲都會離開消失的。如《密跡力士大權神王經偈頌》云：(若遇)蛇、鼠、惡蟲(將)損他「諸般物」，(但以金剛咒)水灑屋地，(則)自然「他」(害蟲)無跡(而消失)。

二十一、辟諸毒食

修穢跡金剛法可以避免食物中毒，如《大威力烏樞瑟摩明王經‧卷中》云：「若欲食，先加持之七遍，服之辟眾毒」(《大正藏》第21冊頁149中)。《陀羅尼集經‧卷九》

（《大正藏》第 18 冊頁 861 下）亦云：「**若食毒藥，當作此印，繞身頭上，誦咒，即差**（痊者→病癒）」。如果遇到不淨的食物，可以先唸咒加持七遍，則諸毒食物等即可避免！

二十二、防水難患

　　《大威力烏樞瑟摩明王經・卷中》云：「**若加持土塊一百八，擲於水中，然涉之，水性之屬，不能傷人**」（《大正藏》第 21 冊頁 151 上）。這是說以「穢跡金剛咒」加持土塊，然後擲於水中，可以避免水鬼、土石流、水難之類的災害。

二十三、止雹息雪

　　《大威力烏樞瑟摩明王經・卷下》云：「**若加持華一百八遍，依前供養同上，若遭霜、雹、雨、雪，心念此密言，止矣**」（《大正藏》第 21 冊頁 156 下）。《大威力烏樞瑟摩明王經・卷中》亦云：「**若惡雨、雪、雷、雹，結杵或娜拏印，持明，止矣**」（《大正藏》第 21 冊頁 150 中）。所以平常我們在風雨中也要盡可能的持誦「穢跡金剛咒」，不敢說持誦到讓雨停，至少保護自己不會遭雷擊之類的事發生。

二十四、辟兵災橫

　　《大威力烏樞瑟摩明王經・卷中》云：「**若旗旛上寫密言，持之入陣，辟兵。若以樺皮寫密言，置髻中，入陣。刀箭及身，猶如散花，有何患也**」（《大正藏》第 21 冊頁 151 上）。如果我們抄寫「穢跡金剛咒」護身也可以防止刀、兵種種災橫。如《大威力烏樞瑟摩明王經・卷中》亦云：「**若晨朝沐浴，以華供養本尊，誦一百八，辟兵災橫，見歡喜**」。（《大正藏》第 21 冊頁 149 下）。

二十五、辟官諍訟

　　據《大威力烏樞瑟摩明王經・卷下》云：「**若一切大怖畏逼身，憶念此『密言』，止之。若日誦一千八遍者，辟『官事』及大力鬼神，虎、狼、師子**」（《大正藏》第 21 冊頁 152 中）。這是說唸穢跡金剛咒能防止諍訟類的官事發生。

二十六、免除盜賊

《大威力烏樞瑟摩明王經‧卷下》云:「**若路行,日誦一百八遍,免劫盜**」(《大正藏》第 21 冊頁 152 中)。如果平常我們上班走路、開車坐車、搭捷運時,可以隨身、隨時地持誦「穢跡金剛咒」,能免除盜賊偷竊之事!

二十七、治兒夜啼

據《陀羅尼集經‧烏樞沙摩止啼咒第三十七》云:「**於素帛上,抄是咒文,咒索中心,繫是咒文。還以此咒,一咒一結,一百八結。小兒女子夜啼哭時,以繫頸下,不畏一切諸鬼神等,不復更啼,兒得長命**」(《大正藏》第 18 冊頁 865 下)。這是說拿一條素色的布,然後將抄寫的咒文綁在布上,再持咒語(持穢跡金剛咒即可),每持一遍咒,就打一結,持一〇八遍,打一〇八個結,然後將布輕輕繫在小孩子的頸子下,這樣小孩就不會夜夜啼哭,去除鬼神的干擾!

二十八、眾神庇護

《密跡力士大權神王經偈頌》云:(若能於)**行住坐臥「心、口」常持誦,果熟「三昧」通達「神交」**(神氣交合)**用。**(行者)**所行**(過之)**「祠廟、神祇」皆拱奉**(持此咒者),(諸神祇將)**隨逐不捨,不敢違「尊命」**。這是說如果我們行、住、坐、臥都能心念口誦這個穢跡金剛咒語,那所路過的神祇廟祠中的眾神,或路上迎神賽會的諸神都會禮敬你,甚至追隨保護著你!

二十九、鬼神禮敬

《密跡力士大權神王經偈頌》云:(所有)**「惡人、邪鬼」皆向「呪師」禮**(敬)。(皆)**捨「惡逆心」**(並)**尊命聽**(汝)**「驅使」,不敢「違逆」**。如果持誦穢跡金剛咒,則所有鬼神妖魔皆不能害,甚至要對持咒者恭敬禮拜。

三十、諸王貴敬

《大威力烏樞瑟摩明王經‧卷中》云:「**若加持『清水』一百八,洗面,謁王貴敬**」。又云:「**若加持花或果一千八,贈人貴敬**」(《大正藏》第 21 冊頁 150 上)。這是說如果我

們用咒力加持「清水」一〇八遍，然後洗臉，這樣出門去面見國王或文武大臣，大家都會對你又「尊貴」又「禮敬」的。另據《佛說陀羅尼集經・卷九・金剛烏樞沙摩法》中亦云：「**每日平旦、日中、黃昏三時，各誦一百八遍，夜眠臥時，諸天愛護，一切諸人亦常愛念**」（《大正藏》第 18 冊頁 861 中）。

三十一、金剛侍衛

《密跡力士大權神王經偈頌》云：三界諸天(所有的)**忿怒金剛眾，**(一)**聞此「呪音」**(即)**屈身侍衛**(而)**立。**三界諸天所有的忿怒金剛聖眾，只要聽聞有人持誦穢跡金剛咒，他們都會屈身侍衛的保護著你！

三十二、子息易得

《密跡力士大權神王經偈頌》云：(若)**素無「子息」**(則可以此金剛)**祕呪**(及結)**「都攝錄」**(印)，(此能治)**「百病」**(及)**婦女**(患)**「鬼胎」**(之病)，(能度過)**延年**(之)**滯**(礙)。意思說素無子息的人，可能是有婦女怪病，或者有鬼胎在影響，如果結「都攝印」持誦「穢跡金剛咒」的話，那麼很快就可以把婦女病、鬼胎病給除去，進而獲得子息！不只如此，據《大威力烏樞瑟摩明王經・卷中》說，所得的子息還是「**有相之子**」（《大正藏》第 21 冊頁 146 下），指的具有福德智慧之子。一般修此法的人，因為陽剛之氣足夠，有身孕的人修之，會有轉女胎成男胎的機會，原因可能是屬陰氣的女嬰魂較難靠近持誦穢跡金剛咒者，所以會產下男嬰的機會就相對變高，但是若已懷胎超過五個月，再修此法，恐怕就來不及了，還是隨順投胎的因緣業力吧！

三十三、生產順利

《大威力烏樞瑟摩明王經・卷下》云：「**若孕過月，加持水一百八遍，令服，產矣**」（《大正藏》第 21 冊頁 156 中）。這是說如果有婦人已經瀕臨生產，胎兒卻遲遲不出，這時要用水加持「穢跡金剛咒」一〇八遍，然後給孕婦服用，可以幫助順利生產。或者將加持過的「穢跡金剛咒」水給孕婦沐浴治療亦可，如《大威力烏樞瑟摩明王經・卷中》云：「**婦人過月不生，浴之，即產**」（《大正藏》第 21 冊頁 149 中）。

三十四、得善姻緣

《大威力烏樞瑟摩明王經・卷下》(《大正藏》第 21 冊頁 156 中) 曾提到如果有在家善男信女想求得好姻緣者，可以藉著修持「穢跡金剛咒」來求。如經云：「**若三日不食，於制帝**(佛塔)，**布金剛手**(之)**像，誦一百八遍**(咒)**。**(於)**夜靜草上，首東**(頭朝東面)**而睡，金剛手**(將)**見**(現)**種種身**(相)**滿願**(滿眾生願)，(將獲)**眾人**(之)**貴敬……每日三時，時一百八遍，經七日，**(可)**得『好婚』**」。這是每日三時都持咒，一次一〇八遍，經過七日，若有跟本尊相感應，那可隨眾生滿願、隨善男信女滿其好姻緣的願望等。

三十五、超渡解脫

《密跡力士大權神王經偈頌》云：**天人、脩羅、地獄、餓鬼趣，耳聞「咒音」盡得「解脫」去。**六道眾生只要聽聞穢跡金剛咒音皆可速得解脫超生。

三十六、見亡者事

據《大威力烏樞瑟摩明王經・卷三》云：「**若先亡日**(於先人死亡之忌日)，**不食。於制帝**(佛塔)**供養**(作種種供養)，**乃**(至於)**淨室中，獨坐，誦一百遍**(咒)，**先亡**(先人亡靈)**來現如生**」(《大正藏》第 21 冊頁 156 中)。這是說如果我們很懷念已逝的親人，很想見他們一面，在親人的「忌日」那天，先不食，然後到佛塔「制帝」去供養諸佛，並祈請諸佛加被。再選一間「淨室」，單獨一個人，專心持誦穢跡金剛咒，如此可以感通「先人亡靈」來顯現(指夢中)；但如果您的親人已經投胎轉世，那這招恐怕也沒用了！

三十七、本尊夢感

《密跡力士大權神王經偈頌》云：(行者將於)**夢中**(或)**禪定**(中)**親見釋迦尊，**(具有)**「法、報、化」**(三)**身**(之)**大權神王像，**(能以種種)**妙音**(慰)**撫**(並供汝心意之)**須，凡有所「求禱」**(皆能滿願)，**(令汝獲)「神交」氣合**(及)**「五綵」法物**(後才會消失沒)**隱。**修持金剛法的人可以在禪定中或夢中親見釋迦牟尼佛和大權神王佛（穢跡金剛），凡有所祈願必能速獲滿足。

三十八、本尊相隨

《大威力烏樞瑟摩明王經・卷中》云：「**若恆憶念此密言者，本尊隨逐，眾魔不近。止盜賊、水火、辟五兵，延年**」（《大正藏》第 21 冊頁 149 中）。

如果我們時時持誦穢跡金剛咒，那穢跡金剛本尊會時時隨逐保護著我們，不會有盜賊、水火、五兵之難。

三十九、證總持門

《密跡力士大權神王經偈頌》云：（若將）「**宿命**（功德）**智印**」（四大寶符印之第一枚），**印已**「**吞服**」**竟，即**（可）**獲**「**三昧**」，（能斷）**分段**（生死而）**證**「**變易**」（生死）。**凡夫幻體**（難）**難證**「**總持**」**門，**（雖有）「**垢膩**」**之行**（亦能）「**頓證**」**淨妙心**。修持穢跡金剛法也能證得「總持」陀羅尼門。

四十、得宿命智

如果我們努力修持「穢跡金剛咒」，想知道三世的因果事，那本尊會中夢中示現，為你宣說，如《大威力烏樞瑟摩明王經・卷下》云：「**若欲知三世未然，心念而睡，本尊夢中為說**」（《大正藏》第 21 冊頁 156 中）。

《密跡力士大權神王經偈頌》云：（此）「**宿命**（功德智）」**功能**（亦能）**感得**「**現世**」**果**（報）。（此「宿命功德智印」如同）**手足**（與）**心中塔上**（的）「**如意**」**寶**。《穢跡金剛禁百變法經》亦云：「**得心智、自然智、宿命智**」。

四十一、速獲菩提

《穢跡金剛禁百變法經》云：「**我於彼中即現真身，隨行人意所願樂者，並皆速得如意，我即與授『菩提』之記**」。《密跡力士大權神王經偈頌》亦云：凡有「**所願**」**無有**「**不果遂**」。（就算）**未能**「**達理**」（仍能）**速獲**「**菩提路**」。可見修持「穢跡金剛」法可速發菩提心，而快速證得菩提。

四十二、授記作佛

《密跡力士大權神王經偈頌》云：

十方諸佛聞誦(此金剛)「神呪音」，一(一授)記當來(必定)直至「無説地」、

諸佛同音宣說「根本呪」，(三世諸佛)成道(與)涅槃無不宣此(呪)音。

(若能)讀誦受持(必)定(證)到「無生位」。

　　穢跡金剛咒祕密法門能普施末法眾生，就算持咒條件不能達「清淨」的地步，十方諸佛聽聞你持誦的神咒音，也會為你授記將來必成佛無疑！唐・道宣律師對咒語不可思議的功德亦云：「**陀羅尼門亦有九十二億，處處宣說種種名稱，功德無量，威神不可測。至如婆藪之拔地獄，波旬之發菩提，花聚之獲神通，雷音之脫掩蔽，莫不因斯章句承茲業力，亦有四部弟子十方眾生，聞一句而『發心』，聽一説而『悟道』，故知一切諸法無非真妙**」(詳道宣律師《廣弘明集・卷二十八》，《大正藏》第 52 冊頁 334 上)。

小結：

　　《密跡力士大權神王經偈頌》云：本呪「功能」説之「不可盡」，(如果)**精嚴**(精進嚴密的修法)**「加持」**，(將)**詔示諸**(多)**「神異」**(相)，(能感召)**「水」湧「波」動**(金剛)**「寶杵」橫飛轉**。修持穢跡金剛咒的功德本來就不可窮盡，上述四十二種功德只是大略說明而已，然而金剛咒的殊勝功德卻是唯「信」能入。《大智度論》云：「**佛法大海，信為能入，智為能度，如是義者即是信。若人心中有信清淨，是人能入佛法，若無信是人不能入佛法**」。在《千手千眼觀世音菩薩廣大圓滿無礙大悲心陀羅尼經》對咒語的功德也說明：「唯除不善，唯除不至誠」，咒的力量絕對是不可思議，但必須——「信」、「至善」及「至誠」。

　　不過也請大家記住修持此法者應受「三皈五戒」或「菩薩戒」，要發菩提心，具慈悲心，如此方能有更大的功德感應。《大威力烏樞瑟摩明王經・卷上》云：(《大正藏》第 21 冊頁 142 下)

我今說「烏樞瑟摩」祕密曼荼羅法……如遇明師之所傳授，次復，當陳「烏樞瑟摩」曼荼羅相，先應具受「三歸八戒」，發菩提心，慈慧悲愍。

經文言「應受八戒」，就是應該去受三皈五戒，然後再進一步受持「八戒」。「八戒」是指「五戒」外，加上「**不以華鬘裝飾自身，不歌舞觀聽**」、「**不坐臥高廣華麗床座**」、「**不非時食**」等，這樣持咒方能圓滿功德！不只修持穢跡金剛咒要先授「三皈八戒」之說，在《楞伽經‧卷四》也說：「**不應食肉，令諸咒術不成就**」（《大正藏》第 16 冊頁 513 下）；在《請觀世音菩薩消伏毒害陀羅尼咒經》更明示云：「**眾生聞者，獲大安樂，應當闇誦，若欲誦之**（指陀羅尼），**應當持齋，不飲酒、不噉肉，以灰塗身、澡浴清淨，不食興渠五辛**」。（《大正藏》第 20 冊頁 35 下）。足見這是修學陀羅尼基本的必備條件！

密教誦咒與「五辛葷食」的探討

五辛的簡單介紹

1「**辛**」，梵語作「parivyaya」，西藏語作 spod（藥味之義），指五種有「**辛味**」之蔬菜。又作「**五葷**」，與「**酒、肉**」同為佛弟子所禁食之物。

2「**五辛**」有諸多異說，約可略歸為下面幾種說法：

(1)指「**大蒜、革蔥、慈蔥、蘭蔥、興渠**」等五種，此為《梵網經・卷下》等所舉。

(2)據《菩薩戒義疏・卷下》、《梵網經菩薩戒本疏・卷二》、義寂之《梵網經菩薩戒本疏・卷下本》、智周之《梵網經菩薩戒本疏・卷四》等載：

①**大蒜**➔即是「**葫葰、家蒜**」。

②**革蔥**（茖蔥）➔即是「**薤**、**山蔥、革山蔥**」。

③**慈蔥**➔即是「**蔥、胡蔥、葪蔥、春蔥**」。

④**蘭蔥**➔即是「**韮**、**小蒜、家蔥、野生**」。

⑤**興渠**➔即是「**蒠**、**蔟**、**芸薹、荖咤**、**子、阿魏藥、殑渠盧、形具**(hiṅgu)」。

(3)指「**蒜、蔥、興渠、韮**、**薤**」等五種，為《菩薩戒義疏・卷下》、《宋高僧傳・卷二十九・慧日傳》、智周之《梵網經菩薩戒本疏・卷四》、法藏之《梵網經菩薩戒本疏・卷四》等所舉。

(4)《翻譯名義大集》亦舉出：

①**蒜**(laśuna)。

②**蔥**(latārka)。

③**小根菜**(palāṇḍu)。

④**韮**(gṛñjana)。

⑤**興渠**(hiṅgu)等五種。

(5)《大藏法數・卷三十一》舉出：「**蔥、薤**、**蒜、韮**、**胡荽**」等五種。

3 據弘贊之《梵網經菩薩戒略疏・卷四》載，「**大蒜**」又稱「**葫**」，漢朝張騫出使大宛國時持回，為今人所常食者。

4 就「**興渠**」之梵名而論，《翻譯名義大集》舉出兩說：

(1)「**形具**」（hiṅgu），又作「**興舊、興宜、形虞、興瞿**」。依辭典之解釋，「**形具**」為從 Asa foetida 之根取出之物，可供作藥用及調味用，其學名為 Ferula asa

foetida。

(2)「殑渠盧」（guggula, guggulu），譯作「蔓菁」。為 Amyris agallochum 樹之滲出物，可供作香料、藥用。

 (a)據《宋高僧傳‧卷二十九‧慧日傳》載，我國不產此物，而產於于闐，根粗如細蔓菁之根而白，其臭如「蒜」。

 (b)據《玄應音義‧卷十九》舉出，「興渠」出於闍烏茶娑佗那國。

 (c)據演培之《梵網經菩薩戒本》講記載，其原產地在伊朗及北印度。

5 禁食「五辛」之戒律雖為修行者所應嚴格持守，然若因重病而非食「五辛」不得痊癒者，佛陀亦特別開許。

6 據《諸經要集‧卷二十》所引《僧祇律》、《十誦律》、《五分律》等之記載，因病食「蒜」之比丘，應在七日中別居於一「**僻靜之小房內**」，不得臥「**僧床褥**」，復不得至大眾「**方便處、講堂處、佛塔、僧堂**」等處，亦不得「**就佛禮拜**」，僅能在「**下風處**」遙禮，於七日滿後，需「**澡浴熏衣**」，方得入眾。

7 「道家」宗教將「韮、薤、蒜、芸薹、胡荾」等「五辛」列為禁食。

8 「練形家」宗教則以「小蒜、大蒜、薤、芸薹、胡荾」等「五辛」為禁食。

9 《大般涅槃經‧卷十一》云：若行乞食及僧中食，常知「止足」，不受別請。**不食肉、不飲酒。**「五辛」能「**葷**」，**悉不食之，是故其身無有「臭處」，常為諸天一切世人恭敬供養尊重讚歎。**

佛教徒真的可以吃香菜？

--——2014 年 8 月 28 日星期四，釋慧超寫於眉縣太白山蒿坪寺雲水寮。轉載自
——淨律學苑公眾平臺

以大乘菩薩戒來看，「香菜」並不屬於「五辛」之一，更不是「菩薩戒」所要「禁食」之蔬菜。所以，食用「香菜」或「油菜」更不會是違犯「十重戒」和「四十八輕戒」的規定。

四、結語

綜上所述，通過辨別《敦煌遺書》之《破昏殆法》與《諸經要略文》之真偽，依據「經律論典」記載和「祖師的言教」開示，可以明確地得出結論：「香菜」或「油菜」根本就不是「五辛」之一，只是「外道」以此作為「葷菜」而已。尤其在《十誦律》中，「香菜」與「菠菜」等還是佛陀開許比丘食用的五種「副食」（果蔬類）之一。但是，對於專門修「密法」與「持誦密咒」者；特別是在經過具有一切「險難之處所」時，抑或「結界」在作「火供」之時，以防其「咒術」會失驗，「建議」此時都不要食用「香菜」或「油菜」等。但如果從「醫學」角度來說，「香菜」會損人精神，久食，令人多忘，根發痼疾。但「香菜」仍有「驅風、透疹、健胃」及「祛痰、降血壓」的功效。因此，佛教徒可否食用「香菜」，取決於個人的「體質」及所修的「法門」，為妥。

密教經典對「五辛」的警戒之語

一、北宋・天息災譯《一切如來大祕密王未曾有最上微妙大曼拏羅經・卷二》云：

（《大正藏》第十八冊頁 547 下）

(1) 又金剛手白言：若「阿闍梨」受行世法，恆取快樂，恆食「酒、肉、葷辛」之味。

彼「阿闍梨」云何度弟子入「曼拏羅」？

云何度弟子免「輪迴之難」？

云何可得「真言悉地」？我今疑惑其事，云何？

(2)佛言：<u>金剛手</u>！無有「阿闍梨」受行「世法」恆取快樂，樂食「酒、肉、葷辛」之味者……

　　<u>金剛手</u>！汝聽「菩薩之行」，我今説之。

　　菩薩行者，奉持「戒法」，行「菩薩道」……不行「妄語、殺生、飲酒、戲樂、我、人見」等。如是奉「戒」，無有過失，此為「阿闍梨」所行「菩薩之行」。

✤註解：

　　從這部「密教經典」來看，佛很清楚的回答説：真正修行的「阿闍梨」，絕對沒有貪樂「殺生、酒、肉、葷辛」的事，都一定是奉持「戒法」、行「菩薩道」的清淨持戒者。

二、唐・<u>般刺蜜帝</u>譯《楞嚴經・卷八》云：（《大正藏》第十九冊頁141下）

(1)<u>阿難</u>！一切眾生，食甘故生，食毒故死。是諸眾生求三摩提，當斷世間五種「辛菜」。

(2)是五種「辛」，熟食發「婬」，生啖增「恚」。

(3)如是世界食「辛」之人，縱能宣説十二部經，十方天仙嫌其臭穢，咸皆遠離。

(4)諸餓鬼等因彼食次，舐ʳ 其唇吻，常與鬼住。福德日銷，長無利益。

　　是食「辛」人修三摩地，菩薩天仙、十方善神，不來守護。

(5)大力魔王，得其方便，現作佛身，來為説法。

　　非毀禁戒，讚婬怒癡，命終自為「魔王眷屬」，受魔福盡，墮無間獄。

(6)<u>阿難</u>！修「菩提」者，永斷「五辛」。是則名為「第一增進修行漸次」。

✤註解：

　　從《楞嚴經》這部「密教經典」來看，佛很清楚的回答説：要修「菩提」的人，第一件事就是要「永斷<u>五辛</u>」，而且這是修行法門上的「第一增進修行漸次」。

唐密三大士➜第 1 代祖師輸波迦羅(善無畏)

三、唐・<u>輸波迦羅</u>(善無畏)譯《蘇悉地羯囉經・卷上》云：（《大正藏》第十八冊頁606下）

(1)當「念誦」時，縱是同伴，亦不與語。持誦餘時，自非所須，不與伴語。

(2)亦不以「油」塗身，又不應喫「五辛、蔥、蒜(同「蒜」)」……皆不應喫。

四、唐・輸波迦羅(善無畏)譯《蘇悉地羯羅經・請問品第一》云：(《大正藏》第十八冊頁 666 下)

持真言人……又不應喫「蔥、蒜(同「蒜」)、蘿蔔」……皆不應食。

五、唐・輸波迦羅(善無畏)譯《蘇婆呼童子請問經・卷上》云：(《大正藏》第十八冊頁 722 下)

(1)復次蘇婆呼童子！持誦之者……亦不毀謗「在家」，及行「諂曲言辭」，說人「長短」，非時睡眠，無義談話……放逸懈怠，皆須遠離。

(2)亦不「飲酒」及以「食肉」，蔥、蒜、薤、韮……

六、唐・善無畏譯《三種悉地破地獄轉業障出三界祕密陀羅尼法》云：(《大正藏》第十八冊頁 910 上)

無明從「妄想」生，妄想還從「妄想」生，輪迴十二因緣也。

肺從「白氣」及「脾」生。「辛味」多入肺，增肺損肝。

唐密三大士➜第 2 代祖師金剛智

七、唐・金剛智譯《佛說金色迦那鉢底陀羅尼經》云：(《大正藏》第二十一冊頁 303 中)

燒香清淨，不食「五辛」，於淨室中安置其壇……受持人須斷「邪婬、妄語、作誑」……忌「芸薹、葫荽、五辛」，不得食。

唐密三大士➜第 3 代祖師不空

八、唐・不空譯《菩提場所說一字頂輪王經・卷五》云：(《大正藏》第十九冊頁 223 下)

爾時世尊釋迦牟尼如來，以「佛眼」觀無量無邊世界，復告金剛手言說伽他曰……由彼真言威，一切障悉除……不應食「蔥、蒜」……所有不淨食，餘教中所制。

九、唐・不空譯《受菩提心戒儀》云：（《大正藏》第十八冊頁 941 中）

(1)弟子某甲等，自從過去無始已來，乃至今日，貪瞋癡等種種煩惱……破齋、破戒、飲酒、食肉，及食「五辛」，如是等罪無量無邊，不可憶知。

(2)今日誠心發露懺悔，一懺已後，永斷相續更不敢造。唯願十方一切諸佛諸大菩薩，加持護念，能令我等罪障消滅。

十、唐・不空譯《佛說穰麌梨童女經》云：（《大正藏》第二十一冊頁 293 下）

(1)爾時世尊復說「穰麌梨童女隨心真言」及成就法。修行者欲成就此法，先斷「五辛」……

(2)結印，誦「隨心真言」滿一萬遍，則行法成就。

十一、唐・不空譯《佛說金毘羅童子威德經》云：（《大正藏》第二十一冊頁 369 中）

或救眾生苦難者，先須持「如來神咒」十萬遍，然行諸方法……惟忌「五辛」及「酒、肉、女色」等。

✻註解：

在「密教經典」中，有些「咒法」是可以不必斷「肉、五辛」的，那畢竟是「少數」的法門。

但就「唐密三大士」善無畏、金剛智、不空等所翻譯的「密教經典」來看，至少這三大士對於修密咒要「斷五辛」是「非常肯定」的。

不只「五辛」要斷，連「酒、肉、女色」都在禁戒中，更遑論吃肉唸咒超渡肉、唸咒婬色雙身了。

十二、唐・菩提流志譯《一字佛頂輪王經・卷五》云：（《大正藏》第十九冊頁 263 中）

(1)密跡主！是故「咒者」，永不應食「蔥、蒜、韮……」等食。

(2)世所「臭食、穢食、宿食」皆不應食。若其食者，則不證成「悉地驗法」。如是等法略說少耳。

十三、《佛說大輪金剛總持陀羅尼經》云：（《大正藏》第二十一冊頁 163 下）

善男子、善女人，受持讀誦，淨於尊像前……亦不得「五辛、酒、肉」家食。若

善男子、善女人食「此食」者，受持讀誦，戒行俱破。不名受持讀誦，神力俱失。

十四、唐・義淨譯《曼殊室利菩薩咒藏中一字咒王經》云：（《大正藏》第二十冊頁 782 上）

(1)凡誦咒之人，常須遠離惡人，不淨臭穢之處，不近「酒、肉、五辛」。一心受持，無不驗者。若有一日常誦一遍，能護自身。若誦二遍，能護同伴。

(2)若誦三遍，能護一家。若誦四遍，能護一村。若誦五遍，能護一城。若誦百遍，能護一國。若誦千遍，能護四天下。以要言之略述如是。

十五、唐・寶思惟譯《大方廣菩薩藏經中文殊師利根本一字陀羅尼經》云：（《大正藏》第二十冊頁 781 上）

(1)咒之七遍，所怖即除……當須淨其身心，不得近諸「女人」及喫一切「五辛、酒、肉、芸薹、胡荽」。

(2)於諸眾生起大悲想，至心誦咒，咒之四十九遍，而諸怨惡自然退散。

十六、唐・智通譯《觀自在菩薩隨心咒經》(亦名《多唎心經》)云：（《大正藏》第二十冊頁 461 中）

(1)此「總攝印咒」，能總攝一切印咒等。若受持此咒者，盡一形，不得食「五辛、酒、肉、葫荽、芸薹」，勿「婬」，清淨梵行，常念觀世音菩薩名號。

(2)「齋戒」一心者。誦此咒滿十萬遍已，滅八萬億劫生死重罪。若滿二十萬遍，命終生無量壽國。面見觀世音菩薩得四果位。乃至三十萬遍已上，功德不可思議不可度量，後身成菩薩道漸進成佛。

十七、宋・求那跋陀羅譯《楞伽阿跋多羅寶經・卷四》云：（《大正藏》第十六冊頁 513 下）
又令修行者「慈心」不生，故不應「食肉」。凡愚所嗜「臭穢不淨」，無善名稱，故不應「食肉」，令諸「咒術」不成就，故不應「食肉」。

十八、元魏・菩提留支譯《入楞伽經・卷八》云：（《大正藏》第十六冊頁 562 中）
復次大慧！世間邪見諸咒術師，若其「食肉」，咒術不成，為成「邪術」。尚不食肉，況我弟子為求「如來無上聖道」出世解脫。

十九、東晉·竺難提(晉言法喜)譯《請觀世音菩薩消伏毒害陀羅尼咒經》云：<small>(《大正藏》</small>
<small>第二十冊頁35下)</small>

此「陀羅尼灌頂章句」無上梵行，畢定吉祥大功德海。眾生聞者獲大安樂，應當
闇誦。若欲誦之應當「持齋」，不飲酒，不噉肉……不食「興渠、五辛」。能熏之物，
悉不食之。

二十、《佛說六字咒王經》(失譯人名，今附東晉錄)云：<small>(《大正藏》第二十冊頁39中)</small>

(1)若人讀誦通利，悉皆自護，眾惡不著身。若咒他者，能除彼患。誦者斷「五
辛」，至心鮮潔，然後乃能行之……用此咒法……

(2)不食「五辛」，淨潔洗浴。不得「行婬」，不得「飲酒、噉肉」。

二十一、唐·聖行沙門三昧蘇嚩(二合)羅譯《千光眼觀自在菩薩祕密法經》云：<small>(《大</small>
<small>正藏》第二十冊頁125上)</small>

(1)若欲成就如上諸法……安置尊像，作「念誦法」。燒香散花供養西方「無量壽佛」
及本尊像。不作「殺、盜、婬」及「勿說他人罪」。

(2)不食「五辛」及「酒、肉」，滿三七日，誦其真言，「三洛叉遍」即得成就。

二十二、隋·闍那崛多譯《不空羂索咒經》云：<small>(《大正藏》第二十冊頁400上)</small>

若有人能一日「三時誦念」。一時三遍，受持此咒者，當斷「酒、肉、五辛」，則所
得功德，日夜增長。

二十三、宋·施護譯《佛說聖觀自在菩薩不空王祕密心陀羅尼經》云：<small>(《大正藏》第二</small>
<small>十冊頁444中)</small>

復次世尊，若有人能清淨，不食遠離「五辛」一切葷雜，於日三時中，念此「陀羅
尼」三遍，一切所求皆得成就。

二十四、《金剛祕密善門陀羅尼經》(失譯人名，今附東晉錄)云：<small>(《大正藏》第二十冊頁583下)</small>

(1)讚歎釋迦希有！善哉！能於娑婆生大悲心，為安天人故說是持……欲行此「善
門陀羅尼」者……

(2)汝等應當憶念，如說修行，「五辛、酒、肉」所不經口。梵行居心，除捨緣務，

於寂靜處，然後讀誦。

二十五、《佛說地藏菩薩陀羅尼經》云：(《大正藏》第二十冊頁660上)

一心敬禮地藏菩薩稱名，至心「誦持此咒」，懺悔根本重罪，發菩提心。從今始以盡未來際，不殺、不盜、不淫、不妄語、不飲酒、不食肉、不食「五辛」，受「三聚戒」。

二十六、《文殊菩薩獻佛陀羅尼名烏蘇吒》(此云滅婬慾卻我慢)云：(《大正藏》第二十冊頁 778上)

若至誠誦者，慾火漸盡。結使滅已，心得解脫。心解脫已，則得道果。是則神力功用，誠諦不虛。行此法者斷「酒、五辛、血食」。

二十七、《佛說俱利伽羅大龍勝外道伏陀羅尼經》云：(《大正藏》第二十一冊頁38上)

此咒威力，除一切不詳，降伏諸魔王……以此咒誦三七遍，靈鬼忽然之閒得焚燒，斷「五辛、酒、肉」，不染「婦女」穢執。一心誦此咒，一切所求，決定得圓滿。

二十八、《西方陀羅尼藏中金剛族阿蜜哩多軍吒利法》云：(《大正藏》第二十一冊頁65上)

不得殺生、不得邪婬、不得瞋恚、嫉妬、慳貪、吝惜，不得憍慢，不得起殺害心……亦不得「食肉」，不得食「五辛」……一切所作，更無障礙，一切「咒法」與汝成就。

二十九、《阿吒婆拘鬼神大將上佛陀羅尼經》(亦直云阿吒婆呴咒經貞元圓覺)(失譯人名，今附梁錄)云：(《大正藏》第二十一冊頁185下)

咒師，手不犯(或作「抱」)觸「女人」，亦不犯「五辛」者。不用刀，直以右手作拳，以申頭指指之，一切病皆手下差(瘥痾 ➜ 病癒也)。

三十、東晉・帛尸梨蜜多羅譯《佛說灌頂七萬二千神王護比丘咒經・卷一》云：
(《大正藏》第二十一冊頁497中)

(1)佛語阿難，若有比丘樂受是典，應懸五色幡蓋，長四十九尺……

(2)「齋戒」一心，不食「五辛」，不得「飲酒」及「噉臭肉」。醍醐、酥酪，雜膩諸物

悉不得食。

三十一、東晉・帛尸梨蜜多羅譯《佛說灌頂十二萬神王護比丘尼經・卷二》云：
(《大正藏》第二十一冊頁 501 中)

　　佛告阿難……當專心一意，讚詠此經……「長齋菜食」，不噉「五辛」，審諦莫疑。
　　是諸惡魔聞見此經「神咒力」故，即馳散而去，遠百千由旬不能為害。消滅不善，
　　吉祥感應。

三十二、《七佛八菩薩所說大陀羅尼神咒經・卷一》(晉代譯，失三藏名，今附東晉錄)云：
(《大正藏》第二十一冊頁 537 上)

　　(1)此陀羅尼句，恆河沙等諸佛所說。其有書寫、讀誦此「陀羅尼」者。此人恆河
　　　　沙等劫，所有重罪、惡業……及以五逆，一闡提罪，悉滅無餘……
　　(2)淨潔洗浴，著新淨衣，不食「酒、肉、五辛」……此人所有業障罪垢悉滅無餘。

三十三、《陀羅尼雜集・卷一》(未詳撰者，今附梁錄)云：(《大正藏》第二十一冊頁 581 中)

　　此「陀羅尼」句，恆河沙等諸佛所說……淨潔洗浴，著新淨衣，不食「酒、肉、五
　　辛」……此人所有業障罪垢悉滅無餘。

三十四、《陀羅尼雜集・卷二》(未詳撰者，今附梁錄)云：(《大正藏》第二十一冊頁 586 中)

　　是咒能令諸失心者還得正念。滅婬欲火心得清涼。除其我慢滅結使火……是則名
　　為「大神咒力」，誠諦不虛，神力如是。斷「酒、五辛」……諸「不淨肉」，悉不得
　　食。

三十五、《陀羅尼雜集・卷三》(未詳撰者，今附梁錄)云：(《大正藏》第二十一冊頁 593 上)

　　是大神咒，乃是過去十恆河沙諸佛所說……王於爾時，應當修行此「陀羅
　　尼」……不食「酒、肉、五辛」，白淨「素食」……隨其所求，能滿其願。為除宿罪，
　　令得道果。

三十六、《陀羅尼雜集・卷四》(未詳撰者，今附梁錄)云：(《大正藏》第二十一冊頁 599 上)

　　此是「阿彌陀鼓音聲王大陀羅尼」。若有比丘比丘尼清信士女，常應至誠受持讀誦

如說修行……飲食「白素」，不噉「酒、肉」及以「五辛」，常修梵行。

三十七、《陀羅尼雜集‧卷五》(未詳撰者，今附梁錄)云：(《大正藏》第二十一冊頁 607 中)

「觀世音菩薩心陀羅尼」句……若有善男子、善女人，欲行此持者。斷「酒、肉、五辛」，齋潔，滿七日已……以所求如願必得。

三十八、《阿彌陀鼓音聲王陀羅尼經》(失譯人名，今附梁錄)云：(《大正藏》第十二冊頁 353 上)

此是「阿彌陀鼓音聲王大陀羅尼」。若有比丘比丘尼，清信士女，常應至誠受持讀誦，如說修行……飲食「白素」，不噉「酒、肉」及以「五辛」，常修梵行。

三十九、唐‧若那譯《佛頂尊勝陀羅尼別法》云：(《大正藏》第十九冊頁 396 中)

凡欲受持此咒者，先須畫像……畫人須清淨，不喫「葷辛」。

四十、唐‧菩提流志譯《不空羂索神變真言經‧卷十一》云：(《大正藏》第二十冊頁 282 中)

修此法者，內外清潔，淨無瑕穢。如法修行，無諸虧隙……「酒、肉、葷辛」皆不應食。

四十一、北涼‧曇無讖譯《大般涅槃經‧卷四》云：(《大正藏》第十二冊頁 386 中)

(1)善男子！如人「噉蒜」，臭穢可惡，餘人見之，聞臭捨去。設遠見者，猶不欲視，況當近之？

(2)諸食肉者，亦復如是，一切眾生聞其「肉氣」，悉皆恐怖，生畏死想，水陸空行有命之類悉捨之走，咸言：此人是我等怨！是故菩薩不習食肉！為度眾生「示現」食肉，雖現「食之」，其實「不食」。

(3)善男子！如是菩薩清淨之食，猶尚不食，況當「食肉」？

四十二、梁‧僧伽婆羅譯《文殊師利問經‧卷一》云：(《大正藏》第十四冊頁 493 上)

不得噉蒜，若有因緣得噉，若合「藥」治病，則得用。

四十三、劉宋‧佛陀什共竺道生等譯《彌沙塞部和醯五分律‧卷十二》云：(《大正藏》第二十二冊頁 86 下)

(1)爾時諸比丘尼，(於)中前中後，噉「生、熟」(之)蒜，若空噉(指直接生吃)、若合食噉(指熟食或配其餘食物而吃)，房舍臭處。

(2)諸居士來看，聞「蒜臭」，(並)譏訶言：(僧舍)正似(好似)「白衣家」(之)作食處！

(3)復有諸比丘尼至長者家，長者聞噉「蒜臭」，便語言：阿姨(arya。略作「阿梨夷、阿夷」，指「尊者、聖者」，對「已通曉諦理者」之敬稱詞)遠(離遠而)去！(因妳)口中蒜臭！諸比丘尼(頓覺)羞恥……

(4)從今是戒，應如是說：若比丘尼「噉蒜」，(犯)「波逸提」！

若噉「生蒜」咽咽(吞入；吞食)，(犯)「波逸提」！

(若)噉「熟蒜」，(則犯)「突吉羅」！

(若)式叉摩那、沙彌尼(噉蒜)，(則犯)「突吉羅」！

(5)若「病」時噉，(或遭)強力(驅)伏(而被命)令噉(食)，(則)不犯！

四十四、劉宋・佛陀什共竺道生等譯《彌沙塞部和醯五分律・卷二十六》云：(《大正藏》第二十二冊頁176上)

(1)時諸比丘噉「生、熟」蒜，前食、後食，無時不噉(蒜)，亦「空噉」之(於)房舍臭處。

(2)諸白衣入房，聞臭，譏呵言：此諸沙門住處(並)「蒜臭」猶如「庖厨」！

(3)諸比丘以是白佛，佛言：不聽「無因緣」(而)噉蒜，若「有因緣」(而)噉時，不得在諸比丘「上風」(順風之處)行立。

(4)有一比丘以「小因緣」(而)噉蒜，(時)如來(正)說法，(故)不敢往聽。

(5)佛問：何故不來聽法？

(6)答言：世尊！不聽(允許)噉蒜，(且)在諸比丘(之)「上風」(順風之處)行立，是以不敢(前往聽法)。

(7)佛種種呵責彼比丘，汝愚癡人！所作非法！貪食(蒜之)「臭穢」，失於無量「法味之利」。呵已，告諸比丘：從今不聽(允許)以「小因緣」(而)噉蒜。犯者(為)「突吉羅」！

四十五、東晉・佛陀跋陀羅共法顯譯《摩訶僧祇律・卷三十一》云：(《大正藏》第二十二冊頁483中)

蒜法者，佛住王舍城，爾時彌祇居士請僧「食蒜」，時六群比丘(亦)詣園「食蒜」，

狼藉棄地，復持(蒜)還歸……佛告諸比丘：從今日不聽「食蒜」！

四十六、姚秦・佛陀耶舍共竺佛念等譯《四分律・卷二十五》云：(《大正藏》第二十二冊
頁 737 中)

(1)若比丘尼「噉蒜」者，(犯)「波逸提」！比丘尼義如上。

(2)若比丘尼噉「生蒜、熟蒜」，若「雜蒜」者，咽ㄧㄢ 咽(吞入；吞食)，(犯)「波逸提」！
比丘(則犯)「突吉羅」！
「式叉摩那、沙彌、沙彌尼」，(亦犯)「突吉羅」！是謂為犯。

(3)不犯者，或有如是「病」，以「餅」裏「蒜」(而)食。若「餘藥」所不治，唯須服
「蒜」(才能)差(矛 病癒)，(則)聽(允許)服(食蒜)。
若(將蒜)塗(身之)「瘡」，不犯！

四十七、姚秦・佛陀耶舍共竺佛念等譯《四分律・卷五十二》云：(《大正藏》第二十二冊
頁 956 中)

(1)爾時世尊在祇桓園中，與無數百千眾圍遶說法，時有比丘「噉蒜」，遠(離)佛(而)
住。

(2)時世尊知，而故問阿難：此比丘何故「遠住」？

(3)阿難言：此比丘「噉蒜」！

(4)佛言：阿難！寧可貪如是「味」而不「聽法」耶？自今已去，一切不應「噉蒜」。

(5)爾時舍利弗(患)「病風」，醫教「服蒜」。
佛言：聽(從)服(食蒜)！

✸註解：

民間常說「大蒜治百病」，然而在科技發達與進步的今天，這句話已漸漸被懷疑了。
因為今天能「取代」蒜、蔥等五辛「功能」的「健康食品」或「營養食品」不知有多少。
諸位佛子，切勿再「貪圖」蒜、蔥等可以「治病」的功能，就如同最近科學家宣布說：
五十年後的人類，大家都會放棄吃肉，所有人都變成素食主義者。為什麼呢？
因為人類將找到更「健康」的方法和「食品」。傳統的「肉食」及「五辛」有害之物，也
將會被人類給棄捨。
（http://www.nownews.com/2006/11/16/334-2016742.htm」科學家大膽預測 50 年後

的世界會是什麼模樣）

2011年8月播出的--Discovery食物偵查隊：吃辣會失眠--影片中有詳細研究吃「大蒜」後，蒜味會進入我們的「血液」，並到達「肺部」，一定會造成難聞的「體味」，甚至刷牙都是無效的！

第十、修持篇

穢跡金剛法的修持儀軌

一、淨三業真言

蓮華合掌。每誦一次咒即印一處，從「額頭」開始，再依次是「右肩、左肩、心、喉」，所以總共唸五遍咒。(參閱《大正藏》第二十一冊頁二七六下)

梵文羅馬拼音：

Oṃ・svabhāva-śuddhāḥ・sarva-dharmmāḥ・svabhāva-śuddho・haṃ・

中文摹擬發音：

嗡・斯瓦爸瓦・修（臺語音）打・撒兒瓦・打兒麻・斯瓦爸瓦・修（臺語音）兜・撼・

二、淨法界真言

金剛合掌。念七遍，以此密語，加持念珠，所誦尊密語，掐一珠過已，一成一千遍。(參閱《大正藏》第十八冊頁九五中頁三一〇下。第十九冊頁三二一中、三二五上)

梵文羅馬拼音：

Oṃ・raṃ・svāhā・

中文摹擬發音：

嗡・吶姆・斯瓦哈・（註：raṃ 為彈舌音）

三、文殊菩薩護身真言

金剛合掌。一口氣唸完二十一遍。(參閱《大正藏》第20冊頁865中、780中、781中)

梵文羅馬拼音：

Oṃ・śrhyiṃ・

中文摹擬發音：

嗡・旭唎姆・（註：rhyiṃ 為彈舌音）

四、一字金輪真言

金剛合掌。一口氣唸完二十一遍。(參閱《大正藏》第19冊頁322中、316上、325下)

梵文羅馬拼音：

Oṃ・bhrūṃ・

中文摹擬發音：

嗡・布汝姆・（註：rūṃ 為彈舌音）

五、稱念佛名

南摩本師釋迦牟尼佛（合掌十稱）

南摩化身釋迦牟尼佛（合掌十稱）

南摩大權神王佛（合掌十稱）

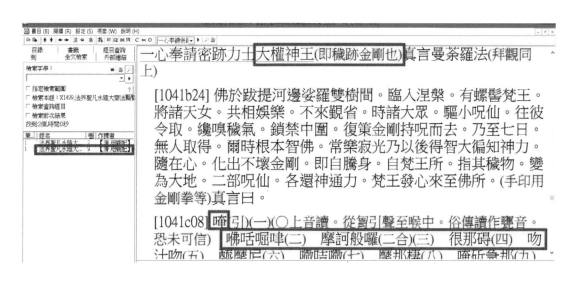

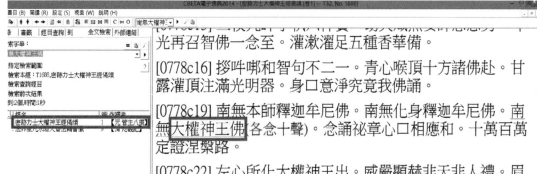

六、發願

南無本師釋迦牟尼佛，弟子□□，於如來滅後，受持此咒，誓度群生，令佛法不滅，久住於世。

七、念誦咒語

注意：正確咒音務必依止金剛上師或具德仁波切口傳為准，勿自行猜測持誦！

唵・　咈咭喔嘩・　　摩訶鉢囉(二合)・哏那哷・　　吻汁吻・　醯摩尼・
oṃ・bhihauguru・mahāpra--　hun-nahu・bucibu・himaṇi・

微咭微・　　摩那栖・
vikivi・　　manase・

唵・　斫急那・　　嗚深慕・嘔嘩・
oṃ・jaṭila・　　ucchuṣma--guru

斛　　斛　　斛・泮　泮　泮・泮　泮　　娑訶・
hūṃ・hūṃ・hūṃ・phaṭ・phaṭ・phaṭ・phaṭ・phaṭ・svāhā・

八、百字明

嗡 瓦傑悶 撒德瓦　撒麻雅　麻努 巴拉雅

oṃ・vajra-satva・　samaya・mānu-pālaya・

瓦傑悶 撒德瓦　對弄巴　　底師他　德喇兜　美巴瓦

vajra-satva・　tvenopa-　tiṣṭha・　dṛḍho-　me-bhava・

素兜修　美 巴瓦　阿努悶萬兜　美 巴瓦

sutoṣyo- me-bhava・anurakto-　me-bhava・

素缽修　美 巴瓦　撒兒瓦 悉釘姆　美　ㄅ悶雅洽

supoṣyo- me-bhava・sarva-　siddhiṃ・　me・prayaccha・

撒兒瓦 嘎兒麻素 佳　美　吉擔姆　旭喇雅姆　估嚕　虎姆

sarva- karmasu・ca・me・cittaṃ・śri-yaṃ・　kuru・hūṃ・

哈 哈 哈 哈 候喝

ha-ha-ha-ha-hoḥ・

巴嘎萬　撒兒瓦 打他嘎打 瓦傑悶　麻　美　悶佳

bhagavan・sarva- tathāgata・vajra・mā・me・muñca・

瓦傑喇　巴瓦　　摩哈 撒麻雅　撒德瓦　啊喝

vajrī-　bhava・　mahā-samaya・satva・āḥ・

九、迴向偈之一（任選一種）

以我所修福，及與真言行。迴向諸有情，共成無上道。
復以今所修，禮拜及懺悔。勸請並隨喜，發願迴向善。
悉施與眾生，永離三途苦。同趣大菩提，法界真如海。

九、迴向偈之二（任選一種）

願以此功德，迴向十方界。父母與師長，六親共眷屬。
法界諸有情，八難三途輩。仰仗佛神力，消災增福慧。
梵釋諸天主，四方大天尊。地祇水火神，諸障悉消除。
熱惱化清涼，共證無上道。法海共逍遙，同生極樂國。

本尊觀想法

【觀想一】：先洗手、漱口、更衣，以清淨身心入道場，案前擺著「穢跡金剛法相」，結跏趺坐，手結起「穢跡金剛根本印」，「金剛本尊」了了分明在我的面前，眼睛先「微微閉著」，觀想「本尊」放大光明，照耀十方法界一切眾生，反復觀想到「閉目」後「本尊像」仍清楚的如在眼前。

穢跡金剛，三面八臂九目，大威德神王像，身「青黑、藍澱」色，紅頭髮上豎，有八龍纏臂，以為莊嚴。

右一手「開山印」(禁山印)，二手執「金剛杵」，三手執「火輪」，四手執「寶戟」；左一手「都攝印」(金剛拳印)，二手持「寶鈴」，三手持「絹索」，四手持「寶劍」，「左腳」按閻浮界，踏寶石，「右腳」印空翹立，種子字「吽𑖌」光猛燄，作大忿勢。

【觀想二】：觀想「十方法界所有眾生」皆成為「本尊穢跡金剛」，具三頭八臂像，亦放大光明。

【觀想三】：觀想「穢跡金剛本尊」放大光明，照耀著自己，然後「本尊」從自己的頭頂而灌入，讓自己亦變成「三頭八臂像」的「穢跡金剛」，「觀想」自己無始以來的一切罪障、一切業障、一切病難、一切災難、一切魔難等等，悉皆消除。

【觀想四】：在觀想「自己」變成了「穢跡金剛」後，自己也開始「放大光明」照耀十方法界，「觀想」十方法界一切眾生，無始以來的一切罪障、一切業障、一切病難、一切災難、一切魔難等等，亦悉皆消除。

【觀想五】：目前「十方法界眾生」皆變成了「穢跡金剛」，「自己」也是「穢跡金剛」，然後再逐漸「合成一尊」，慢慢縮回「原樣」，只剩「眼前」佛桌上的「穢跡金剛本尊」一位，「穢跡金剛根本手印」散去。全部過程大約 10~15 分鐘。

　　接下來可以手持著「穢跡金剛杵」持誦本尊咒語，108 遍或更多以上，或以「念珠」持誦亦可。

　　據曾受此法灌頂的人，很多人在持滿金剛咒「十萬遍」後，皆能於夢中、或禪觀中親見「金剛」現身，感應殊勝。不過也有「極少部份」專修此咒者導致脾氣火爆。如果有這種情形的話，可以加修「觀音」法，如「大悲咒」、「六字大明咒」、「準提咒」等慈悲法，或者多修點「拜懺」法門，這種「脾氣火爆」的情形很快就會消失了。

「觀想」自己即「穢跡金剛」本尊的修行法介紹

　　持誦咒語時，可以「觀想」自己本身即如同「穢跡金剛」本尊，這在密教經典多有提到這樣的修行方式，如下面有十二部經典的說明：

一、唐・不空譯《大威怒烏芻澀麼儀軌經》（「烏芻澀麼」即「穢跡金剛」）云：（《大正藏》第二十一冊頁 141 上）

　　凡所「觀想」時，「閉目」凝心作。了了分明已，（如同）目觀（則）道當成。

二、北宋・法賢譯《佛說一切佛攝相應大教王經聖觀自在菩薩念誦儀軌》云：（《大正藏》第二十冊頁 64 下）

　　如是諸大菩薩及「微妙真言」，若持誦人依法作其「觀想」，及「誦真言」，專注不退，是人當來「速證佛果」。

三、北宋・施護等譯《佛說一切如來真實攝大乘現證三昧大教王經・卷五》云：（《大正藏》第十八冊頁 356 上）

　　觀「自身」即（金剛）「薩埵」故，誦「三摩耶薩怛鑁」。

四、北宋・施護等譯《佛說一切如來真實攝大乘現證三昧大教王經・卷七》云：（《大正藏》第十八冊頁 361 下）

　　如應「觀想」於自身，所有「諸相」皆具足。

自身即是「金剛手」，得彼諸佛生妙愛……

自身即是「金剛藏」，而能鉤召金剛手……

自身即是「金剛眼」，以諸正法摧魔惡……

自身即是「巧金剛」，得眾金剛常衛護。

五、北宋・施護等譯《佛說一切如來真實攝大乘現證三昧大教王經・卷七》云：

（《大正藏》第十八冊頁364下）

如應「觀想」於自身，自身即是「金剛像」，「薩埵金剛」想無異……

如應「觀想」於自身，所有「諸相」皆具足。

「自身」即是「佛影像」，諸佛菩提應「觀想」。

六、北宋・施護等譯《佛說一切如來真實攝大乘現證三昧大教王經・卷八》云：

（《大正藏》第十八冊頁367中）

「觀想」即遍一切佛，而能速得「妙法身」……

「觀想」即「佛影像」相，速得「成佛」真實體。

七、北宋・施護等譯《佛說一切如來真實攝大乘現證三昧大教王經・卷八》云：

（《大正藏》第十八冊頁369上）

「金剛薩埵」即「自身」，如應「觀想」速成就。

八、北宋・施護等譯《佛說一切如來真實攝大乘現證三昧大教王經・卷二十六》云：

（《大正藏》第十八冊頁428中）

「觀自在尊」三摩地，作「羯磨印」當持誦。

此佛菩提大智門，如應「觀想」得成就。

九、北宋・施護等譯《佛說一切如來真實攝大乘現證三昧大教王經・卷二十八》云：

（《大正藏》第十八冊頁434中）

諸佛「三摩地」羯磨，是即成「佛菩提」者。

此中諦意「觀想」時，即得「最上法成就」。

十、北宋・施護等譯《佛說一切如來真實攝大乘現證三昧大教王經・卷二十七》云：

（《大正藏》第十八冊頁 441 上）

此法若有聽聞者，能生「淨信」或「受持」。

（若能）「**觀想**」（及）常生「歡喜心」，速疾如應得成就。

十一、北宋・天息災譯《一切如來大祕密王未曾有最上微妙大曼拏羅經》云：（《大正藏》第十八冊頁 543 中）

佛言：金剛手！先以「智慧智」方便相應三昧，觀想「自身」化為「如來」。

十二、北宋・施護等譯《佛說除蓋障菩薩所問經・卷十二》云：（《大正藏》第十四冊頁 734下）

善男子！菩薩若修十種法者，得「宿命通」。何等為十？

一者、供養諸佛。

二者、攝持正法。

三者、修持淨戒。

四者、除疑離障。

五者、多生歡喜。

六者、多作「觀想」……

穢跡金剛本尊以「吽」為種子字

在密教中，表示佛、菩薩等諸尊所說真言之梵字，這就是「種子字」。也是真言行者修字輪觀時所觀照者。所以稱為「種子」者，乃因其具有**自一字可生多字，多字復可賅攝於一字**之意。故知「種子」一詞，含有**引生、攝持**之義。例如合「十字」為「一句」，若以「第一字」為「種子」的話，便可依之而「引生」下面「九字」所具有之「觀智」，同時此「九字」之意義亦可「攝」入於「第一字」中。據《大方廣佛華嚴經·卷二十八》云：「**於一法中，解眾多法，眾多法中，解了一法**」。《大毘盧遮那經阿闍梨真實智品中阿闍梨住阿字觀門》亦云：「**從一阿字輪，生多字，故名為輪，阿字即是菩提體性**」。密教即以此「理」而示：若了知「一法」，即了知「一切法」；若了知「一法空」，即了知「一切法」空；若能於「一字」專注行觀，修諸行願，即能於一切「行願」皆得圓滿。

一般而言，「種子」具有三義，即：

（一）**了因義**：譬如由「煙」而識「火」之體性；經由觀「種子」之字門，即可了知佛智。

（二）**生因義**：譬如由「穀類」等之種子可生出「根、莖、花果」等；由「種子」可生「三昧耶」形。

（三）**本有義**：意謂「字門」即諸法之「根源」，具足「本來之性德」，而可作為「軌範」者。

以「種子字」即具足上述之三義，故密教諸尊多以之為表徵。在密法真言方面的修持中，佛在殊勝法緣之莊嚴傳法會上，當宣說此一法門之後，大多會隨即「咒曰」；然後傳授此法門的「完整長咒」，有的也會傳此一殊勝法門之「心咒」，「心咒」即是該法門之濃縮精要版，而一部殊勝密法之「種子字」可以說是該法中的「核心」，且「種子字」之發音及圖形，更常被用來「密修」及「觀想」。所以一部殊勝大法之「種子字」即代表此一法門的全部，而我們凡夫之輩，無法了解「種子字」的真諦，唯佛方能明白，可見得密法中「種子字」是非常重要的。

穢跡金剛的「種子字」就是「吽 hūṃ 🕉」。「吽」字為「金剛部」、「明王部」或

「諸天部」的共通種子字，「吽」字有「承諾、忿怒、恐怖」等無量之義。以「吽」為「種子字」的本尊尚有「阿閦佛」、「金剛薩埵」、「烏樞瑟摩穢跡金剛明王」、「愛染明王」、「軍荼利明王」、「金剛夜叉明王」、「金剛手菩薩」、「持金剛菩薩」、「金剛索菩薩」、「金剛牙菩薩」、「金剛針菩薩」、「青面金剛」……等，如《大樂金剛不空真實三昧耶經般若波羅蜜多理趣釋》云：「吽」字者，「因」義。「因」義者，謂「菩提心」為因，即一切如來「菩提心」，亦是一切如來「不共真如」妙體恒沙功德，皆從此生。

有關「吽」字的相關經典，介紹如下：

一、《大威力烏樞瑟摩明王經・卷上》云：（《大正藏》第 21 冊頁 145 上）

　　若稱「吽」字降山，山碎。禁諸江海，能令枯竭。

二、《大威力烏樞瑟摩明王經・卷下》云：（《大正藏》第 21 冊頁 157 中）

　　若怨敵相向，先誦密言，乃稱「吽 hūṃ」或「頗吒 phaṭ」，彼失心或碎首。

三、《金剛手光明灌頂經最勝立印聖無動尊大威怒王念誦儀軌法品》云：（《大正藏》第 21 冊頁 6 下）

　　誦「吽」字真言，能止雲雨等。

四、《底哩三昧耶不動尊威怒王使者念誦法》云：（《大正藏》第 21 冊頁 12 上）

　　若惡雨，行者瞋怒心，大聲稱「吽」字，惡雲退散。

五、《大毘盧遮那成佛神變加持經蓮華胎藏菩提幢標幟普通真言藏廣大成就瑜伽》云：（《大正藏》第 18 冊頁 160 上）

　　「吽」字是釋迦如來忿怒師子震吼聲。

六、《大毘盧遮那成佛經疏》云：（《大正藏》第 39 冊頁 682 下）

　　「吽」字是「恐怖義」，為速「滿」此諸「佛功德」，以牢強轉進離垢三昧，同於「涅槃」之行，「大怖」一切諸魔，皆令退散也。

七、《大樂金剛不空真實三昧耶經般若波羅蜜多理趣釋·卷上》云：（《大正藏》第 19
　　　冊頁 609 下）

「吽 ꜟ hūṃ」此一字具四字義。

(1)「賀ha」字以為本體。

(2)「賀ha」字從「阿a」字生，由「阿a」字一切法本「不生」故，一切法因不可得。

(3)其字中有「污ū」聲，「污ū」聲者，一切法「損減」不可得。

(4) ꜟ hūṃ其字頭上，有「圓點、半月」，即謂「麼ma」字者，一切法「我」義不
　　　可得。我有二種，所謂「人我、法我」，此二種皆是妄情所執，名為「增益」
　　　邊，若離「損減、增益」，即契「中道」。

八、日僧空海大師的《吽字義》云：（《大正藏》第77冊頁407下）

今此「吽」hūṃ 字本體「訶」ha 字，是則一切如來「菩提心」以為因也。下有三
昧畫，是「大悲」萬行義。ꜟ上有「大空點」，是究竟大菩提「涅槃之果」。以
此 ꜟ 一字，攝三乘人「因、行、果」等，悉攝無餘，及以顯教一乘祕密、一乘
之因行等准知之；次明以此 ꜟ「一字」通攝「諸經論」等所明理者，且《大日經》
及《金剛頂經》所明，皆不過此「菩提」為因、「大悲」為根、「方便」為究竟之
三句，若攝廣就略，攝末歸本，則一切教義不過此三句。

九、慈氏菩薩造、宋施護譯《諸教決定名義論》云：（《大正藏》第 32 冊頁 508 上）

吽 hūṃ 字即「法身」。

阿 āḥ字即「報身」。

唵 oṃ 字即「化身」。

如是(oṃ āḥ hūṃ)「三字」攝此「三身」，彼分別說「三乘」解脫道，是為「正說」
因。所有「聲聞、緣覺」及「一切智智」，由是出現說一切法；即彼「三字」，亦
是「金剛三業」如實安住……

唵 oṃ 字是名「金剛身業」。

阿(引)āḥ字「金剛語業」。

吽 hūṃ 字「金剛心業」。

金剛三昧耶「吽」字觀的修法（詳《念誦結護法普通諸部》，《大正藏》第18冊頁907上）

行人觀「心月輪」中，（觀）想有「吽 hūṃ 𑖮」字，其「吽」字變為五鈷（的）「拔折羅 vajra 𑖨」，純金如融「真金」（之）聚，放「赤色」光，由如火聚，光明赫奕，周遍於身，以「身、口、意」（之）「金剛輪」遍（於）「生死界」，（於）「滿月」量中現作「神變」。

其「金剛輪」，不定大小，稱「滿月輪」，或觀「五鈷」（金剛杵），或觀「三鈷」，或觀「獨鈷」（金剛杵），隨意（而）無礙。從「自身」毛孔（之）支節間，出現微塵數（之）「拔折羅」（金剛杵），（於）一一「拔折羅」（金剛杵）中，復能出種種（之）異類身，能令行人隨意調伏，皆能成就「陀羅尼門」三摩地門。

簡易的「吽」字觀修法

「吽」字觀法有很多種，若非觀法徹底，則難以真正體悟其意，故通常修行此一觀法時，須以「金剛上師傳授正訣」為准。下面只是略作介紹，僅供參考，切勿在無人指導下隨意亂修。

首先須準備一張掛圖，長寬各約四十公分，上畫梵文的「紅色吽字」hūṃ 𑖮，有「月輪、蓮花」等，這就是「穢跡金剛」本尊。通過對「梵字」的觀想，可以由「靜」入「定」，再由「定」中生「慧」。將圖掛於距離自己身體約「六十釐米」處，圖的高低以自己眼睛可視「吽字、月輪、蓮花」在「正中央」為宜。

【步驟一】：先洗手、漱口、更衣、清淨身心入道場。於「本尊」或「吽」字前，結
　　　　　　跏趺坐，眼微微「閉著」，觀想圖中之紅色「吽」字，「紅光」周遍法界。
　　　　　　「吽」字下有一「蓮花」，並隨呼吸而默念「吽」聲，如此反復的「觀想」，
　　　　　　直至「閉目」後「吽」字圖像仍清晰如在眼前。

【步驟二】：觀想自己額前的「眉心輪」中間有一梵文「吽」字，並放射出光芒。隨
　　　　　　著呼吸默念「吽」聲，意念「紅光」愈加強烈。同時慢慢的再觀想自身中
　　　　　　亦現一「吽」字，「吽」字下承「月輪」及「蓮花」，並放出光芒遍照全身。

【步驟三】：觀想身外的「吽字、蓮花」及「月輪」進入己身，與自性之「蓮花、月輪、
　　　　　　吽字」共存於腹中。「吽」字在「腹中」放出強烈「紅光」，遍照全身，全
　　　　　　身亦隨光之照射逐而漸轉為「透明狀」。如果有病患者，可意念對方的
　　　　　　「病氣」被「紅光」從「毛孔」中趕出體外。

【步驟四】：觀想腹中的「吽」字逐漸「擴大」，與「自身」合一，我即「吽」字，「吽」
　　　　　　字即我。並逐步擴張到整個「宇宙」，整個「宇宙」即是一「吽」字，我就
　　　　　　是「宇宙」，「宇宙」就是「我」，「我」與「宇宙」不二，「宇宙萬物」與
　　　　　　「我」一體。由此漸入「定」境，時間久了，就能從「定」中生「慧」，產
　　　　　　生不可思議的妙用。

【下座】：觀想「吽字、蓮花、月輪」，再逐漸縮回「原樣」，恢復成為眼前的「本
　　　　　尊」或「吽」字狀態。觀想一遍大約 10~15 分鐘即可。

修持真言有八大要領，需具「正見」而執持真言方能成就

唐・善無畏譯《蘇婆呼童子請問經》	北宋・法天譯《妙臂菩薩所問經》	日本承安三年(1173年高山寺藏本)寫《蘇磨呼童子請問經》(還原版)
壹(金剛手菩薩云：)若有持誦一切「真言法」(者)：	壹(金剛手菩薩云：)若有修行「最上事業」、修「真言行」，(欲)求成就者：	壹(金剛手菩薩云：)若有持誦我「真言法」(者)，應如是作：
❶先於諸佛深起「敬心」。 ❷次發無上「菩提之心」。 ❸為度眾生「廣發大願」。 ❹遠離「貪、癡、憍慢」等業。	❹當須離諸「煩惱」。 ❶起於「深信」。 ❷發「菩提心」。	❶先於諸佛，深起「恭敬」。 ❷次發無上「大菩提心」。 ❹遠離「貪、瞋、癡、憍慢」等。
❺復於三寶，深生「珍	❺重「佛、法、眾」，信重	❺復於「三寶」，兢懷(兢持

重」。
❻亦應虔誠遵崇「大金剛部」。

❼當須遠離「殺、盜、邪婬、妄言、綺語、惡口、兩舌」，亦「不飲酒」，及以「食肉」。

❽口雖念誦(真言)，但「心意」不善，常行「邪見」，以「邪見」故，(則三業所修之善業將)變為「不善」，(會招)得「雜染果」。

(貳)譬如營田(經營田務)，(雖)依時節(而)作，(但)「種子」若燋(古同「焦」)，(則)終不生「芽」，(修行人若具)愚癡「邪見」，亦復如是。

(參)假使行善(指就算他三業清淨，持戒精嚴)，終不獲果，是故應當遠離「邪見」，恒依「正見」而不動搖，修行「十善」，增長甚深微妙之法。

於我(佛三寶)。

❻及復歸命「大金剛族」。

❼又復遠離「十不善業」。於「身、口、意」凡所興起。

❽常離愚迷「邪見」等行。若(欲)求(真實之)「果報」，須有「智慧」。

(貳)譬如農夫，務其「稼穡」(莊稼農穡)，(就算)於肥壤ㄖ 地而(種)下「焦種」(焦敗的種子)，雖(種植的)「功夫」以時(節)，(加上)雨澤(雨水潤澤)霧ㄌ 霈ㄅ(浩霧豐霈)，(但)以「種子」(乃)焦(敗)故，(亦)無由得生，(修行人若具)愚癡「邪見」，亦復如是。

(參)凡諸行人(誦真言者)所修事業，先須自心離彼「邪見」愚癡等事，(依止「正見」而)不動、不搖，行「十善法」，乃至恒行一切善法。

心懷)珍重。

❻亦應虔誠深恭敬我，及以遵崇「大金剛部」。

❼當須遠離「殺、盜、邪婬、妄言、綺語、惡口、兩舌」，亦不「飲酒」及以「食肉」。

❽若有眾生行「邪見」者，以「身、口、意」，雖作善業(指就算他三業清淨，持戒精嚴)，(但)以「邪見」故，(三業所修之善業將)變為「不善」，(會招)得「雜染果」。

(貳)譬如營田(經營田務)，(雖)依時節(而)作，(但)「種子」若燋(古同「焦」)，(則)終不生「芽」，(修行人若具)愚癡「邪見」，亦復如是。

(參)假使行善(指就算他三業清淨，持戒精嚴)，終不獲果，是故應當遠離「邪見」，恒依「正見」而不動搖，常須修行「十善法」者，增長甚深微妙之法。

持誦咒語的十大重要法則

唐・善無畏譯《蘇婆呼童子請問經》	北宋・法天譯《妙臂菩薩所問經》	日本承安三年(1173年高山寺藏本)寫《蘇磨呼童子請問經》(還原版)
⑩虔心執持「數珠」已。 ⑥⑦念誦或用右手或左手。 ⑧應念「真言」，專心誦持，勿令錯亂。 ③繫心於「本尊」。 ④或思「真言」幷「手印」等。 ⑤由(古同「猶」)如入定，心勿散亂。 ②調伏諸(六)根。 ①端坐(於本)尊(之)前。 ⑨觀想成已，「微動」兩脣，念持真言。	❶凡持誦時，於「本尊」前，依法「安坐」。 ❷調伏諸(六)根，端身自在，不得隈倚(偎依或緊靠在一起，或靠在壁上)。 ❸繫念(於)「本尊」。 ❹及(繫念)「真言、印契」。 ❺收攝其心，勿令散亂。 ❻然取「數珠」，右手執持，左手仰承(若是左撇子者，則改換左手執持，右手仰承)。 ❼每誦真言一遍，乃掐一珠。 ❽所持「遍數」，恒須「剋定」(限定：攻克)，勿令少剩(減少或剩餘)。 ❾持念之法，令脣「微動」，勿使有聲，亦不露「齒」。 ❿一心專注，勿令散動。	⑩虔心執持，如法念誦。 ⑥⑦以左(或)右手執其珠。 ⑧剋(限定：攻克)誦，或用右手，或左手應用。 ▊真言欲畢，俱時應裡▊。 ⑧專心誦持，勿謬錯亂。 ③繫心於(本)尊。 ④或(繫心)於「真言」及以「手印」。 ②調伏諸(六)根。 ①端坐(於本)尊(之)前。 ⑤心不散亂。 ⑨微動兩脣，念持真言。

唐・善無畏譯《蘇婆呼童子請問經》	北宋・法天譯《妙臂菩薩所問經》	日本承安三年(1173年高山寺藏本)寫《蘇磨呼童子請問經》(還原版)
⑤復次蘇婆呼童子！念誦之人： ❶不應「太緩」，不應「太急」。 ❷聲亦如此，不大(高昂)、不小(小聲或完全沉默)。 ❸不應「間斷」。 ❹勿共人(閒雜)語。 ❺(勿)令心(攀)緣於「異	⑤復次持誦之者： ❶不得「太急」，亦勿「遲緩」。 ❷使聲「和暢」，勿高(昂)、勿(沉)默。 ❸又不得心緣(種種)「異境」。 ❹及與人(閒)雜語。	⑤復次行人(誦真言者)念誦： ❶不應「太緩」，不應「太急」。 ❷聲不應高(高昂)，亦不應小(小聲或完全沉默)。 ❸不應「間斷」。 ❹(勿與他人閒雜)語話。 ❺勿令(攀)緣(執著)「餘

境」。	❸(勿)令誦(咒)間斷。	境」。
❻(於眞言之某)名、(眞言之)某字體，不應「訛錯」。	❻又於眞言文句，勿使「闕失」。	❻(於眞言之某)名、(眞言之)謀(古同「某」)字體，不應「訛錯」。
	(貳)(若有眞言)文句「闕失」，「義理」乖違，(則)「悉地」難成，因斯所致。喻如路人，(竟然是)背行(而)求進。(若能)離此「過失」，(則眞言)速得靈驗。	
(參)譬如大河，日夜流注(或作「出」)，恒無休息。持誦之人所修福報，(及)「供養、禮拜、讚歎」一切功德，(應)日夜(皆)「增流」，亦復如是。	(參)又如川流，晝夜不息，持誦行人(誦眞言者)，亦復如是，日夜(皆)不間(斷)，(則)功德增長，如彼江河，流奔大海。	(參)譬如大河，日夜流注，恒無休息。持誦之人所作(之)「供養、禮歎」諸餘功德，(應)日夜(皆)「增流」，亦復如(是)。
(肆)念誦之人，心若攀緣「雜染」之境，或起「懈怠」，或生「欲想」，應速「迴心」(迴轉妄心)。	(肆)又復行人(誦眞言者)，或是心觸「染境」，便起(執)著想，遂成「懈怠」，(須)覺是「魔事」，速須「迴心」(迴轉妄心)。	(肆)念誦之時，心若攀緣「雜染」之境，或赴「懈怠」，或生「欲想」，應速「迴心」(迴轉妄心)。
①觀眞言「字句」。	①當瞑兩目，作於「觀想」。	①攀(觀)眞言字(句)。
②或觀「本尊」。	②或緣「眞言文句」。	②或觀「本尊」。
③或觀「手印」。	③或觀「本尊」。	③或觀「手印」。
(伍)譬如「觀行」之人，置心(於)眉間，令不散亂，後時對(外)境，心即不動，彼人即名(爲)「觀行成就」，念誦之人亦復如是。所緣「心處」若(能)不搖動(動搖)，即得持誦	(伍)(應)繫束(繫縛收束)其心，令不散亂，後逢此境(界)，心若不動，此之行人(誦眞言者)，(便能)得「觀行成就」。(如《菩提場所說一字頂輪王經・卷四》云：然後「眞言」律儀中，「身口	(伍)譬如「觀行」之人，置心(於)眉間，令不散亂，後時境(界)至，心若不動，彼人即名(爲)「觀行成就」。念誦之人，(其)所緣「心處」若(能)不動搖，即名(爲持誦眞言)成

| 「真言」成就。 | 意」因而相應。設説祕密「真言教」，仍假「瑜伽觀行」成，應是「佛頂」常修習，「真言教法」成就中） | 就。（以真言咒語的「瑜伽觀行」為宗旨者，都稱為密法行者） |

唐・善無畏譯《蘇婆呼童子請問經》	北宋・法天譯《妙臂菩薩所問經》	日本承安三年(1173年高山寺藏本)寫《蘇磨呼童子請問經》（還原版）
☟持誦真言(者)： ❶不依「法則」。 ❷及不(如法)「供養」。 ❸(自己)已(以)不清淨故。 ❹真言字句，或有「加、減」。 ❺(咒語發音的)聲相「不正」。 (如上五種情形則)不獲廣大諸妙「悉地」(成就)，亦復如是。	☟持誦行人(誦真言者)： ❶若不依「法」。 ❸又(自己)不清淨。 ❷於諸「供養」，曾無「虔潔」(誠敬而純潔)。 ❹於其所誦真言文字，或有「闕、剩」。 ❺至於呼吸(指持咒的「聲相」技巧)「訛略不正」。 (如上五種情形則)是以種種「悉地」(成就)而不現前，不獲成就亦復如是。	☟持誦真言(者)： ❶不依「法則」。 ❷及不(如法)「供養」。 ❸(自己)亦「不清淨」。 ❹其真言字，或有「加、減」。 ❺(咒語發音的)聲相「不正」。 (如上五種情形則)不成廣大諸妙「悉地」，亦復如是。

《金剛頂瑜伽中略出念誦經・卷四》

(1)應持四種數珠。作四種念誦。作四種者，所謂：

　(一)、「音聲」念誦(此為有出聲動口的念誦方式)。

　二、「金剛」念誦(合口動舌，默誦是也)。(若採微開口、微動舌、微出聲，亦屬於「默誦」的一種)

　三、「三摩地」念誦。「心念」(合口閉舌的完全心念方式)是也。

　四、「真實」念誦。如「字義」修行是也(指修咒語能以「音聲、金剛、三摩地」的方式外，再追加去了解「咒語字句」所具無量的「實相義理」，此即為「真實念誦」法)。

(2)由此「四種念誦」力故(指這四種中任何一種皆可、諸法皆平等)，(皆)能滅一切「罪障苦厄」，(能)成就一切功德。

(3)四種數珠者：

　❶(若修)如來部(的咒語)，(則應儘量使)用「菩提子」(材料的念珠)。

　❷(若修)金剛部(的咒語)，(則應儘量使)用「金剛子」(材料的念珠)。

❸(若修)**寶部**(的咒語)，(則應儘量使)用「**寶珠**」(材料的念珠)。

❹(若修)**蓮花部**(的咒語)，(則應儘量使)用「**蓮子**」(材料的念珠)。

❺(若修)**羯磨部**(的咒語)，(則應儘量使)用「**雜寶**」間錯(材料的念珠)為之。

(4)行者若能隨順「**瑜伽**」，修行「**三摩地念誦**」(合口閉舌的完全心念方式)者，則無有「**時分、限數**」。(能)於「**一切時**」，(永)**無間**(斷的)作之(指修行誦咒)。

很多經典記載，在「某些」情形下，誦咒是要採「陰誦」(指默念不出聲或很小聲的誦咒方式)的方式

《觀自在菩薩怛嚩多唎隨心陀羅尼經》卷 1

(1)又法，若(遭)為「**官府**」及「**怨家**」、(及)「**惡人**」(之)瞋怒。(可)口含(咀)嚼「**菖蒲**」(vacā)根，(然後於)心中誦咒。(或者)當「**怒誦**」(指面帶怒容的急誦咒語)之，即止。

(2)凡誦咒，或對天(神)或「**陰誦**」(指默念不出聲或很小聲的誦咒方式)之，任意(誦咒)。

(3)(若)用力皆(使用)「**瞋色**」(方式)、(以)「**勵氣**」(奮勵之氣;猛厲之氣)急誦之，所為皆驗。

《龍樹五明論》卷 1

(1)此咒誦已，一切「**作障礙鬼**」，皆即時遠去。若有「**護自身**」者，取「**灰**」，誦咒七遍，咒灰，散十方。

(2)若(欲)「**護他身**」者，(則)咒彼「**頭髮**」，七遍(咒)，(為之)作「**髻**」，(此能)令一切眾生即不能(擾)動(到此人)者。

(3)當「**陰誦**」(指默念不出聲或很小聲的誦咒方式)咒，不出聲，七返(咒)，即皆「**不能動**」。

《千手千眼觀世音菩薩姥陀羅尼身經》卷 1

若有善男子善女人。被諸「**惡鬼、眾邪、魍魎**」所惑亂者。取「**石榴枝、柳枝**」等，「**陰誦**」(指默念不出聲或很小聲的誦咒方式)此咒，「**輕**」打病人，無病不差。

《千眼千臂觀世音菩薩陀羅尼神咒經》卷 2

被諸「**惡鬼、眾邪、魍魎**」之所或亂者，取「**石榴枝**」及「**柳枝**」。「**陰誦**」(指默念不出聲或很小聲的誦咒方式)此咒，「**輕**」打病人，無病不差。

很多經典記載，在「某些」情形下，誦咒是要採「勵氣」(奮勵之氣;猛厲之氣)**的方式**

《佛說大悲空智金剛大教王儀軌經》卷 5〈金剛王出現品 15〉
於是「真言」，無少悋惜，如是慇懃，當為汝說……「厲聲」(奮勵之氣;猛厲之氣)加持念「發吒」(phaṭ)一萬遍，於空智金剛相應，即得「鉤召」一切。

《佛說熾盛光大威德消災吉祥陀羅尼經》卷 1
若「太白火星」入於「南斗」，於國、於家，及「分野」處作諸「障難」者。(可)於一「忿怒像」前，畫彼「設都嚕」(śatru 怨敵;怨家)形，(然後)「厲聲」(奮勵之氣;猛厲之氣)念此「陀羅尼」加持，其災即除。

《修習般若波羅蜜菩薩觀行念誦儀軌》卷 1
復當誦真言曰：唵‧三麼野‧護素囉多‧薩怛鑁(三合)……次應作「辟除」，結「金剛藥叉」……「厲聲」(奮勵之氣;猛厲之氣)誦真言，左右而顧視」。

《佛說持明藏瑜伽大教尊那菩薩大明成就儀軌經》卷 2
(1)行人持誦時，志心專注，勿暫懈息。
(2)若作「息災(śāntika 寂災)、增益(puṣṭika 增益;增榮)」法時，(則)輕輕誦「吽」(hūṃ)字及「發吒」(phaṭ)字。
(3)若作「調伏」法，亦用「吽」(hūṃ)字及「發吒」(phaṭ)字，唯起「忿怒心」，(然後)「厲聲」(奮勵之氣;猛厲之氣)持誦，此為常則。

《蘇悉地羯羅經》卷 2〈供養次第法品 18〉
(1)念誦之時，(佛)「珠」置(於)當心(的位子)，不得(過)高、(過)下……
(2)但諸真言初有「唵」(oṃ)字，及曩(上)麼(nama)、塞迦(去)ska噆raṃ 等字者，應(於)「靜心」中(而)念誦。
(3)「扇底迦」(śāntika 息災;寂災)時、「補瑟徵迦」(puṣṭika 增益;增榮)時，皆應「緩誦」，或「心念誦」。
(4)或有真言，後有「斛」(hūṃ)字，及有「泮吒」(phaṭ)字者，當知皆應「厲聲」(奮勵之氣;

(猛屬之氣)）**念誦**。

《聖賀野紇哩縛大威怒王立成大神驗供養念誦儀軌法品》卷1

次結「摧罪印」……當(於)「心」觀「自相」變成「降三世」，(然後)「**勵聲**」(奮勵之氣；猛屬之氣)
誦真言，內(心則生)起「慈悲」。

《聖閻曼德迦威怒王立成大神驗念誦法》卷1

結「槊印」，忿怒「**勵聲**」(誦咒)，(於)日三時，念誦一七日，其「惡人」，或患「惡疾」，
或患「惡瘡」，或身(之所有不祥，皆能)喪(失壞)滅。

《大藥叉女歡喜母并愛子成就法》卷1

又法，若欲降伏「怨敵」者，書彼「怨人名」，(置)於持誦者(之)「**左脚**」下，(踩)踏而以
「**勵聲**」(誦咒)，(以)「忿怒」相，誦於真言，(於咒)句中加彼「怨人名」，誦滿十萬遍，(則)
一切「怨對」，無不(獲)「隨順」。

持咒無靈驗皆為宿業，應讀「大乘經典」及懺悔禮拜

唐・善無畏譯 《蘇婆呼童子請問經》	北宋・法天譯 《妙臂菩薩所問經》	日本承安三年(1173年高山寺藏本)寫 《蘇麿呼童子請問經》(還原版)
(真言)念誦人，若生(起)疲倦(懈怠心)，應(加)讀(誦)「大乘經典」……	(真言持誦人)若或(仍然)「靈驗」難得，是(人必)有「宿業」(未消者)……	持誦真言(者)，若生(起)疲倦(懈怠心)，應(加)讀(誦)微妙「大乘經典」……
或於「舍利塔」及「尊像」前，用「塗香、散花、燒香、然燈」，懸幢、幡蓋，及以(種種)「妙音」，讚歎供養諸佛，恒不斷絕。	當以種種「香花、燈塗、妙幢、幡蓋」，及以「妓樂」而為供養。復伸「讚歎」，專注虔誠，而作「懺悔」。(待)懺悔畢已，(再)依前持誦(咒語)，專注不間(斷)，定獲「靈驗」。	或(於)「舍利」及「尊像」前，以「花鬘、燒香、塗香、花燈、幢幡蓋」等，及妙「讚嘆」，(作種種)虔心供養。

《佛說毘奈耶經》所教導的咒語修法解析

(1)每日「三時」，(可)入於(佛)塔中，或(至)於「空野」(可)作法(修行)之處。(首先應)發露「懺悔」，於諸功德，發生「隨喜」，(必定要)迴向「無上正等菩提」，願「成佛」心，常不離(於)口。

(2)(無論)前夜、(或)後夜，(皆應)精進「思惟」，(並)讀誦「大乘微妙經典」，(及)受持「呪壇」(諸)「法則」，令不「廢忘」。

(3)(亦應)念「大怒金剛王」等(呪語而)誦呪，發大「歡躍」，(亦應)觀(想本)尊(的)形像，如對(於)目前……

(4)(所有)誦呪「文句」，(其)「字音」(與)「體相」，(應)皆令「分明」(清楚)。

(5)若正「誦呪」(之)時，(忽然想要)有聲ㄙㄡ 欬ㄞ (咳嗽)者，(應)須忍(住)，到頭到半，或多或少(就是無論起頭要誦呪時，或呪已誦到一大半時，或已誦很多呪，或只誦少少的呪時，應該儘量要忍住不咳嗽的)。

若其(必須)聲ㄙㄡ 欬ㄞ (咳嗽)，皆須從頭覆誦(指從新頭開始再一次的誦呪，也就是誦呪若誦到「某咒文」時發生了咳嗽，需等咳嗽後，這部份的咒文要再「重復誦」一遍才行)。

(6)世尊！若呪師等，能依是(而如)法修行，不久即(可)得「大威靈驗」，所有一切「毘那夜迦」等，(皆)不能(對此誦真言者)作障，皆悉遠避。

(7)若呪師等(眾)，(在)誦呪之時：

❶(呪語聲相經常)「言音」不正。(屬於非常離譜型的發音，相差太遠的發音)

❷(呪語的)「字體」遺漏。

❸(經常發生)口乾生澀。

❹(或)常足(經常足以發生)聲ㄙㄡ 欬ㄞ (咳嗽的動作)，使其(行法的過程)中間，斷續(其)呪音。

❺(或)身不(夠)清潔。

(8)當爾之時，即(可能會)被「毘那夜迦」(所)得(其)便，(甚至)諸天「善神」(將)不為「衛護」(保衛護祐)，或復(可能會)遇(上)大「患疾、災難」，(令)法不(得)成驗(成就靈驗)……

(9)時執金剛(菩薩)復作是言：我今欲說供(養)「本呪神王」等法，其「持呪人」：

❶先須「依法」(而)「浴身」。

❷不得「散亂」，(應專注)思念(與觀想)「本呪神」等。

❸即五體投地(作)「頂禮」。

❹發「大信心」。

❺我所求(之)法，皆承「大神威力」(之)加被。

❻讀誦其呪，令心(生)起「想」(憶想或觀想)。

第十一、曼荼羅篇

三種穢跡金剛無上祕密曼荼羅及道場觀

穢跡金剛的曼荼羅法依經典來說有三種，今整理後，分別敘述之。

烏樞瑟摩無上祕密曼荼羅法之一

一、立壇功德

爾時「薄伽梵」(為世人所尊重之)金剛手菩薩摩訶薩，如師子(而)顧作此「瞻視」，(並)唱如是言：(摩醯首羅 Maheśvara 大自在天)大部多主！我今說「烏樞瑟摩」(ucchuṣma)祕密曼荼羅法。

若(有)「暫聞」(此烏樞瑟摩法)者，(則)一切(世間出世間諸法之)「事業」，皆悉成就，不有非時(之)「夭橫」。但諸惡事，皆不及身，(所有的)「毘那夜迦」伺(但)不得(其)便。(此烏樞瑟摩法能為)一切眾生之所「愛敬」，一切「怨敵」常皆遠離，一切「密言」皆得「成驗」，(所修的)諸金剛法，(能)任運當成，(所有)一切「不祥」即得「解脫」，一切(皆獲)「吉慶」，常當「加護」(於你)。

若(有能)持此「明」(指烏樞瑟摩 穢跡金剛的咒語)，滿「十千遍」(一萬遍)，即(如)同登(上)「壇」(場)，具足「灌頂」(之密義)，(亦)如(同已)遇「明師」(明白佛法之師，非指「名」師)之所「傳授」。

二、得法條件

次復當陳「烏樞瑟摩」(ucchuṣma)曼荼羅相，先應具受「三歸、八戒」，(並)發「菩提心」，慈慧(慈心智慧)悲愍。

三、設壇地點

其(所)立(的)「壇」地，應當「擇處」。若於「山間」、或在「莊居」、或於「曠野」、或在「寒林」、或在「淨室」、或「河岸側」、或「獨樹下」、或「閑宅、祠宇」。「如法」(的)治(壇)地，建「曼荼羅」。

四、設壇大小

(大小可)三肘、四肘，或復八肘，亦十六肘(皆可)。

若(專修)「降伏法」，(則應作)三肘三角。

作若「寂災法」，(則應作)四肘、或八肘。

若(專修)「增益法」，及為國王(所修)，(則應作)「十六肘」作。

五、設壇方法

用「黑月」(指農曆的第「初十六日」起，到下個月的「初一」之前)八日，或(於)「黑月」十四日(有些密教經文說是選黑月的第八日[農曆的 23 日]，或黑月的第十四日[農曆的 29 日]來修，亦即只修一日而已。有的則說要連修 7 日，或 14 日不等)，以(烏樞瑟摩)「心密言」加持清水，用灑其(壇場之)地。

又以「紫檀」摩一「圓壇」，布以「祥草」上，散「赤迦囉尼囉花」，以塗香眾花，散於壇上，加持「佉馱囉」(Khadira 類似紫檀木)橛(木橛子；短木椿)，一百八遍，釘入大壇「四角」，及中成「結地界」，乃作「根本遍擲印」，誦(烏樞瑟摩)「密言」七遍。

取「紫檀」遍塗地，以「五色線」拼為「界道」，四角、四門，運以「黃、赤、綠、黑」，乃於「壇心」畫佛。

佛左傍畫<u>金剛手菩薩</u>，持杵，有諸「使者」及<u>金剛鉤明蛇</u>，捧「杵」，瞻仰(著)菩薩。

次右「烏樞瑟摩」(ucchuṣma)明王，持青「難拏」(daṇḍa唐言棒)。以「夜叉」及「阿修羅」眾，并<u>訶利帝母</u>(Hārītī，密教歡喜母。意譯爲愛子母、天母、功德天、亦稱鬼子母)，及其「愛子」等為侍從，皆瞻仰(烏樞瑟摩)明王。

於東北角「大自在天王」執「三股叉」，并妃。

東方<u>天帝釋</u>執「金剛杵」。

東南隅<u>火天</u>執「了戾棒」。

南方<u>閻羅王</u>執「那拏」(daṇḍa 刀杖；器杖)。

西南方**寧帝**執「劍」。

西方**水天**執「赤索」。

西北方**風天**執「緋幡」。

北方**毘沙門**執「伽那」（ghana 鐵棒；棍棒）。

三面畫「毘舍」蛇眾，東門內畫「三股叉」守護，以「新瓶」皆滿盛「淨水」，及「寶物」五穀等。以「綵色」纏項，取一口瓶置佛前，安「紫檀杵」於口上，餘瓶皆以「赤花」或「菓木枝」塞口，四角四門，各置一瓶。

佛前置兩段「衣服」充供養，金剛聖眾乃至「天」等，亦用「衣服」，每尊皆置「飲食、香花」，壇外道「梵行」界道（壇外正方遺灰）。

其瓶先加持「一千八遍」，乃置之。

六、如法灌頂

請諸尊依法，引弟子誦「金剛三昧耶」密言，纏令弟子耳聞，散花所至，彼尊有緣，如法灌頂。

七、登壇功德

若登此「壇」，即同入一切「曼荼羅」訖，一切天魔「毘那夜迦」（vināyaka 亦有分成二尊，一頻那，即豬頭使者。二夜迦，即象鼻使者。毘那夜迦或說即是大聖歡喜天）皆悉順伏，命終生阿拏迦嚩典宮（aḍakavatī 是 vaiśra-vaṇa 北方毘沙門天王所建立的一個宮殿。毘沙門天王宮）。

——上述資料詳《大威力烏樞瑟摩明王經·卷上》（《大正藏》第 21 冊頁 142 下到 143 上）

烏樞瑟摩無上祕密曼荼羅法之二

設壇方法

　　復次重說無上祕密「曼茶羅」，以「黑月」(指農曆的第「初十六日」起，到下個月的「初一」之前)八日或十四日，「可稱讚」(之)地而建立之，四肘、四門，布以「五色」，或塼 「灰末」。

於中畫佛，次右觀自在菩薩，次右馬頭明王大忿怒形。佛左金剛手菩薩，次左大威力「烏樞瑟麼」(ucchuṣma)明王大忿怒形。

佛前摩麼雞(māmakī。莽莫枳；莫鷄。《大日經義釋·卷七》云：莽莫雞眞言，莽是「母」義，莫雞是「多」義，即十世界微塵，諸執金剛之母。一切如來智印，皆從彼生，故名多母也)金剛部母，四角置一瓶，佛前一瓶，以不截綵，覆之名勝瓶。外壇東北隅，大自在天王執「三股叉」并妃，於餘隅，畫「半杵」或「杵印」，以香花飲食供養，如法引弟子「灌頂」，所用物充，以「心密言」加持。

　　——上述資料詳《大威力烏樞瑟摩明王經·卷上》(《大正藏》第 21 冊頁 143 上)

烏樞瑟摩無上祕密曼荼羅法之三

一、立壇功德

爾時「薄伽梵」金剛手菩薩摩訶薩，告諸眾言：我此廣大「壇法」，(乃為)三世諸佛皆所「傳說」，我今復陳(述)此法，能利益人天及諸有情。若(有)登其「壇」，皆成大(靈)驗，不(需)擇時日，(隨)任(意而)建立之。

爾時天龍八部，人及非人，咸皆歎言：此壇功力，量等虛空，難可籌量，無以比喻，唯願慈悲為我等說。

二、授法資格

爾時「薄伽梵」知眾樂聞，告言：欲立此壇，其「阿闍梨」相身，須「清潔、柔和、質直」，具「忍辱行」、深信「大乘」及「陀羅尼」，「戒珠」無缺，聰明利智，起「慈悲心」，(應)仍好(好)供養(此阿闍梨)。

三、得法條件

「受戒」、「懺悔」，發「菩提心」。

四、設壇地點

於「山林」或「大海側」，或(於)「泉」、或「河、大池」等側，(於)牛欄、獨樹，或(於)寒林「制帝」(佛塔)及「花林」中，若在「城隍」，近東南角，或西北隅，如是等處，取便而作。

五、設壇大小

其壇「四肘」、或「八十四」、或「二十肘」，作「四門」。「西門、北門」是「往來道」，階高「四指」，四角內畫「金剛杵」，皆(有火)焰(生)起。

六、設壇方法

以「牛五淨」（《蘇悉地羯羅供養法·卷三》云：牛五淨者，謂黃牛尿，及糞未墮地者），和灑其地，或用「香水」，又以「牛尿」和「糞」摩之。

其壇「四肘」、或「八十四」、或「二十肘」，作「四門」。「西門、北門」是「往來道」，階高「四指」，四角內畫「金剛杵」，皆(有火)焰(生)起。

壇中首「東」，畫佛，當結「跏趺」，處蓮花座，兩肩及光，皆有(火)焰(生)起。左手「大(拇)指、頭指(食指)」把少「袈裟」，餘三指微(作)「拳」(狀)，其「掌」向外，以手近「脅」，「右手」揚掌。佛右，畫大力「烏芻瑟麼」(ucchuṣma)明王：

❶四臂。

❷右手(執)拂，(右)下手執「娜拏」(daṇḍa 刀杖；器杖)。

❸左上手，並舒「五指」，「側手」(則靠)近額(頭)，微低其頭，作「禮佛」勢。

❹(左)下手(執)「赤索」。

❺目「赤」色。

次右金剛手菩薩，次右素婆明王，於菩薩左阿蜜哩多軍茶利明王，次金剛劍明妃，次金剛鎖明妃，於素婆明王，左磨麼鷄(māmakī。莽莫枳；莫鷄。《大日經義釋·卷七》云：莽莫鷄真言，莽是「母」義，莫鷄是「多」義，即十世界微塵，諸執金剛之母。一切如來智印，皆從彼生，故名多母也)。

於金剛手後，畫「明王」等心，「心」即「半月」也，所謂計里吉擺明王，娜囉尾拏明王，囉迦當伽明王，嚩日囉尾娜囉明王，嚩日囉嚕娜囉明王，波囉摩纈哩乃耶明王，摩訶戰拏舍者明王。

佛左，觀自在菩薩，次右波拏囉嚩細寧，次後多囉及毘俱胝「明妃」菩薩。
左馬頭王大怒形，次左大吉祥天女，次左摩訶濕吠帝，遶佛住畫。
諸大菩薩，西門裏，左右各畫一「忿怒」。
南邊者，一手執「打車棒」。

北邊者，一手「杵」，一手「娜拏」(daṇḍa 刀杖；器杖)。

東門內北邊➜青金剛，「一手」豎擬之。

南邊➜阿吒吒訶索笑勢。

南門內東邊➜惹瀾多者嚕。

西邊➜波娜寧估廁波。

北門內東邊➜訥馱囉沙。

西邊➜訥惹庚。

此門內，並是「忿怒」者。

外壇東北角➜伊舍那天王，以「伽那」(gaṇa 群眾；部眾)眾圍遶。

東方➜日月天及提頭賴吒，并帝釋等。

東南隅➜火天以苦行仙圍遶。

南方➜閻羅王及那羅延。

西南隅➜寧李帝羅剎圍遶。

西方➜龍王以諸龍眾圍遶。

西北隅➜風天以風天眾圍遶。

北方➜毘沙門天王以藥叉眾圍遶。

七、請供諸尊

於佛前置「灌頂瓶」，「阿闍梨」洗手訖，三度(三遍)抄水向口，又以「名香」塗手，結「請佛印」并「密言」。

又請「諸尊」，以飲食香華，供養寧李帝，通用「麼娑」。
壇西以「乳木」作火壇，「阿闍梨」先請「火天」，於火爐中安置訖，乃以「蘇蜜、酪」和「油麻」，一加持，一進(於)火中(燒)，供養二十一遍，或一百八遍，心念「火天」。

於火壇側「東南」方坐，乃請佛於「火爐」中坐，進准前物，二十一遍，或一百八遍，次請佛却歸「本位」。(供養)佛部畢，次供養「蓮華部」眾。

一請尊，次金剛部，一一請尊，次<u>大自在</u>天王，次一一諸天，依次而請，燒准前物而供養之。又請「火天」，就爐供養，乃請「火天」歸其「本位」。

八、灌頂前行

其「行者」，當先「洗沐」，衣新淨衣，受戒、懺悔、發「菩提心」，以「帛」掩「目」。

「阿闍梨」加持「香水」，灑行者「頂」，引入西門，令結「金剛三昧耶印」，置華於「印」上。

「阿闍梨」誦「金剛三昧耶」密言，七遍，令行者「耳聞」，便使「散花」，華所至處，「阿闍梨」告言：著某尊！汝與「彼尊」有緣。

九、灌頂正行

「阿闍梨」准法，為請行者「本尊」，就火爐，令行者在「阿闍梨」(之)右，跪坐，執其手，令以「右手」進「酥」等，於火中(燒)，七遍，充供養。

「阿闍梨」奉送「本尊」歸「本位」，以行者擬授「密言」，加持「灌頂瓶」，一百八遍，令行者結「本尊印」，印(頭)頂，口誦「密言」。

「阿闍梨」與「灌頂」，告言：灌頂已畢，各依本法，而作事業，乃示之種種「印契」及諸「法要」。「阿闍梨」乃讚歎諸佛菩薩「功德」。

十、灌頂完畢

又以「飲食、香華」，供養「諸尊」。發願、懺悔，次依前先請「火天」，燒准前物「供養」，次供養「佛部」二聖眾，次「蓮華部」、次「金剛部」、次「諸天」。乃奉送「佛部」、次「蓮華部」、次「金剛部」、次「諸天」。

「阿闍梨」舉「燭」，引諸行者，照壇內，示佛菩薩及天等「位」，乃「泥」掃之，凡作壇日，未出前畢住。

十一、登壇功德

若登此「壇」，即如入一切「灌頂壇」訖，同功、罪滅、福生，(能)辟諸「業輪」(惡業的輪轉環繞)，(能)降伏人天，所作皆(靈)驗。

時「薄伽梵」說此「大威力」明尾囊¿多銘壇已，一切大眾咸共讚言：善哉！善哉！威德無過，饒益我等，故今說「斯要」。

　　　　——上述資料詳《大威力烏樞瑟摩明王經・卷下》(《大正藏》第 21 冊頁 153 上到 154 上)

十一、小結

依上面三種祕密曼荼羅經文，我們可以整理出要修學穢跡金剛者必要的條件如下：

先應具受「三歸八戒」、「懺悔」、發「菩提心」、「慈慧悲愍」。

而傳授此法的金剛上師阿闍利必要的條件如下：

其阿闍梨相身，須「清潔柔和質直」，具「忍辱行」，深信「大乘」及「陀羅尼」。「戒」珠無缺，聰明利智。起「慈悲心」，仍好供養。

道場觀之一

(於)「須彌頂」(上)，有「(梵字)」字，變成(了)「八葉蓮華」。

(於)「華台」上，有「(梵字)」字，變成(了)「龍索」(或棒)，「龍索」(再)變成(了)「烏芻沙摩」明王，(明王的)髮髻邊(著一條)「白蛇」。

(烏芻澀摩明王的)身相長大，(身作)青色，(有種種)金剛寶「瓔珞」，甚大，「忿怒」形也。

左定，(手)執「罥索」。

左理，(手執珍)寶(的)「數珠」。

右惠，(手)執「三劍」。

右智，(作)「滿願印」。(「滿願印」的手印是)以「惠、方、願」屈(此指「小指、無名指、中指」作屈縮狀)，「智、力」(此指大拇指、食指)直加哺。

(烏芻澀摩明王)以「獸皮」為衣，「右肩」(有)兩「赤蛇」，蟠絞垂(至本尊的)「胸臆」(處)，令(紅蛇)瞻(仰)「本尊」(之)面。(尚有蛇)其色甚「青白」，(明王)亦(於)「四臂」(之)兩膊(肩膊；胳臂)，有一「蛇」遶之，(皆)住(於)「寶池蓮」上。(有)二大龍王，乃至「阿修羅王」等，(於)前後圍遶。

——上述資料詳《大正圖像五·覺禪鈔·卷八十六》頁303上。

覺禪鈔卷第八十六（烏樞瑟摩）

道場觀　成就院

須彌山頂有(梵字)字變成八葉蓮花～臺上有(梵字)字或(梵字)變成龍索或棒龍索變成烏芻沙摩明王髮髻遶白蛇·身相長大青色·金剛寶瓔珞甚大忿怒形也左定執罥索·左理寶數珠·右惠執三劍·右智滿願印以惠方願屈智力直加哺以獸皮為衣右肩兩赤蛇蟠絞垂胸臆·令瞻本尊面其色甚青白亦四臂兩膊有一蛇遶之·住寶池蓮上·二大龍王乃至阿修羅王等·前後圍繞云～亮惠說大略同之·信運云·訶利帝母愛子等為侍從云～字輪觀　本浣

道場觀之二

應想「大海」中「寶山」，其頂上想「師子座」，於其上復有微妙「寶蓮華」，於「蓮華」上復觀諸「樓閣」，懸以「繒幡」，上有「寶蓋」，覆「矜羯尼」(kaṅkaṇi 鈴)網，而以莊嚴。

——上述資料詳《大正圖像九‧阿娑縛抄‧卷百三十四》頁410上。

觀想順序是➡大海➡寶山➡師子座➡寶蓮華➡寶樓閣

曼荼羅觀

(於寶)「樓閣」中有「曼荼羅」，(於)「曼荼羅」中有「蓮華」。

(蓮華)上有「吽 」字，「吽」(字再)變成「獨古」(或棒。獨鈷金剛杵)。

「獨古」(杵再)變成「烏芻澁摩」明王。(明王爲)大忿怒形，(全身)黑色，光焰(生)起。(具)四臂，(手)持(有)種種(的)「器杖」，(有種種)眷屬圍遶。

《軌》云：(於明王的)髮髻(中)遶(著一條)「白蛇」，(明王的)身相(爲)「青色」，(有種種)金剛寶(的)「瓔珞」，甚大，忿怒相。

左(一手)，執「索」。左(二手)，(手執)寶珠。

右(一手)，執「三鈷」(杵)。右(二手)，(結)「滿願印」。(「滿願印」的手印是)以「兼(此錯字，應作「慧」)、方、願」屈(此指「小指、無名指、中指」作屈縮狀)，「智、力」(此指大拇指、食指)直如「觜 」(狀)。(明王自身)以「獸皮」爲衣。

「左肩」(有)二「赤蛇」，蟠結垂(至本尊的)「胸臆」(處)，令(兩蛇頭面)瞻(仰向)「本尊」(之)面。

(明王)亦(於)「四臂」(之)兩膊 (肩膀；胳臂)，有一(青白之)「蛇」遶之，其色「青白」，住(於)「寶池蓮」上。——上述資料詳《大正圖像九‧阿娑縛抄‧卷百三十四》頁410上。

次道場觀

應想大海中寶山其頂上想師子座於
其上復有微妙寶蓮華於蓮華上復觀
諸樓閣懸以繒幡上有寶蓋覆衿羯尼
網而以莊嚴

次大海　大寶山　次師子座
次寶蓮　次寶樓閣
次三力偈
次普通供養　已上二種無軌

次觀曼茶羅

樓閣中有曼茶羅〻〻〻中有蓮華上
有吽字帖云或又設穴云云變成獨古或擢
〻變成烏䨷澁摩明王大忿怒形黑色
光焰起四臂持種〻器杖眷屬圍遶云
軌云髮髻遶白蛇身青色金剛寶瓔
珞甚大忿怒相左執索右執三
翩右滿願印以象方顧屈智力直如臂
以獸皮爲衣左肩二赤蛇蟠結垂胸臆
令瞻本尊面亦四臂兩膊有一蛇遶之
其色青白住寶池蓮上

第十二、手印篇

穢跡金剛法的五大手印介紹

一、手印簡介

手印指所結之「印契」，梵語作 mudrā，音譯為「母陀羅」，乃「記號」之意；又作「印契、印相、密印」等，據《大毘盧遮那成佛經疏・卷十五》中云：(《大正藏》第39冊頁736上)

> 一切如來，皆從佛性種子，菩提心生。當知一切「印」，亦從「菩提心」生也。「印」從「法界」生，而(以)「印」(諸佛)弟子，如「王」以印(而)印之，一切信受。今以一切「法界」(所)生(之)「印」(而)印之，即「法印」也，即是「大人相」(之)印也。

「手印」是「佛性種子」，亦是從「菩提心」所生，在《慈氏菩薩略修瑜伽念誦法・卷二》亦云：(《大正藏》第20冊頁595中)

> (手)印(於自己)己、(或)印(於)他(人)，皆成本體「三昧耶」之「身」。雖凡愚不見，一切「聖賢」天龍八部諸鬼神，及「尾那夜迦」(vināyaka 亦有分成二尊，一頻那，即豬頭使者。二夜迦，即象鼻使者。毘那夜迦或說即是大聖歡喜天)，皆(能得)見(其)「本尊真身」(與)諸「護法明王」等。為此親近，俱相助成，「悉地」速得成就。

空海大師的《即身成佛義》言：(《大正藏》第77冊頁383上)

> 「手」作「印契」、「口」誦「真言」、「心」住「三摩地」，(此為)「三密」相應(之)加持故，早得「大悉地」。

不論是「自己的手印」或「他人的手印」都是本體「三昧耶」之身，眾生凡愚所以不能見。若能結「印契」，一切聖賢、天龍八部、諸鬼神及「毗那夜迦」等見之，皆如同見到「本尊真身」一樣，諸「護法明王」等也會來皆來親近，幫助我們速得成就悉地！

二、授印條件

「手印」代表諸尊之「內證、本誓」，故由任何一「指」之「屈伸」結印，即能令法界震動，凡聖同會。凡夫眾生雖未斷除煩惱，但所結的「印相」之力用能與「聖力」相等，能驅使諸賢聖及諸天鬼神。又由「密印」之功力，能使護法之「明王善神」至修行者之身旁加以護持，並成就所願。由於「印相」之功用甚大，故於「結印」時應恭敬慎重，須先稟承「金剛上師」的傳授，否則不但所結之「印」即失去功用，又會犯了「越三昧耶戒」之重罪。

《佛說一切如來真實攝大乘現證三昧大教王經・卷二十八》云：「(若)非(由)阿闍梨(教授)、非(佛門根基的)弟子，或復「別異」(之)諸(外道)學者，不應(對彼)開示「密印」門，及此祕密成就法」。如果不是由「阿闍梨」教授，也不是學「此法」的弟子，也不是「佛門弟子」，不應該對彼人開示種種的「密咒手印」。還有《大毘盧遮那成佛神變加持經・卷五》中也說：「未傳真實語，不授彼密印」，如果還沒有得到「真言咒語」的「傳囑」之前，不得習學「手印」。

三、結印需知

唐・善無畏大師曾對「手印」的結持作重要的開示，大師說：(詳《大毘盧遮那成佛經疏・卷十三》，《大正藏》第39冊頁715下)

> 西方尤祕「印法」，作時又極恭敬。要在「尊室」之中及「空靜清潔」之處。當澡浴嚴身，若不能一一浴者，必須「洗淨手、嗽口」，以塗香塗手等，方得作也。又作時，須正威儀「跏趺」等坐。不爾，得罪，令法不得速成耳。

由此可知「印契」之重要，必須以「恭敬」為上，尤其要洗淨「雙手」，盡量「跏趺」雙盤坐姿，這樣修法可以快速成就。又「手印」之結持應該盡量用「隱密」的方式結之，如《陀羅尼集經・卷五》云：(《大正藏》第18冊頁827中)

> (於尊)「像」前作(手)「印」，(應)以「袈裟」(遮)覆，或用「淨巾」，(遮)覆其(手)「印」已。(然後)至心誦咒滿「八百遍」，更莫「餘緣」。

這是說盡量「隱藏手印」，為防止「鬼神惡魔」之擾亂，應避免在「顯露」之處結手印，也有在法衣的「左袖中」或「右袖中」結印，如果是在自己佛堂前修法結印，旁若無人，則可方便行之！

四、五大手印

　　「穢跡金剛」的「手印」有很多種，基本上有五種，據《密跡力士大權神王經偈頌》云：「**五大寶印，信受奉行**」。第一種是「**穢跡金剛根本手印**」，此手印是不公開的，亦不見於任何經典中所描述，是金剛上師「祖祖」相傳所留下來的，只要結持這個「**穢跡金剛根本手印**」，對鬼魅念七遍以上的金剛咒，對鬼魅可能會造成嚴重的「殺傷罪」，所以這個「根本手印」若非授「五戒、菩薩戒」以上的「正信佛弟子」者，均不輕易傳授，必須經由具德的「金剛上師、法師、善知識」的長期觀察，在「資格符合」後，方能習學這個「根本手印」。

第二種是「**頓病印**」。

第三種有二個，一是「**禁五路印**」；

　　　　　　　　　二是「**禁山印**」。

第四種是「**止雷電印**」。

第五種是「**都攝錄（寶）印**」。

下面除了「根本手印」不公開外，其餘皆以「摹擬手印」的圖像表之，請勿擅自結持，一定要從「金剛上師」親承教授方可！

一、穢跡金剛根本手印

本手印需由根本金剛上師傳授，不得擅自習學或傳授。

二、頓病印

《穢跡金剛說神通大滿陀羅尼法術靈要門》云：

先以**左手**_{（的）}**頭指**_{（食指）}、**中指**，_{（如）}**押「索文」**_{（繩索紋布）}**印**_{（的方式）}，_{（再面對著手印，誦穢跡金剛）}**咒之「一百遍」**_{（即 100 遍）}，**以**_{（此手）}**印**_{（去）}**頓**_{（叩擊；敲打）}**病人七下**_{（以手印的正面敲病人病痛之處，共打七下）}，**立差**_{（瘥痊 ➔ 病癒）}。

左手的「食指」與「中指」
如同押住繩索紋布的向內縮

穢跡金剛法的「頓病印」圖解

《密跡力士大權神王經偈頌》云：

右手莊嚴啟。_{（照《穢跡金剛說神通大滿陀羅尼法術靈要門》的說明，應指「左手」才對）}

❶「**頭指**_{（食指）}、**中指」屈向**_{（於手）}**掌中裏。**

❷_{（其餘）}**三指**_{（大拇指、無名指、小指）}**並直，**

「**五勞、七傷」無。一咒一印**_{（以手印的正面敲病人病痛之處）}，**一百八遍奇**_{（若持滿 108 遍能獲神奇的治病事）}。

三之一：禁五路印

《穢跡金剛禁百變法經》云：

❶左右「無名指」曲向(於手)掌中，

❷(其餘)「八指」皆直立。

《密跡力士大權神王經偈頌》云：

❶左右「無名指」曲向(於手)掌中，

❷(其餘)「八指」皆直立。

(若遇)卒ㄘㄨ(然)死(之)生人，(可)散印於心上。「高聲」誦呪，(可令其)魂魄還(身軀)殼體。

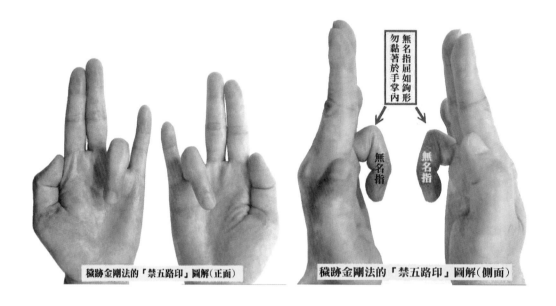

無名指屈如鉤形勿黏著於手掌內

無名指　　　無名指

穢跡金剛法的「禁五路印」圖解(正面)　　穢跡金剛法的「禁五路印」圖解(側面)

三之二：禁山印

《穢跡金剛禁百變法經》云：

❶以右手(的)「無名指」，(彎)屈(向)於掌中(只需要「屈如鉤形」即可，不可黏合於手掌)，

❷直豎「中(指)、頭(食指)、大拇指」等(這裡應該還要加上「小指」也是直豎)，並直豎。

(「大拇指」是要放在「食指」的根下側邊的地方。還有「中指」與「食指」間是相觸合的)

(以此手印)向山印之，(誦咒共)七遍，即(先)卻行(倒退行走)七步，復後(再)七印(七次以手印印)山，其山中即一切(之)鳥獸，並(將)移出(此)山。

《密跡力士大權神王經偈頌》云：

❶右手「無名」曲(無名指要彎屈向於手掌中)，

❶(其餘)「四指」平直(手指盡量「相併」與伸直即可)。

進退各七步(照《穢跡金剛禁百變法經》的說明，應先倒退行走七步)。

一咒一印，左右上下顧(看)，(然後再)散其咒印，自然(惡鳥惡獸的)「惡心」(即)止。

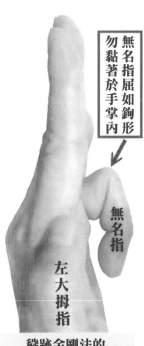

無名指屈如鉤形
勿黏著於手掌內

無名指

左大拇指

穢跡金剛法的「禁山印」圖解(正面)

穢跡金剛法的「禁山印」圖解(側面)

四、止雷電印

《穢跡金剛禁百變法經》云：

❶以「左手」(之)「中指、無名指、小指」，（共三個指皆）並屈(向於手)掌中，

❷直(立你的)「頭指」(食指)，

❸（然後再）以「大姆指」捻 (按;捏)「頭指」(食指)「中節」上。

誦(穢跡金剛)呪呪之。

以(止雷電手)印遙(遙的)指(向)「雷電」(所發生)之處，（則雷電將可暫時）自止(自行止住)。

《密跡力士大權神王經偈頌》云：惡風、雹雷震、暴雨霖久：

❶中指、無名(指)、小(指)。（以上是指左手三指屈向於手掌中）

❷「頭指」(食指)直豎，

❸「大拇」捻 (按;捏)「中節」。（文太簡，完整應稱：「大拇指」捻於「食指」的「中節」處）

(以)「左手」印呪，(則)雲散、日光(將)出。

穢跡金剛法的
「止雷電印」圖解(正面)

穢跡金剛法的
「止雷電印」圖解(側面)

五、都攝錄（寶）印

《穢跡金剛禁百變法經》（此是經典正確的描敘內容，應以此為主）云：

❶ 以（左右手的）二（個）「無名指」（同時）並屈（於）掌中，令（二個無名指之）背（互）相倚（著），

❷ （左右手的）二（個）「中指頭」（互）相捻（住），

❸ （左右手的）二「頭指」（食指）及「小指」各如開華（之狀），

❹ （左右手皆）以「大拇指」捻（按；捏）「頭指」（食指的）「中節」（處）。

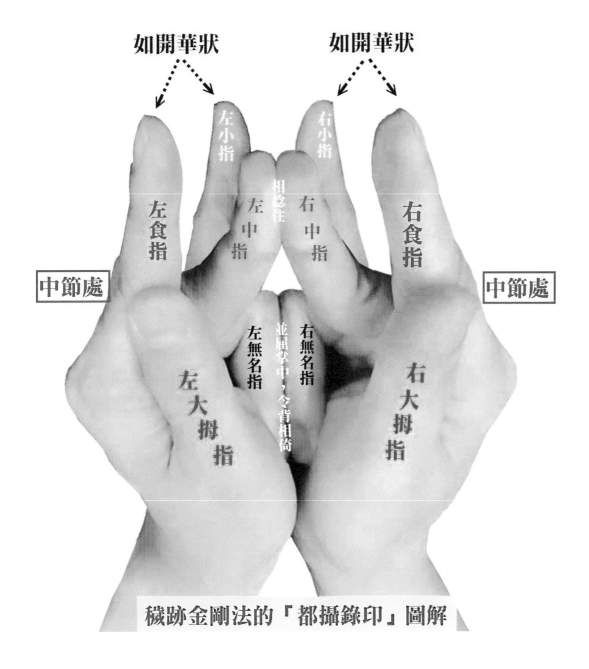

如開華狀　　如開華狀

左小指　　右小指

左食指　　相捻住　　右食指

左中指　　右中指

中節處　　中節處

左無名指　　右無名指

並屈掌中，令背相倚

左大拇指　　右大拇指

穢跡金剛法的「都攝錄印」圖解

《密跡力士大權神王經偈頌》裡面對「都攝錄印」的描敘與「《穢跡金剛禁百變法經》」是不同的，如云：

❶左右「無名指」屈向掌中，

❷二(小)指相「靠豎」，

❸「中指」左上右下，捻(按;捏)同指，

❹「頭指」(食指)直豎。

❺「大拇(指)」中節底。(文太簡，完整應稱：「大拇指」捻住於「食指」的「中節」底處)

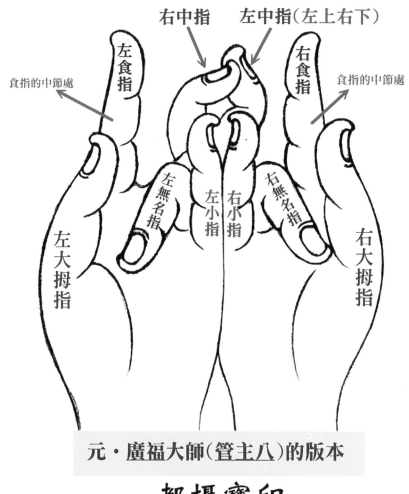

都攝寶印

《密跡力士大權神王經偈頌》云：

(都攝錄)手印加呪(於)世間所有事，(所有)「惡人、邪鬼」皆向「呪師」禮(敬)。

(皆)捨「惡逆心」(並)尊命聽(汝)「驅使」，不敢「違逆」，(其本具的)誓願堅固力。

第十三、祕印篇

穢跡金剛四大寶印暨四十二道祕印篇

一、前言

(從「小乘經律論典」來看佛陀的咒語觀
——「禁而不禁、時遮時不遮」，以「起心動念」與「不邪命活」為準)

《中阿含經》卷49

(1)云何「邪命」(以邪曲之方式而獲得經濟來源之生活)？若「有求」(而永)無滿意，以若干種「畜生之咒」，(去)「邪命」存命，彼「不如法」(的)求「衣、被」，以「非法」也。(以)「不如法」(去)求「飲食、床榻、湯藥」、諸「生活」具，以「非法」也，是謂「邪命」。

(2)云何「正命」？若「不求」(而至)「無漏」意，不以若干種「畜生之咒」，不(以)「邪命」(去)存命，彼「如法」求「衣、被」，則以「(如)法」也。「如法」(去)求「飲食、床榻、湯藥」、諸「生活」具，則以「(如)法」也，是謂「正命」。

(佛陀曾反對修行人沉迷執著於「咒語、符咒」功效靈驗等法)

《長阿含經》卷13

(1)摩納(青少年)！如餘沙門、婆羅門(印度社會階級中之最高種姓，可學習吠陀、教授吠陀、為自己祭祀、為他人祭祀、布施、受施……等)，食他(人之)「信施」，(竟)行「遮道」法，(以)「邪命」(而)自活。(例如學習外道而去)召喚「鬼神」，或復「驅遣」，或能「令住」，(做)種種襯濤，(以)無數「方道」(去)恐嚇於人，(令眾生)能聚、能散，(令眾生)能苦、能樂，又能為人「安胎、出衣」。亦能呪人(以咒語咒人)，使作「驢馬」，亦能使人「盲聾瘖瘂」，現諸「技術」，又手向日月，作諸「苦行」以求「利養」；(凡)入我(佛)法(門)者，(皆)無如是事。

(2)摩納(青少年)！如餘「沙門、婆羅門」，食他(人之)「信施」，(竟)行「遮道」法，(以)「邪命」(而)自活。(例如專門)為人「呪病」、或誦「惡術」、或為「善呪」，或為(眾生而做)「醫方、鍼灸、藥石」，(去)療治眾病；(凡)入我(佛)法(門)者，(皆)無如是事。

(3)摩納(青少年)！如餘「沙門、婆羅門」，食他(人之)「信施」，(竟)行「遮道」法，(以)「邪命」(而)自活。或「呪水火」，或為「鬼呪」，或誦「剎利呪」，或誦「鳥呪」，或「支節呪」。(例如學習外道去)或是「安宅符呪」，或「火燒、鼠嚙」，能為「解呪」，或誦別「死生書」，或讀「夢書」，或相「手、面」，或誦「天文書」，或誦一切「音書」；(凡)入我(佛)法(門)者，(皆)無如是事。

《寂志果經》卷1

(1)「沙門梵志」受(人)「信施」(之)食，(竟去)學修(外道的)「幻術」，興起「邪見」，(常)説「日」之怪，逢占、觀相，「妄語」有所(定)奪，學品術(之)處、度術(之)所，學呪(之)「欺詐術」、乾陀羅(之)呪、孔雀(之)呪、雜碎呪(之)術，(學)是「異術」(而)欺詐迷惑(眾生)。

(2)如是之像，(皆爲)「非法」之術；(修行的)沙門道人，(皆)已「遠離」此也。

《寂志果經》卷1

(1)「沙門梵志」受(人)「信施」(之)食，(竟)作若干種(外道之)「畜生行」，(以)「邪見」之業，(而)有「占相」珠寶、牛馬、居家(居宅民家)、刀刃(兵器)，所見(諸)相(之)「男子、女人」大小。如是之像，(皆爲)「邪見」之業；(修行的)沙門道人，(皆)已「遠離」此。

(2)「沙門梵志」受(人)「信施」(之)食，或有「妖妄」之本，(竟)行「非法」業，(於)「無智」之事，自以為(有)「智」，(例如像外道一樣的)「卜問」行「符呪」。如是之像，(皆爲)「邪見」之業；(修行的)沙門道人，(皆)已「遠離」此。

(3)「沙門梵志」受(人)「信施」(之)食，或(預告)見善、或見惡，豫(預)説「米穀」當飢？貴？當平？賤？(預告)當有「恐怖」、當有「安隱」，(預告)當「大疫」、當「死亡」。如是之像，(皆爲)「邪見」之業；(修行的)沙門道人，(皆)已「遠離」此。

（佛陀亦同意修行人應該學習治病防毒、護身、降伏外道的「咒語」等法）

《彌沙塞部和醯五分律》卷26：

(1)諸比丘欲學呪(語)，(例如)呪「蜂、蛇」等「諸毒」(即治蟲毒的咒語都是可以學的)。佛言：聽學(聽許學習)……

(2)諸比丘(若去)學(外道之)「迷人呪」，佛言：不聽(不聽許學習)！犯者，(犯)偷蘭遮(sthūlātyaya 犯「波羅夷、僧殘」而「尚未成就」之罪)！

(3)諸比丘(若去)學(外道之)「起死人呪」，佛言：不聽(不聽許學習)！犯者，(犯)偷蘭遮！

《四分律》卷27

(1)爾時「婆伽婆」在舍衛國祇樹給孤獨園。時有「六群比丘尼」，誦(習)種種(外道的)「雜呪術」、或「支節呪」、或「刹利呪、鬼呪、吉凶呪」，或習「轉鹿輪卜」、或習解知「音聲」……

(2)比丘尼誦習(外道的)「世俗呪術」，乃至「音聲」，若「口受」、若「執文誦」，説而了了(知戒而犯)，(犯)波逸提；不了了(不知戒而犯)，(則犯)突吉羅……

(3)「不犯」者，若(是)誦(習)治「腹內虫病呪」、若誦(習)治「宿食不消呪」、若學(世)書、若誦「世俗」(法只爲)降伏「外道呪」、若誦治「毒呪」(只爲)以「護身」故(者)，(此皆)無犯！

(4)(另一種)「無犯」(的情況)者，最初(佛陀仍)未「制戒」，(因眾生的)癡狂、心亂、痛惱所纏(繞而做的種種「不如法事」)。

《十誦律》卷 46

不犯者，若讀誦「治齒呪、腹痛呪、治毒呪」，若為「守護安隱」，不犯！

(佛陀亦同意修行人應該學習「新呪術」來幫助眾生之法)

《十誦律》卷 58

(1)有一居士，請佛及僧，明日食，佛「默然」(接)受(居士的邀請)……佛及眾僧，(於是便)入「居士」舍。(此時有)一比丘「守僧坊」，(於)請食分(的時候)，新誦(所學來的)「呪術」。(當時)給孤獨居士(有)「二小兒」，到祇桓(來)遊戲(遊玩)，(結果遇上)諸賊，(竟)欲侵惱「劫奪」(這二個小孩)。

(2)(守僧坊)比丘見已，念言：是兒可(憐)愍，(因年幼而)無所知故，(將)為賊所傷害(而被)「劫奪」。我(已學)新誦(的)「呪術」，可(來)試誦，救是小兒，(看此呪語)有「驗」以不？

(3)(守僧坊比丘)即誦(此)呪術，時有「四種」(神)兵(竟然)出(現)，諸賊見(此四種神兵)已，心大怖畏，念言：是或「官力」(官方的兵力)？若(於)聚落(而)力「圍遶」我，我或當了(當如何能了呢)？(諸賊)如是思惟已，便疾(快速)走去。

(4)諸比丘(應供之後)來語「守僧坊」比丘言：長老！汝得(犯)「波羅夷」(戒)！

　「守僧坊」比丘言：何以故？

(5)諸比丘言：(諸賊)人欲「侵惱」，奪是(二位小)兒(之)物，(但)汝便「奪取」(此兒)故！

　是(守僧坊)比丘生疑：我將無得(犯了)「波羅夷」耶？

(6)(以)是事白佛，佛知故問：(守僧坊比丘)汝以何「心」取？

(7)(守僧坊)比丘言：我試誦「新呪術」，救是小兒故，(因呪語神力感召)出「四種」(神)兵取(此賊人)。

　佛言：若誦「新呪術」(而)取(此賊人)，無罪！(可見誦呪為眾生辦事、治病等，一切皆以自己的「起心動念」為犯戒與否的「前提」)

《十誦律》卷 58

有一比丘有「拍病呪術」(類似拍打治百病然後再加上持呪，或者拉筋治百病)，拍一人，頭即時死。

是比丘生疑：我將無得「波羅夷」耶？

是事白佛，佛言：無罪！從今日欲拍時當「徐徐」(緩慢)，莫令(致)死。

(大乘經典亦曾反對修行人沉迷執著於「呪語、符呪」功效靈驗等法)

《出曜經》卷6〈4 無放逸品〉

若習「外道」異學、符書、呪術、鎮壓、求覓良日(世俗人看農曆、黃曆吉凶日行為)、役使鬼神、幻現奇術，如此輩事皆為「邪術」，有目之士，不當修習也。

(大乘經典亦曾反對修行人沉迷執著於「呪語、符呪、占相」功效等法)

《佛說佛母出生三法藏般若波羅蜜多經》卷16〈不退轉菩薩相品 17〉

(1)復次，<u>須菩提</u>！彼「不退轉」菩薩摩訶薩，於一切時，有執「金剛」(之)「大藥叉主」常隨「衛護」，不令「非人」伺得其便。

(2)是菩薩，心不散亂，威儀寂靜，諸根具足，無所缺減，(於)人中「牛王」諸相(皆)圓滿，修賢「善行」，常行「正法」。

(3)不以世間「邪幻呪術、藥草」等事「引接」於人，不為他人「占相」所有，若「吉祥事、不吉祥」事。

(4)亦不與人「占相」(有關)世間男女「生長」(指為世人占生男生女)，如是相、如是事，若善、若惡，亦復不於「女人」而生「敬愛」。

(5)常修「淨命」(而)不「邪命」活，遠離一切「鬥戰、諍訟」，不壞「正見」，「戒行」具足。

(6)菩薩於諸「惡法」(能)不「自所作」、(亦)不「勸他作」，於一切時(皆能)離諸「過失」。

(7)<u>須菩提</u>！若有(能)具足如是(殊勝)相者，是為「不退轉」菩薩摩訶薩。

(何謂「不淨說法」的定義)

《佛藏經·卷二》

<u>舍利弗</u>！「不淨說法」者，有五過失，何等為五？

一者：自言：「盡知佛法」。(佛經如大海，誰能盡知？誰能完整背下？誰能知行合一？誰能解行並進？誰能發願並想解脫輪迴？)

二者：說佛經時，出(故意顯出)諸經中「相違」過失(互相違背等種種過失)。

(例如刻意以顯教經典揭發密教經典的不圓滿法義。或刻意以般若經典揭發淨土經典的不圓滿法義。或刻意以禪宗經典揭發如來藏經典的不圓滿法義。或刻意以中觀經典揭發唯識經典的不圓滿法義。刻意以小乘經典揭發大乘經典的不圓滿法義)

三者：於諸法中，心疑不信。

四者：自以所知(而)非(否定)他(人說的)經法。

五者：(只為自己獲得)以利養(財利&名聲&供養)故，(才)為人說法。

<u>舍利弗</u>！如是說者，我說此人當墮「地獄」，不至「涅槃」。

《大般涅槃經》卷3〈金剛身品 2〉

(1)迦葉！若有比丘，以「利養」(財利&名聲&供養)故，(才)為他(人)「說法」，是人所有徒眾眷屬，亦効是師(而)貪求「利養」(財利&名聲&供養)。是人如是，便自壞「眾」。

(2)迦葉！「眾」有三種：一者「犯戒」雜僧，二者「愚癡僧」，三者「清淨僧」。「破戒」(之)雜僧，則易可「壞」。「持戒」(之)淨僧，(因不貪求)利養因緣，(故)所不能「壞」。

《佛說華手經》卷9〈為法品 31〉

(1)阿難！菩薩摩訶薩如所聞法，廣為人「說」，而不為法之所「傷害」。阿難！云何為法之所「傷害」？

(2)若有比丘，貪著「名稱、衣服、飲食、臥具、湯藥」種種「利養」(財利&名聲&供養)，(才)為他(人)講說「隨順頭陀、甚深淨戒、空相應法」，又自(己)不能如說(而)「修行」(此指講法的人並沒有「解行合一」)，是名比丘為法所(傷)「害」……

(3)當一心「說法」，為利(益)眾生故。若人以「利養」(之故)，(才)為大眾說法，(此人)依於「世利」(世俗利益)故，則為法所(傷)「害」。

《正法念處經・卷第三十一》

(1)若為「財物」故，(才)與人說法，不以「悲心」利益眾生而取財物，是名「下品」之法施也。是「下法施」，不以「善心」為人說法，唯為「財利」，(且)不能自身如說(而)修行(此指講法的人並沒有「解行合一」)，是名「下施」(最下等的「法布施」)……

(2)云何名為「上法施」(最上等的「法布施」)耶？以「清淨心」，為欲增長眾生「智慧」，而為說法。不為「財利」，為令「邪見」諸眾生等，住於「正法」。

(3)如是法施，(能)自利、利人，(為)無上(之)最勝，乃至「涅槃」，其福不盡。是則名曰「上法施」也。

《大智度論》卷19〈序品 1〉

五種邪命(五種不正當的邪命方式，不正當獲取名聞利養與謀生的方式)，(應)以「無漏智慧」(去斷)除、捨(棄)、(遠)離，(方)是為「正命」。

問曰：何等是五種「邪命」？

答曰：

一者、若行者為(自身的名聞)利養(財利&名聲&供養)故，(故意在信眾前)詐現「異相」奇特。

二者、為(自身的名聞)利養故，自說「功德」(即抑止他人而揚己功德，欲令信眾對他生敬信心，且永遠認為自己才是能給眾生「最大的功德」的修道人)。

三者、為(自身的名聞)利養故，(專以)占相、吉凶(預言)為人說。

四者、為(自身的名聞)**利養故**，(大語)**高聲現威**(詐現威儀)，(欲)**令人畏敬**。

五者、為(自身的名聞)**利養故**，(刻意對眾)**稱說所得**(之)**供養**(物)，**以**(感)**動人心**。(指明明是佛菩
　　薩給的感應，就硬說是自己的修法力量造成。或者明明是由法會所獲的果報，也硬說是自己迴向的功德力量)

(共有五種)**邪因緣**(的)**活命故，是為**「邪命」。

（大乘菩薩皆以「無量方便法」去接引不同根基眾生，但皆非為「邪命活」的「三輪體空」）

《大方等大集經》卷 32〈2 四方菩薩集品〉

(1)善男子！我以如是無量「方便」調伏眾生，為阿耨多羅三藐三菩提。

(2)善男子！若有眾生遇大重病，取師子皮，以呪呪之，持與病者。如其無皮，若肉若骨；若無肉骨，若取糞塗及屎處土；若無糞土，以呪結索。

(3)或作「符書」以與病者，病即除愈。

(4)若樹無「華果」，以呪雨水，持以溉灌，便得華果。

(5)若亢旱時，求覓龜心，五返呪之，置龍泉中，則降大雨……我以如是無量「方便」調伏眾生，令得修集「六波羅蜜」，乃至得阿耨多羅三藐三菩提。

《大寶積經‧卷一○七》

(1)菩薩於三千大千世界中，無有一事而「不知」者。若偈、若辭辯、若應辯、若呪術、若戲笑、若歌舞作樂、若工巧。

(2)菩薩生時，已一切「善知」，是名菩薩摩訶薩「行於方便」。

《寶雲經‧卷二》

(1)云何名菩薩「不顛倒智慧」？
　善學「世諦、第一義諦」及「諸經論」。
　善學「世間雜論」。

(2)為「成熟」眾生故，雖「廣聞多學」，而不為於「顯己功德」，但為「成熟」眾生。

(3)雖明知「世典」，而常尊「佛法」以為最勝，終不染於「外道邪見」。是名菩薩「不顛倒智慧」。

✳在《華嚴經》中，「第五地」的大菩薩欲利益眾生，需熟習「五明」兼「世間數術」。

西晉竺法護譯	東晉佛馱跋陀羅譯	後秦鳩摩羅什譯	唐實叉難陀譯	唐尸羅達摩譯
《漸備一切智德	六十《華嚴經‧	《十住經》	八十《華嚴經‧	《佛說十地經》

經》	十地品》		十地品》	
壹 彼勤修已，住於第五「難勝之地」。由得自在，心無所忘……	壹 是菩薩住「難勝地」，不忘諸法故，名為念者……	壹 是菩薩爾時住此第五「難勝地」中，不忘諸法故，名為念者……	壹 佛子！菩薩摩訶薩住此第五「難勝地」，名為：念者，不忘諸法故……	壹 菩薩安住於此第五「難勝地」時，名具念者，不忘正法故……
貳 以大神足，變化感動，以若干種善權之誼，唱導眾生，而教化之。	貳 菩薩如是修習，以大神力，種種因緣方便道，教化眾生。	貳 菩薩如是修習，以大神力，種種因緣方便道，教化眾生。	貳 佛子！此菩薩摩訶薩能如是勤方便教化眾生，心恒相續，趣佛智慧；所作善根，無有退轉，常勤修學殊勝行法。	貳 引發廣大神通遊戲，種種方便作用加行，成熟有情。
參 已能精進，如是化者，入於佛慧，心性行道，以不退轉，修眾德本，勤求殊特正真法矣。	參 是菩薩雖種種因緣方便，心常在佛，不失善根，又復常求轉勝利益眾生法。	參 是菩薩雖種種因緣方便，心常在佛智而不退失善根，又復常求轉勝利益眾生法。	參 佛子！此菩薩摩訶薩為利益眾生故，世間技藝靡不該習。	參 而此菩薩如是精勤成熟有情，其心相續恒趣佛智，善根加行無有退轉求勝法故。
肆 愍傷眾生，其有遊行，處於世間，書疏經典，印綬眾會，計校守府，諸身種大。	肆 是菩薩利益眾生故，知世所有經書、技藝、文章、算數，金石諸性。	肆 是人利益眾生故，世間所有經書、伎藝、文章、算數、名性經書。	肆 所謂：文字、算數、圖書、印璽工：地、水、火、風，種種諸論，咸所通達。	肆 而勤修學為欲饒益諸有情故，世間所有種種書論、印璽工、算計，金性等論。
伍 所應療	伍 治病醫	伍 治病醫	伍 又善方	伍 諸醫方論

眾羸所狂追療，醫藥寒熱、鬼神中毒、若有所在，治病瘦嬈病逐形。	方，乾消癲病，鬼著蠱毒等。	方，所謂治乾消病、小兒病、鬼著病、蠱毒病、癲病等。	藥，療治諸病，顛狂、乾消、鬼魅、蠱毒，悉能除斷。	謂：療乾痟、癲癎、鬼魅、損壞蠱毒，及起屍鬼呪詛和合。

西晉 竺法護譯 《漸備一切智德經》	東晉 佛馱跋陀羅譯 六十《華嚴經·十地品》	後秦 鳩摩羅什譯 《十住經》	唐 實叉難陀譯 八十《華嚴經·十地品》	唐 尸羅達摩譯 《佛說十地經》
㊀ 合偶伎術，跳越謫說，多所歡悅。	㊀ 妓樂、歌舞、戲笑、歡娛。	㊀ 伎樂歌舞、戲笑歡娛經書。	㊀ 文筆、讚詠、歌舞、妓樂、戲笑、談說，悉善其事。	㊀ 文筆讚詠歌舞妓樂，戲笑談說喜樂之處。
㊁ 郡國縣邑，江河泉池，樹木華實，所生藥草。	㊁ 國土、城郭、聚落、室宅、園林、池觀、華果、藥草。	㊁ 國土、城郭、聚落、室宅、園觀池泉、華果、藥草、林樹。	㊁ 國城、村邑、宮宅、園苑、泉流、陂池、草樹、花藥，凡所布列，咸得其宜。	㊁ 國城、村邑、宮宅、園苑、泉流、陂池，花菓、藥草叢林布列。
㊂ 金銀明月，珠玉水精，琉璃所現。	㊂ 金銀、瑠璃、珊瑚、琥珀、硨磲、碼磌、示諸寶聚。	㊂ 金銀、摩尼珠、琉璃、珊瑚、虎魄、車渠、馬磌，示諸寶聚。	㊂ 金銀、摩尼、真珠、瑠璃、螺貝、璧玉、珊瑚等藏，悉知其處，出以示人。	㊂ 顯示金、銀、摩尼、真珠、瑠璃、貝玉、珊瑚等性。
㊃ 眾寶日月，隩邑村…	㊃ 日月、五星、二十八宿…	㊃ 日、月、五星、二十八…	㊃ 日月星宿[玄]、鳥鳴地…	㊃ 入於日、月、星宿[玄]、…

地震，諸鳥獸鳴夢相吉凶，所受遍身及支分相。	震、夜夢吉凶，身相休咎，咸善觀察，一無錯謬。	宿[TX]、占相吉凶、地動夢書怪相。	[TX]、占相吉凶、地動夢怪，身中諸相。	落，居家田地，地動眠寐，所夢怪應，所入一切衆身形像所在。
⑤律儀戒行靜慮神通，四無量心無色定處，及餘所有無惱害事，能引一切有情利樂無罪事業。	⑤持戒入禪，神通無量，四無色等及餘一切世間之事，但於衆生不為損惱。	⑤身中諸相，布施、持戒、攝伏其心、禪定神通、四禪、四無量心、四無色定，凡諸不惱衆生事、安樂衆生事。	⑤布施、持戒攝伏其心，禪定、神通、四無量心、四無色定，諸不惱亂，安衆生事。	⑤諸相所應，所當修治，謹慎遵行，財業貨物，神通無色，以無放逸，四等心行，所造專精，而無危害。
⑥如是一切皆能引發於諸有情有悲愍故，漸令安住無上佛法。	⑥為利益故咸悉開示，漸令安住無上佛法。	⑥憐愍衆生故，出令入諸佛無上之法。	⑥哀衆生故，出如此法，令入諸佛無上之法。	⑥愍哀衆生，因修永安，彼以此行，愍傷世間，稍漸立之，諸佛正法，能化立之。

明末‧憨山老人《夢遊集‧卷四十五》

華嚴五地聖人，善能通達世間之學。至於陰陽術數，圖書、印璽，醫方辭賦，靡不該練，然後可以涉俗利生。

龍樹菩薩《大智度論》

(1)問曰：「聲聞法」中何以無是「陀羅尼」名，但「大乘」中有。

(2)答曰：「小法」中無「大」，汝不應致問；(若)「大法」中無「小」者，則可問。如「小家」(窮苦人家本)無「金銀」，(故)不應問也。(窮貧者，家中本無金銀珠寶，故不應問，亦不必問，苦刻意問之，已成為一種嘲諷)

(3)復次「聲聞」，(本來就)不大殷懃(的去)「集諸功德」，(聲聞人)但以「智慧」(追)求(自己能解)脫「老病死苦」，以是故「聲聞人」不用「陀羅尼」(來)持諸功德(的)。

(4)譬如人渴，得「一掬水」則(便滿)足，(更)不須(另帶著)「瓶器」(來)持水。若(要)供「大眾人民」(喝水)，則須(帶)「瓶甕」持水。

(5)菩薩為(度)一切眾生故，須(以)「陀羅尼」(來)持諸功德……(菩薩為諸)善根諸功德故，須(持)「陀羅尼」，(故)「陀羅尼」(乃)世世常隨(遂於)「菩薩」。

《宋高僧傳・卷三十》

(1)又會稽釋全清，越人也。穮耘(泛指從事耕種除草者，此喻全清大師努力之精修)「戒地」，芬然杜若(香草名)，於「密藏禁呪法」，也能効(以「符呪」等降伏鬼魅)鬼神。

(2)時有「市儈」(商人)王家之婦，患「邪氣」。言語狂倒，或啼、或笑，如是數歲。

(3)召清治之，乃縛「草人」長尺餘，衣以「五綵」，置之於「壇」，「呪禁」之良久。

(4)婦言：乞命！遂誌之曰：頃歲春日，於禹祠前「相附」耳，如師不見殺，即「放之」遠去。

(5)清乃取一瓿(古代容器名。陶或青銅製。圓口、深腹、圜足，用以盛物)，以鞭驅「芻靈」(用芻草扎成的人馬，為古人送葬之物)入其中，而呦呦有聲。緘器口以「六乙泥」(六一泥、神泥、國際神膠、六乙泥，其配方最早見於《黃帝九鼎神丹經》，是六種加一種材料混合燒煉而成，亦為道家煉丹用以封爐的一種「泥」。古代道家對此一般輕易不肯透露，對六一泥的配方更是祕不示人)，朱(砂)書「符印」之，瘞(埋)于桑林之下。戒家人無動之，婦人病差(病癒)。

(6)經五載後，值劉漢宏與董昌隔江相持，越城陷人。謂此為「窖藏」(地窖內貯存或埋藏的財物)，掘打「瓿」破，見一「鴟」(古同「鴟」)闖然飛出，立於「桑杪」(桑樹之「末端」)而作人語曰：今得「日光」矣。時清公已卒也。

開元三大士
唐玄宗時東來之印度密宗三大祖師
1 善無畏
2 金剛智
3 不空

《神僧傳・卷七》

(1)無畏，釋無畏(善無畏大師，密宗開元三大士之開山祖師。公元 637~735。716 年近八十歲帶著大批梵文佛典到唐朝長安翻譯經典)三藏，本天竺(印度)人，讓國(將國家或封地的統治權讓給賢者)出家，「道德、名稱」為天竺(印度)之冠，所至講法，必有異相。

(2)初自天竺至，所司引謁於(唐)玄宗，(唐)玄宗見而敬信焉……開元十年七月「旱」，(唐玄宗)帝遣使詔無畏(善無畏大師)請雨，畏(善無畏大師)持「滿鉢水」，以「小刀」攪之，誦咒數番，即有物如蚪龍從「鉢」中矯首水面。畏(善無畏大師)呪遣之，「白氣」自「鉢」騰涌。(善無畏大師)語詔使曰：速歸！雨即至矣。(善無畏大師)詔使馳出，頃刻風雷震電……

(3)又嘗「淫雨」逾時，(唐玄宗)詔畏(善無畏大師)止之。畏(善無畏大師)捏泥嫗ˇ(泥塑之婦人)五軀，向之作「梵語」叱罵者，即刻而霽。

(4)(善無畏大師)嘗過「龍河」，以一橐(袋子)駝負(背負)「經」(經書)沒水，畏(善無畏大師)懼失「經」，遽隨之入水，於是「龍王」邀之(善無畏大師)入宮講法，為留三宿而出，所載梵夾，不濕一字，其神異多類此。

唐・不空大師持梵咒「大隨求咒、仁王經咒」，能治疾與呼風喚雨。密咒的確有神驗之處，問題是持咒的您是否已具「戒德莊嚴」？

《神僧傳・卷八》

(1)不空，釋不空……本北天竺(北印度)「婆羅門」族，幼失「所天」(所依靠之天，喻失父)，隨「叔父」觀光東國，年十五，師事金剛智三藏……

(2)(一日)至訶陵國界，遇「大黑風」，眾商惶怖，各作「本國法」(即大家原本於各自國家中所學會的「民間法術」)，禳ˇ之無驗。皆膜拜求哀，乞加救護，慧辯(法師)等慟哭。

(3)(不)空(大師)曰：吾今有法，汝等勿憂，(不空大師)遂右手執「五股菩提心杵」(右手持金剛杵)，左手持《般若佛母經》夾(左手持《般若佛母經》典)，作法，(口卻直)誦「大隨求」(陀羅尼)一遍，即時風偃ˇ(停息)海澄……

(4)一日王作「調象戲」，人皆登高(而遠)望之，無敢(靠)近者，(只有不)空(大師)口誦(梵咒與結)「手印」，住於「慈定」(慈心三昧的禪定)，當(著街)衢而(站)立(著)，「狂象」數頭，(亦然)頓皆踢(徒郎切)跌，舉國奇之……

(5)後因一日，「大風」卒ㄘ(然而)起，唐肅宗詔(不)空禳ˇ止(大風)，(不空大師便)請「銀瓶」一枚，作法加持(可能把大風抓入銀瓶內的意思？)，須臾戢ˇ(收斂；止息)靜……

《神僧傳・卷八》

(1)上元(唐肅宗年號)末，(肅宗皇)帝(身體)不豫(古代皇帝有病時的「諱稱」)，(不)空(大師則)以「大隨求真言」(為肅宗皇帝)祓(穢)除(障)，(念咒)至七過(7遍)，(肅宗皇帝的病於)翼日乃瘳ˇ(病癒)，(肅宗皇)帝愈加殊禮(特殊禮遇不空大師)焉……

(2)又一日(天空)「風雨」不止，坊(街)市(區)有(很多都被)漂溺者，樹木有(被抽)拔(而)仆ˇ(倒)者，(唐肅宗)遽(請)召(不)空(大師)止之(望大師唸咒來止雨)。(於是不)空(大師便)於「寺庭」中，(手)

捏(取)泥媼ㄠ(泥塑之婦人)，五(有的版本記載為「五軀」)六溜水(可能是指對泥塑人捏了五、六次，讓裡面的水滑掉出來)，(然後)作「梵言」罵(罵)之(指咒罵那個泥媼)，有頃，(天空馬上)開(朗晴)霽ㄐ矣！

(3)嘗(遇)西蕃(西藏)大石康三國，帥兵圍(攻)西涼府(唐·廣德二年[764年]涼州地入吐蕃，至五代、宋初當地豪首自置牧守，稱為西涼府)。(唐肅宗)詔(不)空(大師)入，(皇)帝(親)御于道場。(於是不)空(大師)秉(持)「香爐」，誦《仁王》(《仁王護國般若波羅蜜多經》)密語(指《仁王經·奉持品第七》之陀羅尼咒)，(共)二七遍(14遍)。

(4)(肅宗皇)帝(便)見(有)「神兵」可(大約)五百員，在于「殿庭」(而站立)。(肅宗皇帝)驚問(不)空(大師)，(不)空(大師)曰：(此乃)「毘沙門天王」(之)子，(帶)領(天)兵(眾等)救安西(位於河西走廊西端之甘肅省酒泉)，請(緊)急設(香)食(派)發遣(送)。

(5)(至)四月二十日，果(如不空大師所)奏云。(再至)二月十一日，(於)城東北三十許里，(於)雲霧間，(西蕃軍隊皆)見(有眾)「神兵」長偉(長大弘偉)，(並)鼓角(鼓吹號角)喧鳴，(此時)山地崩震，蕃部(西蕃軍部)驚潰(驚慌潰散)。

(6)(時)彼(西蕃軍隊)營中(忽)有「鼠」金色，(開始)咋ㄗ(嚙：啃咬)弓弩(弓和弩)絃，皆(令斷)絕。(西蕃軍隊忽見)城北門樓(現)有(大尊之)「光明天王」(應是指毘沙門天王)，(而且眼目)怒(瞪)視(著)蕃(西蕃軍隊)，(於是西蕃軍隊的首領統)帥大奔(浩大的奔命逃離)。

(7)(肅宗皇)帝覽奏，(於是禮)謝(不)空(大師)，因勅(令)諸道(之)「城樓」，(應)置「天王」像(來供養禮拜)，此其始也。

《佛說毘沙門天王經》

北方世界有「藥叉」名俱吠囉(Vaiśravaṇa 北方多聞天王)……有「九十一子」同名「帝釋」。

唐·不空譯《北方毘沙門天王隨軍護法儀軌》

(1)爾時那吒太子，手捧「戟」，以「惡眼」見四方，白佛言：我是北方天王吠室羅摩那羅闍(Vaiśravaṇa-rāja 北方多聞天王)「第三王子」其「第二之孫」，我祖父天王(即北方多聞天王)及我那吒(Nalakuvara)同共每日三度，白佛言：

(2)我護持佛法！欲攝縛「惡人」或起「不善之心」。我晝夜守護「國王大臣」及「百官僚」。

　　(3)(若有)相與殺害打陵，如是之輩者。我等那吒以「金剛杖」刺其眼及其心。

(4)若為比丘、比丘尼、優婆塞、優婆夷；起「不善心」及「殺害心」者，(我等)亦以「金剛棒」打其頭。

(5)爾時毘沙門(Vaiśravaṇa)孫(孫子)那吒白佛言：世尊！我為未來諸「不善」眾生，降伏攝縛，皆悉滅散故，亦護持「國界」故……

(6)佛言：善哉！善哉！那吒天王！汝為降伏一切「國王、大臣、百寮」殺淩者。

(佛陀曾反對修行人沉迷執著於「星宿之相、日蝕月蝕」等變異相)

《寂志果經》卷1

(1)「沙門梵志」受(人)「信施」(之)食，共説日月「順行」，日月「差錯」，「星宿ੜ」順行，「星宿ੜ」差錯，日月「運行」，遲疾不順，當有「災異、無常」之變，「日、月」當蝕，或雨「霜雹」，或當「霹靂」。

(2)如是之像，(皆為)「邪見」之業；(修行的)沙門道人，(皆)已「遠離」此。

《長阿含經》卷13

(1)摩納(青少年)！如餘「沙門、婆羅門」，食他(人之)「信施」，(竟)行「遮道」法，(以)「邪命」(而)自活。(例如學習外道去)瞻相(瞻天空星相)、天時，言雨？不雨？穀貴？穀賤？多病？少病？恐怖？安隱？或説地動、彗星、日月薄食(日蝕月蝕)，或言「星食」(星蝕)，或言「不食」。

(2)如是(之)「善瑞」，如是(之)「惡徵」；(凡)入我(佛)法(門)者，(皆)無如是事。

(佛陀自己的前身也曾精通「星宿之相、日蝕月蝕」等變異相)

《菩薩本行經》卷3

(1)佛告諸比丘：我不但今除「眾生病、飢渴之患」，過去世時，亦復如是。乃往過去無數世時，此閻浮提有大國王名曰梵天……時子生皆「端正、殊好」，有大人相，名大自在天。

(2)為人慈仁，聰明智慧，世之典籍、「星宿ੜ」變運、日月博蝕(日蝕月蝕)，一切「技術」，莫不通達。復學「醫術」、和合「諸藥」，宣令國中：「諸有病者悉來詣我，當給醫藥飲食占視(瞻視)。」人民聞令，諸「有病者」，盡詣太子，國中大小，皆悉歡喜，莫不歎德……

(3)佛告諸比丘：爾時太子大自在天者，則我身(釋迦如來之前身)是。爾時父王梵天者，則今父王白淨是。

(佛陀也曾「不反對」過修行人應該要會觀「星宿之相、日蝕月蝕」等變異相)

《中阿含經·卷二十》

(1)若汝(一直想)睡眠，故(睡意)不(能)滅(除)者。大目揵連！當以「冷水澡」洗「面、目」及「灑身體」，如是(一直想)「睡眠」便可得滅(除)。

(2)若汝(一直想)睡眠，故(睡意)不(能)滅(除)者。大目揵連！當從「室出」，外觀四方，瞻

視「星宿_{ㄒㄧㄡ}」，如是（一直想）「睡眠」便可得滅（除）。

《出曜經・卷九》

(1)若睡重（睡眠之意濃重），當（修）「經行」。

(2)（如果已）「經行」（仍）睡重（睡眠之意濃重）者，（當）以「水」灑面。

(3)若復不解（仍然無法解除睡意），則應該）仰觀「星宿_{ㄒㄧㄡ}」以痞（醒寤）其志。

《十誦律・卷十八》

(1)佛在舍衛國，爾時毘舍佉鹿子母(Mṛgāra-mātṛ)往詣佛所⋯⋯合掌白佛言：世尊！願佛及僧，受我明日請。佛默然受之⋯⋯還自舍，通夜辦種種「多美飲食」。

(2)佛是夜，共阿難「露地」（戶外無物所覆之地）遊行（漫遊行走）。佛看「星宿_{ㄒㄧㄡ} 相」，語阿難言：若今有人問「知星宿_{ㄒㄧㄡ} 相者」何時當雨？彼必言「七歲當雨」。

(3)佛語阿難：「初夜」（晚上 8 點）過已，至「中夜」（半夜 12 點），是星相滅，更有「異相」出。若爾時有人問「知相者」何時當雨？彼必言「過七月當雨」。

(4)又語阿難：「中夜」（半夜 12 點）已，過至「後夜」（凌晨 4 點），是星相滅，更有「異相」出。若爾時問「知相者」何時當雨？彼必言「七日當雨」。

《十誦律》卷 57

(1)「阿蘭若」法者，「阿蘭若」比丘，應常一心，先問訊人，喜心和視共語，捨離顰_{ㄆㄧㄣ}蹙_{ㄘㄨ}（皺眉蹙額），讚言「善來」⋯⋯

(2)應善知「道徑」，善知「日數」、善知「夜」、善知「夜分」、善知「星宿_{ㄒㄧㄡ}」，讀誦「星宿經」，善知「修妒路(Sūtra 契經)、毘尼(vinaya 律)、阿毘曇(abhidharma 論)」。

(3)若善知「初禪、二、三、四禪」，應善知「須陀洹、斯陀含、阿那含、阿羅漢果」。若不能得修學，當問、當知、當讀誦⋯⋯如《俱尼舍經》廣說，是名阿蘭若法。

《彌沙塞部和醯五分律》卷 27

(1)若「阿練若」處（之）比丘，應善知「四方相」，應善知「機宜」，應善別「星宿_{ㄒㄧㄡ}」、知「時節早晚」，應記「月、半月」日數，亦應記「歲月」日數。

(2)以何利故，應知「四方相」？若知「賊」來處，方得以避之。

(3)以何利故，應善知「機宜」？若賊來時，應作是思惟：為宜避走？為宜起迎？為宜說法？為宜供？當知「機宜」已，隨而為之。

(4)以何利故，應善知「星宿_{ㄒㄧㄡ}」？應知初夜「星相」、中夜「星相」、後夜「星相」，得以自知今是「眠時」？今是「行道」時？若有「賊」問，得語「早晚」；若賊將去，放

還，觀「星」得知「歸路」。

(5)以何利故，應善知「月、半月」日數？以此，知「布薩」(poṣadha 同住之比丘每半月集會一處，或齋集布薩堂、說戒堂，請精熟律法之比丘說波羅提木叉戒本，以反省過去半月內之行為是否合乎戒本，若有犯戒者，則於眾前懺悔，使比丘均能長住於淨戒中，長養善法，增長功德。在家信徒於六齋日受持八齋戒，亦稱布薩)日至，往聚落中求「悔過」，清淨「布薩」。

(6)以何利故，應善知「歲月」日數？若至「春」時，知若干日過，應「結夏安居」；「安居」中，過若干日；「自恣」時至，應往聚落中求「悔過」，清淨自恣。

　　在密教典籍中，有部份經典出現類似中國民間宗教的「符、印」形製，並常將咒語符籙化來使用，很多人常常懷疑這類的經典必為「外道」之說。其實據印度師覺月、P.C.雷易、S.N.達斯古普塔、N.N.薄泰恰裏耶等人的研究，以及中印之間所保存下大量的史料，我們可以得出這樣的結論：**印度的密教和中國傳統民間宗教不僅在古代和中世紀有過「長期交往」的歷史，而且在宇宙觀、生命觀和宗教修持方面有著驚人的「相似」之處，當然，這不是一種偶然的巧合，或者是宗教具有的「共同的特徵」，具有的「共同智慧結晶」，它有著當年深刻的社會歷史原因。**

　　茲舉《六字神咒王經》載：「**一時佛在舍衛國祇陀林中，爾時有一外道旃陀羅女，專行眾惡、『符書』厭禱，或事山神樹神樹下鬼神，日月五星南斗北辰，一切魍魎雜魔邪魅，厭惑尊者阿難陀及諸善人**」（《大正藏》第20冊頁41下）。可見佛在世時，印度外道已有"完備"且"具體"的「**符書**」流行，至少它能產生相當大的"神力"來「**厭惑**」已證初果的阿難及諸位善人。而佛陀本人在未成道前也曾學習過這類東西，如唐・菩提流志譯《大寶積經・卷十六》云：（《大正藏》第11冊頁91下）

　　……自唱言，我於一切世間，最為尊貴，釋梵諸天咸來親奉。又見習學「書計、曆數、聲明、伎巧、醫方、養生、符印」，及餘博戲擅美過人，身處王宮厭諸欲境，見老病死悟世非常，捐捨國位，踰城學道，解諸纓絡及迦尸迦，被服袈裟六年苦行，能於五濁剎中作斯示見……

　　從經文可以發現佛陀在世時就曾習學過屬於「印度本土化」的相關「**符印**」，這些都是當時印度婆羅門的教法之一，這些符印就是用來「**咒術使鬼**」（詳《地藏十輪

經‧卷四》)用。另外不空所譯的密典《廣大寶樓閣善住祕密陀羅尼經》也說：「**説得勝『符印』咒法**」、「**第八，帶勝『符印』咒曰**」(《大正藏》第 19 冊頁 648 上和頁 652 上)。如果我們從佛陀從小習學當時印度各宗各派的背景來看，「**符印**」不會是指東方傳統民間宗教之學，因為據南傳佛教國家認定佛陀生於公元前 624 年，依《善見律毗婆沙》則又可推定為公元前 565 年，而老子則是在公元前 570 年出生。

　　再據現有的文獻看，中國傳統民間宗教「符印」"具體"的形成是在東漢末年(約公元 100 年以後)，它的製作模仿秦漢時的「符傳」，主要是由中原文字變形而成，如《太平經複文》、《靈寶五符》、《五芽真文》、《三皇文》等都是出於東漢的符書。東漢以後，新的道符問世越來越多，葛洪《抱朴子‧內篇‧遐覽》中著錄大符五十六種，合五百餘卷，以後新出的道派也常創造自己的「符」和「符書」，與「籙」一起做為道派傳承的憑信。所以從佛陀本人當時在印度曾習學過"完整具體"婆羅門教的「符印咒術」；距離東漢末產生大量完整「符印」書來看，至少相差了七百年以上！

　　另外又有類似中國傳統民間宗教的「**神符**」名稱，在姚秦三藏鳩摩羅什譯所翻譯的《佛說仁王般若波羅蜜經》中就已出現，經云：(《大正藏》第八冊頁 832 下)

　　大王！是「般若」波羅蜜，是諸佛菩薩一切眾生心識之神本也，一切國王之父母也，亦名「神符」，亦名「辟鬼珠」，亦名「如意珠」，亦名「護國珠」，亦名「天地鏡」，亦名「龍寶神王」。

　　經文的「**神符**」字眼是在讚嘆「般若」空性法門有如「神符」一般的殊勝靈妙，並非指民間傳統宗教那種的「符籙咒術」。然而在《龍樹五明論‧卷二》的「神符」字眼就指向「符籙咒術」之類的東西，論云：**持「神符」者，主斷一切惡業、不淨者，以符持之**。《仁王護國般若波羅蜜經疏神寶記‧卷四》亦如是云：「**神符**」**者，謂至神之符印也，得是印故，能卻諸惡能持眾善，無適而不利也**(《大正藏》第 33 冊頁 13 中)。除了經典中出現的「**神符**」字眼外，亦屢屢出現在禪師的偈誦語錄中，如：

一、《圓悟佛果禪師語錄‧卷八》：*山前諸處，五瘟行「疫病」太甚，欲就和尚，覓箇「神符」，往前驅逐。山僧遂以拄杖畫一圓相與之，驀然不見，逡巡卻來*

道，五瘟疫鬼已驅，向他方世界去也。只有一事，待請益和尚，此靈驗「神符」從何處得來？山僧劈脊便打，當下滅跡消聲。

二、《圓悟佛果禪師語錄・卷十三》：復頌云，正眼橫頂門，「神符」懸肘後，幸是師子兒，各作師子吼！

三、《法演禪師語錄・卷二》：今日端午節，白雲有一道「神符」也，有些小靈驗，不敢隱藏，舉似諸人。

四、《如淨和尚語錄・卷一》：將三世諸佛爲頭，以六代祖師爲體，天下衲僧爲手爲腳，以拂子打圓相云。看畫作一道「神符」，向鬼門上貼，且道如何？

五、《萬松老人評唱天童覺和尚頌古從容庵錄・卷五》：萬松道：眞如正是濟下鑽鎚，不能放過，要見龍牙肘後「神符」，須是當派天童眼目。

六、《五燈全書・卷一〇七》記姚江東山廣教玫石瑾禪師：午節上堂，今朝蒲劍露鋒鋩，百怪千妖瞻喪亡，一道「神符」光動地，諸人何不早承當？且道！承當個甚麼？

七、《五燈全書・卷一〇一》記宣州奉聖智觀慧禪師：拈拄杖曰，遮道「神符」驅禍祟，不須更要貼鍾馗。

八、《五燈全書・卷七〇》記夔州臥龍字水圓拙禪師：上堂，三世諸佛不知有，鬼怕「神符」。

　　足見「神符」一詞並非只有傳統民間宗教在使用，連佛門禪師語錄亦常引用之，可見禪師們對「教機」方式是非常「不拘束」的，也不怕眾人抵毀禪師使用「神符」字眼來說教，以禪師來說：**一切語言文字相，皆不可得也！**

　　據日本長部和雄教授的統計，在《大正藏》卷十八到二十一的密教部經軌五九三部中與中國傳統民間宗教相類似者約有七十部，在這些經典中，我們可以看出，密教和中國傳統民間宗教在當時「互相交融」或者「雷同」的情況。例如傳統民間宗教重要經典《靈寶經》的創立，則假佛教的《法華經》和《涅槃經》。民間宗教《太一真一本際經》主要又攝取了大乘佛教「空」的思想；《海空智藏經》則攝取了佛教《唯識論》的思想……等，這些都是佛教與中國傳統民間宗教曾互融產生的教義。我們不能說一定是誰先「抄襲」誰，只能客觀的說，密教經典與中國傳統民間宗教經典確實有「互相交流」或「雷同」過，以當時從天竺或西域來華的僧人，熟黯

「**密教法術**」的計有三十九人之多，約占來華的僧侶一半。這些外國僧侶雖在教義上信仰大小乘佛法，但在修持上則是「五明」皆通，各顯神通，也不拘東土漢術之學，七曜五行，佛道皆通，例舉數位大師如下：

一、**安息國安世高大師**：剋意好學，外國典籍，及「七曜五行」，醫方「異術」，乃至鳥獸之聲，無不綜達。_{《高僧傳・卷一》}

二、**西域佛圖澄大師**：善誦「神咒」，能役使鬼物。以麻油雜胭脂塗掌，千里外事，皆徹見掌中，如對面焉。_{《高僧傳・卷八》}

三、**中天竺求那跋陀羅大師**：「天文書算」，醫方「咒術」，靡不該博。_{《高僧傳・卷三》}

四、**中天竺曇無懺大師**：明解「咒術」，所向皆驗，西域號為「大咒師」。_{《高僧傳・卷二》}

五、**中天竺勒那婆提大師**：立知凶吉，善能「神咒」。_{《高僧傳・十四卷》}

六、**北天竺闍那崛多大師**：遍學五明，兼閑世論，經行得道場之趣，總持通「神咒」之理。_{《續高僧傳・卷二》}

七、**北天竺寶思惟大師**：慧解超群，學兼真俗，尤擅長「咒術」。_{《宋高僧傳・卷三》}

八、**西域尸梨蜜大師**：善持「咒術」，所向皆驗。初江東未有咒法，蜜傳出《孔雀王》諸神咒。_{《出三藏記集・卷十三》}

九、**附：中國浙江會稽全清大師**：越人也，得密藏禁咒之法，能厭劾鬼神……以鞭驅笏，靈入其中而呦呦有聲，緘器口以六乙泥，朱書「符印」之，瘞于桑林之下。戒家人勿動之，婦人病差_{（病癒）}……_{《神僧傳・卷九》}

在上面所敘這些大師身上集中表現了印度婆羅門教、佛教密咒和中國先秦兩漢道教的巫術、占星術、方術、讖緯……等等之大成。《金剛經》裡有一句重要的話：「**一切法皆是佛法**」，然而亦「**皆不可得也**」，我們應該以如此的「**知見**」來看待諸位大師的成就！

下面再整理有關出現類似中國傳統民間宗教「符印」的經典，依《大正藏》來計有十五部：

一、梁・佚名譯《阿叱婆呴鬼神大將上佛陀羅尼經》。（《大正藏》第21冊頁186）

二、東晉・帛尸梨蜜多羅譯《大灌頂經》卷七之《佛說灌頂伏魔封印大神咒經》。

（《大正藏》第 21 冊頁 515）

三、失名譯《龍樹五明論》。（《大正藏》第 21 冊頁 964）

四、唐‧婆羅門僧譯《佛說北斗七星延命經》。（《大正藏》第 21 冊頁 425）

五、唐‧不空譯《佛說金毘羅童子威德經》。（《大正藏》第 21 冊頁 373）

六、唐‧瞿多三藏譯《佛說常瞿利毒女陀羅尼咒經》。（《大正藏》第 21 冊頁 294）

七、唐‧般若惹羯羅撰《聖歡喜天式法》。（《大正藏》第 21 冊頁 324）

八、唐‧不空譯《觀自在菩薩大悲智印周遍法界利益眾生薰真如法》。（《大正藏》第 20 冊
頁 33）

九、唐‧金剛智譯《佛說七俱胝佛母准提大明陀羅尼經》。（《大正藏》第 20 冊頁 173）

十、唐‧寶思惟譯《大方廣菩薩藏經中文殊師利根本一字陀尼經》。（《大正藏》第 20 冊頁
780）

十一、唐‧菩提流志譯《佛心經》卷下。（《大正藏》第 19 冊頁 8）

十二、唐‧一行撰譯《曼殊室利焰曼德迦萬愛祕術如意法》。（《大正藏》第 21 冊頁 97）

十三、唐‧阿質達霰譯《穢跡金剛禁百變法經》。（《大正藏》第 21 冊頁 160）

十四、唐‧般若斫羯囉譯《摩訶吠室囉末那野提婆喝囉闍陀羅尼儀軌》。（《大正藏》
第 21 冊頁 222）

十五、失名譯《筌圖大道心驅策法》。（《大正藏》第 20 冊頁 652）

另外，敦煌出土之抄本，上面畫有類似中國傳統民間宗教「神符」之佛教經卷，則
有十二部：

一、斯二四九八號《洗眼符難產符等》。

二、伯二五五八號《佛說七千佛神符益算經》。

三、斯二四九八號《觀世音菩薩符印》。

四、伯三八七四號《觀世音及世尊符印十二通及神咒》。

五、伯三八三五號背面《觀世音如意輪王摩尼跋陀別行法印》。

六、北八七三八號《觀世音如意輪咒法》。

七、伯二六零二號《觀世音菩薩符印》末附《觀世音如意輪陀羅尼并別行法印》。

八、伯三零四七號背面《穢積金剛顯神通大陀羅尼》《穢積金剛法禁百變》《穢積金
剛神符變病及延年法卷下》。

九、斯四六九零號《金剛神符》。

十、斯二四三八號《三萬佛同根本神秘之印並法》《龍種上尊王佛法》。

十一、斯二四九八號《金剛童子隨心咒》。

十二、伯三八三五號背面《符咒真言一通、入髑真言》。

　　以上皆為佛教經籍中所常見類似中國傳統民間宗教之「符印」；然而這些經典翻譯者，絕大部份都為天竺來華傳教的外國僧人；既然都是天竺的外來法師，其所翻的經典竟有與中國傳統民間宗教類似的「符印」，我們只能客觀的說：也許是佛法與中國傳統民間宗教皆有如此獨到的智慧結晶吧！不能武斷地說一定是誰先抄誰的，再重舉《金剛經》所言的：**一切法皆是佛法，皆不可得也！**

呪水書符

唐・阿地瞿多譯《佛說常瞿利毒女陀羅尼咒經》

(以)朱(砂)書(之)，(然後於口中)吞之，(能)治。

唐・阿地瞿多《佛說常瞿利毒女陀羅尼咒經》

(〔用朱(砂)書(寫於)紙上，(密)封了(此現代人的「護貝、塑封」的方式)，(然後隨身)帶之，(能)除諸鬼氣〕)。

已上「符」，用朱(砂)書(寫於)紙上，(將符印)吞之。(能)除「腹」中諸病痛，大須敬重，(但)勿(隨意把符印給)觸(摸而染)污之。

二、穢跡金剛「四十六道」密印的長寬高大小問題

　　據《穢跡金剛禁百變法經》中有明確說前面「四大寶印」的「長、寬」的參數，如下附圖。

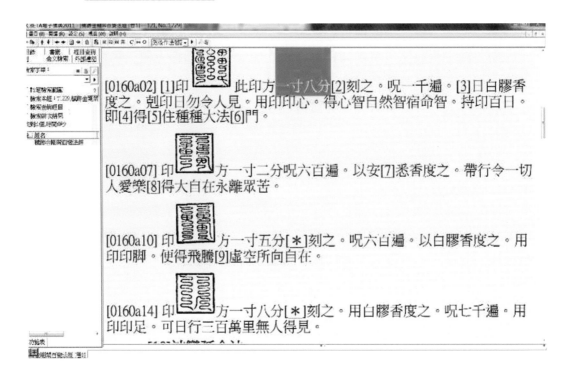

1 公分(cm)=10 公釐;毫米(mm)

1 分=3 毫米(mm)=0.3 公分(cm)=0.296 公分(cm)➜從精準上來說

❊「心智、自然智、宿命智」符
　　一寸八分=**18 分**➜**18 分 x 0.296 公分 = 5.328 公分**

❊「愛樂自在」符
　　一寸二分=**12 分**➜**12 分 x 0.296 公分 = 3.552 公分**

❊「飛騰虛空」符
　　一寸五分=**15 分**➜**15 分 x 0.296 公分 = 4.44 公分**

❊「隱蔽無見」印
　　一寸八分=**18 分**➜**18 分 x 0.296 公分 = 5.328 公分**

《穢跡金剛禁百變法經》中對於「其餘 42 道符印」的「大小」，並沒有明確說明「長、寬」的參數，所以目前這 42 道符印的「大小」都是引用《佛說常瞿利毒女陀羅尼呪經(并行法)》採用「1 寸 7 分」的說法，轉換後就是 5 公分。可從唐·阿地瞿多三藏

所譯的《佛說常瞿利毒女陀羅尼呪經(并行法)》中獲得佐證：

唐・阿地瞿多譯《佛說常瞿利毒女陀羅尼咒經（并行法）》
印用「霹靂棗木」，方(正方形，長寬高都是)**一寸七分**(5cm)**。**
用「朱砂」(蓋在符)**印，**(可治一切的)**毒，兼**(蓋)**印**(於)**紙上。**
(蓋過印的符可)**與患者「吞之」，**(能)**治一切病，大驗！**

✳「其餘42道」符
一寸七分=**17分➔17分 x 0.296 公分 = 5.032 公分**

在「開模刻印」時，會將木頭稍為加大「一點點」而已。如下所列。所以誤差在0.1~0.2cm，本來就是「正常」的！例如：

✳心智、自然智、宿命智符
原始= 5.328 公分
刻時= 5.4 公分

✳愛樂自在符
原始= 3.552 公分
刻時= 3.6 公分

✳飛騰虛空符
原始= 4.44 公分
刻時= 4.5 公分

✳「其餘42道」符
原始= 5.032 公分
刻時= 5.2 公分

至於「印章」的「高度」應該要多少呢？經典中是沒有說的，但以 6cm(厘米)的高度是比較適合「持印」與「蓋印」的，所以 46 道符印的「高度」可以統一都是以 6cm(厘米)為主。

三、穢跡金剛四大寶印

先須誦金剛咒「十萬遍」滿，然後作法，若課未充，不得效驗。最後第四十一及四十二道兩符，必須先朱書吞三枚，乃可與他人書符，即有驗效。若不爾者，用諸符均無驗也。(底下符印已據《大正藏版、江西龍虎山刻印版、道光刻本、敦煌手寫版》。稍作一點點的修訂)

得心智、自然智、
宿命智印

此印方一寸八分刻之。咒一千遍，用「白膠香」度之(薰香過度)。刻印日，勿令人見。用印印心，得「心智、自然智、宿命智」。持印百日，即任得種種大法門也

神氣交合
自在密咒印

方一寸二分。咒六百遍。以「安息香」度(薰香過度)之。帶行，令一切人愛樂，得大自在，永離眾苦

騰空自在
無礙印

方一寸五分刻之。咒六百遍，以「白膠香」度（薰香過度）之。用印印腳，便得飛騰虛空，所向自在

隱蔽無見
自在印

方一寸八分刻之。用「白膠香」度（薰香過度）之。咒七千遍。用印印足，可日行三百萬里，無人得見

四、穢跡金剛四十二道祕印　　　神變延命法

(若)**伏連**（伏古同「復」→反復連續的發熱。傳屍病；骨蒸；屍注；肺結核症）。**書「心」上，即瘥**千分

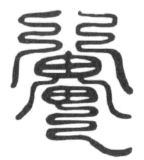

(若)**心痛或病。書之，立即除瘥。大吉利！先咒七遍**

(若)**鬼病，朱書**（朱砂書之），**吞之**

（若）精魅鬼病之人，朱書，吞之七大枚，立瘥_{チ5}（病癒），神驗

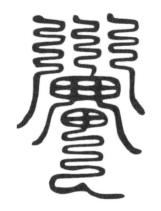

若作法之人，取「白檀綾」二丈一尺七寸。「白練」裹之，置於「地輪世界」，令人延年得七十歲。若無人送者，即安自宅中庭，掘地「七尺」埋之亦得。又得「聰明多智、辯才無礙」

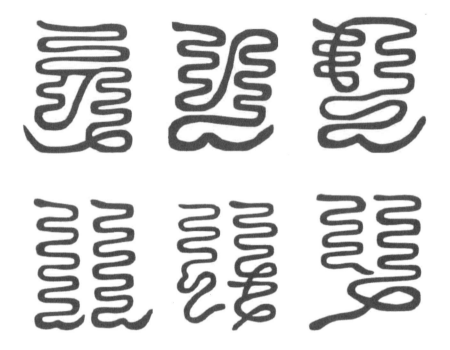

此七道亦能治萬
病。（若）吞之亦令人
「長壽、益智」，大
神驗

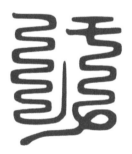

此上七道，用朱書紙
上，吞之「干枚」，令人
延年，即得與天地齊
壽，不得令人見之

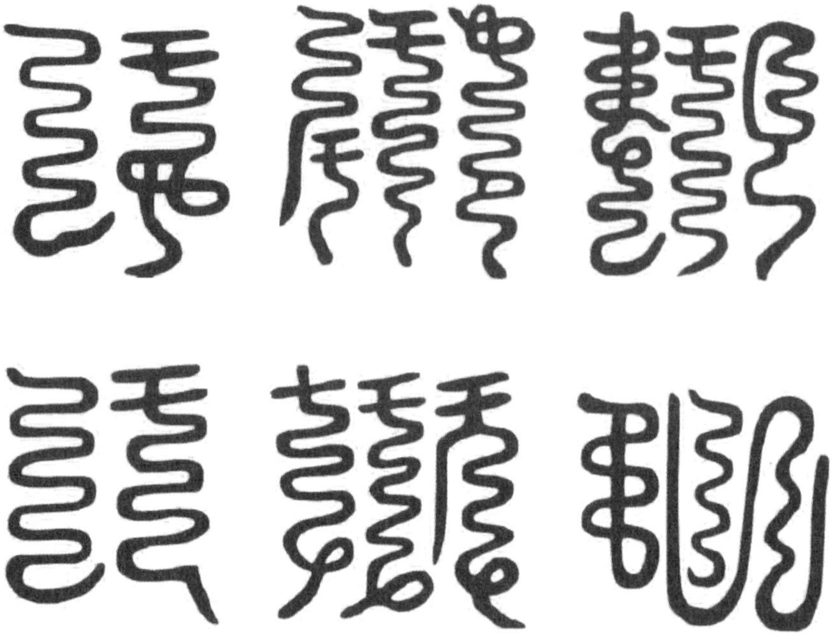

此上七道，若有人患一
切病，以此符書之，皆
得除瘥（病癒）。若人書
符吞之者，「延年、益
智」。大驗劾矣

此上七道，若有人求種種珍寶者。以朱書此符，吞之滿「七日」，即有種種妙寶自然而至。若求他人財物，當書彼人姓名於符下，其人立即送物到

此上三符，朱書床四腳上。
常有「八大金剛」衛護，時
不暫捨。惟須嚴淨，勿令污
染之物入房，切須慎之

（若）有大火災起者。書符擲一枚，咒一百八遍，向火中，須臾災自滅

（若）大惡風起者。書此符，咒一百八遍，擲向風中，即止

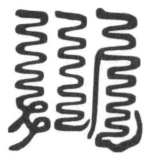

（若）有大水起者，書此符，擲
於水中，立即斷流，水不溺
人矣

（若）有大雨者。書此符，
咒之一百八遍。向雨擲
之，其雨立即自定之

此符，朱書，吞三枚，乃可與
他人書符，即有驗効。若不爾
者，用諸符無驗

關於刻印之材料，據《大灌頂經》卷七之《佛說灌頂伏魔封印大神咒經》所言，

有「金、銀、珍寶」及各種「香木」。所用之印泥，以「朱砂」居多。在符方面，書符時，有一定之儀軌，須先「擇日、誦咒」等，而後再以「朱砂、墨、雄黃」等書寫。除貼於房屋器物上外，更常「吞服」或「佩帶」於身。唐‧瞿多譯《佛說常瞿利毒女陀羅尼咒經》所言刻印用符之法云：（詳《大正藏》第 21 冊頁 295）

> 印用「霹靂棗木」，方（正方形，長寬高都是）一寸七分（5cm），用「朱砂」（蓋在符）印，（可治一切的）毒，兼（蓋）印（於）紙上，（蓋過印的符可）與患者吞之，（能）治一切病，大驗。
>
> 此符用「墨」書（寫於一切的）毒上，（再加誦）咒七遍，甚驗。
>
> （若）用朱（砂）書（寫於）紙上，（將它密）封了，（隨身）帶之，除諸鬼氣。
>
> 已上，符用朱（砂）書（寫於）紙上，（再）吞之，（能）除腹中諸病痛。（此符）大須敬重，勿觸污之。

　　明末四大師之一的蕅益大師嘗著《閱藏知津》一書，這是大師閱大藏經二十年所編錄的經稿，大師說如果人不閱讀三藏，就沒有智眼，然而閱讀三藏也很少有人能明辨其旨，分其權實，乃至妄爭是非。在大師閱藏中讀到有關「穢跡金剛」經典時曾明白的表示：（詳《法寶總目錄》第三冊之《閱藏知津‧卷十四‧方等密部》頁 1105 下）

> 《穢跡金剛法禁百變法門》經。唐‧北天竺沙門阿質達霰譯，即續前經，明諸「符印」。

　　蕅益 智旭大師對穢跡金剛經典有「符印」的部份是很清楚的，他說：「**佛臨涅槃，化現力士，降螺髻大梵說咒……『明諸符印』**」。期後學皆能以「清淨心」來看待穢跡金剛這「四十二道」的「符印」，不必另生疑慮或種種妄想猜測！

第十四、聖賢篇

歷代提倡穢跡金剛法的聖賢錄

「烏樞瑟摩穢跡金剛法」最早是從唐・阿地瞿多於公元 652 到 654 所翻譯的《佛說陀羅尼集經・卷九・金剛烏樞沙摩法》開始，後來唐・北天竺沙門阿質達霰（公元 732 年間的人）譯出《穢跡金剛禁百變法經》、《穢跡金剛說神通大滿陀羅尼法術靈要門》和《大威力烏樞瑟摩明王經》後，「穢跡金剛法」即開始盛行於世。底下有關穢跡金剛法的「聖賢錄」均以公元 732 年譯出《穢跡金剛》經典起算。

一、唐・阿地瞿多譯《金剛烏樞沙摩法》，為東土最早有穢跡金剛法的開始

唐・阿地瞿多的譯的《佛說陀羅尼集經・卷九・金剛烏樞沙摩法》為東土最早有穢跡金剛法的開始。內容詳《大正藏》第 18 冊頁 860 下到 866 下。其中共列舉四十二種「烏樞沙摩法」。

二、唐・阿質達霰譯穢跡金剛三部經典，為東土最完整的穢跡金剛法寶

唐・阿質達霰是繼阿地瞿多譯穢跡金剛法後的第二人，總共譯了三部穢跡金剛的經典：

一、 《穢跡金剛禁百變法經》一卷。詳《大正藏》第 21 冊頁 159 中到 161 中。

二、 《穢跡金剛說神通大滿陀羅尼法術靈要門》一卷。詳《大正藏》第 21 冊頁 158 上到 159 上。

三、 《大威力烏樞瑟摩明王經》三卷。此經或題名為《金剛恐怖集會方廣軌儀觀自在菩薩三世最勝心明王大威力烏樞瑟摩明王經》。詳《大正藏》第 21 冊頁 142 中到 157 下。

三、唐・不空譯《大威怒烏芻澁摩儀軌經》，詳敘穢跡金剛法密咒儀軌

唐・不空大師的譯經年代為公元 743 到 774，大師所譯的《大威怒烏芻澁摩儀軌經》是繼阿質達霰譯穢跡金剛法後的第三人。經文內容詳《大正藏》第 21 冊頁 135 下到 141 中。

四、唐玄宗時，朝人多持誦此咒，靈驗非一，朝廷以為惑眾，遂敕削除十咒字

在《穢跡金剛禁百變法經》的後面有段補述的文字敘述說：（《大正藏》第 21 冊頁 161 中）

古經本咒四十三字。唐太宗朝人多持誦，感驗非一，除去十字今就錄出，速獲靈應，無過是咒。

這段文字說「**唐太宗朝人多持誦，感驗非一**」，其實是有誤的。因為在唐太宗（公元 627 到 649）時代「穢跡金剛」經典仍未譯出，到公元 652 到 654 間，由阿地瞿多譯的《金剛烏樞沙摩法》開始，後來唐・阿質達霰於公元 732 年譯出《穢跡金剛禁百變法經》、《穢跡金剛說神通大滿陀羅尼法術靈要門》和《大威力烏樞瑟摩明王經》後，「穢跡金剛法」才開始盛行於世。那為何會「誤植」呢？推測可能的原因如下：

從唐太宗貞觀三年（公元 629 年）開始，組織譯場，歷朝相沿，直到唐憲宗元和六年（公元 811）才終止。前後譯師計二十六人，有……金剛智（譯經年代是 720 到 741，下皆準此）……阿質達霰（公元 732）、不空（公元 743 到 774）……等。所以在阿質達霰（公元 732）譯《穢跡金剛》經典的時代正是唐玄宗（公元 712 到 756）時才對！唐太宗是組識譯場譯經的創始人，名氣也比較大，所以就將刪穢跡金剛咒十字的事歸於他，但是從時代先後來看卻是不合的！

五、唐・雪峰 義存禪師傳授穢跡金剛法

據光緒八年春二月「金陵刻經處」版本的《穢跡金剛禁百變法經》，提及唐代真覺禪師傳授穢跡金剛法。——關於真覺禪師傳穢跡金剛資料亦可參閱《大正藏》第 21 冊頁 161 中。

按：資料上只有說真覺禪師，並沒有說明何朝代？在日本高岡隆心等人編著的《真言宗全書》第二冊中說「**真覺禪師即是唐代作《證道歌》的永嘉 玄覺禪師**」，其實是有誤的，因為永嘉 玄覺禪師的年代是 665—713，而阿質達霰是在公元 732 年

才譯出《穢跡金剛》經典；才有四十三字的「穢跡金剛咒」，所以年代顯然是不符的。

　　另外也有人推測是北宋的圓悟 克勤禪師（1063—1135），因為圓悟禪師諡號為「真覺禪師」，不過這是他的「諡號」，顯然不是正名，當時皇帝也有敕賜紫服，以及封了「佛果禪師」之號；而且年代延到了北宋，時間是晚了些。那最有可能的是唐·雪峰 義存（822—908）禪師，因為唐僖宗曾賜號為「真覺大師」，並紫袈裟一襲。所以史料上說「**真覺禪師傳授穢跡金剛咒的事**」，應該就是指承德山 宣鑒（782—865）法系的雪峰 義存禪師。

　　從目前所發現的史料來看，唐·雪峰 義存禪師很可能是第一位以「禪師」之名而傳授「穢跡金剛咒」法的人，他的法嗣以玄沙 師備和雲門 文偃為最著。其中玄沙師備將法位傳給了羅漢 桂琛，桂琛又傳給法眼 文益，結果文益禪師開創了「法眼宗」，盛況一時！而雲門 文偃乃創「雲門宗」，成為「雲門宗」的第一代祖師，文偃禪師嗣法弟子約有二十五人，以白雲 子祥、雙泉 師寬、德山 緣密、雙泉 仁郁、守初 宗慧、香林 澄遠等為著名。「雲門宗」興起於唐末五代，至北宋代時鼎盛，到南宋宗風日衰，法脈至今不可考，其間計傳約二百餘年。如果雪峰大師有把珍貴的「穢跡金剛」密法往下傳的話，那們玄沙 師備和雲門 文偃等這些後來的嗣法者也應該都有「密修」此法才對，以上說法僅供參考。

六、唐·道宣律師門人慧門大師將「穢跡金剛咒」列於「四分戒本」後序文

　　後序

唵(威切)·怫咭·崛啤(以律切)**摩訶**盋囉·恨那礙·吻(武切)**粉什吻·微咭**(臣吉切許吉切)**微·摩那栖·唵·斫羯囉·鳴深暮·崛啤·吽**(于今切)**吽斜斜**(二同呼今切)**·泮泮泮泮·泮娑訶·**　　穢跡神咒

　　四分戒本者，佛法之壽命……等佛光而無盡。後裔比丘**慧門**光熏沐頂禮書于朝日山**華嚴**丈室──詳《卍新纂續藏經》第39冊頁274中。唐·道宣撰《新刪定四分僧戒本》。後裔比丘慧門作「後序」。

七、唐末五代·永明 延壽禪師以穢跡金剛咒為日課之一

　　永明 延壽大師（904—975）日修「一百零八種」佛事，其中第八十九種是「**受持穢**

跡(金剛)陀羅尼，普願法界一切眾生，所向之處，身心內外境界，悉皆清淨」。——詳於《智覺禪師自行錄》（即《永明延壽禪師自行錄》）。《卍續藏》第 111 冊頁 164 上。

按：永明 延壽大師日行「一百零八」種佛事，持誦真言達二十七種，如《楞嚴咒》、《穢跡金剛咒》、《往生咒》、《一切如來大寶出生灌頂咒》、《破地獄咒》、《加句佛頂尊勝陀羅尼》、《大悲咒》……等六時常誦（詳於《智覺禪師自行錄》，《卍續藏》第 111 冊頁 157 上—165 上）。永明 延壽大師亦貴為明心見性的禪宗聖者，仍不忘提倡密咒，以密咒作為修行之助。

　　如明朝禪宗大德憨山大師也勸持咒除魔，大師曾說：「**云神咒者，乃一切諸佛祕密實相心印……雖以『止觀』之力而消磨之，蓋有深固幽遠，殊非智力可到者，苟非仰仗諸佛如來祕密心印咒輪而攻擊之，倘內習一發，則外魔易侵，如此又何能出生死，證真常，而入寂光淨土哉？蓋行有顯密，前『正觀』之力，所謂顯行，此『陀羅尼』，乃密行耳**」。大師極力提倡神咒之效，如果以「止觀」治魔，恐「非智力可到者」，所以必須仗如來祕密神咒以加被之。憨山大師又云：「**行人於生死險難之中，而欲證菩提，非神力加持，又何以濟眾難出險道乎……**」？願末世習學禪宗的人能以為戒！

八、北宋・天台宗十七祖四明 知禮大師將穢跡金剛咒列入放生時的加持咒語

放生文

法師應於放生之處，不近不遠，敷座而坐。若有徒眾，亦於其傍列位坐之，各以慈眼悲心視諸眾生，念其沈淪深起哀愍，復念三寶有大威力能救拔之。作是觀已。法師當執水盂↵默念想云，一心奉請「大穢跡金剛聖者」潛降道場，加持此水，有大功勳，洒沾異類，令其身心清淨堪聞妙法。即默誦「穢跡真言」一七遍，再三洒之，然後執手爐白云……。——詳於《四明尊者教行錄》。《大正藏》第 46 冊頁 863 中。

按：北宋天台宗第十七祖四明 知禮大師（960—1028）。大師修《法華懺》，一期三十晝夜，計五次；修十日一期之《金光明懺法》二十遍、一七日一期之《彌陀懺法》五十遍、七七（四十九）日之請《觀音懺》八遍、三七（二十一）日之《大悲懺法》

十遍，又結十僧長期修《法華懺》，達三年；請十僧修《大悲懺》三年；燃三指供佛；造佛像、寺院等，不計其數；又每歲啟建念佛施戒會。大師之門下分三流，歷數代猶盛行不衰。

宋真宗感念其德，賜號「法智大師」，又以長住四明延慶寺，故世稱四明尊者、四明大法師。天聖六年，稱念阿彌陀佛數百聲而示寂，世壽六十九。知禮大師以「穢跡金剛咒」加持淨水以利群生的事，此在《密跡力士大權神王經偈頌》已有云：**「誦念咒師無得生疑慮，神王欽遵驅使隨爾用，天人脩羅地獄餓鬼趣，耳聞咒音盡得解脫去」**、**「若一微塵墮咒於物上，風吹微塵落在眾生身，所得福報如似恒河數，彩畫頂像除卻阿鼻獄」**。可見穢跡金剛咒不但能讓眾生「聞咒解脫超生」，亦能除滅阿鼻獄。

九、北宋・遵式(慈雲懺主)大師以「穢跡金剛咒法」作為「放生」儀軌之一

放生慈濟法門(并序)

二、咒水章

(當以淨器盛水，攝定自心，誦穢跡呪七遍或多遍，誦已，將楊枝散灑生命，誦咒前作此言。所言穢跡咒者，大圓滿陀羅尼神咒穢跡真言：唵……泮娑訶)
　　——詳《卍新纂續藏經》第 57 冊頁 8 中。宋・遵式述、慧觀重編《金園集・卷中》。

十、南宋・志磐大師重訂《水陸儀軌》，將穢跡金剛咒法加入

梁・寶誌公禪師嘗撰《水陸儀軌》，在寶誌公禪師的時代，「穢跡金剛法」還未譯回東土，直到南宋・志磐大師將《水陸儀軌》加以重新考訂，此時已經「穢跡金剛咒」編入「結界」時首尊祈請的金剛大聖。之後明・蓮池大師又重新「補儀」一次，「穢跡金剛咒」亦是重要咒語。直到清・真寂大師又重新儀潤彙刊了一次。《水陸儀軌》有關「穢跡金剛」部份的資料如下：

《水陸儀軌・卷一》在開壇結界後，首尊即先請「穢跡金剛」聖者，其次再請「大威德忿怒甘露軍茶利等十大明王並諸眷屬」等。

《水陸儀軌・卷一》中的「請上堂」第八席是「一心奉請十方法界十大明王穢跡金剛諸大天王護法諸天并諸眷屬」。

《水陸儀軌・卷一》中的「供上堂」第八席是「一心奉供十方法界十大明王穢跡金剛護法諸天并諸眷屬」。

《水陸儀軌・卷三》中的「送聖」儀式，在送完佛、法、僧、菩薩、聲聞、緣覺、禪教律祖師、五通神仙後，接著就是送「十大明王穢跡金剛護法諸天」。

右頁：

才□傳制卷一

冀蕭靜於壇場俾驅除於魔障

一心奉請 訊問 如來化現圓滿神通大穢迹金
剛聖者并諸眷屬

惟願爐罝不違本誓哀愍有情降臨道場護

（表）奉表白執爐結界同聲

云果土齋若
與報石姓在
前若生謂齋
同是身固建
內今則居道
又則凡聖場
將開之聖賢改
勝會因之前
妙云行十十
觀　無句
　　瑕文
　　故或
　　世有
　　間殊
　　之則
　　　於光

左頁：

持結界 一煞鼓鈸

白助我今奉宣本尊真言 利 願垂加護

唵嚩咈咭必咄嚩骨摩訶
吽吽吽 泮泮泮泮泮 妾訶 動鼓鈸三徧 誦呪三徧

樓 唵 砑急那 拏 烏 深 澁 暮
許 吻 汁吻 刎 醯 摩尼 微 吉 微 婆 囉 狠 那 拏 咄嚩骨

主法想聖者無量眷屬降入道場

長至薩凡第一結界

敕削除十字後感有錢驗塘非菩提寺慧一遇蜀
朝人多持誦十字○四十三字道場正宗中面外而立○按原呪四朝廷以三入為惑眾遂

二五
四

惟願不違本誓哀憫有情是日今時降臨
法會。

㊤
主法想十方五神通仙
㊢容服儀敬從空而至

席八
一心奉請十方法界十大明王穢迹金剛諸
大天王護法諸天并諸眷屬　一心奉請

正　大威德不動尊等十大明王穢迹金剛聖者
助　華嚴會中妙欲海大自在天王等諸天王
正　妙莊嚴宮大梵天王忉利天宮帝釋天主

3

助　多聞天王持國天王增長天王廣目天王
正　摩訶天女大功德天大辯天天母摩利支天
助　金剛密跡神王北天大將散脂修摩尊天
正　南天上將韋馱尊天菩提樹神善女尊天
助　大地主母堅牢地神歡喜藥叉將鬼子母天
正　散脂大將所領二十八部威德大權天神
助　法華會上從佛聞法人非人等天龍八部
惟願不違本誓哀憫有情是日今時降臨

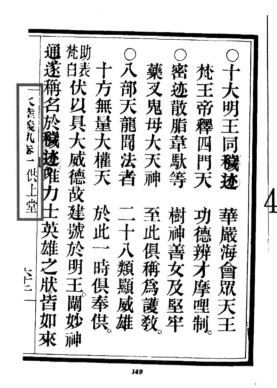

〇十大明王同穢跡　華嚴海會眾天王
梵王帝釋四門天　功德辨才摩哩制
〇密迹散脂韋馱等　樹神善女及堅牢
藥叉鬼母大天神　至此俱稱為護教。
〇八部天龍聞法者　二十八類顯威雄
十方無量大權天　於此一時俱奉供。
梵白伏以具大威德故建號於明王闡妙神
助表
通遂稱名於穢迹唯力士英雄之狀皆如來

（大悲懺九至一供上堂）

監物情。受茲旦檀那之供。助接密回智照俯運
悲懷。冀普度於迷流俾咸登於樂土。同故我
一心歸命頂禮。
（主法想諸五神通仙悉知齋家懇啟設供之意各起慈心獸允納受滿如請願）
一心奉供十方法界十大明王穢跡金剛護
法諸天并諸眷屬
惟願不違本誓安住道場是日今時受茲
供養。

書目(B)　閱讀(R)　設定(S)　視窗(W)　說明(H)

全文檢索　外部連結
書籤　經目查詢　到
索字串
取金剛穢迹一呪而煉之
指定檢索範圍
檢索本經：X1499.法界聖凡水陸大齋法輪寶懺
檢索查詢經目
檢索前次結果
到:1個時間0秒
法界聖凡水陸大齋法輪寶懺　9　【清 咫觀記】

[1008b08] 次觀虛空中。自然而有金色吽字。流注光明。灌
於頂門十字縫中。而成聖體。

一心奉請入曼荼囉金剛杵觀(拜觀同上)

[1008b11] 前云。金剛杵。即菩提心義。謂能斷壞二邊。契
於中道。而望卵求時之輩。不由道路。自取金剛穢迹一呪
而煉之。乃著於有矣(凡密部所行。不著於有無二邊。方成金
剛寶用。乃至邪不著。正亦不著。魔不著。佛亦不著。故用穢
物。現瞋相。行慢法。或一時能成就聖用而不妨。一涉惡情
懷。即不堪涉相矣)。其[實]寶]杵之名。杵之相。杵之...

十一、南宋・智彬大師重校《穢跡金剛》經典，補闕流通

　　南宋・智彬大師將《穢跡金剛》經重行校勘治定，補闕後大力流通，大師將經題曰：**《佛入涅槃，現身神王，頂光化佛説大方廣大圓滿大正遍知神通道力陀羅尼經》**。

——詳《大正藏》第 32 冊頁 777 中。

十二、南宋・穆菴禪師為「穢跡金剛像」作偈頌

　　穢跡金剛像

　　舍那化身釋迦，寶華臺光明赫赫。
　　釋迦現形穢跡，瞻部洲傾伏魔邪。
　　物物純真，頭頭顯密。
　　大慈悲，飲以九醞之體。
　　大忿怒，沃以甘露之漿。
　　煆聖鎔凡，全機妙用。
　　世出世間而作大饒益，佛前佛後而廣著功勛者也。

——詳《卍新纂續藏經》第 71 冊頁 403 下。嗣法門人清逸編《穆菴康和尚初住天台山明巖大梵禪寺語錄》（《穆菴和尚語錄、穆菴文康禪師語錄》）

按：約宋代時，日本有「臨濟宗」僧古劍妙快，姓氏不詳。早年出家，其後渡海至中國，遍遊諸山，先後參謁恕中 慍、楚石 琦、**穆菴 康**等人。歸返日本後，居於京都，頗受當時之幕府足利義滿之信任，住建仁寺。長於文筆，與絕海中津、義堂周信並稱於世。有《語錄》與《了幻集》行世。生卒年與年歲均不詳。

十三、禪宗道場以穢跡金剛為廁所之護法神

　　中國禪宗有「五家、七宗」之多，這節只就「曹洞宗」做簡短說明。本宗宗風在以「**坐禪辦道**」勤開向上一路，以探究學者心地為接機之法，即所謂「**曹洞用敲唱**」，師家應學人之敲而唱之，其間不容毫髮。教義上承希遷之「**即事而真**」，意謂個別事物（事）顯現世界本體（真，即理，乃指佛性），理事「互回」（相應互涉），進而擴充為君臣五位，從理事、體用關係上說明事理不二、體用無礙的道理。

「曹洞宗」以中國唐時的洞山 良价(807—869)為初祖。原本這宗是六祖正風之嫡傳，六祖慧能門下以青原 行思、南嶽 懷讓二者最傑出，本不分嫡庶，後一宗之法分為二。良价初就五洩山 靈默出家，不久即上嵩山受具足戒，從雲巖 曇晟受心印，即傳承慧能、青原 行思、石頭 希遷、藥山 惟儼、雲巖 曇晟之一脈。唐宣宗大中年間大弘宗風，門下有雲居 道膺、曹山 本寂……等，有青出於藍之譽，能彰顯五位旨訣。其後曹山法系斷絕，「曹洞宗」唯賴雲居 道膺一脈，繼嗣不絕。道膺六傳至北宋時的芙蓉 道楷，門下有丹霞 子淳，子淳之下有真歇 清了、天童 正覺等，清了之下，又傳至南宋的天童 如淨，大振曹洞宗風。此時日本的希玄 道元嘗來中國學禪，後得天童 如淨之法，從此「曹洞宗」傳回日本，這是日本有「曹洞宗」之初傳，當時以永平寺為「曹洞宗」本山，門下學徒常逾千人，以孤雲 懷奘、永興 詮慧、了然 法明等最著。

「曹洞宗」在南宋時代由日僧道元(1200—1253)傳回了日本，就一直以穢跡金剛為禪門道場廁所旁的「護法神」，很多禪人都兼修此法。例如同為南宋時代的日本「臨濟宗」僧一圓(1226—1312)，道號無住，法諱道曉，賜「大圓禪師」；在其所著《雜談集・七》中就有這樣的說法：

> 「烏芻沙摩」之真言，可於「東司」特誦咒，**此為別段之事**，「不動明王」之垂跡，**號為「不淨金剛」。**「東司」不淨之時，鬼若有惱人之事，則彼有守護之誓也。

所謂「東司」又名「東淨」，指在禪林東序之「廁所」。如果廁所在西邊，則叫「**西淨**」。可見南宋時代的日本，不只是「曹洞宗」將穢跡金剛置於廁所旁，連「臨濟宗」僧人亦如是修。這樣的修行方式是可能是根據《金剛恐怖集會方廣軌儀觀自在菩薩三世最勝心明王經》的經文：「**行人每於便痢處，憶念『穢身真言』**」（《大正藏》第 20 冊頁 12 上）。還有《十一面觀自在菩薩心密言念誦儀軌經》也曾說：「**入一切觸穢處，加護自身，用「觸身忿怒」烏芻沙摩印**」（《大正藏》第 20 冊頁 143 上）。

不過，經文只有說在上廁所時要憶念**穢身真言**（為穢跡金剛咒之其一）或結「**烏芻沙摩印**」，沒有說要把穢跡金剛置於廁所旁。筆者曾想過這樣的修行方式是不是從中國的「曹洞宗」傳回日本？亦是日本修行風氣造成？不得而知。從日本現存有

名禪門道場大多都有設「穢跡金剛神」供奉於廁所，很可能這種風氣是日本開始的，這應該是禪宗道場與穢跡金剛的特殊因緣吧！

　　前面提到的北宋芙蓉 道楷，一直再往下十九傳，則至明代的無明 慧經，於明萬曆年間重振法席，門下有博山 元來、覺浪 道盛、鼓山 元賢等。元賢傳至為霖 道霈……等。以上簡單將禪門「曹洞宗」的流派作個介紹，如果中國「曹洞宗」行者也是以穢跡金剛為密行者，這應該多少有受到唐雪峰 義存禪師及永明 延壽禪師的道風影響吧？在史料不足下，我們只能作如此的推測！——以上資料詳齋藤昭俊、成瀨良德編《日本佛教宗派事典》。《禪宗用語解說》。日本無著道忠《禪林象器箋》（臺北佛光文化出版）。

十四、南宋・黃公紹撰《在軒集》中贊「穢跡金剛咒」能袪邪

　　水陸結戒榜，彌勒世尊。

　　初無上下虛空，趙州城門自有東西南北。

　　既有我彊我界，須分一正一邪。

　　去處去，來處來。一任天王而守護。

　　爾為爾我為我更憑「穢跡」以袪邪，普願降臨得無阻滯。——詳南宋・黃公紹撰《在軒集・詩集大成序》（《欽定四庫全書》）

按：黃公紹（?—?），約南宋人。字直翁，昭武（今屬福建）人。度宗咸淳元年（1265）進士，入元不仕，隱居樵溪。約至元二十九年（1292）以前撰成《古今韻會》，以《說文》為本，並參考宋元以前的字書、韻書，為字書訓詁集大成的著作。《古今韻會》原書已不傳，時人熊忠以其徵引浩繁，另編《古今韻會舉要》。其詞言淺意深，自然含蘊。有《在軒集》、《強村叢書》；詞有《在軒詞》。

十五、南宋・張杲名醫撰《醫說》中提到他自己「夢穢跡金剛授神方」的藥單

　　梁緄心脾，疼痛數年之間，不能得愈，服藥無效，或教供事「穢跡神」，且誦「咒語」……夢中告曰：與汝良藥，名為「一服飲」。可取高良、薑香、附子等分，如本條修製，細末二錢，溫以陳米飲下，空心服為佳。不煩再服已，而果驗後，嘗

以濟人，皆效！──詳宋・<u>張杲</u>撰《醫說・卷三・神方・夢獲神方》(《欽定四庫全書》)

十六、元・<u>智昌</u>大師為《密跡力士大權神王經偈頌》作序，普勸流通

<u>智昌</u>大師的序文嘗說「**歷代以來，持此咒的<u>僧俗</u>甚多**」，足見穢跡金剛在當時流傳的情形。<u>智昌</u>大師的序文這樣說：(詳《大正藏》第 32 冊頁 777 上)

　　《穢跡金剛說神通大滿陀羅尼法術靈要門經》者，**北天竺國三藏沙門<u>無能勝</u>**(此仍是<u>阿質達霰</u> Ajita-Senapati)，**與三藏沙門<u>阿質達霰</u>**(Ajita-Senapati)**同譯二經，同卷闕「流通分」，已入《大藏經》「伊字函」第一卷中。是故**(<u>釋迦</u>)**如來於「涅槃臺」，**(<u>釋迦</u>佛於)**「左脅」化現「穢跡明王」三頭八臂，降伏<u>螺髻梵王</u>**(śikhin 編髮；持髻：螺髻梵。因此梵王頭髮之頂髻作螺形狀，故稱螺髻梵王，他曾為色界初禪天之第三天「大梵天王、娑婆世界主」)，**說咒劃「四大寶印」**(心智自然智宿命智符印、神氣交合自在密咒符印、騰空自在無礙符印、隱蔽無見自在符印)、**書符「四十二道」、結「五指印契」**(頓病印、禁五路印、止雷電印、都攝錄印、禁山印)，**普利**(普遍利濟)**有情**(眾生)**。歷代以來，持咒行法者，「僧、俗**(在家人)**」甚多。**

十七、元・<u>管主八</u>（廣福大師）作穢跡金剛法偈頌，廣行流通，自利利他

　　元代<u>管主八</u>僧，曾任松江府(江蘇松江)「僧錄」(統領全國寺院、僧籍，及僧官補授等事宜)，受「<u>廣福大師</u>」之號。據《磧砂延聖院板大藏經》之《大宗地玄文本論・卷三》之刊記所載，<u>管主八</u>師有流通正教之志，歷年印施五十餘部漢本《大藏經》、四大部經三十餘部、《華嚴大經》一千餘部、經律論疏鈔五百餘部等，及無數諸雜經典。並書寫金銀字大《華嚴》、《法華》等經，凡百卷。又供奉金彩佛像，刊施佛像圖本，設齋供養十萬餘僧，開建傳法之講席，自課日誦大《華嚴經》一百部，致力弘法不遺餘力。又以西蕃（西藏）字之「乾陀、般若、白傘蓋」等三十餘種經咒各千餘部，散施西藏地區。大德十年，補刻《磧砂藏》一千餘卷……等弘揚聖教的事蹟。<u>管主八</u>大師(即<u>廣福大師</u>)深入經藏，修持《華嚴經》及諸密咒，並作《密跡力士大權神王經偈頌》大力讚揚「穢跡金剛」聖教。

十八、元・臨濟宗僧<u>月江正印</u>作「穢跡金剛」贊偈

　　穢跡金剛

三首示以三觀法門，八臂示其八方禦侮。

顯百千諸佛之威權，救一切眾生之疾苦。

即勝熱婆羅門火聚，即無厭足王刀鋸。

聞者魔外潛蹤，見者寒毛卓豎。

行此道持此法，現此形立此壇者。

誰是同儔？釋迦覺雄、觀音、龍樹。

——詳《卍新纂續藏經》第 71 冊頁 142 上。月江 正印撰，居簡等編《月江正印禪師語錄》(《月江和尚
　語錄‧卷下》)

十九、元《水滸傳》中提到「火首金剛」句

原文如下：(詳元‧施耐庵、羅貫中著，王利器校訂《水滸全傳‧第五十八回‧三山聚義
打青州‧虎同心歸水泊》，臺北貫雅文化，1991 初版)

> ……走出三四十個做公的來，橫拖倒拽，捉了魯智深。你便是那吒太子，怎逃
> 出地網天羅；『火首金剛』，難脫龍潭虎窟。正是：飛蛾投火身傾喪，蝙蝠遭
> 竿命必傷。畢竟魯智深被賀太守拏下，性命如何？且聽下回分解……

又《水滸全傳‧第九十四回‧關勝義降三將‧李逵莽陷人》亦提到「火首金剛」句，
云：

> ……不知身在何處。任你英雄好漢，不能插翅飛騰。你便『火首金剛』，怎逃
> 地網天羅；八臂那吒，難脫龍潭虎窟。畢竟李逵等人危困，生死如何？且聽下
> 回分解……

　　從上述資料來看，「火首金剛」（穢跡金剛）在元朝不只流行，還流傳入當時的
民間小說中。

二十、元明‧劉基（劉伯溫）云「仁者必有勇」，故大力贊揚佛法中的「穢跡金剛」

　　予嘗聞浮屠氏(佛教釋氏)言「大穢跡金剛」事，云佛既(已)涅槃(於)西方，西方之鬼謂佛已寂滅，天下不復有佛。佛弟子無足畏因，(群鬼)悉起為亂。佛之法且(將)大壞，佛遂化其身為「金剛」，藍色、鑿齒，出入無有中(而)咋足(嚙咬)群鬼，食飲其肉血。鬼乃大惕ຊ 請命，願改過為佛弟子，佛法由是不壞。今其咒語猶存，所謂「大穢跡金剛」是也。予舊聞人言：佛以慈悲為道，能開闇曶拔死苦，轉惡為善，聞見患難無不救。今又聞佛能以「武猛」服魔鬼。

　　聖人曰：仁者必有勇，豈不信哉！……永嘉有橫舟和尚善用矛、戟、弓、弩、刀劍、戈、槊……予言：予懼世之愞者，不知佛之「有勇」，而惑為佛法者之不當究「武事」，故為道「大穢跡金剛」以發其蒙焉。——詳元明·劉基撰《誠意伯文集·卷十·覆瓿集十·送順師住持瑞巖寺序》(《欽定四庫全書》)

按：劉基(1311－1375)，字伯溫，大家常叫他劉伯溫。生於元朝，死於明朝時代。他幼年就很聰明，身材高大。十四歲入學，讀經史性理等書，對於**天文，兵法，數術無不精通**。著有《郁離子》，用寓言來嘲諷當時政治。另有非常有名的「**燒餅歌**」預言詩。明太祖朱元璋曾經把他比喻為漢朝時候的張良。《明史》中則稱他為「**諸葛孔明儔也**」，可以跟諸葛亮並名同類的聖者。

二十一、明·蕅益大師的《閱藏知津》言「佛臨涅槃，化現力士，降螺髻大梵說咒，明諸符印」

　　明末蕅益 智旭大師著《閱藏知津》一書。這是大師閱大藏經二十年所編錄的經稿，大師說如果人不閱讀三藏，就沒有智眼，然而閱讀三藏也很少有人能明辨其旨，分其權實，乃至妄爭是非，如癡犬之吠井，蕅益 智旭大師在序文上說：(詳《法寶總目錄》第三冊之《閱藏知津》頁 1007 上到中)

　　夫「三藏」之不可棄，猶飲食之不可廢也，明矣！不調飲食，則病患必生，不閱「三藏」，則智眼必昧……旭以年三十，發心閱藏……每展藏時，隨閱隨錄……歷年二十……始獲成稿……但藉此「稍辨」方位……

　　在大師閱藏中有關「穢跡金剛」經典部份的資料如下：(詳《法寶總目錄》第三冊之《閱藏知津·卷十四·方等密部》頁 1105 下)

《穢跡金剛説神通大滿陀羅尼法術靈要門》經。唐・北天竺沙門<u>無能勝</u>譯。佛臨涅槃，化現力士，降<u>螺髻</u>大梵説咒。

《穢跡金剛法禁百變法門》經。唐・北天竺沙門<u>阿質達霽</u>譯，即續前經，明諸符印。

《大威怒烏芻澀摩儀軌》。唐・北天竺沙門大廣智<u>不空</u>譯。與經部「大威力烏樞瑟摩」名同。（詳《法寶總目錄》第三冊之《閱藏知津・卷十五・方等密部》頁 1111 上）

從資料可見<u>蕅益 智旭</u>大師對穢跡金剛經典有「符印」的部份是很清楚的，他説：「佛臨涅槃，化現力士，降螺髻大梵説咒……明諸符印」。

蕅益大師的閱藏知津亦收錄穢跡金剛法。

二十二、明・雲棲 袾宏大師編《諸經日誦》將「穢跡金剛咒」列入佛門日課

　　蓮池大師所編校的《諸經日誦》已將「穢跡金剛咒」收入，當時不論僧俗，都將「穢跡金剛」法視為每日必修的法門。

　　按：明《嘉興藏》的《諸經日誦・卷中》已收錄「穢跡金剛咒」（詳頁 162 上）。後來蓮池大師重校重修訂《諸經日誦》，大師曾說：「**道俗**(出家在家)**晨夕**(朝暮課誦本)**所持誦**(經與咒)，(可能有)**真偽交雜**(的問題)，(令)**識者**(有識之者)**誚**金 (責備嘲笑)**焉，幸為我一**(一)**甄別**(甄察詳別)**之，以式**(模式榜樣)**初學，予按其本，勾抹**(勾銷塗抹)**詮次**(詮擇次第)，**去偽而存真**」。經過大師修訂，有些存疑的偽經偽咒均以刪除，然而「穢跡金剛」仍為大師所重，亦在收錄之內。

　　雲棲 袾宏禪師（1535—1615），號蓮池，為明末四大師之一。大師對「華嚴」和「禪學」的造詣雖都很深，但其思想的歸趣則在淨土。冬季坐禪，餘時兼講經論，不只是淨土宗的大師，也是華嚴宗的名僧，因此受到兩宗學人的崇奉。清・守一的《宗教律諸宗演派》以蓮池為「華嚴圭峰下第二十二世」。清・道光四年（1824）悟開撰《蓮宗九祖傳略》，列雲棲為「蓮宗第八祖」。

　　大師在禪學的著作有《禪關策進》一書，此書前集收錄【諸祖法語節要】三十九章、【諸祖苦功節略】二十四章；後集收錄【諸經引證節略】。【諸祖法語節要】收錄黃檗 希運、玄沙 師備、鵝湖 大義、永明 延壽等三十九位祖師之示眾、普說。【諸祖苦功節略】係敘述祖師苦行與開悟之經過，內容包括「懸崖坐樹、引錐自刺、誓不展被、無時異緣、口體俱忘、以頭觸柱」等要目。【諸經引證節略】則引用經典中有關修行者精進努力之事項。本書流行甚廣，為修禪者必讀之精進總集。

〔1714〕

是乎刻遺教。

萬曆丙申孟冬日祩宏謹識

（蓮池大師）

菩薩戒弟子劉慧聞率子性澤施資敬刊伏願四

眾弟子恪遵遺教斷惑證真淨土橫超高臻上品

光緒二十四年秋七月金陵刻經處識

倣刻藏經會印

• 1714 •

〔1715〕

雲棲法彙 諸經日誦上

重刻諸經日誦序

嘉禾項君向以坊本百八般經入雲棲謂是經僧尼

道俗晨夕所持誦而真偽交雜識者誚焉幸爲我一

甄別之以式初學予按其本勾抹詮次去偽而存真

復披括經律及古今人著作取其最切近者一二增

益之甫就棄未較也以致項君隨付剞劂而同

邑許君又仍其刻刻爲予近閱一過見其錯誤頗眾

乃重加訂正劂爲方冊梓而置之雲棲山中庶善本

流布終成二君之美其覽前之二刻者當以是爲左

劵云時

一

• 1715 •

〔1830〕

南無三滿哆沒馱喃阿鉢囉帝喝多折折捺彌唵雞

彌雞彌怛葛塔嗨末瓦山可鉢囉帝烏怛摩怛摩

怛塔葛塔嗨末瓦叶燹莎訶

泮泮莎訶

●穢跡金剛神呪（附雜呪）

唵嘛咭喞嚲摩訶般囉合二很郱唱。吻汁吻。醯摩尼微

咭微摩郱棲唵所急郱烏深暮嘱嗶吽吽吽泮泮泮

答歇幹怛的山拶豹尼嚕怛耶哪叭諦嘛曷釋囉嘛

唵耶答兒嘛合二兂都不囉合二巴幹兂敦的山答搭葛

●十二因緣呪

• 1830 •

（中欄）

蓮池大師所編的《諸經日誦》已將穢跡金剛法收入

節錄自《蓮池大師全集》（三）頁一八三○

〔1831〕

雲棲法彙 諸經日誦下

納耶莎訶。

入廁呪。唵很嚕陀耶莎訶。

洗淨呪。唵賀曩密栗帝莎訶。

去穢呪。唵室利曳婆醯莎訶。

洗手呪。唵主迦囉野莎訶。

淨身呪。唵跋折囉惱迦吒莎訶。

下牀呪。唵地利日哩莎訶。

行步不傷蟲呪。唵地利日利娑婆訶。

登道場呪。唵阿密栗帝吽燹吒。

六字大明呪。唵嘛呢叭嘧吽

二

• 1831 •

明嘉興大藏經

四四　諸經日誦集要　卷中

木得哩（二合）木得哩（二合）馬曷木得哩（二合）馬曷木
得囉（二合）曼特囉（二合）以諦莎訶

功德天呪　齋天化紙施天仙食念
嗜摩囉呼帝盧（一）烏晝呼帝盧（二）句吒那呼
帝盧（三）若審者盧（四）莎訶

十二因緣呪
庵耶見麻二分都不囉（合二）巴幹夕敦的山
答塔萬都猷斡怛的山援約尼嚕怛耶哪叭

諦麻曷釋囉麻納耶莎訶

華嚴補闕呪
南無三滿哆沒馱喃阿鉢囉帝喝多折折捺
彌庵雞弥雞弥怛塔葛塔喃末尢山矼鉢囉
帝烏怛摩怛摩塔葛塔喃末尢吽嫛莎訶

穢跡金剛神呪
庵佛咶哣嗶摩訶般羅（二合）很那得吻汁吻醯
摩尼微咭微摩那棲庵研急暮嗚嗶
吽吽吽泮泮泮泮莎訶

華嚴補闕呪 光明真言

毘盧灌頂神呪 菴榙微沙念
庵荈暮伽癹嚕者娜摩訶畝捺囉麼抳鉢頭
摩入嘌囉吠囉韤野吽

摩入嘌囉吠囉韤野吽

庵多姪他娑囉娑利悉利蘇盧蘇盧那
庵喃闇婆闍婆開婆囉侍毗侍毗樹佛神力
故大龍王等速來於此閻浮提內降靈大雨
所雨呪

護苦惱亦救一切怖畏眾生令得大護多姪
咃陀呼脈摸呼脈鬧婆脈阿婆照摸
呼脂分茶梨茶梨輸韤帝般茶囉婆私脈
休樓休樓分茶梨般茶囉婆私脈私脈
樓脈般茶梨豆富婆茶囉羯周樓局
樓脈般茶梨豆富般茶囉私脈羯嘌韤
珍徐摩韋脈珍婆囉阿婆耶羯多薩婆呾
婆娑陀伽阿婆耶囉韭雜陀開殿娑訶

普庵祖師神呪
南無佛陀耶　南無達摩耶
南無僧伽耶
南無本師釋迦牟尼佛
南無大悲觀世音菩薩
南無普庵祖師菩薩
百萬火首金剛王菩薩

遮囉遮囉致利致利朱漏朱漏娑婆訶
雨寶陀羅尼心真言
庵嚩素馱嚟娑嚩（二合）賀
延命陀羅尼
吽吽尸棄薩嗬（二合）賀
消伏毒害陀羅尼
南無佛陀南無達磨南無僧伽南無觀世音
菩提薩埵摩訶薩埵大慈大悲唯願愍我救

庵

檀
那

梵
波波悲悲波波耶母母
波波悲悲波波梵梵母母
波波悲悲波波梵梵悲悲波波耶母母
波波悲悲波波梵迷梵母母

那
多多諦諦多多耶奴奴
多多諦諦多多諦多多耶奴奴
多多諦諦多多諦多多耶奴奴奴
多多諦諦多多諦多諦諦諦多諦談
多多諦諦多多諦多諦多談多諦談

神
但
吒吒諦諦都都諦都諦都諦耶奴奴奴
吒吒諦諦都都諦都諦都諦耶奴奴奴
吒吒諦諦都都諦都諦諦擔擔擔南呢喃
吒吒諦諦都都諦擔擔擔擔帝呢吒南呢南

界
研
迦迦雞雞俱俱雞雞無喬雞雞無
迦迦雞雞俱俱雞喬無喬無喬死倪堯驗
迦迦雞雞俱俱耶喻驗驗驗驗
迦迦雞雞俱俱耶喻驗驗驗驗
遮遮支支朱朱支朱支昭支占
遮遮支支朱朱支朱占昭支占
遮遮支支朱朱支占占占占堯倪堯倪驗
遮遮支支朱支朱支占昭堯倪堯

二十三、藏密的《日誦要道全函》（相當於中國的「朝暮課誦」本）必修「穢跡金剛」法做為除垢染之前行

據<u>克主</u>大師著、<u>法尊</u>法師譯的《密宗道次第論・卷三》有云：

又<u>穢跡金剛</u>陀羅尼者，<u>薩迦班禪</u>（1182～1251 Sa-skya pan-chen 又稱<u>文殊薩迦班禪</u>、<u>薩迦班智達</u>，略稱<u>薩班</u>）等頗為重視。--詳 CBETA 2020.Q1, B10, no. 57, p. 171a

而在藏密的《日誦要道全函》一書中，記載每日早覺起，聞「空行母」搖鈴鼓之聲，隨想在「大樂法」中，色身而立等相應法，然後著衣誦「穢積咒」三遍。偈誦是「自己頂上刹上間，空行穢跡於此住，以瓶水滌身內外，一切垢晦皆清淨」。咒語內容是：「鄂阿………嘛納薩・烏租^{薩嘛}………吽・發特」。其中「烏租^{薩嘛}」就是漢譯的「烏樞瑟摩」穢跡金剛。接著還要唸：「頂上穢跡空行尊，入於身中得加被」。如果先修「穢跡咒」及觀想「穢跡金剛」本尊，那所有的垢晦都不染著修法者，可以遠離修法的人。可見在藏密的《日誦要道全函》（相當於中國的《朝暮課誦》本）也是必修「穢跡金剛法」做為除垢染之前行。——上述資料詳於《中國藏密寶典・一》頁 253~254。大陸民族出版社印行。2002、1）。

二十四、明・<u>憨山</u>大師在答居士徐明衡書中勸修「穢跡金剛咒法」

真乘願力而來，救苦眾生，誠現宰官_{（身）}而作佛事者也。遠惠德音，知法體多病，且云心強骨弱，此在有漏形骸，本來浮脆，理固然也。顧此血肉之軀，原是「妄想凝結」……愚意；願座下從今發心，單持一咒，或「準提」，或金剛「穢跡」，含之於心。二六時中，念念不忘。久之發強剛毅之氣，自然熏發，不待強而自強矣。知高明信心篤厚，故敢妄談。

——詳《卍新纂續藏經》第 73 冊頁 588 中。《憨山老人夢遊集・卷十八・答徐明衡司馬》

二十五、明‧禪修述《依楞嚴究竟事懺‧卷下》中需頂禮「穢跡金剛菩薩」

南無西天東土宗教歷代祖師傳經翻譯三藏法師。

南無摩訶迦囉菩薩。

南無金剛亥母菩薩。

南無穢跡金剛菩薩。

南無密迹金剛菩薩。

南無金剛手菩薩。

南無摩利支天女菩薩。

南無護法護戒護諸伽藍塔廟擁護持呪護靜護人衛護國界影響權化諸天八部善神
　　菩薩。

南無三洲感應韋馱菩薩。

自歸依佛當願眾生體解大道發無上心。

自歸依法當願眾生深入經藏智慧如海。

自歸依僧當願眾生統理大眾一切無礙。

——詳《卍新纂續藏經》第 74 冊頁 537 上。

二十六、明‧大覺 方念大師課誦「穢跡金剛咒」千餘遍

　　明‧方念大師，號清涼。出家後參拜幻休和尚。一日至五乳峰前，忽有得，呈偈曰：五乳峰前好箇消息，大小石頭塊塊著地。後肆遊諸方，所見非一人，所修非一行，喫水齋素，剌血書《華嚴經》，斷三日食，或斷七日食。岩間枯坐，六時課誦，持誦「大悲咒、穢跡咒」，日各千遍……明神宗 萬曆年，在古華嚴石城，精進過分，忽雙目失明，思惟曰：幻身非有，病從何來？身心一時放下，硬坐七日而復見……後復遊江西，歷雲居匡廬，將入五台而越中……歸後竟莫知所終……焉知非**清涼國師**(738～839，華嚴宗第四代祖師澄觀大師)之後身？——詳於《補續高僧傳‧卷五》。《卍續藏》第一三四冊頁一○九。

按：明‧大覺 方念（？－1594），字慈舟，號清涼，為「曹洞宗」禪師。出家後參少室寺 幻休 常潤座下，遂繼其「曹洞宗」法緒。大覺 方念下有湛然 圓澄（1561－1626），湛然 圓澄大唱曹洞家風，號為「曹洞宗湛然系」。禪宗五家中，「溈仰、雲門、法眼」

三家，宋代以後皆失傳，只有「臨濟、曹洞」二家並存。然而「曹洞」的法脈遠不及「臨濟」之盛，有「臨天下，曹一角」之說，特別是到了清代，只剩「壽昌、雲門」二支傳衍。明代曹洞宗無明 慧經禪師下的博山 元來禪師一系很早就無從考核，明‧鼓山 元賢禪師一系到太平天國軍興之後也一蹶不振，只剩下湛然 圓澄禪師下以江南諸寺僅焦山獲免於兵火，得以綿延迄於晚近。所以由大覺 方念禪師所傳給湛然 圓澄禪師的法脈就特別的重要，然而大覺 方念禪師卻是以「穢跡金剛」咒作為日課之一，且日誦「穢跡金剛咒」各千餘遍。文後有云：焉知非清涼國師之後身？難道方念大師是清涼國師轉世來的嗎？

二十七、明‧寶成編撰的《釋迦如來應化錄‧下(一)》收錄「穢跡金剛」經典內容

《穢跡金剛經》云：爾時如來臨入涅槃，諸天人眾皆來供養，唯有螺髻梵王不來觀省……若有世間眾生被諸天惡魔外道所惱亂者，但誦我咒，令諸有情永離貧窮，常令安樂……即說大圓滿陀羅尼神咒「穢跡真言」。唵……吽泮泮泮娑訶。若有眾生誦持此咒者，永離苦難。所求如願，隨意滿足，獲大吉祥。——詳於《卍新纂續藏經》第 75 冊頁 98 上。

二十八、朝鮮大醫學全書《醫方類聚》提到應唸穢跡金剛咒以助治瘧疾

朝鮮的大醫學全書《醫方類聚》(1477 年刊，相當於中國明朝)，其中第六冊卷一百二十二之「諸瘧門二‧瑣碎錄‧瘧方」頁 262 講到「瘧方」時竟然勸人持誦「穢跡金剛咒」幫助治瘧疾。原文如下：(詳朝鮮金禮蒙等收輯的《醫方類聚》，浙江省中醫研究所、湖州中醫院校點，北京人民衛生出版社，1981 一版)

瘧方
餅：治痁ˇ (「痁」即患瘧疾)，先面東，燒香虔誠，于油餅中心書一攤字，不用糖餅，書字如當三錢大，仍須新筆淨墨，然後以筆圈之，從左邊圈三次，持餅于香上，誦乾(卦的)「元亨利貞」七遍，當發日早，揩取所書字，用棗湯嚼餅食之，立效。又病痁，多念「穢跡咒」，疾立愈。

二十九、明・李時珍著《本草綱目》提到穢跡金剛佛夢授「治心口痛方」

明・李時珍著《本草綱目・十四卷》頁890云：（詳《本草綱目・十四卷・草部三・草之三・芳草類五十六種・莎草・香附子》。北京人民衛生出版社，1975校點本）

……王璆ᵏⁱᵘ 百一方云：內翰吳開夫人，心痛欲死，服此即愈。　類編云：梁混(因為)心脾痛，數年不愈，供事「穢跡佛」，夢傳此方，一服而愈，因名「神授一匕ᵇˡ 散」ᵖⁱⁿ(古代取食的用具名「匕」，曲柄淺斗，有飯匕、牲匕、疏匕、挑匕之分，狀類後代的羹匙)。心腹諸痛艾附丸：治男女心氣痛、腹痛、少腹痛、血氣痛，不可忍者。香附子二兩，蘄ᵏⁱ 艾葉半兩，以醋湯同煮熟，去艾炒為末，米醋糊丸梧子大，每白湯服五十丸。

又《本草綱目・十四卷》頁863亦云：（詳《本草綱目・十四卷・草部三・草之三・芳草類五十六種・高良薑【紅豆蔻】》）

……又「穢跡佛」有「治心口痛方」云：凡男女心口一點痛者，乃胃脘有滯或有蟲也。多因怒及受寒而起，遂致終身。俗言心氣痛者，非也。用高良薑以酒洗七次，(再)焙研，香附子以醋洗七次，(再)焙研，各記收之。病因寒得，用薑末二錢，附末一錢；因怒得，用附末二錢，薑末一錢；寒怒兼有，各一錢半，以米飲加入生薑汁一匙，鹽一捻，服之立止。

三十、清・沈善登居士提金剛部以穢跡金剛咒為總持

　　清・淨土宗大德沈善登居士《報恩錄》云：密部教分三部，「金剛部」以「穢跡咒」為總持(此咒實說在涅槃時，以其同爲密部，故備舉之)。「蓮華部」以「大悲咒」為總持。「瑜伽部」以「準提」為總持。三咒皆護持行人往生極樂。皆(允)許(以)咒水，(去)治「產難」(因生產時所發生的災難等)諸病。——詳於《卍續藏》第 110 冊頁 498。

　　按：《印光法師文鈔・卷二》頁 395 中記載沈善登居士加持道場的修行方式，內文說：沈善登居士先請四位發菩提心的道友，晝夜念佛，以為加持，自己則放下萬緣，齋沐敬書《彌陀經》，凡書一字必先禮佛三拜，持佛號一百八聲，並結印持「穢跡金剛咒」七遍，跪而書之。除寫經之外，息心念佛，不提餘事，以此佛力法力加持故功德，翼現未來一切若見若聞之人，悉發菩提大心，頓出娑婆穢苦。

三十一、清・《禪門日誦》本收錄穢跡金剛咒

　　《禪門日誦》計二卷。原作者及刊行年代不詳，有「清道光十四年（1834）刊本」、「清光緒十二年（1886）福建鼓山湧泉寺能成募刊本」、「光緒二十六年序刊本」、「浙江天童寺原本之金陵刻經處重刊本」等，而諸版本之內容略有出入，其內容除收錄禪門諸師之法要、法語、警策、問對、訓誨文之外，又大量收錄一般寺院常用之經、律、偈、儀文、咒等，如「大佛頂首楞嚴神咒」、「十小咒」、「般若心經」、「佛頂尊勝咒」、「念佛起止儀」………等。其中「金陵刻經處重刊本」等的《禪門日誦》都是將「穢跡金剛咒」收錄在內的。

三十二、清・潮音 通旭大師將「穢跡金剛」作為禪偈吟唱

　　清・潮音 通旭大師，輯有《普陀列祖錄》一書。收錄宋、元、明、清歷代於普陀山闡法住持者之機緣略傳，自真歇 清了、自得 慧暉，至潮音 通旭……計四十三人。一日大師唱云：(詳《卍續藏》第 141 冊頁 941 上)

　　領眾請上堂，師拈香祝聖畢，乃云：二十年前……聖僧打失鼻孔，金剛碎作微塵，彌勒開張大口，笑他廿四圓通，全沒巴鼻。惟有「烏芻瑟摩」卻較些子，倒騎佛殿，走出山門。二十年後，八字打開……。——詳《五燈全書・卷九十九補遺・臨濟宗・南嶽下第三十六世隨錄・普陀潮音旭禪師》。

從偈誦中可知清代的禪師對烏芻瑟摩穢跡金剛是不陌生的，也許禪師很多都祕密修持此尊也不一定的！

三十三、清末民初‧楊仁山居士勸持穢跡金剛等四咒

《楊仁山居士遺著》云：「治病卻魔，祈福修真，四種神咒，隨宜奉持」。這四種神咒是「準提咒、大悲咒、尊勝咒、穢跡金剛咒」。──詳《楊仁山居士遺著‧等不等觀雜錄‧卷二》頁10。

按：楊文會居士（1837─1911）安徽石埭人，字仁山。為清末復興中國佛教之樞紐人物。偶於書肆得《大乘起信論》，讀後乃潛心佛學。曾兩度出使歐洲，於英倫得識錫蘭居士達磨波羅、日本佛教學者南條文雄等，相約協力恢弘正法。光緒三十三年於刻經處設立祇洹精舍等，自編課本，招生教習佛典、梵文、英文等，培育後進。又興辦「佛學研究會」，定期講經。一時高僧如月霞、諦閑、曼殊等均往佐之。又如歐陽漸、梅光羲、李證剛等人均出其門下。其於義理特尊《起信論》，於行持則崇尚淨土；曾與日人論辯淨土真宗之非，又評擊禪宗末流之失，乃倡導唯識法相以救其弊。生平著述凡十二種，編入《楊仁山居士遺書》。楊居士雖歸心於淨土，但仍提倡若要治病卻魔，祈福修真，應該隨宜奉持「準提咒、大悲咒、尊勝咒、穢跡金剛咒」四種密咒。

三十四、清《紅樓夢》提到抄誦「金剛咒」句

原文如下：（清‧曹雪芹、高鶚著，其庸等校注的《紅樓夢校注‧第二十五回‧魘魔法姊弟逢五鬼‧紅樓夢通靈遇雙真》，臺北里仁書局，1984革新版，庚辰本暨程甲本合配本）

可巧王夫人見賈環下了學，便命他來抄個《金剛咒》（即穢跡金剛咒）**唪誦唪誦。那賈環正在王夫人炕上坐，命人點燈，拿腔作勢的抄寫。一時又叫彩雲倒杯茶來，一時又叫玉釧兒來剪剪蠟花，一時又說金釧兒擋了燈影。丫鬟們素日厭惡他，都不答理……**

可見穢跡金剛的信仰到了清朝還很流行，連民間小說都有。

三十五、民國・海燈大師為萬佛聖城宣化上人弟子傳授穢跡金剛神咒

　　大陸少林寺 海燈大師於近年曾遠赴美國 萬佛聖城，為宣化上人弟子等傳授「穢跡金剛神咒」。另外民國六十五年十月，福慧寺住持慧三大師亦受宣化上人邀請，前往萬佛聖城講經弘法，並為其弟子傳授金剛密法（詳《慧三法師八十年譜》一書）。

三十六、民國・唐密穢跡金剛傳承上師寶霞法師

　　寶霞法師（1916—1995）。八歲時在湖北省穀城縣金牛寺，依廣林禪師薙度出家。法師在 1944 年二十八歲時以苦行到山西省五臺山求法，沿途與十多名僧侶以三跪九叩五體投地大禮上山，最後唯獨法師一人可以成功到達；並得一福建僧人傳授——宋朝真覺禪師的真傳密法灌頂；傳授唐密「大權神王佛穢跡金剛」法門；並傳「穢跡金剛聖像、穢跡金剛蓋杵、密傳法本、金剛密咒、金剛杵手印、金剛拳手印以及金剛法禁百變法門密法」……等。

　　往後法師為避戰亂，由中國途步到緬甸，及後再轉到香港（歷時已四年多了）。當時法師乃中國大陸以外的第一位「穢跡金剛」法門的傳承上師，於六十年代在香港北角英皇道設立一道場——金霞寺，並有皈依弟子百餘人，弟子足跡遍及香港、澳門、臺灣、美國、加拿大以及世界各地。寶霞法師為人低調，一生專注修持「穢跡金剛」法門成就，初時法師並未將「穢跡金剛」法門傳授，及後法師有感時機成熟及被誠意求法者打動，才開始將「穢跡金剛」法門傳授，當中授密傳弟子有十餘人，而從海外慕名前來求法的大德居士者眾，但據聞能真正取得法門者不多。可惜至1995 年 8 月 22 日，寶霞法師因病圓寂（世壽八十），並在當時由永惺法師主持封棺儀式；寶霞法師遺體被火化後，由眾親信弟子依法師生前遺願，將聖灰恭送到山西省五臺山近「穢跡金剛」池的位置傍建塔奉安。當初若不是法師千辛萬苦求此大法，可能真正「穢跡金剛」的唐密法門已經失傳了。若各位大德居士有幸能得此法，切勿忘記傳承上師求法時所付出勞苦及辛酸。在此頂禮「穢跡金剛」傳承上師—釋寶霞法師。——以上資料由寶霞法師入室弟子提供。

第十五、感應篇

歷代修持穢跡金剛法的感應錄

一、唐・慧持大師持穢跡金剛咒，感「金剛杵」飛空

唐太宗朝(正確爲唐玄宗朝代時)，有人持此(穢跡金剛)咒多(有靈)驗，朝廷以為惑眾，禁抑(而)不令(人)誦(此咒語)，遂勅藏本(藏經本具的完整咒語)，削除十(個咒)字(的咒文)。(時)有錢塘西湖菩提寺慧持沙門，遇蜀(四川)中高德(者)，(得以)教授「穢迹」(金剛咒的)持法(修持法要)，復得「全咒」(完整的咒語)。(慧持法師)誦及(此咒才)二年，大有感驗，能令(金剛)杵(上)升(至)虛空，(並能)隨(自己)意(念)而往(至任何之處)。(若以金剛咒加持)呪水(去)治病，(則)無「不愈」者。今世間(所)傳(咒語)，(已經)多此加(回原本削除的十)句(咒文之)「全本」，(故)與(原)藏(經本所傳已)不同(了)。——詳於《法界聖凡水陸勝會修齋儀軌・卷一》之「結界」。

按：據《密跡力士大權神王經偈頌》云：(若能)虔誠結(手)印不動(誦)「十萬遍」(咒)，(將感)「杵搖、水湧」那時方(是)「明證」。(金剛)杵像」放光(或本尊將現前而)「言語」及(種種)神變，「大覺」慈尊(由)「左心」化現出……(大權)神王靈感(若)持誦得「法語」，設一「盆器」滿盛「清淨水」。誦我「祕章」(祕密章句)晝夜不斷聲，(則將感)「水」湧「杵」動光明「神通」證。

多位樹林欽因老和尚傳習金剛咒的師兄在修法時，常見所插的香會發生抖動，直到修法後才結束，亦有師兄見「金剛杵」會抖動，此亦為持誦金剛咒的感應之一。

二、唐時西藏大昭寺的穢跡金剛現神兵，唐兵逃遁

西藏的大昭寺，藏語稱「祖拉康」，位于西藏布達拉宮東南拉薩古城中心，約公元647年始建（相當於唐高宗時期），歷時一年與小昭寺同時建成，距今已有一千三百多年的歷史。主殿為三層，加上四角的神殿共四層，現有二十多個佛殿。今大昭寺除主尊釋迦像等外，由于文革時期的破壞，大部分塑像和壁畫，均為后來重塑和重繪。大昭寺現共有八座現存早期佛殿。八座佛殿中的第二殿是：（參閱清・達賴五世《大昭寺志》一書，或索南堅贊著；劉立千譯《西藏王統記》第六章）

東右邊「無量光佛」殿，供以泥塑無量光佛像，周圍是「八大隨從菩薩」像。門外北側手持「金剛」像，乃松贊干布開光加持，在朗達瑪毀寺始自大昭寺時，傳說以繩縛此像頸部，系繩之人嘔血而亡，不敢繼毀佛殿。其南側放光神像

「穢積金剛神」，據說在王孫瓦松芒贊時期，(穢積金剛曾經)變化(顯現)神兵，出而應戰，(導致)唐兵(因此)逃遁(戰敗)。

另外在《西藏王統記》第十五章亦有穢跡金剛的偈誦唱云：

……無量稀有相好嚴，觀世音及大勢至，八大近侍眷環繞，蓮月座上半跌蜘。殿門右側秘密主，色如藍天村揮空。殿左『穢跡怒明王』，色如珊瑚『除穢印』……

在公元 815 年，西藏國王熱巴巾以幼少之年繼承王位，在位期間極力主張與唐和盟，改變以往兩國間的緊張形勢，現在拉薩大昭寺前著名的「唐蕃和盟碑」就是在此時建立的。所以在王孫瓦松芒贊時期，「穢跡金剛神」變化成神兵，出而應戰，唐兵逃遁的事是有依據的。八座現存早期佛殿的第二殿就是據當年「穢跡金剛」神跡所建而供奉的。

大昭寺一直是所有藏傳佛教信徒的重要佛教聖地和禮供活動中心，因為，這裡供奉有佛教最神聖的釋迦牟尼佛像，各教派各種大小法會佛事活動，如傳大召、傳小召等都在這里圍繞這尊佛像舉行。認定達賴喇嘛、班禪大師等藏區大活佛轉世靈童的金瓶掣簽儀式，就在寺內釋尊殿釋迦佛像前舉行。

三、唐時印度「中觀派」僧寂天法師用穢跡金剛法降伏外道

寂天法師(śānti-deva，藏 Shi-ba lha)是西元八世紀左右（為中國唐玄宗時）印度「中觀派」的論師，師原本是南印度 梭羅修多羅(sauārṣṭra-deva)國德鎧王之子，後來夢見文殊菩薩，乃發心至那爛陀寺入勝天(Jaya-deva)門下出家，並改名寂天。出家後，在那爛陀寺祕著《大乘集菩薩學論》（即《學處要集》）、《菩提行經》（《入菩薩行》）、《諸經要集》……等。

寂天法師曾在東印度論破外道；在摩竭陀國西方賑濟五百外道及數千饑民；使欲殺害東印度王 arivisana 的暴徒悔悟歸依佛教。後又到南印度去，師在南印度 śriparvata(勝妙山)修「烏樞瑟摩穢跡金剛」法時，當時外道婆羅門商羯羅天(śaṅkara-deva)利用神變之法，欲逼 khatavihāra 王信奉其婆羅門教。後來遭寂天法師以「烏

摳瑟摩法」破斥降伏之，該國君民遂歸信佛教。——上述資料出自《中華佛教百科全書‧七》頁 3801。

四、唐‧梓州有僧善持「穢跡金剛咒」

釋<u>清虛</u>，姓<u>唐</u>氏，<u>梓州</u>人也。立性剛決桀黠難防，忽迴心長誦《金剛般若》，三業偕齊無有懈怠。嘗於山林持諷，有七鹿馴擾若傾聽焉，聲息而去。又鄰居失火，連甍灰燼，唯<u>清虛</u>之屋風焰飛過，略無焦灼。

<u>長安</u>二年，獨遊<u>藍田</u><u>悟真寺</u>，上方北院舊無井泉，人力不及，遠取於澗，挈缾荷甕運致極勞。時華嚴大師<u>法藏</u>，聞<u>清虛</u>持《經》靈驗，乃請祈泉，即入<u>彌勒閣</u>內焚香，經聲達旦者三，忽心中似見三玉女，在閣西北山腹以刀子剟地，隨便有水。<u>清虛</u>熟記其處，遂趨起掘之，果獲甘泉，用之不竭。

<u>長安</u>四年，從<u>少林寺</u>坐夏山頂，有一佛室甚寬敞，人無敢到者，云鬼神居宅焉。嘗有律師，恃其戒行，夜往念律。見一巨人以矛刺之，狼狽下山，逡巡氣絕。

又有持「火頭金剛咒」（即穢跡金剛咒）**僧，時所宗重。眾謂之曰：君咒力無雙，能夜宿彼否？曰：斯焉足懼。於是齎香火，入坐持咒。**俄而神出，以手攬足，投之澗下，七日不語，精神昏倒。

<u>清虛</u>聞之曰：下趣鬼物敢爾，即往彼如常誦經。夜聞堂東有聲，甚厲，即念「十一面觀音咒」，又聞堂中似有兩牛鬥，佛像皆振，咒既亡效。還持本經（《金剛般若經》）一契，帖然相次，影響皆絕。自此居者無患，神遂移去。

<u>唐神龍</u>二年，準詔入內祈雨，絕二七日雪降。<u>唐中宗</u>以為未濟時望，令就寺更祈請，即於佛殿內，精禱并煉一指。纔及一宵，雨周千里，指復如舊。纔遇大水，寺屋皆墊溺，其院無苦，若無潦 沒(水淹沒溺)，凡諸異驗皆如此也。——上述資料出自《宋高僧傳‧卷二十五‧梓州慧義寺<u>清虛</u>大師傳》（《大正藏》第 50 冊頁 867 上－中）。或見《神僧傳‧卷六》（《大正藏》第 50 冊頁 991 中）。

按：唐<u>清虛</u>大師雖誦《金剛般若經》而得神驗，但亦不廢咒語。起先以「十一觀音咒」降魔，無效，改持《金剛般若經》，魔神始除去。一般修行者，若以《金剛經》得神驗者，通常不會再讀誦咒語，而<u>清虛</u>大師雖得「空性」之理，然亦不廢「咒」也，可謂「經咒不二」的修行者。

《金剛經》云：「**凡一切相皆是虛妄**」，豈虛言哉？魔、鬼、神亦是妄也！文中雖然描述到當時有位持「**火頭金剛咒**」（穢跡金剛咒）的僧人，為世人所重，然亦降伏不了魔神，不只如此，那位誦戒的律師亦無法收服魔神，唯有誦「離相」的《金剛經》始能治之。此並非貶律師、咒師，佛法乃「**隨眾生心，應所知量**」，法從心生，應病予藥，隨眾生各種因緣，而得殊勝之感驗，佛法中這種類似的例子很常見的。此篇故事的主角雖非持誦穢跡金剛咒者，不過也間接說明了在當時的確有很多人持誦「穢跡金剛」咒得眾人敬重的事。

五、唐・<u>范瓊</u>居士善繪穢跡金剛像

<u>范瓊</u>居士，<u>唐</u>代<u>蜀</u>人，生卒年不詳。唐<u>文宗</u>時（公元 827）以善繪佛像名世，<u>成都</u>諸寺多有其手蹟。以<u>聖壽寺</u>釋尊像、<u>聖興寺</u>十大弟子像最為人稱讚。又嘗作「大悲觀音像」，於尺絹中繪出三十六臂，所執法器諸物各盡其妙，筆蹟如縷，精勁圓潤，傳為妙品。復作「烏瑟沙摩」（穢跡金剛）像，設色未半而卒，後之妙手，無敢繼成者。氏家世奉佛，幼受皈戒，終身秉持無犯。每將繪畫所得，施之於人，己則絺袍一襲，終歲不易。長年寄宿僧舍，隨眾懺誦。卒年七十餘，健壯如恆。遺言殮以僧服，葬師僧之塔側。——詳《圖繪寶鑑》及《佛光大辭典》頁 3941。

六、約北宋時的日本慈惠大僧正因修穢跡金剛咒轉胎成男子

傳聞日僧<u>慈惠大僧正</u>因修穢跡金剛咒變成男子，始令人修此法。其後很多人皆修此法滿七日後得男胎，如<u>白河天皇</u>的宮女懷孕時，<u>良真</u>座主提議修此法後，果然獲得男胎的天皇，日僧<u>長宴僧都</u>常廣傳此法，頗獲靈驗。此穢跡金剛法在日本又稱呼為「**烏樞沙摩變成男子法**」。——詳日本《密教大辭典》頁 117 上。及《大正圖像九・阿娑縛抄・卷百三十四》頁 404 中到下。

七、格魯派黃教五大本尊之一，「大威德金剛」熱系傳承的首傳宗師<u>熱羅</u>

上師多吉紮親見「穢跡金剛」

格魯派（黃教）的五大本尊之一「大威德金剛」--熱系傳承的首傳宗師熱羅上師多吉紮壽高 182 歲（1016~1198，相當於中國北宋至南宋時），被稱為藏傳佛教史上「**威力無比的神通王**」。

《**大威德之光--密宗大師熱羅上師多吉紮奇異一生**》一書敍述了大師漫長一生中求法、修證、傳法、利眾的偉大而又具有傳奇色彩的經歷，較為全面地展示了藏傳佛教證悟佛法後的大自在境界以及不可思議的密宗神通法力。

熱羅上師雜瓦，漢語譯為「熱譯師」，全名譯音為熱羅上師多基炸或熱羅上師多吉紮，簡稱熱羅上師，是藏傳佛教偉大的佛學家、高僧和大成就者，為十一世紀初去印度和尼泊爾學法的藏族譯師中的一個，是把大威德（即大怖畏）系列密法引進藏地的五大傳承系統中熱系的首傳宗師。大威德五大傳承系統是：熱系、覺系、象系、摩系和紐系。其中熱氏家族一脈相傳之法統，居於五系職守，曾受到八思八、布頓大師、宗喀巴大師的好評。

熱羅上師八歲時學習印度和尼泊爾的各種文字，掌握了五十七種語言文字，能流暢地閱讀，並學會了如何鑒別金銀和各種寶石、如何辨別牛馬的優劣等技術，對金銀銅鐵器皿的製作工藝和木工、石工、陶瓷製作、雕塑、繪畫等看一眼就會，還能彈琴吹笛、唱歌跳舞，神童之名傳播四方，改名西饒俊乃，即「慧生」。

熱羅上師在巴若恩師旁虛心求法，得法後便返回故鄉西藏弘法，有次熱羅上師去聶南木納吾且和聶南木熱巴等地弘法。傳授當地人「菩提心發心法」，出現了很多發誓終身不殺生、改惡行善、念誦億萬六字真言、專作牛羊放生和野生動物放生工作的人。這些地方原先得傳染病的人很多，熱羅上師傳法後，各種傳染病絕跡，把很多群眾從疾病和痛苦中解救了出來。當年天氣乾旱無雨，當地群眾請求熱羅上師作法求雨，他朝天做了個手勢，便烏雲密佈，連降大雨數日。在這期間，熱羅上師還看到了「**摧毀金剛**」和「**穢積金剛**」現身（資料詳《大威德之光--密宗大師熱羅上師多吉紮奇異一生·第二章》）。

　　熱羅上師到了一百八十歲高齡時，雖然身體仍然輕便，耳聰目明，思維清晰，顏若童子，但自己覺得應該走了，便在這年秋季，招集衛藏和康地的弟子舉行了一次盛大的會供。上師告訴眾弟子說：「我一生學法，去尼泊爾和印度國四次，得到了善知識和大成就者口耳相傳、密如空行和大威德金剛心血之法。此法能使重罪大惡之人強行解脫，傳承成就從未間斷，加持之力暖流常存，上智此身、中智臨終、下智中陰定能成佛，是一般成佛不需要等到後世的無比殊勝大法。我將其毫無保留地傳給了你們，你們應誠心修持」。

　　我的上師巴若曾鄭重囑咐我：「不要放寬傳授條件，儘量少傳，自己嚴格修持，此生必獲得幻身成就」。我為了更多的弟子受益，違背了上師的教導，所以需要再轉世繼續修持。但我沒有生死的痛苦。雖然死了，也只是從一個佛國轉生到另一個佛國。活著也是為了教化利樂眾生。證虛空境界的瑜伽師，已獲得了生死的自在，但為了那些持有常見的世人，顯示人生無常的規律，仍要顯示死亡。我離你們去，也正是為了這個」。

　　此時眾弟子和施主問道：「上師準備到何處去？上師走了我們依靠誰？我們這個法脈由誰繼承？」上師說：「我要到空行國去，從那裏再轉二世之後，在宣法淨土成佛，佛號鄔巴黎花蕊如來，然後開展利樂眾生的事業，你們就祈求他好啦。至於我的法脈，在我的弟子中有許多成就師，總的來說他們都是我的法脈繼承人。我去之後，代我繼承法位的是熱曲熱。凡是實踐我的教導者，都會得到我的攝持。今生今世和我結了法緣的、供養我的人都非常幸運，後世得聞我的生平事蹟而產生信心者，都將成為我的弟子，同證佛果」。

　　熱羅上師示寂後第十日晚上，上師以班智達形象出現在眾弟子面前唱著道歌說：

　　我乃「祖勒華蓋師」，已獲閻摩敵成就，一切和我有緣者，轉生遍知文殊國。

　　說完上師手持錫杖，步入虛空而去。在追悼法會結束的晚上，上師又以「大威德」本尊相出現在眾弟子面前，唱著道歌說：

我是「金剛大威德」，威力無人勝過我，誰若虔誠祈求我，解救之事無不能。

說完，上師化為一道彩虹而去！

在雪域藏地曾經出現過毗盧遮那、嘎瓦巴咱、角若魯義堅參、仁欽桑布、瑪爾巴、卓彌、桂澤師、桑格爾瓦、俄譯師、紐譯師等很多著名的譯師，但從弘揚勝法的貢獻、影響、加持力等方面所具有的豐功偉績來說，沒有一個能超過熱羅上師的。

註：《大威德之光--密宗大師熱羅上師多吉紮奇異一生》（原著名《熱譯師傳》）熱 益西森格著；多識 洛桑圖丹瓊排譯。大陸甘肅民族出版社。
（本書由多識 洛桑圖丹瓊排根據西元 1905 年，拉薩木刻版為底本翻譯，1998 年 12 月 10 日脫稿）。全書分為十一章）。

八、南宋・顯超大師持「穢跡金剛咒」救人，往生西方

　　南宋・顯超大師，博州人，親授金總持三藏「穢迹」持咒之法，濟病解冤。計所得施利五萬緡，入永壽寺常住，後病中見佛菩薩前迎蓮花，遍滿技樂雜奏。弟子皆告留法師住世救苦，淨土變相漸漸隱沒，乃復住十五年「行咒」救人。一日天樂異香，佛及眾聖如前迎接，即面西加趺而化。——詳於《佛祖統紀・卷二十七》，《大正藏》第 49 冊頁 280 下。或見於《佛教藏》第 161 冊《新續高僧傳・卷四十二》頁 671。

按：顯超大師持誦「穢跡金剛咒」，感應神驗，每每以咒濟病解冤，待老病時，弟子們懇求大師住世救眾生，大師答應，又復住世十五年，仍以持誦「穢跡金剛咒」救度眾生。

九、南宋・道濟 濟顛禪師吟誦「我這穢跡金剛狠狠妝」

　　南宋・道濟 濟顛禪師是宋代臨濟宗楊岐派僧。俗姓李，名心遠，字湖隱，號方圓叟。年十八，落髮於靈隱寺 佛海禪師，性狂顛，嗜酒肉，人號濟顛。將道濟事蹟撰為小說，今所見較早的作品是明・沈孟桿敘述《錢塘湖隱濟顛禪師語錄》，均為文言說部，疑係沈氏據當時流傳之故事敘述者。另外明・田汝成《西湖游覽志餘・卷十四》之「方外玄蹤」述濟顛事，還有清・王夢吉《濟公全傳》三十六則等。

　　至於將道濟事蹟敷演為戲曲，則有明末・張大復《醉菩提》傳奇二卷三十齣，題材全取自於《濟顛禪師語錄》一書。《醉菩提》中第十二齣【伏虎】是述敘述道濟禪師從靈隱寺出來之後，住在飛來峰石洞裡；引猴猿、翻觔斗、爬樹、唱歌，吃酒、食肉，成了個「顛和尚」，他「**憑著你呼風嘯月，赤手我能降**」，降伏了老虎，就騎虎。既顯他顛狂，更顯他的能為。在第十二齣【伏虎】中，道濟禪師有句詩吟唱說：「**我的觔斗，非同小可。……只教那『阿彌尊者』哈哈笑；則我這『穢跡金剛』狠狠妝，俺與你打殺無常**」。從這句話我們無法更加一步得知道濟禪師與穢跡金剛的因緣，但是據《濟顛禪師語錄》而敷演為戲曲的《醉菩提》對穢跡金剛一定是不陌生的，或許道濟禪師偶而也展示他的忿怒相——穢跡金剛這個「狠角色」吧！

十、南宋時代，福建 泉州「穢跡金剛」降身於童子身上，幫忙找回失財

　　南宋時代福建省的泉州、漳州兩地四眾弟子皆好持「穢跡金剛咒」法，用以治病禳凶。在南宋紹興二十二年（公元 1152）有位若沖法師，他住在泉州之西山 廣福院的寺中，有天夜晚，有一僧人求見，僧人說：我很窮，身上才僅有的數兩銀子被人給盜去，我想請一位「**道者**」（其實就是找穢跡金剛）來幫忙作法找回。結果若沖法師就跟著這位僧人去他的住所，一進去看見一位被「金剛神」所附身的村童按著劍立在椅子上（似穢跡金剛像），若沖法師說：「我不知是金剛尊神降臨，有失於焚香供敬」。

　　金剛神說：「要找回寺中失物，必需要有主人證明才可，所以我叫這位僧人去找你來當證人」，金剛神又說：「找回失財很簡單，但是你必需要答應我不要去告官司爭訟」。若沖法師答應後，再三答謝，接著「金剛神」說：「**吾作法矣，即仗劍出，或躍或行，忽投身入大井，良久躍出**」，然後「金剛神」就走到寺廟外邊的牛糞積邊，再「**周匝跳擲，以劍，三築之**」，一下子那位被「金剛神」附身的村童就倒地不起，沒多久村童醒來以後，一問三不知。後來大家把牛糞清掉，結果看見一塊磚不太平，將磚拿起來，銀兩竟在磚的底下，原來竊賊把它藏在這兒。——詳南宋・洪邁（1123—1202）編《夷堅志・夷堅甲志・卷十九・十四事・穢跡金剛》。《夷堅志》據十萬卷樓叢書本排版，計八冊，收入王雲五主編《叢書集成初編》，上海商務印書館，1937、6，初版）。文言文故事已經筆者改編成較易閱讀的白話文，下面皆准此。

十一、南宋時代，江西 鳳林寺全寺僧人持「穢跡金剛咒」降伏雙牛角怪鬼

　　南宋時代許吉先是江西　樂平人，本來住在九墩市，後來去買大僧的程氏宅以居。住了幾年後，「**鬼瞰其室，或時形見，自言我黃三　江一也，居此數年，同為賈客販絲帛，皆終死于此，今當與君共住此屋**」。剛開始還沒作怪，慢慢地就進入他們兒子的房中，本來夫婦睡覺時頭髮正常，明早就變成兩結辮子，或者變移到別的房間去；有時吃稻米穀飯，忽然又變成麥子；剛剛用好早飯，又忽然變成晚米；有時客人來吃飯，食物一邊吃就跟著一起變化，把大家都嚇跑了。後來許吉先就去找「道士」作法祛逐，無效；再找人作道壇醮法，種種道術都作盡了，仍然無效。

　　後來聽說附近鳳林寺全寺僧人都會持「穢跡金剛咒」，許吉先打算去請法師來作法，剛剛起了這個念頭，他家中的小兒及妻馬上生病。此時「雙牛耳怪鬼」很囂張的跟許吉先說：「**聞汝家將使鳳林寺全師治我，穢跡金剛，雖有千手千眼，但解於大齋供時，多攫酸餡耳，安能害我**」？「雙牛耳怪鬼」的意思是說，穢跡金剛就算有千手千眼，但是在大齋供時，他手會抓取「菜包子」（酸餡），如何能害我呢？許吉先不理它的言論，去請了鳳林寺全寺僧人，結果鳳林寺僧就先在寺中結「穢跡金剛印」誦金剛咒七日七夜。待法會快結束時，「雙牛耳怪鬼」又去跟許吉先的妻子說：「**禿頭子**（和尚）**果來，吾且謹避之。然不過數月，久當復來，何足畏？吾未嘗為汝家禍，苟知如是，悔不早作計也**」。怪鬼很聰明也很傲慢的說，如果法師來，我就先躲起來，等幾月後，我會再回來的，我有什麼好怕呢？

　　鳳林寺全寺僧人果然來到許吉先家，手持一「穢跡金剛」像，僧人唸咒將之開光，沒多久，見一位大神「**持戈戟幡旗，杳杳而入，一神捧巨纛，題其上曰：穢跡神兵**」。「巨纛」是大旗子，那位大神在大旗子上題「**穢跡神兵**」四個大字後，在周邊步行百匝，怪鬼立刻趨伏，等「大神」離開後，怪鬼也跟著離開，而且頭比先時大數倍。僧人說：「**明日後，大櫃旁，會涌出牛角一雙，始真離去耳**」。果然隔天就在大櫃旁看見一雙牛角，從此後許家再也沒有鬧過鬼了。——詳南宋·洪邁編《夷堅志·夷堅乙志·卷十四·十五事·全師穢跡》。

十二、南宋時代，<u>浙江</u>行者善持「穢跡金剛咒」，袪斥鬼物

<u>南宋</u>時代<u>浙江</u>的<u>青田</u>有個<u>小令</u> 村民家婦，年紀二十餘，又愚又醜，為鬼魅所附。有位富人名<u>徐勉</u>，聽聞到這件事後，好奇前往檢驗，才一進入屋內，就聽到「空中」有人說話：「**好客且來，可設茶**」。<u>徐勉</u>馬上被嚇到，還故作鎮靜的坐來下，問少婦說：「聽說妳們家有鬼，怎不叫它出來見我啊」！話還沒說完，突然有一物從空掉下，打中<u>徐勉</u>的背，一看竟然是「**茶磨上扇**」，背雖然沒有很痛，但是<u>徐勉</u>已被嚇到奪門而出，那個鬼魅還用糞便追灑<u>徐勉</u>。

當時，有位「行者」善於誦唸「穢跡金剛神咒」，<u>徐勉</u>邀他到少婦家準備除妖，結果一到他家，還沒來得及施展咒術，竟然有一個大鐮刀從空中飛舞而下，好像有人拿著鐮刀一樣，漸漸逼近衣服，大家立刻逃竄散去。後來山間的牧童偶而曾窺見到這個鬼魅，好像十二、三歲的小兒，遍體都是黃毛，可能是猴玃之類的鬼魅。故事到此為<u>止</u>，不知後來有沒有再請這位唸金剛咒的「行者」來除妖，沒有下文。不過也間接說明了在當時的確有非常多人持誦「穢跡金剛」咒得靈驗的事。──詳<u>南宋</u>・<u>洪邁</u>編《夷堅志・夷堅丙志・卷五・十三事・小令村民》。

十三、南宋時代，<u>福建</u> 大悲巫者以「穢跡金剛咒」收伏鯉怪

<u>南宋</u>時代<u>福建省</u> <u>福州</u>有位巫師名<u>大悲</u>，以持誦穢跡金剛法，為人治鬼魅蠱毒甚驗。當時在里民家有位處女忽然懷孕，父母親詰問原因，也不知所以然。結果他們就去找<u>大悲</u>巫師來處理，<u>大悲</u>巫師才剛到，鄰家一子突然開門撞入，跳躍一會後，就投入屋前的池水中，一直到傍晚都不見這小子出來。隔天，鄰家又有一子也如此投入池水中。結果兩位兒子的父親相聚準備要抓<u>大悲</u>巫師送官門，<u>大悲</u>巫師說，先讓我施展「穢跡金剛法術」，你們的兒子就會從池水出來，不會有任何傷害。

慢慢的人群開始聚集，大家都在池水邊圍繞著看戲，<u>大悲</u>巫師口中誦「金剛咒」，聽到好像有千萬個人聲從池水中發出來，一會兒，兩個兒子就從池水中出現，一位小子用繩子繫縛著大鯉魚，另一位小子從大鯉魚後面鞭打著上岸，等拖上岸時，大鯉魚已經死了。兩位小子都一如平常樣，毫髮無傷，<u>大悲</u>巫師就拿一個「瓦磚瓶子」放在少女的腹上，唸「金剛咒」，用棍杖打碎瓦磚瓶，少女的肚子當下就消去，原來肚子內裝的就是池水中的鯉怪！──詳<u>南宋</u>・<u>洪邁</u>編《夷堅志・夷堅丙志・卷六・十

三事・福州大悲巫》。

十四、南宋時代，浙江 法恩法師持「穢跡金剛咒」得神驗

南宋紹興十年・浙江 明州僧法恩以持「穢跡金剛咒」靈驗，郡人皆頗神之。——故事詳於南宋・洪邁編《夷堅志・夷堅丙志・卷十二・十五事・僧法恩》。或見於《文淵閣四庫全書第三二六冊・卷一百四十・紹興十一年六月・建炎以來繫年要錄》。

十五、南宋時代，江西 志通法師善持「穢跡金剛咒」

戴世榮是江西 建昌新城的富貴人家，所居住房舍甚壯麗。南宋紹興三十二年，家中忽生變怪，每啟房門，常見杯柈殽饌，羅列地上。妻睡後有人從側邊擊破瓦磚數枚，房間常常振動，塵煙瀰漫，沒多久，全生重病。有位醫師黃通理持藥至其家治療，被飛石打中腦部而死。後來聽說有位志通僧人，善持「穢跡金剛」咒，志通僧人結印持咒，亦遭濕沙攻擊，後來始知此為一「馬頭赤鼠」精怪，戴世榮最後仍遭疸病而亡。故事描述到此，可能是說明戴世榮「前世惡業」難逃吧，不過也間接說明了在當時的確有非常多人持誦「穢跡金剛」咒得靈驗的事。——詳南宋・洪邁編《夷堅志・夷堅丁志・卷四・十四事・戴世榮》。

十六、明・性福大師持「穢跡金剛咒」證肉身不壞

明代的性福律師「圓寂」後竟證得「全身舍利」的「肉身不壞」，實為「無師灌頂」與自修持「穢跡金剛咒」證「肉身不壞」的第一人

民國・喻謙《新續高僧傳》卷 28

明・廣陵 福田律院沙門釋性福傳

(1)釋性福(律師)，字東滄，姓趙氏，通江人也(今四川省巴中市通江縣)，生有「奇稟」(奇特異稟)，(能)默感「通神」(即指有「神通力」的意思)。

(2)(性福律師)初從二峩山(今雲南附近)法空長老鬀㘩(古同「剔」)染，自訪(於)知識，南尋煙水，遂受「具足」(戒)於金陵(今南京市)慧雲(長老)。

(3)(性福律師)既得「戒體」(後)，益(更加)精(勤於)「律行」，常持《穢跡金剛經》(中的金剛)「神咒」，日夜(皆)不輟㮰(意指日夜不眠的誦咒)。

(4)(性福律師持「穢跡金剛咒」的因緣是來自，早)先是(性)福(律師)謁(於)南海，蹣跡(蹣步足跡)普陀(指南海普陀山)，棲止(於)圓通殿三載(三年)。

(5)一日(性福律師)散步(於)林間，見「白鴉」銜「片紙」(而)墮(於)地(上)，(性福律師)拾而視之，乃斯經(即《穢跡金剛禁百變法經》)也，因翻(閱)《藏》(經)攷㸃 覈(攷訂校覈)，(即開始)一心受持(穢跡金剛神咒，照資料來看，這應該是屬於「無師傳授咒語而自修」的)，日誦(遍數為)「萬回」(即指一天誦「穢跡金剛咒」的遍數是以「萬」起跳的，這樣應該是沒有睡覺的人)，以為「恒課」，至是虔(誠)禮(拜)如故。

(6)一夕，(受戒恩師)慧雲(長老於)「靜夜」起行，見(佛寺的)「殿宇」(有)「微光」閃爍，近前視之，唯聞「咒聲」(有人持咒之聲)，(於是)迺㫆 叩(問其咒聲之)所從，(性)福(律師則)具以告(之)，慧雲(長老聞後非常的)嗟歎，久之，乃(對性福律師)曰：汝自後可(封)號(為)「金剛大德」(了)。

(7)(性)福(律師)每於「壇」內「持咒」時，則：

(照底下資料的描敘，律師每持「穢跡金剛咒」時，一定有準備三樣東西在身邊，一是「金剛杵」。二是「金剛輪」。三是一盆淨水)

❶(穢跡金剛的)「金剛杵」(即能)飛舞(於)空中(此指「金剛杵」會飛騰至「空中」的意思)。

❷盋㲆 (古同「鉢」)盂㼽 中「水」，(雖)無火(竟能)自(滾)沸。

❸「金剛輪」(此應指刻而成的「金剛輪」)亦自(能)「旋轉」不已。

(❹修行的道場之處，會放光的)

(8)及(性福律師)「持咒」畢(後)，其(金剛)杵方(會)墜(回原本的「杵座」上)，盇ਣ (古同「鉢」)水(的滾沸狀態才)自平(息下來)，(金剛)輪(的旋)轉亦(停)止(下來)。

(9)(性福律師)嘗(以穢跡金剛)咒(加持於)盇ਣ (古同「鉢」)中「水」，(然後)和(著)「泥」為「丸」(類似密宗使用的「金剛藥丸」方式)，可療「疾病」，(凡)有求之者，莫不「效應」，其「靈感」(皆)如是。

(10)(某)一日，有(一畫)人為(性福律師)畫「金剛杵」(造型)，畫竟，其人(指「畫師」)遂(消)失(其)所在，相傳為「神」(此極可能是穢跡金剛菩薩所變現的「畫人」，然後畫出「金剛杵」的造型來)。由是(性福律師之聲)名(驚)動江左(江東，指長江下游以東地區)，道俗(皆)驚歎。

(11)(於)明·萬曆時，(性福律師)傳「戒」於荊楚(即古荊州，今湖北、湖南一帶)、淮ਝ揚(今江蘇省部份地區)諸郡，「緇、素」(僧與俗)受(度)化者，不可勝計。

(12)(性福律師)舊(曾)住(於)蜀江(今四川成都附近)長龍山曇華寺，繼(遷)徙(至)廣陵(今江蘇省揚州市)福田律院，(性福律師生前所修的)金剛「輪、杵」具供(於)院中(此指當時性福律師所修持使用的「金剛輪、金剛杵」仍供養在福田律院中)。

(13)(性福律師)壽六十有九(69歲)，臘四十有一，(性福律師圓寂後)造「塔寺」(於福田律院)旁，(稍以遮)覆(塔寺)「全體」焉。

(14)(待)明社既屋(指明朝已經被推翻了。明朝的「社稷」廟上的「黃幄ਣ 」已經被遮蓋而不再受到陽光照耀了。黃幄：黃色的帳幕，天子所專用的)，清兵南下，進軍(於)江寧(江蘇省南京附近)，(於)道(中而)出(至)廣陵(今江蘇省揚州市)。

(15)(清兵於)昏夜(中發現)「塔」(寺)中有「光」(可)見者，(清兵心)疑為(有)「寶藏」(在內)，(於是開)啟(塔寺)而視之，(竟見性福律師)端坐如生(而肉身不壞)，(後)乃(轉)移(改)供(至福田律院)院內(的)「塔右」(置放)，(凡有經)過者，莫不駭ਝ異，(皆對「肉身不壞」的性福律師)「膜拜」而去。

——詳於《佛教藏》第161冊之《新續高僧傳·卷二十八》頁696。

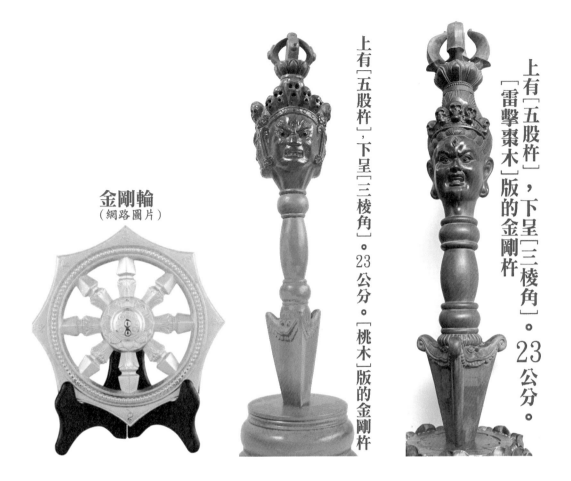

金剛輪
（網路圖片）

上有「五股杵」，下呈「三棱角」。23公分。「桃木」版的金剛杵

上有「五股杵」，「雷擊棗木」版的金剛杵，下呈「三棱角」。23公分。

　　明代的性福律師「圓寂」後竟證得「全身舍利」的「肉身不壞」，實為「無師灌頂」與自修持「穢跡金剛咒」證「肉身不壞」的第一人。性福律師所使用過的「金剛杵、金剛輪」與「肉身」均供養於廣陵 福田律院中，據說該「肉身」與「金剛杵、金剛輪」到清代時還在，但在「文化大革命」後，就不知所去了。

　　性福律師持「金剛咒」時會讓「金剛杵」飛升的神跡，這在《穢跡金剛禁百變法經》中已有云：

(1)若誦一切諸咒，先須「作壇」。若誦我此（穢跡金剛）咒者，即勿須「作壇」，但剋鏤（刻削。剋通「刻」→刻鏤）一「跋枳」（即跋折囉 vajra→金剛）金剛橛鞘（形狀有點類似刀劍造形的套子叫「橛」）杵。

(2)（再將金剛杵置）於（有）「佛塔」（之）中，或（置）於（修行或佛堂的）「靜室」中。（然後再）用「香泥」

塗地(此指古代對「道場壇城」地面的處理方式，現代人已不需)，隨其大小(多少)，(應)著(以)種種「香、華」供養(金剛杵)。

(3)(若能)安(金剛)杵(於)壇(場)中，(以穢跡金剛咒)呪一百八遍，其「杵」即(可能發生)自「動」。或(此金剛杵將)變作種種「異物」，(此時行者)亦勿怪之。(行者應保持「無恐無懼相、心寂靜相、不貪著相」而面對之)

(4)(若見金剛杵有所移動或變動時)更(應繼續)誦呪一百八遍(以上)，其(金剛)杵(可能)自去(離)地(而飛)，(飛行高至)三尺(唐代的一尺即今天的 30 cm，三尺即現代的 90 cm 高)以來，或五、六、七尺，乃至(高至)「一丈」(唐代的一丈＝10 尺，即現代的 300 cm 高)以來。

(5)持(穢跡金剛咒)法之人，(此時應)即須(立刻對穢跡金剛聖像或金剛杵作)

❶歸依。(一心禮拜皈命穢跡金剛佛)

❷懺悔。(於金剛佛面前懺悔往昔與現在所造諸惡業，祈求加持與消業)

❸發願。(發願以「生死大事」為第一，願此生緣盡，能順利往生西方淨土。其餘的，例如可再發願說：道心不退、身體健康、事業平安……等等)

(6)(穢跡金剛)我(即)於彼中，即(顯)現(出)「真身」，(並將)隨(持咒)行人(其)意所「願樂」者，並皆(令彼)速(獲)得「如意」(如你的心意而獲滿願)，(穢跡金剛)我即與(彼人)授「菩提」(成佛)之「記」，即(令彼能獲)得「身心解脫」。

(7)(以上「杵」動或飛升之事)先須誦(穢跡金剛咒)十萬遍滿(數)，然後作法，若(持咒功)課未充(未達充足圓滿的遍數)，(否則)不得効驗……

為何只持「金剛咒」就能獲證最上品「肉身不壞」的大成就呢？

《蘇悉地羯囉經・分別成就法品第十六》(《大正藏》第十八冊頁 614 上)

(1)(照理論、原則上來說)

「佛部真言」(例如「楞嚴咒、藥師咒、不動如來滅罪真言(東方阿閦佛滅罪神咒)」等)為「上悉地」(最上等的成就)。

「蓮花部真言」(例如「大悲咒、准提咒、如意輪觀音咒」等)為「中悉地」(中等的成就)。

「金剛部」為(例如「穢跡金剛咒、不動明王咒、大威德金剛咒」等)「下悉地」(下等的成就)。

(2)若欲以「上」真言(最上等的佛部真言)欲求「下」(最下等成就)者，(則亦可)得❶「下成就」。

(上可包小，大可含小，所以只誦「佛部」真言，也可以「成就」有關「金剛部」真言的功德與成就，一切由「自誠心」而決定)

或以「下」真言(最下等的金剛部真言)欲求「上」(最上等成就)者，(則亦可)得❷「上成就」。

(下可包大，小可含大，所以只誦「金剛」或「明王」部真言，也可以「成就」有關「佛部」真言的所有功德與成就，一切由「自誠心」而決定)

或以用「中」真言(中等的蓮花部真言)成❸「上」(或)❹「下」者亦等(同此理)。

(中可包大或小，中可含大或小，所以只誦「蓮華部」真言，也可以「成就」有關「佛部」或「金剛部」的功德與成就，一切由「自誠心」而決定)

(於一切)真言之中，(皆)具(有)此「四德」(修「上」成就「下」。修「下」成就「上」。修「中」成就「上」，或修「中」成就「下」，共四德)，當知真言(雖有)「上、中、下」分，(但皆)能成(就)大果報……

(3)若於「上品真言」之中，心懷猶豫，(於)念(誦修)持、供養(中)，復「不精誠」。雖(所念誦)是「上品真言」，(但)由彼念誦(者其己)心(之)輕(率)，(遂只能)感招(到)「下品」(的)成就(就是連「上品、中言」真言的功德，他都無法「成就」的)。

(4)故知持誦，皆由「心意」(來成就、決定一切的)，且如(於)「諸天」之中，亦有「貧」者，(於)諸「鬼部」內，亦有「富強」(者)。「此、彼」如然，(於)「真言」(中)亦爾。

(所以有人只誦「楞嚴大咒」，仍然只得「極小」的成就功德果報。有人只持「六字大明咒、某本尊的心咒、金剛短咒、明王心咒、藥師咒、准提咒」……等，卻獲得「極大」成就功德果報，等同於持誦「佛部」真言的功德感應)

(5)(其實於)一一(的)「真言」(中)，皆具(有這)「三悉地」，謂「上、中、下」(這三種)，(但只要能)「誠心」念誦，皆(能)獲(得一切的)「悉地」(成就)。

學習金剛咒者，如果「眾緣具足」，當然應去受如法的「灌頂、傳咒」等儀式。

但如果「因緣」不具足而「自修」金剛咒者，亦可獲金剛佛加持而「成就」的。

例如明代有名的性福律師、憨山大師二人，都是「自修」金剛咒。性福律師自己說是「路邊撿到咒文」而自修的。

憨山大師是「不妄語者」，從他的《年譜》自傳來看，大師說他自己「開悟」是自己找《楞嚴經》印證自己。

而他持「金剛咒」也從沒說過自己曾經有過「灌頂師、傳授師」之類的事情。

性福、憨山這二位祖師，最終還是證「肉身不壞」。

《陀羅尼雜集・卷九》

以下經文的主角也沒有灌頂師授，是自己持咒成就的！

(1) 《集法悅捨苦陀羅尼經》

南無佛陀蛇　南無達摩蛇　南無僧伽蛇　南無毘首陀遮蛇　南無阿伽竭浮遮蛇　南無摩訶薩婆伽利蛇多擲哆　林彌利　婆踞婆彌　留遮陀　檀摩陀　那闍那晞知泚利　婆踞婆遮蛇　那蛇波羅薩婆　摩訶晞　知泚利　央求　知利默求知利　比婆薩婆蛇那　毘林婆闍呵　陀舍地輪　薩婆娑羅　三幕鉢泚　波波波利　摩訶阿那　莎呵

(2) 爾時佛告諸大眾言：吾本無數劫中，處於凡夫時，字遮他陀，在伽倫羅國作於「商客」，販賣治業，虛妄無實，造諸「惡行」，不可稱計，「婬曠」無道，不可具說……

(3) 時此國王名毘闍羅，告令國中人民，此遮他陀「婬曠」無道，致為此事。其有能「得此人」者，當重賜「寶物」。時此國人各各受募，欲捕「吾身」，是時驚怖，即出國作「沙門」。

(4) 在於他國修行「十善」，坐禪學道，晝夜泣淚，經三十七年，以「五逆罪障」故，心不得定，憂悲巨處。以三十七年中，在於「山窟」，常舉聲泣哭，苦哉！苦哉！當以何心去此「苦」也？悲嘆下窟「乞食」。

(5) 時道中地，得一大「鉢」，中有「一函經」，更無餘經，唯有「集法悅捨苦陀羅尼」，說過去恒河沙諸佛臨「泥洹」時，常在毘悅羅國，說此「陀羅尼」，付諸大菩薩，

後有人得聞此「陀羅尼」者……能除去百億劫「生死五逆」大罪。

(6)若有人「受持、讀誦」者，終不墮於「三塗」，地獄、餓鬼、畜生……得聞此「陀羅尼」者，修習著心，福報難計，猶如「須彌寶海」，凡夫不能得量……得福無量，不可具說，唯有「諸佛與諸菩薩」乃能究盡，聲聞「二乘人」者，不能得知。何以故？此「陀羅尼」，非「一佛、二佛」所說，過去恒河沙諸佛所說。

(7)是時吾得「此經」已，即「不乞食」，歡喜向窟，到於窟中，燒香禮拜，悲淚讚仰，於窟中修習讀誦……意中思惟此「陀羅尼」字書。

(8)經於數反，心中忽定，時吾欣悅，如人地得「百千斤金」，人無知者，內欣不止。吾時亦然，修行數年，飛行無礙，覩見十方三世諸佛，後有行者，如法行之。

1 唐・寶思惟譯《佛說隨求即得大自在陀羅神咒經》

(《大正藏》第二十冊頁 637 中)

帶此咒者，雖未入「壇」，即成「入一切壇」，與「入壇者」成同其行。不作惡夢，重罪消滅。有起惡心來相向者，不能為害。

2 唐・阿質達霰﹝ㄒㄧㄢˋ﹞譯《大威力烏樞瑟摩明王經・卷上》

(《大正藏》第二十一冊頁 142 下)

(1)爾時薄伽梵金剛手菩薩摩訶薩……我今說「烏樞瑟摩」祕密曼荼羅法。若暫聞者一切事業皆悉成就，不有非時夭橫，但諸惡事皆不及身，「毘那夜迦」伺不得便，一切眾生之所愛敬，一切怨敵常皆遠離，一切密言皆得成驗……

(2)若持此「明」（指「烏樞瑟摩穢跡金剛咒」）滿十千遍（即一萬遍），即同登「壇」，具足「灌頂」，如遇「明師」之所傳授。

3 唐・不空譯《金剛頂瑜伽最勝祕密成佛隨求即得神變加持成就陀羅尼儀軌》

(《大正藏》第二十冊頁 644 中)

(1)佛告滅惡趣菩薩言：我有祕密法，為世希有，滅罪成佛，最勝第一，名曰「隨求即得真言」……若是「真言」題名，若一字、二字，乃至十字，若真言之一句、二句，乃至「十句」亦一遍，金銀琉璃玉中入真言頂戴。

(2)是人雖「未入壇」，即成「入一切壇」，與「入壇者」成其同行，等同諸佛無異。不作惡夢，重罪消滅，若有起惡心來相向者，不能為害，一切所作皆成就。

4 **唐・般剌蜜諦譯《大佛頂如來密因修證了義諸菩薩萬行首楞嚴經・卷七》** (《大正藏》第十九冊頁137上)

(1)阿難！是善男子持此咒(指楞嚴咒)時。設犯「禁戒」於未受時，持咒之後，眾破戒罪，無問輕重一時銷滅……設著不淨、破弊衣服，一行一住，悉同清淨。

(2)縱不作「壇」、不入「道場」、亦不「行道」，誦持此咒(指楞嚴咒)，還同「入壇」行道功德。

5 **《大佛頂如來放光悉怛多般怛羅大神力都攝一切咒王陀羅尼經大威德最勝金輪三昧咒品第一》** (《大正藏》第十九冊頁185上)

(1)是故如來，宣說如是祕密無上陀羅尼神咒，住首楞嚴三昧，說不能盡……設著不淨破弊衣服，坐臥淨處，及不淨處，悉同清淨。

(2)縱不作壇、不入道場、亦不行道。但誦咒，還同入壇。行道功德，無有異也。

6 **唐・義淨譯《曼殊室利菩薩咒藏中一字咒王經》** (《大正藏》第二十冊頁781中)

(1)唵叱洛呬焰(śrhyiṃ 此有四字，總成一字，是故梵漢二體俱存)。汝等天眾，此是一切祕密中勝一字咒王，一切有情無敢違者，一切鬼神不敢親近。一切諸佛為吉祥事。一切咒中最能成立隨意所為……

(2)要而言之，凡有所為，悉皆成就，縱不「作法」、入「壇場」等，直爾誦持，手觸彼時，即便隨意(隨持誦者而滿其意願)。

7 **唐・菩提流志譯《如意輪陀羅尼經》(此經出《大蓮華金剛三昧耶加持祕密無障礙經》** (《大正藏》第二十冊頁189中)

(1)修持此「如意輪陀羅尼咒」，不假占擇、日月吉宿，亦不一日二日斷食，亦不沐浴，亦不作壇。著常衣服明水灑淨，如常齋食，作成就法。當於晝夜，居「淨室」中，面東趺坐，想「觀自在(菩薩)」身，相好圓滿，如日初出……

(2)(能於)一一字，誦滿「三落叉」(梵云一洛叉，唐云十萬)由住「瑜伽」，觀法誦念，所有過現「五無間罪」，極惡業障，自然消滅。

8 **唐・菩提流志譯《不空羂索神變真言經・卷一》** (《大正藏》第二十冊頁232上)

世尊！此「母陀羅尼」真言最上之法，但常誦持，不作「壇、印」，依法供養，亦得成就。

9 宋・<u>法賢</u>譯《佛說最上根本大樂金剛不空三昧大教王經・卷六・一切相應儀軌分》（《大正藏》第八冊頁819上）

設有未入「曼拏羅」(maṇḍala)，及有諸「障惱」，但當依「本尊相應行」修成就法者，於剎那間，皆悉圓滿。

10 宋・<u>法賢</u>譯《佛說最上根本大樂金剛不空三昧大教王經・卷四・大樂金剛不空三昧大明印相分》（《大正藏》第八冊頁804上）

設復有人，未入「曼拏羅者」，結此「大印」，亦皆成就。

11 宋・<u>法賢</u>譯《佛說最上根本大樂金剛不空三昧大教王經・卷四・大樂金剛不空三昧大明印相分》（《大正藏》第八冊頁803中）

若復有行人，未入「曼拏羅」，設造諸罪業，至心求所作，最上不空法，一切皆成就。

12 宋・<u>法賢</u>譯《佛說最上根本大樂金剛不空三昧大教王經・卷六・一切如來大三昧曼拏羅儀軌分》（《大正藏》第八冊頁816下）

若或未曾入成就「曼拏羅」，若作此「壇法」，而實勝數倍。

13 宋・<u>法賢</u>譯《佛說一切佛攝相應大教王經聖觀自在菩薩念誦儀軌》

（《大正藏》第二十冊頁66上）

(1)佛言若復有人，於此「一切如來攝相應大教王經觀自在菩薩念誦儀軌」，心無疑惑，堅固修行，當得成就究竟之法。

(2)又復有人，不入「曼拏羅」，乃至具「煩惱」，兼「薄福」等。是人隨意所欲，行住坐立。或語或笑，不間是事，恆發菩提心，想真實理，常當持誦，所作之法皆能成就。

14 宋・<u>施護</u>譯《佛說祕密三昧大教王經・卷三》（《大正藏》第十八冊頁454中）

爾時<u>金剛輪</u>菩薩摩訶薩，白<u>金剛手</u>菩薩摩訶薩言：我今於汝大儀軌中，我亦授與入一切法門。若有能誦「本部大明」一遍者，是人即能入一切「曼拏羅」，得一切法「不空成就」。即說大明曰……

15 宋・<u>天息災</u>譯《佛說聖佛母小字般若波羅蜜多經》

(《大正藏》第八冊頁 853 中－下)

(1)佛告<u>聖觀自在</u>菩薩摩訶薩，此勝妙法「般若波羅蜜多陀羅尼」，是能出生一切諸佛菩薩之母。若有眾生暫聞是法，所作罪障悉皆消滅。此法一切諸佛及眾菩薩，經百俱胝劫說其功德不能得盡。

(2)若能受持讀誦此「陀羅尼」者，便同入一切「曼拏攞」中得受灌頂，又如受持一切「真言」，皆獲成就。

十七、明・憨山大師以穢跡金剛咒治癒顛狂僧

明・福善記、福徵述疏《憨山大師年譜疏註》卷2

(1)(憨山大師)在宗鏡堂，一日方陞座。(時有)兩僧夾扶一僧(人)，歷階(經歷台階)而上，(此僧人)顛狂不已，其兩(旁扶持的)道友(便)乞請「本師」(指憨山大師本人)引救。

(2)(眾人)云此僧持「大悲咒」(已)五年，素無敗行(亦無毀戒)，不知何故「著魔」至此？

(3)(時)本師曰：此病(應)可醫(治)，(憨山大師)即命(一)「侍者」，於堂中(周)遍詢(問)，(獲)得(欲)習持「穢跡金剛神咒」者三人來前(一起幫忙)。

(4)(憨山)本師因於座間先自持(誦穢跡金剛咒)，(再)令(此三位)習(穢跡金剛咒)者(再)傳教之(即傳教給那位顛狂僧)，初傳不省(最初傳授咒語時，顛狂僧仍舊無法省來)，(憨山)本師(則改)以「扇」於(桌)案上，(大聲)震威(將扇)一擊，(並同時)提授(穢跡金剛咒)一句，(憨山大師逐句)傳(授)之，(如此)便(造成)「應聲」(咒聲回應)如(巨大聲)響。

(5)(此時三位)習者因(憨山大師將咒文)逐句(的)傳竟，(此)「顛僧」(即)如夢斯覺(醒)，(顛僧)頂禮而退。(憨山)本師(再)令(此顛僧)入「香積寮」(即大寮煮食處)，(則完全)如「無恙」也。——詳《憨山大師年譜疏》頁118。臺北新文豐出版。

按：此顛狂僧持「大悲咒」已長達五年，平時素無敗行，不知何故為何會著魔？後來憨山大師先選了三位得以習持「穢跡金剛咒」者，大師先口誦「金剛咒」，然後再令三名僧人及「顛僧」一起習學咒句，初傳授咒句時，顛僧仍不省。大師便用「扇子」大力撞擊法桌，大聲傳授咒語，習咒者亦跟著大聲唸誦，待逐句傳竟，「顛僧」竟如夢初醒，鬼魔祛退，大眾頂禮大師而退。憨山大師在三十一歲開悟後即展《楞嚴經》而自我「印心」，一生宣講《楞嚴經》共三次，著有《楞嚴經懸鏡》及《楞嚴經通議》。大師最後示現「肉身」不壞，後世讚為「肉身古佛中興曹溪憨山祖師」。大師貴為「明心見性」的「肉身古佛」，但仍以「穢跡金剛咒」救度「狂顛」的僧人。筆者建議，如果此生有「福報善緣」者，應前往廣東南華寺去親自頂禮憨山大師，並長跪祈求大師現「神通」，親自為您「空中灌頂」穢跡金剛咒法。

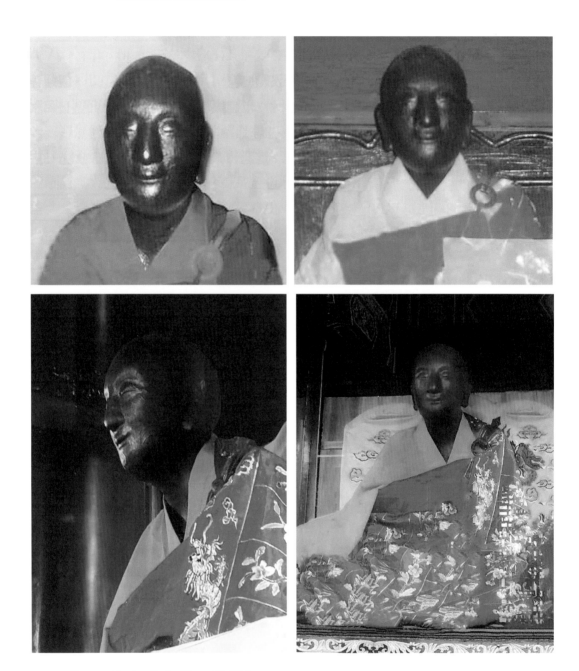

明‧憨山 德清《法華經擊節》

而云神呪者，乃一切諸佛「秘密實相」心印，即如世之大將「兵符」耳……是故「上根利智」修行之士，能「一超」直入，奈何無始「習氣」微細幽潛，雖以「止觀」之力而消磨之，蓋有深固「幽遠」，殊非「智力」可到者；苟非仰仗諸佛如來「祕密心印咒

輪」而攻擊之，倘「內習」一發，則「外魔」易侵，如此又何能「出生死」？證真常？而入「寂光淨土」哉？蓋行有「顯、密」，前「正觀」之力，所謂「顯行」；此「陀羅尼」，乃「密行」耳。

明・憨山　德清《法華經擊節》

十方如來誦此「呪心」(此指「楞嚴呪」全呪即心)，成「無上覺」，坐「菩提樹」，入「大涅槃」……不持此呪，而坐道場，令其身心，遠諸魔事，無有是處……

行人於「生死險難」之中，而欲「頓」證「菩提」，非「神力」加持，又何以濟「眾難」？出險道乎？

憨山大師(1546~1623)論持咒（三則）

（一）

(摘自《憨山老人夢遊集・卷第二》——答鄭崑岩中丞)

至若「藏識」(阿賴耶識)中「習氣」(的)「愛根」(愛慾之根)種子，(因)堅固深潛(於心)，(所以，以參)「話頭」用力(仍)不得處、(以)「觀心」照(亦)不及處、(以從)自己(自心)下手(處仍)不得，(則應改)須「禮佛、誦經、懺悔」，又要密持「咒心」，(仰)仗佛(之)「密印」以消除之。

以諸「密咒」，皆佛之「金剛心印」，吾人用之，如執「金剛寶杵」，(故能)摧碎一切物，(所有諸)物遇(金剛寶杵即)如「微塵」(般的粉碎)，(故)從上「佛祖」(之)心印秘訣，皆不出(於)此。故(《楞嚴經》中的楞嚴咒功德經文)曰：「十方如來，持此咒心，得成無上正等正覺。」

然佛則(已)明言(咒語功效)，(但)祖師門下(有時擔心眾生)恐落(於)常情(之執著相)，故(對咒語功德皆)「秘」而不言，(並)非「不用」也(此指並非「禪宗祖師」都不用咒、不誦咒的意思，而是不執著於咒語的相關功德與靈驗)。

(誦咒語者)此須日有「定課」，久久「純熟」，(方能)得力甚多，但不可希求「神應」(神通應變)耳。

（二）

在家居士，(因色聲香味觸)「五欲」濃厚，煩惱根深，日逐「現行」，交錯於前。如沸湯滾滾，安得一念(之)「清涼」？縱「發心」修行，(亦)難「下手」做「工夫」。

有(自負)聰明(者)看「教」(佛典經教)，不過(只)學些(皮毛)「知見」，資(長)談柄(談話語柄)，絕無「實用」。

(這些都是只看少少幾部的經或教，就「得少為足」者，然後開始執著在這些「知見、法義」上，產生深重的「法執」與「所知障」。如果能看大量的經教，於融會貫通後，則「法執」就會減少，就不會變成了「井底之蛙」了)

(還有將)「念佛」(一門)又把(它當)作「尋常」(一般的)看，(終究)不肯下「死心」(的修行)。縱肯(修行)亦「不得力」，以但在「浮想」(浮塵妄想)上念(佛而已)，其實「藏識」(阿賴耶識)中「習氣」(之)潛流，全不看見，故「念佛」(者)從來不見(自己)「一念」(之)下落(即口誦佛號，但不知道自己是誰在念佛？是誰的心在念佛？應觀察「能念佛者是誰」)。若「念佛」(真獲)得力(的話)，豈可(會再)別求(他法之)「玄妙」耶？

今有一等(修行人)，(因)好高慕「異」，聞參禪(能)「頓悟」，就以(自己是)「上根」(而)自負，不要(其餘的)「修行」，(唯)恐(自己)落(於)「漸次」(的根器上)；(於是便)在古德(禪話的)「機緣」上，記(上)幾則「合頭」語，(便)稱口亂談，只圖「快便」(貪快方便)為「機鋒」，此等(為)最「可憐愍」者。(背上幾則「禪宗公案」後，就自稱為「禪人、禪師」了，此為可憐愍者)

看來若是「真實」(的)「發心」，(真)怕生死(輪迴)的(人)，不若「持咒」入門，以先用「一片」(的)「肯切心」(去持咒)，故(客)易(獲)得耳。

顏生(顏仲先)「福持」(福報加持)，問「在家修行」之要，故示之以此。觀者切莫作沒「道理」會。以「道理」誤人太多，故此(持咒)法門尤勝參「柏樹子、乾屎橛」也。

（三）

禪人以持「明」(真言明咒)為「專行」，從事者(已)三十年，(但)心地未有「發明」(開發闡明)。

乞（憨山）老人指示。（此禪人太執著於持咒要獲得「靈驗感應」，太著相了）

（憨山）老人因示之曰：佛說修行之路，方便（有）多門，歸源無二（路）。即「參禪」提「話頭」，（此）與「唸佛、持明（咒）」，皆無（有分別之）「二法」。

第（若）不善「用心」者，不知藉以磨煉「習氣」，破除「妄想」；反以「執著」之心，（更）資助（增長自己的）「無明」。故「用力」多而（反而）「收功」少耳。此事（就）如（同）用「瓦子」（去）敲門，只是要（達到）「門開」（的目的），（則也）不必（去）計（較）手中（之）「瓦子」何如也。
（只要能獲得智慧、解脫，不必太計較修行過程中的「法門」。如果誦咒很得益的話，也不必太計較自己誦的咒文是否為「最圓滿的版本」，或是「最正確的發音」）

以吾人無量劫來，積集「貪、瞋、痴」愛襍（古同「雜」）染種子，潛於「藏識」（阿賴耶識）之中，深固幽遠，無人能破（除）。聖人「權設」方便，教人提一則「公案」為話頭，重下「疑情」，把斷「妄想」關頭，絲毫不放。久久「得力」（時），（即）如逼狗跳牆，忽然「藏識」（阿賴耶識）迸裂，（即可）露出「本來面目」，謂之「悟道」。

若是單單逼拶「妄想」不行，（又）何必（去參）「話頭」？即（如同老）婆子數「炭團」，（只要）專心不二，亦能「發悟」。況唸佛（與）持咒，有「二法」（之分別）哉？

禪人持「明」（咒）三十年，不見效者，不是咒無「靈驗」（此禪人太執著於持咒要獲得「靈驗感應」，太著相了），只是持咒之「心」未曾「得力」（重點在「心」不在持咒三十年），尋常如推（著）「空車」下坡相似（既是「空車」，當然無重量，只要順著下坡即可，指應修無我、無所，無持咒之我，無所持之咒，又何來靈驗不靈驗之執著），（你應）只管（往前）滾（滾）將去，何曾「著力」來？
（經本無誤，人心自誤。法本無誤，人心自誤。咒本無誤，人心自誤。不管「用心、用力」的持咒，不必理會咒語要達到怎麼的「靈驗」之處）

（汝以）如此（執著於持咒要獲得「靈驗感應」的方式）用心（去修），不獨今生（將）無（靈）驗，即（使）「窮劫」（的修）亦只（有）如此。及至「陰境」（指「五十陰魔」之境）現前，「生死」到來，依然（會是）「眼花撩亂」，卻怪修行無（所）「下落」，（此）豈非（是）「自誤自錯」耶？

禪人從今不必「改轉」(改變轉換持咒法門)，就將「持咒的心」(當)作「話頭」，字字心心，「著力」挨磨。(此與)如推(著)「重車」上坡(是)相似(的)，(推到)渾身氣力(都)使盡(了)，(也)不敢「放鬆」絲毫。寸寸步步，腳跟(絕對)「不空」(不要踩空、不要停下來)。

(若)如此「用力」時，只逼得(自己原本的)「妄想」流注，(即可)塞斷(這些「妄想」)「命根」，更不(讓這些妄想)放行。到此之時，就在「正著力處」。重下「疑情」，深深「覷看」！

審問：只這「用力持咒」的(心)，畢竟是個甚麼？

覷ㄔㄩ̀ (覷看；覷探；覷覰；覷問)來覷去，疑來疑去。

如老鼠(鑽)入「牛角」(牛角是很堅固扎實的東西，沒有任何「空隙」可躲藏、可鑽的。要把自己的老鼠這個「妄想」逼到堅實的「牛角」處，如此就「無處可躲、無地可藏」了)，直到轉身「吐氣」(都)不得處(所)。如此正是(你修行)「得力」(的)時節，(但)切不可作(暫停)「休息」想，亦不得以此為(生因)難，(而)生「退息」(退墮止息)想。(將此話題)及逼到一念(之)「開豁」處，乃是「電光三昧」。

(此時)切不可作(已達)「玄妙歡喜」想，從此更(執)著(於此)「精彩」(處)，(應再)拚命(的)做去。不到忽然(的)「藏識(阿賴耶識)迸ㄅㄥ̀ 裂、虛空粉碎」(之)時，決不放手！

若能如此(的)「持咒」，(則)與「參禪」豈有(不同之)「二法」耶？所以(古人的禪宗案即)道：

俱胝(koṭi 億)只念「三行咒」，便得名「超一切人」。
(從億劫修行以來，只單單誦「三行咒」而已，就能「超越一切人」了，因爲已知道修行的「下手」處了)

便可證明，即「親見佛祖」，(此)亦「不易」(無易；無有改易)「老人」(憨山大師本人)之說也。
(待你「親見佛性、明心見性」的那天，這些「境界」都與老人我所說的內容，都不會有所改變的，通通都是一樣的內容)

憨山大師強調持咒「發音」的重要性 （《大正藏》第七十三冊頁734上）

《憨山老人夢遊集》卷37

【送樂天法師還匡廬】

山色湖光一鏡開，曼殊誤落此中來，莫教獅子輕「彈舌」，恐震當年舊講臺。

清・夏道人集《准提焚修悉地懺悔玄文》卷1

底下資料詳於清・順治曹溪憨祖受持弟子福徵 道一居士塙菴譚貞默槃談撰《佛母准提焚修悉地儀文寶懺序》

憨山大師傳授「㘕」字必需「彈舌閉口」：

(1)自庚戌年，(道一居士我)二十一歲，為雪嶠(ㄐㄧㄠ)禪師，結(於)千指庵，於經山，(後來我)遇(見了)貝林法師，在殿後山菴中，(貝林法師)能以「竹筆」匾(ㄅㄧㄢˇ)(作為標記或表示贊揚文字的長方形橫牌)，樣如箆(ㄅㄧ)(一種比梳子密的梳頭用具;似竹籬)刷者，慣作(書寫)「梵書」。

(2)(道一居士我)因(向貝林法師)乞書「准提咒」，(貝林法師)覿(ㄉㄧˊ)面(當面;面對面)縱橫成字，傳本特真，(貝林法師)並授(我有關)「二合彈舌梵音」(的誦咒技巧)。

(3)時(我又)從雲棲大師(指蓮池大師獲得)授記、(與)散持(准提咒語)。已閱(函)三載，(我才)始解(梵咒有關)「二合彈舌」之義。歸(家後)而(便)勒「梵書」於石，存(於)「三塔」大乘堂中，(並)受持「六載」……(此)則余二十七歲時事也。

(4)適是冬(季之時)，憨山國師，(剛好)東遊至徑山……余亟(ㄐㄧˊ)走(而欲)皈依(大師)……(後來我)於武林 淨慈宗鏡堂，延請憨(山國)師(為我解)說受持「准提法」(之密要)。憨(山國)師上堂，痛切(極其懇切)授記(於我)。復入室，示(我)以(准提咒的)「根本身契」，與(即)刻傳(授我准提咒)「手印」，堅固「迴別」(不一樣)。(憨山國師)更示(我)以「九聖梵字觀門」，令攝入「㘕」raṃ 之一字。

(5)(憨山國師)又示(我)以「唵」oṃ 字梵音，(唵 oṃ 字的發音祕訣應)作吼聲，如饑虎吞物，(聲音要像能)動搖「山嶽」，(發聲至)氣盡乃已。

(6)「㘕」raṃ 之一字，(則應)「閉口彈舌」，(且)作「鼻音」，(㘕 raṃ 字的發音祕訣應)如壯士怒咄(ㄉㄨㄛˋ)。蓋(發聲為)「去聲」，非(以)「平聲」(而發音)也。

憨山大師與《楞嚴經、咒》的因緣

明・憨山 德清《楞嚴經懸鏡》卷1

原夫《首楞嚴經》者，乃諸佛之祕藏，修行之妙門，迷悟之根源，真妄之大本。

明・憨山 德清《楞嚴經通議》卷10

此經説「如來藏性」功德無窮，「咒」乃諸佛心印，印持無盡，「顯、密」雙修，成佛真要，故説不能盡，若「依教修行」，直成菩提，無復「魔業」，是謂「最勝」法門也。

明・憨山 德清《楞嚴經通議》卷1

《首楞嚴經》者，諸佛如來大總持門，祕密心印，統攝一大藏教，五時三乘、聖凡真妄、迷悟因果，攝法無遺。修證邪正之階差，輪迴顛倒之情狀。了然目前，如觀掌果，可謂澈一心之源，該萬法之致，無尚此「經」之廣大悉備者。如來以一大事因緣出現世間，捨此別無開導矣……良以此經，摧九界之邪鋒，拆聖凡之執壘，靡不畢見」。

明・憨山 德清《楞嚴經通議》卷10

《首楞嚴》一經，統攝一代時教迷悟修證因果，徑斷生死根本，發業潤生二種無明，名結生相續，頓破八識三分，故設三種妙觀，攝歸首楞嚴大定，是為最上一乘圓頓法門，直顯一真法界「如來藏性」，稱為妙圓真心」。

明・憨山 德清《楞嚴經通議》卷10

如來最極之至聖，集凡聖同居之法會，現無量光明之瑞相，演祕密難思之神咒，説微妙難思之法門，斷歷劫生死之愛根，銷五陰邪思之魔業，得見所未見，幸聞所未聞。

按：憨山大師一生宣講《楞嚴經》的記錄按其《年譜》中所記，共三次。

於二十九歲即被請講《楞嚴經》，但未説（《年譜》頁32）。

三十一歲開悟後即展《楞嚴經》印心（頁35）。

四十一歲著《楞嚴經懸鏡》（頁54）。

六十九歲以五十日完成《楞嚴經通議》（頁103）。

七十一歲講《楞嚴經通議》（頁105）。七十一歲講《楞嚴經》（頁124）。

七十七歲講《楞嚴經》（頁128）。

大師最後示現肉身不壞，誠為一大菩薩應世也，後世讚為「肉身古佛中興曹溪憨山祖師」，其對《楞嚴經》之讚歎、護持與印心，豈是虛耶？故吾人應深信《楞嚴經》而無疑也。下面附上大師由《楞嚴經》開悟之事蹟：

四年，丙子，予三十一歲，發悟後，無人請益，乃展《楞嚴》印證，初未聞講此經，全不解義，故今但以現量照之，少起心識，即不容思量，如是八閱月，則全經旨趣，了然無疑（見《憨山大師年譜疏》頁35）。

下又記云：徵聞初祖以《楞伽》四卷印心，今憨祖以《楞嚴》全部印心，先聖後聖，其揆一也（見《憨山大師年譜疏》頁37）。

其入「楞嚴大定」之境為：

一夕靜坐，夜起，見海湛空澄，洞然一大光明藏，了無一物。即說偈曰：「海湛空澄雪月光，此中凡聖絕行藏，金剛眼突空花落，大地都歸寂滅場」。

歸室中，案頭見《楞嚴經》，忽展開，即見汝心汝身，外及山河虛空大地，咸是妙明真心中物，則全經觀境，了然心目，隨命筆述《楞嚴懸鏡》一卷，燭纔半枝已就，時禪堂在方開靜，即喚維那入室，為予讀之。自亦如聞夢語也……

又一夕坐，入身世俱空，海印發光，山河震動境界，得相應慧，有頃，悟入《楞嚴》著緊處，恍然在目，急點燭書之，手腕不及停，盡五鼓漏，而《楞嚴懸鏡》已竟矣！

侍者出候，見殘燭在案，訝之，嗟乎！凡此並光明藏中事，非可著意揣求。後段事義一符，而辭筆雙妙，並讀之，可悟道，兼可悟文，要識所紀兩則，乃是盧祖作我，非我作盧祖。《楞嚴》印我，非我印《楞嚴》也。慎錄之意如此（見《憨山大師年譜疏》頁54—55）。

十八、清・杭大宗前生為法華會上的寄靈童子，請萬近蓬唸「穢跡金剛咒」二萬遍渡歸原位

清朝的萬近蓬奉斗甚嚴，每年秋的七月，都會設「盂蘭」之會，萬近蓬與施柳南刺史同設道場。施柳南能見鬼，凡來受祭者，俱能指為何人，且能與眾鬼言語。在開始立壇時，要先書寫死者的姓名，然後向壇內焚化。萬近蓬是已過逝杭大宗先生的弟子，結果忘了書寫杭大宗先生的名字。施柳南看見當天傍晚，諸公俱集，有一人短白鬚，披夾著紗袍，沒有戴冠帽而至，說：「**萬近蓬是我的弟子，今日設盂蘭會，為何獨不請我，何故也**」？施柳南素不認識杭大宗，不覺目瞪口呆。此時旁有一人曰：「此杭大宗先生也」。

施柳南向前揖問：「先生何來」？曰：「**我前生是《法華》會上點香者，名寄靈童子。因在侍香時，看見一位燒香女，美豔動人，才動一邪念，就被謫生到人間來了。在人間時我又心直口快，有善無惡行，本來還可歸回原位；惟以我好譏貶人，同黨伐異，加上我又貪財，被觀音菩薩所輕薄，不許我即歸原位**」。杭大宗自指其「手」與「口」曰：「此二物累我」。施柳南問：「先生在陰間快樂嗎」？曰：「我在陰間無甚苦樂，頗散蕩，游行很自如」。問：「先生何不仍轉胎投人身」？杭大宗以手作拍勢，笑著說：「**我在陽間共活了七十七年的人身，倏忽過去，回頭想來，現在再從重新做人，有何趣味**」？

施柳南問：「先生何不仍求觀音菩薩收留」？曰：「**我之所以墜落是因犯了小過錯，容易超渡，你可以幫我告知萬近蓬，請他替我念『穢跡金剛咒』二萬遍，我便可以歸還原位了**」。問：「陳星齋先生何以不來」？曰：「我不及彼，彼已仍歸桂宮矣」。語畢，杭大宗上座大啖，又笑曰：「施柳南一日不出仕，我輩『田允兄』大有吃處」。『田允兄』者，俗言「鬼」字也。——上述故事出自清・袁枚著《子不語・卷十六・杭大宗為寄靈童子》。《袁枚全集肆》。清・袁枚著，周欣、鍾明奇校點，南京江蘇古籍出版社，一九九三第一版。部份文字已經筆者改編成較易閱讀的白話文，下面皆准此。

十九、清・西蓮法師持「穢跡金剛咒」禁縛鬼物

朱生某，臨試日，至校士館門，肚腹痛甚。廣文引驗，主司放歸。及朱生抵家

後，腹中隱隱作人語曰：「我為姚洗，金陵人，明初為偏將軍，隸屬魏國公子麾下；魏公子即朱生三世前身也。主帥與我千人剿山賊，深入被山賊所圍。魏公子貪艷我妻潘氏，我屢屢向魏公子求援，仍不發兵來助。結果我與千人死傷殆盡，生還者不數人。魏公子因而強納我妻潘氏；我妻不從，自經而死，我欲報已久，故今來向朱生（魏公子的三世前身）索命」。

家人詰之曰：「彼時何不即報，乃遲數百年始報耶」？曰：「當時魏公子為元戎，既忠且勇，宿根甚厚，故不得報。及再世則又為高僧法師，至三世則又為顯官達貴，有實政，又不得報。即今生彼亦有科名，尚不得報。今彼一言而殺了三條生命，祿位已被削除，我方得以報之也」。問：「殺三命者何事」？曰：「渠某月日，錯告某為盜，并其妻、弟俱死，非殺三命耶」？

原來早先是朱生被竊，心疑鄰人張某所偷，朱生就告官究治。發現鄰人張某形跡可疑，沒有查證清楚，張與妻及其弟，三人就被拖累而死，事實有之。

當時同邑有位周生者，學法治鬼怪頗靈驗，聽聞這件事後，前往問候。朱生面有懼色，腹中人不作聲。周生出，腹中人大言曰：「我豈畏若耶？我畏其天蓬尺耳」（道士傳法時用以逐鬼之「天蓬尺」，以桃木為之）。詢問周生，果持之袖中也。當時又有行僧西蓮法師來問候朱，見朱痛楚狀，乃口誦其咒。腹中人曰：「師德行人，乃誦咒禁我耶」？

西蓮法師曰：「我與汝解冤，何為禁汝」？腹中人曰：「若欲解冤須誦《法華經》。法師所持咒，是《穢跡金剛咒》，命惡神強禁我，我豈服哉」！西蓮法師曰：「我即日起道場誦《法華經》，能解仇釋宿冤乎」？腹中人唯唯允諾。又要冥鏹若干錠，立券約，書中保，曰：「依我，我即捨之去。但我貴者，當從口中出；諸跟隨者，從後竅出」。朱生遂嘔痰斗許，下泄數日，而腹中人聲遂息。

越數日，腹中人復言曰：「我之仇已解，奈死賊圍者又甚，渠等不肯釋，奈何」？于是聞千百人喧闐於朱生腹中，朱生患苦不堪而逝。——上述故事出自清·袁枚著《續子不語·卷二·天蓬尺》。《袁枚全集肆》。清·袁枚著，周欣、鍾明奇校點，南京江蘇古

籍出版社，一九九三第一版。

二十、清‧浙江山陰多獺異鬼怪，時人皆誦「穢跡金剛咒」除之

浙江山陰 施漢一秀才曰：「越水鄉多獺怪，其小者止潑水侮人，驅之即匿；其老者能惑人如魅。余家舊有『獺怪』，逢科甲富人，必相狎逼，百年內凡三見矣。不可逐，亦不為禍。余丁亥歸里，夜就寢，有聲如撒螺殼者。大小千萬聲，散置几榻間，燭之無有。疑北牖失扃，故扃之，怪亦漸安」。

二十年丙午丁未冬初，於湖口夜宿陳氏新樓，瀕臨湖邊。才剛剛息燭，則有怪物跳躍上床。予知其非鬼非偷兒也，若喧叫，徒驚鄰里，反而被人笑。正在想應該如何趨逐之，記得杭大宗先生「穢跡金剛咒」事，試誦之，怪物輒伏不動。到了五更，跳下床，有聲，遂離去。晨曉起，見伏處衣褶捲起如截。我當時只是客人，不宜告知主人。越月又過此宿，解衣始記前事，欲避無及，擁衾臥。久倦合眼，則怪物已在床裡矣。我又再持「穢跡金剛咒」，咒聲稍緩，怪物動輒欲上。

俟我的咒聲誦弛時，怪物漸逼近我的胸膛，此時出聲尖細如鼠叫，旋作人語說：「若你佩了一張真人符，吾不懼怕。但你嘴咒聲一動，吾則甚畏耳」。到了五更，怪物從後繞出。是夜我誦金剛咒百餘遍。明日，家人怪吾夜作囈語久，自此陳氏家亦無他怪異事。——上述故事出自清‧袁枚著《續子不語‧卷七‧獺異》。《袁枚全集肆》。清‧袁枚著，周欣、鍾明奇校點，南京江蘇古籍出版社，1993 第一版。

二十一、民國‧慧三大師廣傳「穢跡金剛神咒」

慧三大師（1901—1986），法名思元字慧三，生於民前十一年（公元1901）。十七歲拜蓮舟 清池老和尚，剃度於天津東南城角清修院。師先後歷參諦閑、圓瑛、常惺、太虛、能海、應慈、度厄……等諸大德名師，頗得佛法心要，對《楞嚴經》、《華嚴經》、《金剛經》……諸大乘經皆有深入的實修實證。

民國四十四年，大師於樹林、迴龍附近覓得一地，開始興建福慧寺。建寺之初，山間常有蛇出沒，大師皆以「穢跡金剛咒」降伏，以後即未再現。是年白聖上人傳千佛大戒，請法師為尊證阿闍梨，從此大師不斷的擔任三壇大戒阿闍利戒師，計十餘次。

民國六十五(公元 1976 年)年十月二十二日，美國萬佛聖城宣化上人禮請大師至萬佛城弘法兼傳金剛咒，至十二月五日弘法圓滿返臺。

民國七十五年(公元 1986 年)，大師臨終預知時至，「站立」往生圓寂，想必已證上品蓮華。世壽八十六歲，僧臘六十九，戒臘六十七。欽因法師接任住持，續承弘法大任。

大師獨重修行，日課《華嚴經‧普賢行願品》一部，「穢跡金剛咒」六百遍，「阿彌陀佛」聖號三萬聲，數十年如一日。

按：據慧三大師的弟子陳老菩薩說，慧三大師從大陸攜至臺灣的金剛杵非常的靈驗，全省凡是有被鬼神魔附身者，只要請大師用金剛杵加持，幾乎都可以除魔降妖。三十年前，臺灣有位多年著鬼魔的林居士，經人介紹前往美國萬佛聖城，祈求宣化上人為她除妖，宣化上人反推說臺灣有個廣欽老和尚，是位菩薩，為何妳不找他加持除妖？這位林居士只好又回臺，往承天禪寺尋求廣欽老和尚除妖。待至承天禪寺後，林居士說明了事情的原由。

廣欽老和尚笑笑說，怎麼不找美國的宣化上人？此時林居士實在無可奈何，又請人去問美國的宣化上人。最後宣化上人派人傳話說，妳去找樹林福慧寺慧三大師加持吧！林居士最後帶著虔誠的心來到了福慧寺拜見了慧三大師，慧三大師問了林居士前後的因緣，嘆了口氣說：唉！兩位菩薩大師都這麼謙虛，推來推去，看來此事定要老身親自出馬了，說著說著，眼角泛著慈悲的神光。接著大師拿起「金剛杵」加持林居士，大聲唸咒，不到七遍，多年的鬼病，竟然全癒。不過，據大師的親近弟子說，大師自從那件事以後，也病了幾天。大師真是慈悲渡眾啊！

二十二、福建 鼓山寺長老以「穢跡金剛杵」降伏百年樹精

　　福建的鼓山寺長老，以桃木獨鈷的「穢跡金剛杵」降伏百年樹精，為福建某山村免於年獻二幼童祭祀的慘事，此事由基隆 十方大覺禪寺 寂光上人所敘述。

第十六、教外尊崇篇

有關民間宗教尊崇穢跡金剛的相關資料

一、北宋・媽祖林默娘藉「穢跡金剛咒」修得神力

　　媽祖林默娘生於北宋太祖元年（西元 960 年）。據《莆田縣志》載，林默娘四、五歲時隨父乘船到浙江定海普陀山；林默娘看到觀音菩薩像後，精神受到奇異的感召，有了預知休咎的能力。八歲入塾啟蒙，過目成誦而輒解奧義，且聞一知十，宛如神童。十歲時，頃心於佛陀，喜歡朝夕焚香誦經禮佛，毫無倦容。十三歲時，一日老道士玄通來到林家化緣，乃對默娘說：「我看你出生以來，就具有佛性，你應該把你的這副慈悲心腸，去拯救世人才對」。說罷，授以『玄微秘法』。經玄通老道士教授後，默娘頓悟一切佛道經典的真義（詳劉昌博《臺灣搜神記》一書）。

　　據耕雲居士著的《觀潮隨筆・第一輯世說》書中說：媽祖皈依於大悲庵的淨光上人，淨光上人傳授媽祖以「綠度母觀音本尊」及「穢跡金剛」諸密法，並為專說大乘要義，兼授「三昧耶最上戒」，未幾修得神通，每為邑人驅邪治病，群咸目為神人，而救弱、導航、解海上危難，功德尤大。若依阮昌銳《莊嚴的世界》說法，媽祖十六歲時，有一天與女伴在庭院休憩，忽然有神人從古井出，手執「銅符」，將「銅符」交給默娘後，昇空而去。默娘潛心鑽研「銅符」的靈妙，學得一身法術，用「銅符」驅邪壓煞，消災解厄，治病濟世。

按：據聞一千年前媽祖在古井所得之「銅符」即「穢跡金剛符」。大悲庵 淨光上人傳授給林默娘居士的是「綠度母觀音」及「穢跡金剛」等密法，所以媽祖才有此神力。

二、福建道教「閭山派」以「穢跡金剛」為本尊主神

　　福建道教「閭山派」的法主最早可追溯到東晉的許遜（許九郎、許真君），原本是很單純的道教支派，但是這派到了唐、宋年間就結合佛教的「瑜珈密咒」和道教的「正一符籙派」而發展形成的一支新教流，在民間亦有稱呼為「張法主公教」或「瑜伽教派」（以「道壇科儀」加入「佛教密咒儀軌」）。「瑜珈密咒」原本是佛教的一個宗派，可是當時民間宗教常常將「瑜珈密咒」納入他們的體系，尤其是在唐、宋年間「瑜珈密咒」南傳至福建等地時，「閭山教法」就將之融合，形成「道壇科儀」和「瑜珈密咒」混合成半佛半道式的「瑜伽教派」。

　　例如在北宋・大中 祥符年間（1008—1016），泉州 開元寺僧景彬大師就能以「瑜

珈教法」行禳災之事。據大陸學者李玉昆先生曾考證說：「泉州能『瑜珈』者自景彬始，大中祥符中，地震逾月，州人大恐，守舒賁延彬禳之，為『瑜珈會』三日，地遂如故，所以稱景彬為『彬瑜珈』」。這是說明在北宋時有位景彬大師就曾採用「佛教密咒儀軌」融合「道壇科儀」的方式（即名為「瑜珈教法」）來禳災除震。

　　融入佛教「瑜珈密咒」後的「閭山派」，又因當時閩中陳靖姑信仰的流行而迅速擴展至福建、浙江、江西、廣東、湖南及臺灣等地，成為我國「南方民間道教」最有影響的道派。由於「閭山派」與民眾社會生活極為密切，具有深厚的社會基礎，因而它雖經歷代的磨劫而呈不衰之勢，至今在廣大民眾間仍有深遠的影響，從目前「道壇」之實際活動情況考察，這種「閭山派」式的道壇科儀痕跡依然十分明顯。

　　「閭山派」中所加入的「瑜珈密咒」內容形態究竟如何？南宋・白玉蟾（1194—？）道士在回答弟子時曾做如下的解說：（詳宋・謝顯道編《海瓊白真人語錄・卷九》，《道藏》第33冊。上海文物出版社據涵芬樓影印本，1988影印版）

　　耜問：今之「瑜珈」之為教者，何如？答曰：彼之教中謂釋迦之遺教也。釋迦化為「穢跡金剛」，以降螺髻梵王，是故流傳。此教降伏諸魔，制諸外道，不過只三十三字金輪「穢跡咒」也。然其教雖有「龍樹」醫王以佐之焉。外則有「香山」、「雪山」二大聖，「豬頭」、「象鼻」二大聖，「雄威」、「華光」二大聖，與夫「那叉太子」、「頂輪聖王」及「深沙神」、「揭諦神」以相其法，故有諸金剛力士以為之佐使……今之師師雜諸道法之辭，而又步罡撚訣，高聲大叫，胡跳漢舞，搖鈴撼鐸，鞭麻蛇、打桃棒，而於古教甚失其真，似非釋迦之所為矣！然「瑜珈」亦是佛家伏魔之一法。

　　上述所說「瑜珈教派」的形態，在今「閭山派」道壇中基本都得以保存下來，如白玉蟾道士說的；以「穢跡金剛、穢跡金剛咒」為「瑜珈教派」的宗主，再以「龍樹」醫王佐之。外則有「香山」（觀音）、「雪山」、「豬頭」、「象鼻」、「雄威」、「華光」（五顯大帝）、「頂輪聖王」、「深妙神」、「揭諦神」、「那叉太子」等為主神，這都是「閭山派」中之重要神祇，而竟以佛教的「穢跡金剛」為本尊主神。另外據南宋道士謝守灝（1134—1212）所著的《太上老君混元聖紀》及《太上混元老子史略》書中

也提到：「**老君遣北斗降魔，故稱穢跡金剛**」（或參閱《佛祖統紀·卷四十》，《大正藏》第 49 冊頁 372 上）。足見「穢跡金剛」至少在南宋前就已被融入道法中，而廣為道士所持誦作法。

至於白玉蟾道士後面所述的「**雜諸道法…步罡撚訣，高聲大叫，胡跳漢舞，搖鈴撼鐸，鞭麻蛇、打桃棒……**」等，這些都不是釋迦佛教的儀式。可見在宋代「**閭山法**」已與「**瑜珈密咒**」有了融合的過程，並對「閭山派」的形成起了重要的作用，在「閭山派」（或閭山教）的名義下，還有諸如「**夫人教、王母教、海清教、梨園教、張法主公教**（詳大陸學者李玉昆先生著《亦道亦佛的張法主公》，泉州市區道教文化研究會編《泉州民間信仰研究》，1996 年版）」等名稱，可見「閭山派」是南方道教中的一個群體性教派，是一個具有很大包容性的一個民間派系。儘管民間各地教派傳統及科儀形式有很大的差別，但其作為「閭山派」而存在的基本要素是不變的，這使得「閭山法」成為南方民間道教最有影響力的道派。

又再據現任中國人民大學中文系教授王貴元著的《女巫與巫術》一書中考證後指出「**叱出，赫赫陽陽，日出東方，吾救此符，普掃不詳。口吐三昧之火，服飛門邑之光，降服妖怪，化為吉祥，急急如律令，敕！**」此口訣符，如果加上「**捉怪使天蓬力士，破疾用穢跡金剛**」二句就是「張天師祛病符咒語」的全文（詳王貴元著《女巫與巫術》頁 170，河北人民出版社，1991 年版）。我想這也算是道教符咒法術加入「穢跡金剛咒」的其中之一吧！

三、道教之「全真龍門派」為穢跡金剛咒作注解

清代「全真龍門派」第七代中興主帥王常月（？—1680）道士，原名平，道號昆陽子，山西長治縣人，弱冠因患危疾，遇道士張麻衣治癒，對道教發生興趣，雲遊名山訪道數十年，後遇「龍門」第六代律師趙真嵩（複陽）授以「戒法道要」，他辭師雲遊，博覽三教典籍，研究道書多年，參觀二十餘處，印證五十余人，成為一個有甚深宗教修養的龍門律師。閔一得在《金蓋心燈》中稱王常月「**是我朝高士第一流人物**」，清康熙帝也賜王常月號為「**抱一高士**」。王常月常以強化「戒律」來規範道徒行為，使之合乎統治者要求，又將「內丹修煉」與「戒律」結合起來，要徒眾「明心見性」，以「心性」持戒，自覺守持戒律，從而「戒行精嚴」。

　　王常月之後，「全真龍門派」進一步發展，在南北等廣闊地域傳播。在江浙，龍門弟子日益增多，又相繼分衍出一些龍門支派，其中「龍門派」第十一代宗師閔一得著述最多，對道教思想作最多供獻。閔一得是浙江　吳興人，原名閔苕旉，字小艮，法名一得，號守一子，又號懶雲子，晚年自稱金蓋山人。曾編撰《道藏續編》、《古書隱樓藏書》，還著有《金蓋心燈》、《還源篇闡微》、《醫世說述管窺》、《古法養生十三則闡微》等書。閔一得所撰編《古書隱樓藏書》三十五種書中，其中竟有一書為「密跡金剛神咒注」一卷，內容就是佛教的「穢跡金剛咒」，原文如下：（內容引自洪百堅製作的《藏外道書》第十冊《古書隱樓藏書》頁 579。或見《中國道教》第二卷）

　　謹按釋《藏》載，此神咒盛行于李唐之際，其經有二卷，述載文佛釋迦牟尼世尊當涅槃後，螺髻梵王不來弔唁，乃複肆令部下，攝彼佛國優婆夷，比邱尼邪淫無度，滅壞佛教。佛國震恐，阿難等十大弟子，遣諸羅漢無量力士、億億咒師前往責詰，無一生還。咸被梵王，布穢觸淨故。佛國等眾向佛悲號，世尊感之，隨左心化一力士，三頭六臂……梵王悔悟……密跡力士乃為摩頂受戒，令彼回國，復為佛眾說此經咒，流為「密部第一妙法」，名曰「密跡金剛神咒」。人能持誦，力士誓願赴護，悉如彼願。以其出自佛心，故曰「密跡」。以能破穢，故又曰「穢跡神咒」雲。唵·佛咶·喞啤。唵作「甕」字音出之……「泮泮·娑訶」，此句承上，言得渙化釋生甚速也，娑訶者甚速之義。

　　從閔一得所解釋的咒文內容來看，雖是用佛語解釋，其中不乏自己的私人意見，與佛義差之甚遠。不過從《密跡金剛神咒注》來看，道教「全真龍門派」確實吸收了部份佛教的「密咒」，而且該宗道士多以持誦「穢跡金剛咒」為主，亦喜歡展現神異靈驗之蹟，其徒多半行跡詭異，身懷絕技的江湖奇人！

第十七、經典目錄篇

穢跡金剛相關經典出處暨目錄

有關穢跡金剛的「主要」經典及儀軌，收錄在《大正藏》中，共有六部：

一、《穢跡金剛禁百變法經》一卷。唐・<u>阿質達霰</u>譯。詳《大正藏》第 21 冊頁 159 中到 161 中。「**阿質達霰**」義譯作「**無能勝將**」，梵語全文作 Ajita—Senapati。Ajita 即「**阿質達**」的對音，梵文 Senapati 的中文意思是「將領」。漢譯取名時只取 Senapati 的開頭「Sen」音，音譯作「**霰**」字，所以全名應稱為「**阿質達・霰曩頗底**」法師。

二、《穢跡金剛說神通大滿陀羅尼法術靈要門》一卷。唐・<u>阿質達霰</u>譯。詳《大正藏》第 21 冊頁 158 上到 159 上。

三、《大威力烏樞瑟摩明王經》三卷。唐・<u>阿質達霰</u>譯。此經或題名為《金剛恐怖集會方廣軌儀觀自在菩薩三世最勝心明王大威力烏樞瑟摩明王經》。詳《大正藏》第 21 冊頁 142 中到 157 下。

四、《大威怒烏芻澀摩儀軌經》一卷。唐・<u>不空</u>譯。詳《大正藏》第 21 冊頁 135 下到 141 中。

五、《烏芻澀明王儀軌梵字》一卷。詳《大正藏》第 21 冊頁 141 中到 142 中。

六、《佛說陀羅尼集經・卷九・金剛烏樞沙摩法》。唐・<u>阿地瞿多</u>譯。詳《大正藏》第 18 冊頁 860 下到 866 下。其中共列舉四十二種烏樞沙摩法。

其餘穢跡金剛的「相關」經典儀軌及祖師著作，收錄在《大正藏》及《圖像部》中，計有二十六處，如下所述：

一、《密跡力士大權神王經偈頌》一卷。元・<u>管主八</u>撰。詳《大正藏》第 32 冊頁 777 上到 784 中。

二、《密跡力士大權神王真言法》。<u>元度</u>集。出自《大藏祕要・真言品・第六金剛部》。

三、《佛說出生一切如來法眼遍照大力明王經》二卷。宋・<u>法護</u>譯。詳《大正藏》第 21 冊頁 207 下到 213 下。他的主要咒語出現在頁 209 下和頁 213 下，取名為「大力明王心真言」。

四、《佛說無二平等最上瑜伽大教王經》六卷。宋・<u>施護</u>譯。詳《大正藏》第 18 冊頁 514 中到 536 下。他的主要咒語出現在頁 529 中和頁 530 下，取名為「大

力大忿怒明王真言」。

五、《金剛恐怖集會方廣軌儀觀自在菩薩三世最勝心明王經》一卷。唐・<u>不空</u>譯。詳《大正藏》第 20 冊頁 9 上到 16 下。他的主要咒語出現在頁 12 上，取名為「穢身真言」。

六、《一切如來大祕密王未曾有最上微妙大曼拏羅經》五卷。宋・<u>天息災</u>譯。《大正藏》第 18 冊頁 541 下到 559 中。他的主要咒語出現在頁 557 上和頁 557 中，取名為「大力明王真言」。

七、《底哩三昧耶不動尊聖者念誦祕密法》三卷。唐・<u>不空</u>譯。《大正藏》第 21 冊頁 13 上到 22 下。經典故事相類似於穢跡金剛的部份見於頁 13 下到 14 上。

八、《行林抄・卷五十六》。日本<u>靜然</u>撰。《大正藏》第 76 冊頁 387。

九、《祕鈔問答・卷十一》。日本<u>賴瑜</u>撰。《大正藏》第 79 冊頁 479 中。

十、《薄草子口決・卷十六》。日本<u>賴瑜</u>撰。《大正藏》第 79 冊頁 274 下及 479 中。

十一、《別行・卷五》。日本<u>寬助</u>撰。《大正藏》第 78 冊頁 166 中。

十二、《澤鈔・卷七》。日本<u>勝賢</u>記、<u>守覺親王</u>輯。《大正藏》第 78 冊頁 457 上。

十三、《祕鈔・卷十三》。日本<u>勝賢</u>記、<u>守覺親王</u>輯。《大正藏》第 78 冊頁 557 上。

十四、《薄雙紙初重・卷七》。日本<u>成賢</u>撰。《大正藏》第 78 冊頁 642 中。

十五、《勝語集・卷上》。日本<u>惠什</u>撰。《大正藏》第 78 冊頁 211 中。

十六、《四十帖決・卷七》。日本<u>長宴</u>記。《大正藏》第 75 冊頁 886 上。

十七、《胎藏界大法對受記・卷三》。日本<u>安然</u>記。《大正藏》第 75 冊頁 80 下。

十八、《覺禪鈔・卷八十六》。日本<u>覺禪</u>著。《大正藏・圖像部五》頁 297。

十九、《別尊雜記・三十七》。日本<u>心覺</u>著。《大正藏・圖像部三》頁 431。

二十、《白寶鈔》。《大正藏・圖像部十》頁 1057。

二一、《白寶口鈔・卷百十二、百十三》。《大正藏・圖像部七》頁 84。

二二、《阿娑縛抄・卷百三十四》。日本<u>承澄</u>撰。《大正藏・圖像部九》頁 404。

二三、《圖像・卷八》（《尊容鈔・卷八》）。《大正藏・圖像部三》頁 39 中。

二四、《三昧流口傳集・卷上》。日本<u>良祐</u>撰。《大正藏》第 77 冊頁 19 上。

二五、《四度授法日記・卷一》（胎記）。日本<u>嚴豪</u>口、<u>源豪</u>記。《大正藏》第 77 冊頁 95 上。

二六、敦煌版「伯三〇四七號」有《穢跡金剛顯神通大陀羅尼》《穢跡金剛法禁百
　　變》《穢跡金剛神符變病及延年法卷下》計三部。

　　註：

　　　✠伯 3047 號題名為「穢跡金剛顯神通大陀羅尼」，內容就是《穢跡金剛說神
　　　　通大滿陀羅尼法術靈要門》，詳《敦煌寶藏》第 126 冊頁 138 下到 139 下。

　　　✠伯 3047 號題名為「穢跡金剛法禁百變」，內容就是《穢跡金剛禁百變法
　　　　經》，詳《敦煌寶藏》第 126 冊頁 139 下到 143 下。

　　　✠伯 3047 號又有題名為「穢跡金剛神符變病及延年法卷下」一文。

第十八、經文內容篇

穢跡金剛五部主要經文內容

穢跡金剛法的「五部佛典＆三部論著」

	譯者或撰者	經論名稱
第一部	唐・中天竺 阿地瞿多(Atikūṭa 意譯無極高。公元 652~654 年間人)譯	《佛說陀羅尼集經・卷九・金剛烏樞沙摩法印咒品》
第二部	唐・北天竺 阿質達霰[工𠺕](Ajita-Senapati 意譯無能勝將。公元 732 年間人)譯	《穢跡金剛說神通大滿陀羅尼法術靈要門》
第三部	唐・北天竺 阿質達霰譯	《穢跡金剛禁百變法經》
第四部	唐・北天竺 阿質達霰譯	《大威力烏樞瑟摩明王經》
第五部	唐・南天竺 不空(Amoghavajra。705～774。於 746 年還歸大唐京師，開展譯經傳法)譯	《大威怒烏芻澁麼儀軌經》
附錄一	元・延祐(公元 1314～1320) 廣福大師「僧錄」(統領全國寺院、僧籍，及僧官補授等事宜)管主八撰	《密跡力士大權神王經偈頌》
附錄二	清・元度輯	《密跡力士大權神王真言法》錄自《大藏秘要・真言品》第六「金剛部」
	清・咒𠹤 觀記	《密跡力士大權神王(穢跡金剛)真言曼荼羅法》錄自《法界聖凡水陸大齋法輪寶懺・卷九》

第一部《佛說陀羅尼集經·卷九·金剛烏樞沙摩法印咒品》

唐·<u>中天竺</u> <u>阿地瞿多</u>（Atikūṭa 意譯<u>無極高</u>。公元 652~654 年間人）譯

金剛烏樞沙摩法印咒品一卷

烏樞沙摩(二合)護身法印咒第一（<u>唐</u>云「不淨潔金剛」。印有十七〔種〕。咒有四十二〔條〕）

兩手掌向身，相叉「中指」及「無名指」，頭博著(於)掌上，「小指」斜豎，頭相拄，屈二「頭指」，相鉤，右壓左，屈二「大(拇)指」，捻²²　(按：捏)「頭指」上節橫文，咒曰：

唵(一)跋折囉(二)俱嚕馱(三)摩訶婆(去聲)羅(四)訶那馱訶(五)跋者毘馱崩(二合)寫夜(六)烏樞沙摩(ucchuṣma)(二合)(七)俱嚕(八)嗚𤙖泮(九)。

是法印咒。若人欲作「火頭」法事，先以此「印」，誦咒七遍護身，然後行用「烏樞沙摩」(ucchuṣma)法，皆悉有驗。用此印咒，(能)治一切病，(但需)誦「十萬遍」，然後「行用」。

烏樞沙摩身印咒第二

以右手「無名指、小指」，從左手「無名指」背後，入「中指、無名指」岐間。以右「大(拇)指」，壓右「無名、小指甲」上，握左「無名指、小指」，次屈左「無名、小指」。復以左「大(拇)指」，押左「無名、小指甲」上，作環「相鉤」。各豎兩「頭指」及「中指」，頭相拄「頭指」來去咒曰：

唵(一)跋折囉(二)俱嚕馱(三)摩訶婆(去音)囉(四)訶那馱(去音)訶(五)跋者毘枳囉(六)毘馱崩(二合)寫夜(七)闍置囉(八)藍蒲陀囉(九)烏樞沙摩(ucchuṣma)(二合)(十)俱嚕馱(十一)嗚𤙖泮泮(十二)莎訶(十三)。

是法印咒。若入道場作法之時，日日供養，皆以此印「護身」結界已，還用此印喚

「請金剛」。

若欲取驗，於清淨處，燒「安悉香」，七日七夜誦是咒，滿「十萬遍」已，一切皆驗，兼用「治病」，亦得效驗。

「治病」時節，從「平旦」一上、「日中」一上、「黃昏」一上，每日如是，三時各誦「一千八遍」，或誦「一百八遍」亦得，除此「三時」，不得浪誦。

若誦持時，不作「遍數」，惟「多」彌好，別受餘福。(應於)「一百日」內，更不得出「道場」，外宿行婬、破戒。若「破戒行」，眾神不護，不助其力，亦無大驗。

若欲出行「大小便」時，勿著「淨衣」上廁，食時亦爾。

若大小便，及喫食竟，必須「香湯」淨洗浴已，還著淨衣。入道場中，誦持本業。

若欲對面「親見」金剛(本尊)，(欲)乞賜之時，(則)每夜作「軍荼利歡喜法」者，必定「得見」。

行者(若)當見「金剛」之時，勿生「恐懼」，若心「怖畏」，即令其人「失心」荒亂。所以者何？其人若能使(喚)得「金剛」，即能「制伏」一切「鬼神」。是故一切諸「鬼神」等，見其臨欲(即將)「成就」大驗，(或)來相「恐怖」，令其「退壞」。當(此時行者)須「強心」(堅強道心)，牢固其「志」，勿心「動轉」。求見身法，如下所説。

此咒乃是「八部鬼神」皆悉集會，(而)異口同説(之咒)。(若誦此咒)不問「吉凶」(與)「黑白」二月。(不問)齋與不齋，若「淨、不淨」，「食」與「不食」。(只要)先誦是咒，滿「十萬遍」，即得法成，一切所求，皆悉「得力」。

又用「白汁木柴」然(燃)火，又取此木(之)「細枝」，截為「一千八段」，長短隨意。「段」別皆共「白芥子」咒，各咒一遍，(即將白芥子)投(於)火中燒，如是數滿「一千八十」遍，即得「貴勝」，上至「天王」，皆悉歡喜。

又法，不問「淨」與「不淨」，若晝、若夜，但誦(此)咒，滿「三十萬」遍，即(可於)一切處，(而)無有障礙。

仍用「胡麻」和「酥」，相攪，取其少分，(每)咒一遍已，(即)投(於)火中燒，如是滿足

「一千八遍」，其法即成。

又法，(若能於)「高山」頂上，更誦是咒，滿「十萬遍」，(則能於)一切去處，但作「觩觩」(二聲)，(加上)「彈指」作聲，(則)更無「惡人」，而能當頭，為作「障惱」。

又法，每日「平旦、日中、黃昏」三時，各誦「一百八遍」，(則)夜眠臥時，「諸天」(將)愛護(你)，一切諸人亦常「愛念」(於你)。

又法，但是(於)一切(有)「鬼神病」者，以「石榴[多] 枝」，咒三七遍，用(石榴枝)打(有鬼神)病身(者)，其病即差(瘥→病癒)。

烏樞沙摩結界法印咒第三

準前「大護身」，惟開二「頭指」(食指)，於「中指」背後，離「三分許」，咒曰：

那(上音)讀(上音)室旃(二合)茶跋折囉波拏曳(一)摩訶藥叉栖那跋跢曳(二)跢姪他(三)唵(四)薩囉毘薩囉(五)尼文者醯(上音六)那吒那吒(七)薩哩毘薩哩(八)伽(上音)鞞毘伽(上音)鞞(九)阿(去音)車底迦(十)攝跋(二合)遮那(十一)莎訶(十二)。

是法印咒，若作法事，以此印結「四方上下」虛空等界，咒三七遍。
若用是法「治病」，誦咒二十一遍，「彈指」亦應二十一遍，(再去)「去病」，有驗。
若人夜臥(而)心「驚怖」者，亦如上法，(先)咒三七遍，(然後再)二十一遍「彈指」(於)臥者(指夜睡易驚布的人)，永無驚怖。

烏樞沙摩歡喜法印咒第四

以左手「大(拇)指」，屈「指頭」(食指)，拄「無名指」第三節文，以「四指」作拳，咒曰：

唵(一)攝跋(二合)囉(二)攝跋(二合)囉(三)承伽摩夜(四)承伽摩夜(五)迦羅迦羅(六)婆羅婆羅(七)可羅可羅(八)婆羅婆羅(九)鉢羅鉢羅(十)社羅社羅(十一)末羅末羅(十二)娑羅娑羅(十三)莎訶(十四)

是法印咒，若作「火頭金剛」法，用「誦咒」之時，(能)護身結界。

(若欲)請喚「火頭金剛」安置，先作此「印、誦咒」，即得一切歡喜。

若有人患「惡瘡」者，以此「印」摩「瘡」上「誦咒」，其瘡即差(瘥差→病癒)。

持此印咒，(於)一切行處，(皆)不作「留難」(留礙阻難)，一切諸人見者(生)「歡喜」。

若食「毒藥」，當作此印，繞「身、頭」上，誦咒，即差(瘥差→病癒)。

烏樞沙摩供養法印咒第五

準前身印，唯改以二「頭指」(食指)捻㺽 (按:捏)「中指甲」際上，咒曰：

唵(一)跋折囉　俱嚕馱(二)摩訶婆(去音)羅(三)唵(四)入鞞入鞞(五)摩訶入鞞(六)主羅主羅(七)企羅企羅(八)娑羅娑羅(九)訶羅訶羅(十)馱訶馱訶(十一)莎訶(十二)。

是法印咒，欲作法事，請喚「火頭金剛」安置，當作此印，誦咒供養，即得種種利益有驗。

烏樞沙摩治鬼病印咒第六 (一名殺鬼印咒)

準前身印，唯改以右「頭指(食指)、中指」向內，揩之「左頭指(食指)、中指頭」，咒曰：

唵(一)跋折囉俱嚕馱(二)摩訶婆羅(三)囉(上音)怛那(二合)毘補史多(二合)(四)奢唎囉(去音)夜(五)瞋陀瞋陀(六)嗚鈝泮(七)莎訶(八)。

是法印咒，咒師若欲「治病」去時，先以右手「無名指、大(拇)指」，捻㺽 (用手指搓或轉動)取「淨灰」，咒七遍已。(然後)點自「頂」上「眉」間，喉上、左髆㺽(肩膀)、右髆㺽(肩膀)，及點「心」下，護身而去。

(待)與「治病」已，然後於彼病人身上，依如前法與作「護身」，「病鬼」(便)不得(接)近病人邊，亦不得入其家「門戶」。

烏樞沙摩跋折囉法印咒第七

準前身印，唯改二「頭指」(食指)，屈各向掌中，垂下入頭，咒曰：

唵(一)跋折囉　俱嚕馱(二)摩訶婆(去音)羅(三)儞羅婆薩那(去音)耶(四)鉢羅　步筏(二合)哩多(五)摩鉤吒夜(六)涉筏(二合)哩多(七)儞多羅(去音)夜(八)底哩補羅那伽(去音)羅(九)毘馱崩(二合)娑(上音)夜(十)迦羅(去音)夜(十一)跢波跢波(十二)鉢羅鉢羅(十三)涉筏(二合)囉涉筏(二合)囉(十四)烏迦(上音)目佉(十五)普吒普吒(十六)娑囉娑囉(十七)毘娑囉毘娑囉(十八)烏底瑟吒(二合)烏底瑟吒(二合)(十九)婆伽畔(二十)烏樞沙摩(ucchuṣma)(二合)俱嚕馱(二十一)阿謨迦(上音)寫(稱他名二十二)涉筏(二合)哩拏(二十三)訖抑(二合)噓拏(二合)(二十四)莎訶(二十五)。

是法印咒，若欲除病，可作此印，印其病上，數數誦咒，聲聲相續，可滿「千遍」，病即止差(瘥差 ➔病癒)。

又(誦)咒(於)「燒死人」(之)灰，(誦)一百八遍，即散於惡「比止」(pici 梵音未詳？)門底，人蹋行之，即著「熱病」。若欲(釋)放(而獲)差(瘥差 ➔病癒)，(再)取「黑沙糖」，咒三七遍，抄「比止」(之)名，燒即得差(瘥差 ➔病癒)。

又法，欲入「阿修羅」宮殿，當誦此咒「二十萬遍」，即能得入。

又法，咒「牛乳、酥」，火燒，并抄「病人」(之)名，燒(於)火中，其病即差(瘥差 ➔病癒)。

又法，「毒藥、人血」相和，一咒一燒，一百八遍，一切「鬼」(將)死。

又取「苦楝」(即「古楝」)葉，一咒一燒，一百八遍，一切「鬼病」，(亦)皆得除差(瘥差 ➔病癒)。

烏樞沙摩擲鬼法印咒第八

準前身印，唯改屈二「頭指」(食指)中節，相向垂頭，咒曰：

唵(一)跋折囉　俱嚕馱(二)摩訶婆(去音)羅(三)鉢囉摩馱嚕那(四)摩迦囉目佉(五)多吒多吒(六)毘摩毘摩底夜(二合)(七)阿伽(上音)茶阿伽(上音)茶（八）訶(上音)訶羅(上音)羅(九)囉(上音)羅囉(上音)羅(十)多波多波(十一)多跢夜多跢夜(十二)莎訶(十三)。

是法印咒，若欲「治病」，咒師可作此印，誦咒(於)病人宅中，咒「白芥子」二十一遍，周匝散之，以為「結界」，然後作「水壇」。

(水)壇中心，著盛「五穀盆」，言「五穀」者，一粟、二大麥、三青稞麥、四小豆、五稻穀，皆(先預)擬(而)後(再使)用。

著數盤「食」、十六「盞燈」，次喚「病人」於「壇外」坐，其(水)壇中心，著一「火鑪」。咒師作「印」，把「白芥子」以遶病人「頭」上，(遶)一匝，(即誦)一咒、(即)一燒，(共)二十一遍，後將「水碗」來著(於)壇上，(再)取火燒殘「白芥子」，并「灰」及與少許「飲食」，相「和」著(於)水碗中，寫於壇上「五穀器」中，即舉此器「出外」。

(若)抶ㄈ　(潑灑)與「鬼神」食竟，口云：令此人病差(瘥ㄔㄞ ➜病癒)訖！然後「發遣」，其病即差(瘥ㄔㄞ ➜病癒)。

烏樞沙摩罥索法印咒第九

準前身印，唯改「頭指」(食指)，拟在「中指」後，頭相拄，咒曰：

唵(一)阿儞尼(二)摩儞尼(三)訖儞尼(二合)噓拏(二合)杜範(補甘切四)莎訶(五)。

是法印咒，若欲「除病」，(若已)知(此病)是「鬼神」所為(只是要因鬼神所造成的病痛，皆名「行病鬼王」)，(而仍)不(能)降伏者，可作此法，誦咒(去繫)縛之。當即「遠送」(行病鬼王離)去後，(再)與作「結界」法事，(則其)所(造成人生)病(之)「鬼神」更不得(再)入。

烏樞沙摩輪法印咒第十

左右「頭指(食指)、無名指」，向內交叉，左右「中指」豎頭相柱，「大(拇)指、小指」舒之，「頭」相拄，開腕，咒曰：

唵(一)跋折囉俱嚕馱(二)摩訶婆(去音)羅(三)涉婆(二合上)瓶冰揭禮(四)缽羅　娑囉(去音)夜(五)缽羅婆囉(六)莎訶(七)。

是法印咒，若人患「冷病」，咒師手把「草火」，(在)火上抶ㄈ(潑灑)「米粉」等法，用具如「軍荼利法」，又以此火於病人(屋)宅(之)「四邊」，遶之，數ㄕㄨㄛˋ數誦咒，為結界者，其病即差(瘥ㄔㄞ ➜病癒)。

烏樞沙摩大身斧法印咒第十一

起立地，屈左膝，以左手把右腳「大(拇)指」，其肘節即當膝上，安置其身端立。右手作斧印，印中把斧，「大(拇)指」當斧柯，屈肘，印當乳房，去乳五寸許。若無斧者，直作斧印亦得，咒曰：

唵(一)跋折囉　俱嚕馱(二)摩訶婆羅(三)噢婆(去音)瑜(四)摩訶曼噢耶(五)婆羅跋羅(六)迦囉摩(七)婆(上音)羅婆(去音)羅(八)鉢羅婆羅(去音)夜(九)莎訶(十)。

是法印咒，若人卒尒 (然)患「氣疰尢」(具有傳染性和病狀較長的慢性病。亦作「注」→有注入和久住意)、鬼疰、背氣、背膊艹 (肩膀：胳臂)重」等病，可作此印，誦咒，打其所「痛」之處，當時即差(瘥ㄔ →病癒)。

烏樞沙摩槃法印咒第十二

準前身印，唯改「頭指」(食指)，捻ㄋ (按：捏)「中指」上節上，咒曰：

唵(一)跋折囉　俱嚕馱(二)摩訶婆(去音)羅(三)跢姪他(四)醫(去音)醯(上音)醫醯(五)迦比囉冰揭囉(六)屋伽囉帝闍(上音七)忘(輕音)娑輸儞跢(八)部社那布嚕槃(上音)多婆(九)室囒訖柳(二合)嘘拏(二合)(十)薩婆迦闍(十一)阿杜那(十二)毘杜那(十三)涉筏(二合)唎涉筏(二合)唎(十四)摩訶涉筏(二合)唎(十五)阿目劍(平音十六)涉筏(二合)唎拏(十七)訖柳(二合)嘘拏(十八二合)渴(去音)伽手羅(十九)馱奴達囉(二十)普吒普吒(二十一)普吒夜普吒夜(二十二)阿謨迦(上音)寫(稱他某甲二十三)薩婆奢唎囒(二十四)阿杜那(二十五)毘杜那(二十六)薩婆馱(去音)敦(二十七)涉筏(二合)囉(去音)夜(二十八)孤婆夜(二十九)莎訶(三十)。

是法印咒，若欲「除病」，(於)病人(身)邊，作「四肘」水壇，(於水)壇中心，著一盤「飲食」，(於)東南北方，(亦)各一盤「食」。

咒師坐(在)「西方」，(在)咒師(的)左邊，(再)令病人坐(在)「咒師」(的)前(面)，復安「火爐」，燒「白芥子」，一咒一燒(白芥子)，(共)一百八遍，其病即差(瘥ㄔ →病癒)。

若一日不差(瘥ㄔ →病癒)，(應連續)三日作法，決定得差(瘥ㄔ →病癒)。如其(再)不差(瘥ㄔ →病癒)，知「非鬼病」，(此法)宜「白日」作，勿(於)夜(晚)作法。

(取一尊)**烏樞沙摩**(ucchuṣma)**像一軀**(形軀;身軀)**，**(於)**南邊安置「火爐」，取「白芥子」及「赤色華」，并自身「血」，少分交和，欲令**(被)**「舍覩嚕」**(śatru 怨敵;怨家)**熱病**(所)**困者，以前件藥，一咒一燒，一百八遍，「舍覩嚕」**(śatru 怨敵;怨家)**即**(可)**困**(縛)**。若欲令差**(瘥苶 ➜ 病癒)**，**(再)**取「沙糖」和「水」，及與「白華」，一咒一燒，一百八遍，稱其「那**(去音)摩」，遍遍皆稱著者，即差**(瘥苶 ➜ 病癒)**，以後**(其)**「毒心」自然消滅。

烏樞沙摩頭法印咒第十三

準前身印，唯改右「頭指」(食指)，捻⅗ (按;捏)「中指」上節上，左手「頭指」(食指)，開向「中指」前曲之，咒曰：

唵(一)安那梨(二)俱那梨(三)訖哩(二合)瑟拏(二合)冰揭梨(四)蘇薄雞(五)訖嚧(二合)多婆薩泥(六)莎訶(七)。

是法印咒，悉能療治一切「鬼病」，大大速驗。

烏樞沙摩頂法印咒第十四 （未見功能）

準前頭印，唯改左「食指」，壓「中指」外第二節文，咒曰：

那(上音)謨伽莫都(一)跋折囉　俱嚕馱寫(二)唵(三)鴦伽唎雞(四)徒摩施谿(五)莎訶(六)。

烏樞沙摩口法印第十五

準前身印，唯改左「頭指」(食指)，向左「中指」後少曲，右「頭指」(食指)向右「中指」前少曲之，咒用前「供養咒」。

是法印咒，若婦人**(生)產，**(造成)**腹中兒死**(於其中)，**(且)**不得出者。**(可)**手掬取水，水和少許**(的)**「阿魏藥」**(又叫「阿虞」，產於北印度、伊朗等地之大草本植物的一種「興渠」hiṅgu，若截斷其莖枝，斷口處即滲出汁液，待凝固後，可供作藥用，此藥即稱爲阿魏，可殺小蟲、除惡臭。阿魏於人體無害，類似今之樟腦)**，誦前「供養咒」一百八遍，與其**(婦人)**令服，死兒即**(可)**出**(其母胎)**。

烏樞沙摩跋折囉母瑟知法印咒第十六

左手「大(拇)指」，捻(按:捏)「無名指」(的)下節，以(其)餘四指，握作拳(又名「都攝印、金剛拳印、歡喜印、最一切頂輪王心印、如來甲印、堅牢金剛拳印、毘盧遮那如來大妙智印、金剛不退轉印」)，咒曰：

唵(一)跋折囉　俱嚕馱(二)摩訶婆(去音)羅(三)婆嚧婆嚧(四)四離四離(五)娑摩娑摩(六)鉢羅　婆訶訶(上音七)莎訶(八)唵(九)地力(十)鳴舝抺(十一)。

是法印咒，若作此印誦咒，即得一切(諸事皆)歡喜，無所「障礙」。

烏樞沙摩解穢法印第十七

以「二小指」相鉤(於)「掌」中，二「無名、中指、食指」，直豎相博，二「大母指」，安在「掌」中二「小指」上，合腕，咒曰：

唵(一)修利摩利(二)摩摩利摩利(三)修修利(四)莎訶(五)。

是法印咒，(於)印中(先)著(點)水，(再)咒七遍已，洒(向自己顏)面，然後(再)誦持諸「餘咒法」。

行咒法人，若見死尸、婦人產處、六畜(馬、牛、羊、雞、狗、豬)產生(之處)，(凡是有)「血光」流(之)處，(若)見如是等種種「穢」時，即作此「印」，(並)誦「解穢咒」，即得清淨，所行咒法，悉有效驗；若不爾者(如果不誦咒作手印的話)，(即可能)令人「失驗」(失去效驗)，反(而可能)被「殃害」，(而造成顏)面上生「瘡」，(所以一定要誦此)「解穢神咒」，必不得忘(記)。

行者每日(應)以「香」熏身，於道場(之)「東壁」(東面牆壁)，張(貼一尊)「金剛像」，敷「金剛」(像於清)淨(之)座(上)坐(著)，(或)用「吉祥草」，如無此草，(則以)「白茅」代之。

咒師(應)身著「赤衣」(紅衣)，用赤(色的)「坐具」，然後坐於「菖蒲席」上，又取黃(色的)「蔓菁子」(蕪菁子)及「白芥子」，咒七遍已，散著「四方」，(則)一切「惡鬼、天魔之神」(皆)不得嬈亂。咒師(應)向金剛(像之)前，以兩手(施)散「赤色、紫色」二種色(之)華。

散華咒第十八

咒曰：

唵觧(一)蘇雞羅(去音)夜(二)莎訶(三)。

更有一本咒曰：

唵烏觧(一)涉筏(二合)囉(去音)耶(二)莎訶(三)。

烏樞沙摩大咒第十九

咒曰：

那(上音)謨(上音)囉(上音)怛那(二合)跢囉(二合)夜耶(一)那謨(同上)室旃(二合)茶跋折囉波拏曳(二)摩訶藥叉栖那缽跢曳(三)那謨跋折囉(二合)俱嚕陀寫(四)阿缽囉(二合)底訶(上音)多(五)奢珊那(上音)寫(六)摩訶嚧山那(上音)寫(七)跋折囉檀曇(八)缽囉(二合)薄叉(上音二合)彌(九)阿底俱嚕嗑(去音十)缽囉(二合)摩馱路男(上音十一)冰伽嗑(十二)迦卑嗑具嗑(十三)摩囉(上音)南(上音十四)多囉薩南(上音十五)多他醫迦遮囉(上音)底(十六)藥俱嚕馱(十七)僧伽囉(上音十八)迷多羅迦昧曳(十九)曳那俱嚕遳那(二十)檀茶那陀那(上音)婆(二十一)毘武企吉哩多(二十二)多麼劍(二十三)三缽囉(上音二合)薄叉(上音二合)彌(二十四)阿底唎(二合)必曇(二十五)嚕地囉迷陀(去音)榆(二十六)旦茶旦茶(二十七)摩訶旦茶(二十八)跋折囉旦茶(二十九)摩訶婆(去音)羅訶那(上音)彌(三十)薩婆舍睹嚕(二合)尼(三十一)奈奢奈奢(三十二)那舍夜那舍夜(三十三)戶盧戶盧(三十四)遇盧遇盧(三十五)訖柳(二合)嚧拏(二合)(三十六)檀茶檀值拏(三十七)槃者槃者(三十八)摩他摩他(三十九)跋折囉檀值那(四十)摩囉(上音)夜摩囉夜(四十一)焰摩檀值那(四十二)阿那(上音)夜阿那(上音)夜(四十三)迦羅波施那(四十四)阿那(上音)夜阿那(上音)夜(四十五)婆嚕那波施那(四十六)多茶夜多茶夜(四十七)藥叉檀值那(四十八)部菩烏樞沙摩(ucchuṣma)(二合)俱嚕馱(四十九)阿跋唎彌多婆(去音)羅(五十)波羅羯摩婆榆補陀羅(二合)(五十一)摩怒都毘冶(二合)闍皤(五十二)者吒者吒(五十三)缽吒缽吒(五十四)摩吒摩吒(五十五)波夜摩奴(五十六)頻馱頻馱(五十七)毘頻馱毘頻馱(五十八)跋折唎拏(五十九)多茶(上音)夜多茶(上音)夜(六十)藥叉檀值那(六十一)訶(上音)那訶(上音)那(六十二)婆那婆那(六十三)毘沙拏(六十四)阿底毘沙拏(六十五)呵陀呵陀(六十六)跋折囉　郁嚕摩(六

(十七)跋折羅　那(上音)迦(六十八)跋折囉　計奢(六十九)跋折囉　目佉(七十)訶(上音)娑訶(上音)娑(七十一)跋夜麼奴(七十二)文遮吒吒訶(七十三)僧毘吉唎跢目呵(七十四)摩娑彌陀摩闍(七十五)戶盧地必唎耶(七十六)醫醯(上音)阿目劍咩(七十七)摩訶缽施儞鞞陀(七十八)耶彌多婆婆(七十九)跋折囉　值那(八十)嗚斜抷(八十一)摩訶婆(去音)羅(八十二)訶(上音)那訶(上音)那(八十三)缽遮缽遮(八十四)摩他摩他(八十五)毘馱(二合)崩寫夜(八十六)那舍夜那舍夜(八十七)摩囉(上音)夜摩囉(上音)夜(八十八)多囉(二合)珊那(去音)夜(八十九)嗚斜抷(九十)摩囉(上音)那(去音)夜(九十一)嗚斜抷(九十二)儞毘耶(二合)嚧山那(去音)夜(九十三)嗚斜抷(九十四)阿時夜(二合)耶(九十五)嗚斜抷(九十六)俱嚕囉　跋折囉　跋尼(九十七)阿(上音)若波夜智(九十八)莎訶(九十九)。

是一法咒，名「烏樞沙摩(ucchuṣma)金剛」大法神咒，若人能誦滿「十萬遍」，日日相續燒「安悉香」，請「金剛」坐，供養畢已，數數(ㄕㄨㄛˋ)誦咒，并用「諸印」，(則)一切所作種種「法事」，無不成辦，皆(能)得效驗。

畫烏樞沙摩像法咒第二十

令處女子，織作「白氈(ㄓㄢ)」，若織作「絹」等，先咒「牛尿」，一百八遍，咒曰：

唵(一)跋折囉　地力(二)嗚斜抷(三)莎訶(四)。

咒牛尿已，用洒褻等，(於)「黑月」(指農曆的第「初十六日」起，到下個月的「初一」之前)八日、九日、若十四日，淨好泥地，而作一「壇」。取一「佛像」，以「香水」洒，安置壇中，供養種種香華飲食，然「八盞燈」。

喚一「畫師」最能畫者，隨其(畫師)所「索」(價位)，(無論)「多少」即與，不得「還價」(討價還價)。日日與其(畫師)受「八戒齋」，(請畫師)香湯「洒浴」，(並令)著「新淨衣」，與其「博士」(古代對具有某種「技藝」或專門從事某種「職業」的人的尊稱)，作「護身印」，然後(請畫師)畫作「火頭金剛」：

❶其像身長「可」(大約)佛一肘(約60cm)、(或)二尺三寸半(約71cm)。
❷除其「光座」，更作「高大」，亦彌精好。

❸和「彩色」，用「薰陸香」汁，不用「皮膠」。

　取一「水罐」，著壇「中心」，日日當設一「七人」齋，若不辦者，「一人」亦得。

❹(烏樞沙摩)其像色「青」，而有「四臂」。

❺右手向膊ᡷ(之處而)把「跋折囉」(金剛杵)。

❻左手向肩(之處)而把「赤索」(紅色的繩索)。

❼其(紅色的繩)索「盤屈」，狀似「盤蛇」。

❽右手舒下，仰「大(拇)指」博「頭指」(食指)，直下舒，其餘「三指」，纏屈向上。

❾左手屈臂向上，手把「數珠」，用「中指頭」而掐其珠，面貌端正，極令姝妙。

❿畫「二龍王」絡「左髆ᡷ」上，其二「龍頭」(應)相鉤，仰視在於「胸」前，(龍)尾在「背」上，俱純「赤色」。

⓫又「四龍王」並作「青色」，各絞(纏住)一臂。

⓬又二龍王亦皆「青色」，各絞(纏住)腳脛ᡷ(小腿)。

⓭其(烏樞沙摩)像(的)頭上(有)一「白龍王」，絞盤(而)豎頭。

⓮其(烏樞沙摩)像「腰」下(有)「虎皮」縵ᡷ胯(指衣服掩蔽了大腿與小腿的一些部分)。

⓯頭髮「火焰」，悉皆使(直)豎。

⓰非但「頭」上，項背(頸項和背脊)亦有「火焰」之光。

其(烏樞沙摩)頭光上，左右各畫一「蓮華座」。

①「左蓮華」上作阿閦佛像(一本云釋迦佛)，結跏趺坐。

②左手「仰掌」，橫在臍下，右手「仰掌」，在右膝上，「指頭」(食指)總垂。

③「右蓮華」上作阿彌陀佛像，結「加趺坐」，手作阿彌陀輪印。謂左手「仰掌」，「大(拇)指、無名指」兩頭相拄，「食、中、小」三指，皆舒展之，右手同前。

④作但以此手覆「左手」上，二手「大(拇)指、無名指甲」，齊之「相拄」。

⑤其佛像上，畫作「諸天」散華之像，其上作雲，如「電光色」。

⑥其(烏樞沙摩)「金剛像」底，畫作「海水」，中有「蓮華」，於其華上。

⑦立「金剛」著，海中畫作八箇「阿修羅王」，左邊四箇、右邊四箇。

⑧其「八王」形皆作「低頭禮拜」之形。其金剛底「右邊」，復畫「咒師」形像，手執「香鑪」，胡跪供養。

作此(烏樞沙摩)「像」已，咒師日日燒「安悉香」，供養(烏樞沙摩)「金剛」，(並)發露懺悔。

於「水壇」中，(應)先誦咒，滿「十萬遍」已，所願皆隨。

若意欲入「阿修羅宮殿」中者，即誦咒「滿二十萬遍」，即能得入，以後即作「色壇」(指類似「五色壇」之意)供養。

烏樞沙摩金剛供養壇結四方界法咒第二十一

結「四方界」咒，咒曰：

唵(一)跋折囉　俱嚕馱(二)摩訶婆(去音)羅(三)阿杜羅地缽底(四)底瑟吒(二合)(五)莎訶(六)。

當以此咒，咒三七遍，(於)周匝「四方」，而作「結界」。

火結界咒第二十二

咒曰：

唵(一)跋折囉　俱嚕馱(二)摩訶婆(去音)羅(三)跋折囉(二合)盎　矩羅(四)跋折羅姥佉(五)跋折囉缽羅　訶(上音)囕那(六)跋折唎那(七)地沙毘地沙(八)底瑟吒(二合)(九)阿羯嚧(二合)摩(十)莎訶(十一)。

是一法咒，取一「炬火」，咒三七遍。(於)周匝「結界」，及用「護身」，(此能)治一切病，大有靈驗。

咒水和粉泥咒第二十三

咒曰：

唵(一)跋折囉(二)跋折唎尼(三)跋折囉　輸達(上音)尼(四)跋折囉　輸達儞雞(五)莎訶(六)。

是一法咒，以「水」和「粉」，及作「香泥」，咒三七遍，然後塗地(塗於道場之地)，作「四肘」(之)壇，(並著)種種「色粉」(指類似「五色」之意)，皆得通用。

咒水咒第二十四

咒曰：

唵(一)跋折囉達囉(去音)夜(二)莎訶(三)。

是一法咒，用咒「淨水」，(則於)一切處(皆能)用。

滅除罪咒第二十五

咒曰：

唵(一)室唎(二合)夜耶(二)室唎(二合)阿囉(上音)夜(三)摩訶婆卑怛囉(二合)夜(四)莎訶(五)。

是一法咒，作壇(及修)「斷食」，一日及二、三日，(數數)誦此咒者，(能)滅一切罪。諸佛菩薩，(及)金剛天等，皆大「歡喜」。

咒索咒第二十六

咒曰：

唵(一)涉筏(二合)囉夜(二)莎訶(三)。

是一法咒，(以)咒索「散華」。

咒跋折囉咒第二十七

咒曰：

唵(一)喫醯(虛棄反)跢曳(二)鶡嚕醯(平音)多濕婆(二合)夜(三)鳴斛抴(四)。

是一法咒，咒「跋折囉」(金剛)，一百八遍，釘「壇」(於)中心。

火結界咒第二十八

咒曰：

唵(一)地毘頻徒(二)薩毘提婆(三)薩婆羯囉(四)悉缽(二合)婆陀室者(二合)曳(五)莎訶(六)。

是一法咒，作壇之時，咒於「炬火」，三七遍已，繞壇「四面」，周匝結界。

大結界咒第二十九

咒曰：

唵(一)缽囉　娑囉(二)阿羯那曳(三)莎訶。

是一法咒，作壇之處，用結「大界」。欲作壇者，先覓「閑靜」，清淨之處。
「好堂」(之)室內，作「四肘壇」(至)「六肘」之內，掘去種種「骨木、瓦石」，然後將其
(它)別(的)「淨土」來，築令堅實，極使「平正」，於其地上，作「四肘壇」。栟「粉繩法」，
如上「佛頂」等部中說。
欲受法者，(應先)香湯洗浴，著「新淨衣」。上方、下方，及與四方，懸諸旛蓋鈴，帶
「寶華」珮鏡等物，皆如餘部法中所說。
莊嚴下方用「五色粉」，所用采粉，一一皆咒「一百八遍」，然後方用一切「壇法」，用
「粉」皆然。若不咒「粉」(的話)，(則)作法不成。
(所謂)「五色粉」者：
　　一「白色」，(如)「粳米粉」是。
　　二「黃色」，若「鬱金」末、若「黃土」末。
　　三「赤色」，若「朱沙」末、「赤土」末等。
　　四「青色」，若「青黛」末、「乾藍淀〻」(淀古同「澱」→藍靛〻，藍色染料)等。
　　五「黑色」，若用「墨」末、若「炭」末等。
　　其粉皆和(合)「沈香」末(一起)用。

咒白粉咒第三十

咒曰：

唵(一)阿揭那(去音)曳(二)濕閉(二合)馱(去音)夜莎訶(三)。

咒赤粉咒第三十一

咒曰：

唵(一)阿揭那(去音)曳(二)阿羅(上音)馱夜(三)莎訶(四)。

咒黃粉咒第三十二

咒曰：

唵(一)阿揭那(去音)曳(二)卑馱(去音)夜(三)莎訶(四)。

咒青粉咒第三十三

咒曰：

唵(一)阿揭那(去音)曳(二)可唎馱(去音)曳(三)莎訶(四)。

咒黑粉咒第三十四

咒曰：

唵(一)阿揭那(去音)曳(二)居唎(二合)瑟那(二合去音)夜(三)莎訶(四)。

是五(種顏色的)法咒，若欲作壇，把「跋折羅」各印其「粉」，各誦本咒「一百八遍」。如是咒竟，依法安置，作「四肘壇」。

先以「白粉」，布為界道，場開四門，其壇中心作蓮華座，安置「烏樞沙摩」(ucchuṣma)像。

東門更作一蓮華座，安「跋折囉 施可囉」。

南門亦作一蓮華座，安「彌嚕 室嚡伽」。

北門復作一蓮華座，安「漢陀釋吉智」。

西門安置「跋折囉 杜地」(vajra tuṇḍi 金剛嘴)。

其西門外安「咒師座」，東北角安「提頭賴吒」天王(dhṛta-rāṣṭra 東方持國天王)，東南角安「毘盧荼迦」(vi-rūḍhaka 南方毘樓勒迦天王)，西南角安「毘嚧博叉」(vi-rūpākṣa 西方廣目毘樓婆叉天王)，西北角安「鞞沙門天王」(vaiśra-vaṇa 北方毘沙門天王)。

此四天王亦通「供養」，皆與一切佛菩薩(平)等。

作法時，用燈「十六盞」，百味飲食，作十二盤，燒「安悉香」種種供養。

壇「西門」外、近「西南角」，可(大約)八指地，作一「火爐」，擬燒「酥蜜、胡麻香」等。

其日咒師，可誦「大咒」一千八遍。

若作此法者，(可)感得「火頭金剛」歡喜，(及)作一切法，皆得大(靈)驗。

又請「金剛」(於)火爐中(的前面而)坐，燒於「酥蜜、胡麻、稻華」，咒一百八遍火頭(金剛咒)。弟子各誦其咒「一百八遍」，四天王咒各誦七遍。

烏樞沙摩喚使者法印咒第三十五

二「大母指」各押「小指甲」上，二「頭指」(食指)、無名指」並直豎，二「中指頭」相拄合腕「大(拇)指」來去，咒曰：

伊利彌(一)伊利彌(二)利彌利彌利(三)莎訶(四)。

是法印咒，若欲行印「治病」之處。於「病人」邊，先須燒香，作是印咒，(能招)喚於一切鬼神(而令)安置。然後行印，誦咒「療病」，皆有大驗。

烏樞沙摩咒水洒面咒第三十六

咒曰：

那(上音)謨(上音)跋折囉　俱嚕馱夜(一)唵(二)遮智能尼(三)莎訶(四)。

是一法咒，(以)咒水七遍，以用「洗面」，(則能令)一切歡喜。

烏樞沙摩止啼咒第三十七

咒曰：

那(上音)謨(上音)摩跢唎(二合)伽那(上音)寫(一)跋折囉　俱嚕馱夜(二)跢姪他(三)朱嚕提(四)朱嚕提(五)朱主嚕提(六)莎訶(七)。

是一法咒，於「素帛」上，抄是咒文。(於)咒索(的)中心，繫是「咒文」，還以此咒，一咒(打)一結，(共打)一百八結。(若遇)小兒、女子(於)夜「啼哭」時，以(此咒文)繫(於)頸下，(則可)不畏(於)一切諸鬼神等，(夜)不復更「啼」，兒(能)得長命。

烏樞沙摩調突瑟吒咒第三十八

咒曰：

那謨(二皆上音)婆伽婆都(一)跋折囉　俱嚕馱夜(二)跢姪他(三)醫醯(上音)醫(上音)醯(四)摩訶婆羅(五)阿目劍(六)涉筏(二合)唎拏(七)訖柳(二合)噓拏(二合)(八)戶嚧戶嚧(九)咄吒咄吒(十)莎訶(十一)。

是一法咒，欲調伏「前人」(而)喚來，(若此前人仍)去(而)不來時，即(屬於)「突瑟吒」(duṣṭa 惡性)。(此時可)取「黑羊毛」而作「咒索」，(再)以「紫檀木」(而)削作「橛子」(木橛子：短木樁)，長橫「八指」，取前「咒索」(再)纏(於)縠樹上，咒「橛」及「索」(共)一百八遍，(再)釘其樹上，即(令)著「鉢囉」(梵言也，丹云病癩)，若欲令「愈」，(則可)拔去其「橛」，(若)咒於「牛乳」，一百八遍，(再)內(納)其(於)孔中，即得還復。

烏樞沙摩率都(二合)提咒第三十九

咒曰：

唵(一)跋折囉　俱嚕馱夜(二)迦(上音)子野(二合)(三)(下同)毘迦(上音)子野(四)阿謨迦(上音)寫(唱他人名五)俱嚕曇(六)悉耽(二合)婆夜弭(七)莎訶(八)。

是一法咒，若「前人」(對你發)瞋(心)，(則應)數~~~~數~~~~誦(咒)之，(可令)前人(對你生)歡喜(心)。

烏樞沙摩調伏咒第四十

咒曰：

唵(一)跋折囉　俱嚕馱夜(二)古卑毘古爐木谿(三)莎訶(四)。

是一法咒，咒「坏冬 瓦缽」一百八遍。蓋惡比止(pici)「追央久利」(此四字梵言也)，即不能出「追央久利」，若欲出者，去缽即出。

烏樞沙摩那瑜伽咒第四十一

咒曰：

唵(一)跋折囉　俱嚕馱夜(二)烏古離(三)彌古離(四)支刹離(五)誓蜜離(六)阿姥俱(七)阿謨迦寫(加他人名八)提畢瑟都(二合)(九)婆(平音)婆(上音)都(十)毘叱叱(平音)瑟都(二合)(十一)莎訶(十二)。

是一法咒，咒「稻穀糠」一百八遍。近於「南壁」，安「金剛像」，像面向北，咒師面向「南」，坐像前，即作一「小水壇」，壇中著一「火爐」，咒前(面的)「稻糠」，一咒一燒，一百八遍。抄彼「那摩」(梵音)，作是法已，兩人「比智」(梵音)。(若)欲相好者，取「薰陸香」和「白色華」，咒燒(於)火中，即得「瑜伽」。

烏樞沙摩目佉槃陀那咒第四十二

咒曰：

唵(一)娑訶(上音)那(二)娑訶(上音)那半那(三)迦郎(輕呼)古哩(二合)多(四)設唎囉(去音)夜(五)莎訶(六)。

是一法咒，咒「灰」、若「土」二十一遍。望惡「比止」目佉(mukha 嘴：口)薩之，即得(將對方的)目佉(mukha 嘴：口)-盤陀那(bhandhana 繫縛)。若欲令(復原完)好，(則)咒水二十一遍，望目佉(mukha 嘴：口)抌(phaṭ)即得平復。

烏樞沙摩咒法功能

若有「苾芻、優婆塞」等，意欲受持「烏樞沙摩」(ucchuṣma)金剛咒者，當作「水壇」。
每日「平旦」，以諸「香華」，發心供養十方「諸佛、般若菩薩、金剛天」等，「心、口」發願，然後「一坐」，誦咒即滿「八百遍」(800遍)。
日中、黃昏、中夜，各「八百遍」(一天分三次，各800遍，那一天總數應是2400遍)，准前供養。

誦咒之時，皆不得共旁人「戲笑」，交頭「亂語」，咒師面作極大「瞋顏」(按照密教諸經的說法，如果要「辦事」時，要治鬼怪時，才需要「瞋顏怒目」的誦咒，平時是不需要，除非是需要「觀想」本尊作「大瞋顏相」)。

初受此法，必須「堅固」，若能誦咒滿「十萬遍」，心心繼念「不斷絕」者，更莫「餘緣」，一切所為，無不成辦。

其供養香，純燒「安悉香」，用「赤色華」，「紫華」亦得，掐「赤數珠」，「琉璃珠」亦得中用。

復著「赤衣」，坐「菖蒲席」，席下敷「氈緂」。安置訖已，咒水「七七遍」，潑散四方上下。
「結界」後，咒「白芥子」七七遍已，遍散四方，上下結界。次請「金剛」及眷屬等。安置座已，取一「火爐」，(在)西門外南(邊)，咒師(之)前者，取「稻、穀華」和好「牛酥」，於火爐中，然「穀木柴」。以「柳枝」策咒一遍已，火中燒之，滿「八千遍」。

爾時「咒神」(所誦的咒語本尊神即可能)下來「現形」，或夢中見其咒(之本尊)「神形」。(若)正見(本尊)神(形)時，咒師(請)莫(驚)怖，身毛不動，(要)安然定想，(接下來要)隨心任意，(及作)種種發願。

得此驗已，可詣高峻四絕「山頂」，更作「壇場」，(然後作)如法供養。

(待)誦咒滿足「十萬遍」竟，(然後)高聲大叫，諸「仙人門、阿修羅門」皆悉自開。

又取「蔓菁子」半升，取「自身血」和「蔓菁子」，一捻哥(用手指搓或轉動)一咒，(投於)火中

燒之，滿「八千遍」竟_(後)，「阿修羅女」及「仙人女」等，_(將)出_(來)迎「行者」，_(請)入內供_(養你)，_(也會)常_(給)與「甘露」飲_(吃)　其「行者」。

(行者之)齒、髮、皮膚並自脫去，更得「新生」，其人身形如似「金色」，持咒人(可)得「一千年」活，力如「金剛」，_(於)「一千年」後命終，即生「忉利天」上，自身即為「忉利天王」。

又一法者，_(於)「日、月」蝕日，作一「水壇」，縱廣_(長度與寬度)「四肘」_(即單邊60 cm。四邊總長4肘=240 cm)，_(以)「牛糞」塗地，燒「安悉香」，散「雜色華」。

將「金剛像」當_(置於)「中央」著，又取「好酥」，_(以)赤銅器盛，著於_(金剛)像_(之)前。咒師面向「東」坐，對_(金剛)像誦咒，至日月「滿」，依舊即休_(停休下來)。然後自取其酥服之，得大聰明，所為諸事，皆獲大驗。

「火頭金剛」降魔器仗法：當用淨好熟「鑌₂　鐵」_(精練且堅硬的鐵)，作「金剛杵」，杵長_(唐制的)一尺(30 cm)。其杵兩頭，作「六楞峰」，縱廣_(長度與寬度)「二寸」_(共 6 cm)，細腰「四楞」，狀如「金剛力士」把杵。

作「輪法」者：轂輞具足，狀如車輪，輪闊「一尺」，縱廣皆然。中隔六楞峰，亦六峰，外十二楞峰，亦十二，周匝有刃。

次「作斧法」者：兩頭有刃，身長六寸，柯長二尺，作刀一口。又須作槊一張，長四尺許，木身「鐵」峰，其所用鐵，皆須預咒一百八遍，護淨結界。

作「器仗」訖，各咒其物「一百八遍」。各咒已竟，當於受法壇中著之，日夜依前，遍數誦咒。

要候_(降魔)「器仗」，_(以)見「大神通威力」為限，
若_(降魔)「器仗」上現於「熱相」，手不可近者。當知此法已成就竟，其誦咒人，得千歲活。

若(降魔器仗有)「煙」出者，其誦咒人得「萬歲」活。

若(降魔器仗有)「火焰」出者，其誦咒人，(能)飛上天上。

若作此法，必須就詣「閑靜」之所，及之(前往)山間「高峰頂」頭。若(只有)小小(之)求(願)，(則)於「淨室」內「作法」，亦得。

若欲「求仙」及取「大(靈)驗」，必入山間「高頂」之上作之，定得最勝大驗。

又有一法，咒「水、白芥子」等，散於十方結界，以後一切「惡魔、惡鬼神」，皆不得嬈亂。

(一般)誦咒之人，「諸法」之中皆不許(有)染(污諸事)，唯「烏樞沙摩」(ucchuṣma)金剛法，(能)通(容)若「染」、若「淨」，無所「禁制」。若人能去「諸貪、雜染」，其法更好，所有功能不可具論。

　　〈烏樞沙摩金剛法印咒品〉一卷竟

第二部《穢跡金剛說神通大滿陀羅尼法術靈要門》

唐・北天竺 阿質達霰^工ㄙ（Ajita-Senapati 意譯無能勝將。公元 732 年間人）譯

（部份經文已據《大正藏》頁下的註解作適當的修訂，文中有「一」到「二四」字樣，為讓經文清楚，係私人添加之字樣）

如是我聞。一時（釋迦）**佛在拘尸那國**（Kuśinagara拘尸那伽羅；拘夷那竭；俱尸那；拘尸那；瞿師羅；劬師羅；拘尸城）**力士生處**（Malla力士國；壯士國；華國。拘尸那城位十六大國中之末羅國。此地相傳為「大力士」即「末羅」種族所生之處，故名力士生地。隋・灌頂《大般涅槃經疏》云：力士生地者，人中力士，力敵千人。凡三十萬，共為群黨，無所臣屬，以法自持，亦不暴亂，即士人也，故言生地）**，**（佛於）**跋提河**（Ajitavatī希連河；伐提河）**邊，娑羅**（śāla）**雙樹間。**

爾時（釋迦）**如來臨入「涅槃」，是時有無量百千萬眾，天龍八部、人、非人等。**（眾等）**啼泣向佛**（之）**四面，哽咽悲惱而住。**

爾時復有諸天大眾，（如）**釋提桓因**（Śakra Devānām-indra又作天帝釋、天主、憍尸迦多種稱呼，此即為三十三天之天主）**等，皆來供養**（佛陀）**。**

（此時）**唯有螺髻**ㄐㄧˋ（śikhin編髮；持髻；螺髻梵。因此梵王頭髮之頂髻作螺形狀，故稱螺髻梵王，他曾為色界初禪天之第三天「大梵天王、娑婆世界主」）**梵王，將**ㄐㄧ（帶領）**諸天女，**（眾天女皆）**依於**（螺髻梵王之）**四面，**（與）**圍繞而坐。前後天女**（之數量有）**百千萬億眾，**（時螺髻梵王與眾天女）**共相娛樂，**（雖）**聞如來**（將）**入「般涅槃」，而**（仍）**不來觀省**（親謁省顧）**。**

時諸大眾為言：

今日如來（將）**臨「般涅槃」，是彼**（螺髻）**梵王何不來耶？其**（螺髻梵）**王必有「我慢」之心，而不來至此。我等徒眾驅使「小咒仙」，往彼令**（抓）**取**（螺髻梵王）**。**

（大眾）**作是語已，**（即）**策**（動發起）**百千眾「咒仙」**（持咒仙人）**，到於彼**（螺髻梵王）**處，乃見**（彼處竟以）**種種「不淨」**（之物）**而為「城塹**ㄑㄧㄢˋ**」**（城池郭塹）**。其**（持咒諸）**仙見**（諸不淨穢物）**已，各犯咒**（被穢物觸犯而導致咒語失效）**而死。**

時諸大眾怪未曾有，復策(動發起)無量「金剛」，亦令「持呪」而去(螺髻梵王處)，乃至「七日」，無人(能抓)取得(螺髻梵王歸來)。大眾見是事已，倍復悲哀。爾時大眾同聲而說偈言：

苦哉「大聖尊」(釋迦佛)，入真(入涅槃真際)何太速？
諸天猶決定，(唯有諸)天(眾)人(聲聲)追喚得(願能喚得釋迦佛能繼續住世度眾)，
痛哉「天中天」(釋迦佛)，入真(入涅槃真際)如火滅！

時諸大眾說此偈已，倍復哽咽悲啼嘷(古同「嗥」➜號)哭。是時如來愍諸大眾，即以「大遍知」(之)「神力」，隨(如來之)「左心」(變)化出「不壞金剛」(穢跡金剛)。(穢跡金剛)即於眾中，從座而起，白大眾言：

我有大神呪，能取彼(螺髻)梵王。(穢跡金剛)作是語已，即於大眾之中顯大神通，變此三千大千世界，六反震動，天宮龍宮，諸鬼神宮，皆悉摧崩。(穢跡金剛)即自騰身至(螺髻)梵王所，以(手)指指之(螺髻梵王處的穢物)，其彼種種「穢物」，(即)變為(清淨)「大地」。

爾時(穢跡)金剛至彼，報言：汝(螺髻梵王)大愚癡，我(佛)如來，欲入涅槃，汝(螺髻梵王)何不去？(穢跡金剛)即以「金剛不壞之力」，微以指之(螺髻梵王)，(螺髻)梵王(即)發(大)心(而回歸)至(釋迦)如來所。

爾時大眾讚言：(穢跡金剛)大力士！汝能有是神力，取彼(螺髻)梵王來至於此。時(穢跡)金剛即報言：

若有世間眾生，被諸天「惡魔」、一切「外道」所惱亂者，但誦我呪(至少)「十萬遍」，我(即)自現身，令一切有情(眾生)，(能)隨意(獲得祈願之)滿足，(得以)永離「貧窮」，常令「安樂」。其呪如是，(應)先發此大願：

南無我本師釋迦牟尼佛，(弟子某某人)於如來滅後，受持此呪，誓度群生，令佛法不滅，久住於世。

說是願已，即說「大圓滿陀羅尼神呪穢跡真言」，曰：（註：〈〉內的字是曾被刪除的十個咒字，今補之）

唵・　咈咭嘔嘩・　　摩訶鉢囉(二合)・喂那唥・　吻汁吻・　〈醢〉〈摩〉〈尼〉・

oṃ・ bhihauguru・ mahāpra-- hun-nahu・ bucibu・ himaṇi・

(歸依　怖畏 上師　　　大智者　　　　祕密　　　安住　　真摩尼寶珠體性)

微咭微・摩那栖・

vikivi・ manase・

(攝伏　作意妄想)

〈唵〉・〈斫〉〈急〉〈那〉・嗚深慕・嘔嘩・

oṃ・　　jaṭila・　　ucchuṣma--guru

(歸依　　結髻苦行者　烏芻瑟摩;穢跡;除穢上師)

斛　　斛　　〈斛〉・　泮　　泮　　泮・〈泮〉　〈泮〉・娑訶・

hūṃ・ hūṃ・ hūṃ・ phaṭ・ phaṭ・ phaṭ・ phaṭ・ phaṭ・ svāhā・

(降伏　　　　　　　摧破　　　　　　　　　　　圓滿)

時彼(穢跡)**金剛說此呪已，復作是言：**

(穢跡金剛)**我於**(釋迦)**如來滅後，常誦此呪。若有眾生，情願受持此呪者，**(穢跡金剛)**我常為「給使」者，令所求「如願」。**

(穢跡金剛)**我今於**(釋迦)**如來前，說此神呪。惟願**(釋迦)**如來，**(能)**於**(涅槃)**「真際」中，**(能繼

^{續)}照知^(照耀察知)我等。

(「一」到「二四」字樣，爲讓經文清楚，係私人添加之字樣)

一、世尊！若有眾生，多被諸「惡鬼神」之所惱亂^(者)。誦此^(穢跡金剛)呪者，皆不能為害，永離苦難。

二、世尊！若有善男子、善女人，欲^(發心以呪語)救療^(眾生之)「萬病」者，^(應)先持此^(穢跡金剛)神呪^(至少)「四十萬遍」^(以上)，^(若)見有病者，^(以呪語加持)「治」之，^(必)有驗。無問^(修法者)「淨」與「不淨」，^(我將)隨意^(任汝)驅使，我當^(汝之)「隨從」，滿^(汝)一切^(所)願。

三、若欲令「枯樹」生「枝葉」者：取「白膠香」一大兩，塗「樹心」，^(再以)「楊枝」^(以穢跡金剛呪)呪樹「一百遍」，日三時，至滿三日，^(枯樹)即生「華果」。

四、若欲令「枯泉出水」者：^(以)「淨灰」圍之^(枯泉)，取井華水^(於清晨最初所汲取的純淨的水)「三升」，置泉^(於)水中，於「寅時」，^(以穢跡金剛呪)呪「一百八遍」，水^(即)如車輪^(般的)湧出。

五、若欲令「枯山」生「草木」：^(則)取「鑌[⼆]鐵」^(精鍊且堅硬的鐵)刀一口，於四方圍山，^(以穢跡金剛呪)呪「三千遍」，七日滿即^(可令枯山)生^(草木)。

六、若欲令「野獸」歸伏者：取「安息香」，燒向有^(野)獸^(所)住^(之)處，^(以穢跡金剛呪)呪「一千遍」。其^(野)獸至夜間，並^(聚)集^(於)持^(呪)法人^(之)門首，歸降^(有)如人間^(所養之)「六畜」相似，^(且此野獸亦能)隨意「驅使」，^(將)永不「相捨」^(此持呪法者)。

七、若欲令「夜叉」^(羅剎鬼)自來歸降^(歸順投降)者：取「桃」^(或)「柳」枝十^(枝)，齊[⼆]^(至)齊截^(的長度)，取水「一石[⼆]」^(的量)，^(將桃或柳枝一起)煎取^(成爲)「五斗」^(的量)，^(再)漉[⼆]^(同「撈」)「桃、柳」枝出。^(然後)以「丁香」三大兩，^(加)「乳頭香」三大兩，^(加)「白膠香」三大兩。復和^(合)「柳水」，^(再將這些)煎取^(成爲)「五斗」^(的量)。即置^(於)一「破盆」

中，(再)取一「桃枝」長(度)三尺，攪水，(加)誦(穢跡金剛)呪一百遍。(此時)一切「夜叉、羅刹」皆(應)來(顯)現，(並)共(向)行(呪)法人語(說話)，(且)請求(給)與(持呪)人充為「侍者」。

八、若令諸「惡鬼神、毒蛇蠍(含螞蟻蟑螂)、猛獸」等「毒心」(消)滅者：(先)取「淨灰」，圍(住惡鬼神、毒蛇蠍、猛獸)所居(之)「穴孔」，(毒蛇蠍、猛獸)並自(將從穴)出來。當(稍)微出聲(的誦呪)，(以穢跡金剛呪)呪之「一百遍」。其「蛇」等一切蟲獸，各(消)滅(其)「毒心」，不敢(再)傷人，(彼惡鬼神、毒蛇蠍、猛獸亦可獲)速得「解脫」。

九、若(欲)令「惡狗」不傷人者：取食(物)一搏(捏之成團)，(以穢跡金剛呪對食物)呪七遍，(再)與(惡狗)食，(則此惡狗將)永不傷人，復不(亂)出聲(亂狂叫)。

十、又法，若(欲)令「惡鬼」自歸降(歸順降服)人者：(先)取水「三斗」，盛於「銅器」中，取「淨灰」俵(散)之，「默誦」此(穢跡金剛)呪一百八遍，其「鬼」(將)自來歸(依)於人也。

(底下「十一」到「十五」都是相同的方式，就是把對方的「名字」，或兩個人的「名字」寫在「紙」上，然後把這張紙放在你的「左腳」下踩著，也可以學習像「穢跡金剛造型」一樣的「左腳」站立，「右腳」蹺起，當然這種姿勢很少人能撐過一分鐘的。所以直接放在「左腳」下踩著即可，「右腳」不必再蹺起。所有的方式都是以你自己的「念力、觀想、動機」與「發願迴向的內容」來決定一切，不在呪數的多寡問題。但如果是「業力、業報、因果、定業下所遭的果報」，那這些「方式」也可能無效，所以應該抱著「盡人事，聽佛命」的心態來修持這些祕法)

十一、若(欲)令「惡人」來降伏者：(先)書前人(惡人的)「姓名」，(然後將寫好的姓名)置(於念)呪人(之左)腳下，(再以穢跡金剛呪)呪之百遍(指百遍以上，或 216 遍即可)，(並)「心念」彼人(應捨怨恨及憎恨)。其(惡)人(將)立至(而被)降伏，(並將)捨(除)「怨憎」之心。

(需每天加持唸呪100 或 216 遍，並記得要為他人「發願」迴向，才會有效)

十二、又法，若令前人「不信」(不去信任「另一方」)者：(應書彼人「姓名」，置於自己之左腳下，並「心念 & 觀想」此人對另一方不要產生「信任」)誦(穢跡金剛)呪一百八遍。其人即(對「某人」或「外道」)生

「怨恨」。若令「如故」(恢復情況)者，(則再)依(照)前法(所說的方式操作即可)。

(需每天加持唸咒108，並記得要爲他人「發願」迴向，才會有效)

十三、若欲令人「相憎」(相互憎恨➔此法可對治「婚外情」)者：(則應)書彼二人(之)「名號」，(置)於自(己左腳)足下，(以穢跡金剛咒)呪二百一十六遍。(並心念&觀想此「互相貪愛親敬者」轉成「相憎恨」)。(則)其人(將與另一)人等，便相「離背」(遠離背棄)，不(復再)相「愛敬」(貪愛親敬)。

(需每天加持唸咒216遍，並記得要爲他人「發願」迴向，才會有效)

十四、若有「相憎」(恨)人」，(欲)令(彼獲得互)相「愛敬」(慈愛互敬)者：即書取彼「名姓」(指對你(妳)產生恨意、或討厭你(妳)的人的名字)，於自(己之左)足下，(以穢跡金剛咒)呪一百八遍。(並心念&觀想此「相憎恨者」轉成「相愛敬」)。其人便相「愛重」(慈愛敬重)，永不相捨。

(此點相似第十一點，差別是十一點是指「惡人」，念咒至少要「百遍」。第十四點則是指原本互相「慈愛互敬」者，因吵架、誤會而變成相憎恨，則念咒只需108遍即可，並記得要爲他人「發願」迴向，才會有效)

十五、若有「未安樂之人」(指窮困者)，(欲)令(獲得)「安樂」者：取前人「名字」書(於自己之左腳)足下。(並心念&觀想此「未安樂者」轉成「安樂」)。(再以穢跡金剛咒)呪「三百遍」，(並)當為彼人「發大誓願」(例如希望此窮困者能獲得更多更好的工作及業績)。(穢跡金剛)我於彼時，即自送「無量珍寶」，施與彼「貧人」，(令)悉得充足。

(如果想幫助窮困者改善「經濟」問題的話，則需每天幫忙加持唸咒300遍的，並記得要爲他人「發願」迴向，才會有效)

十六、又法，若持咒人，(欲)求種種「智」、種種「慧」者：但誦(穢跡金剛)咒「十萬遍」，自(可)得種種「大智慧」，種種為「善」。(獲)辯才無滯ㄓ，(能)隨行者(所求之願)意，(日常生活)所須之(物)者，並悉「施與」(而獲得滿願)。

十七、若持呪人，(欲)求種種「珍寶摩尼、如意珠」等者：但至心誦(穢跡金剛咒)呪，自限多少(自己要設定念咒的數量)，(穢跡金剛)我即自送滿其所願。

十八、若欲治「人病」者：(應)作「頓病印」(指此手印能治療「困頓病痛」者)：先以左手(的)頭指(食指)、中指，(如)押「索文」(繩索紋布)印(的方式)，(再面對著手印，誦

<u>穢跡金剛</u>)呪之「一百遍」_(即 100 遍)，以_(此手)印_(去)頓_(叩擊;敲打)病人七下_(以手印的正面敲病人病痛之處，共打七下)，<u>立差</u>_(瘥彴→病癒)。

左手的「食指」與「中指」
如同押住繩索紋布的向內縮

穢跡金剛法的「頓病印」圖解

十九、若病人_(病痛至極將欲)臨「欲死」者：先作於「禁五路印」_(需兩手同時。據《密跡力士大權神王真言法》內文言：左右無名指屈向掌中，餘八指皆直立)，**然後治之，即「不死」印目。如是先以准前_(面的手)印，以「無名指」屈向「掌」中，豎_(立)「小指」，_(誦穢跡金剛)呪之「百八遍」**_(將手印置放在病人的心胸處，然後高聲持咒 108 遍)，**其_(病)患速除**_(如果業緣已盡，則此法亦無助)。_(據清・<u>咫</u>觀記《法界聖凡水陸大齋法輪寶懺・卷九》云：左手「無名指」屈曲向掌中，餘「八指」皆直立，置於「心」上，「高聲」誦真言一百八徧，魂魄還體)

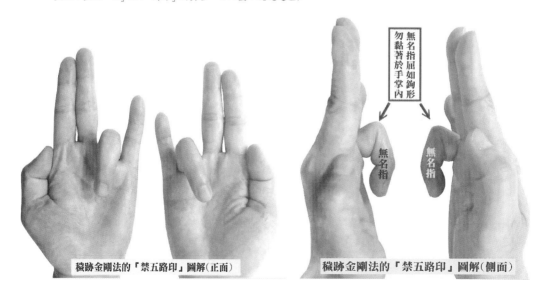

無名指屈如鉤形
勿黏著於手掌內

無名指　　無名指

穢跡金剛法的「禁五路印」圖解（正面）　　**穢跡金剛法的「禁五路印」圖解（側面）**

二十、若治_(遭)「邪病」者：但於病患人_(之)「頭邊」，燒「安息香」_(讓病人能聞得到此香)，誦

(咒)之，(則)呪(力可)立除之(邪病)。

二一、若治(遭)「蠱毒病」者：書(此病)患人(之)「名字」(於)紙上(然後再置於自己之左腳下，並心念 &觀想此「蠱毒病者」病癒)。(以穢跡金剛咒)呪之，即差(瘥瘉➜病癒)。若治(遭)「精魅病」者，亦如上法。

二二、若治(遭)「伏連病」(傳屍病)者：書(此病)患人(之)「姓名」，及「作病鬼姓名」(無法得知是何鬼名，就寫「某某鬼眾」四字即可)，(將二者之名字)埋(於病)患人(之)床(底)下，(以穢跡金剛咒)呪之。其鬼(即)速奉(出自己的)「名字」，(並)自出「現身」。(持咒者可)便(可)令「彼鬼」看「三世」之事，(彼鬼則)一一具說向人，其病速差(瘥瘉➜病癒)。

二三、若有人患「時氣病」(氣候不正常而引起的種種疫病)者：呪師(會持誦穢跡金剛咒者)見之，(加持咒語)即差(瘥瘉➜病癒)。

二四、若欲令「行病鬼王」(會令人發病之鬼王)不入「界」(結界之處)者：(可)於「十齋日」，誦我此(穢跡金剛)呪一千八遍，能除百萬病患。

傳屍病(傳尸；伏連；骨蒸；屍注；肺結核症)

中醫稱「肺結核症」，即古人說的「傳屍」→勞瘵➜➜瘵疾➜「肺癆」(瘵蟲感染--肺結核)！

漢・華佗《華氏中藏經》有《傳尸論》篇。

唐・張鷟《朝野僉載・卷二》

女患「傳屍」瘦病，恐妾厭禱之。

「傳屍」之名乃從魏晉時期所出現的名詞，其實在兩漢較早的時代是名為「殗殜、淋露、寒熱」。因為魏晉時期人們認為這個病應由死人的「屍氣」而傳染，所以當時就稱為「傳屍」病，因此兩漢所稱的「殗殜、淋露、寒熱」名稱就不再被人們使用。

「傳屍」名稱起源於魏晉時代的稱呼，如：

《華氏中藏經・傳屍論》

傳屍者，非一門相染而成也，人之「血氣」衰弱，臟腑虛羸，中於「鬼氣」，因感其「邪」，遂成其疾。其候或「咳嗽」不已，或「胸膈」妨悶，或肢體「疼痛」，或肌膚「消瘦」。

《華氏中藏經・傳屍論》

或聞病「弔喪」而得，或「朝走、暮游」而逢，或因「氣聚」，或因「血形」，或「露臥」于田野，或偶會於「園林」，鍾此病死之氣，染而為疾，故曰「傳屍」也。

「傳屍」名後來又叫「**勞疾、勞瘵^{ㄓㄞ}、瘵^{ㄓㄞ}疾**」，此則流行於唐末五代之後，當時的人們已確認本病不獨死後由「屍體」而傳遞，在「生前」即已可「傳染」給人而得病。如：

南唐人・徐鉉《稽神錄》

(1)**瓜村有漁人**(之)**妻，得「勞疾」，轉相**(傳)**染著**(他人)**，**(造成)**死者數人**。或云：取病者，(活)生(生)釘(入)棺中，(丟)棄之，其病可絕。頃之，其女(得此)病，即(被活)生(生)釘(入)棺中，流(放)之於江。

(2)(棺流)至(於)**金山**，有漁人見而異之，引之至岸(邊)。開(棺)視之，見女子猶活，因取(出女人另)置(於家中之)漁舍。每多得「鰻鱺魚」以食^ㄙ(餵)之，久之病(即)癒。遂為漁人之妻，今尚無恙。

南宋・陳言《三因方》

「勞瘵^{ㄓㄞ}」諸證，病者憎寒(怕寒；畏寒)、(全身)發熱、自汗(自動一直出汗)。

唐・沈佺期《被彈》

是時盛夏中，暵^{ㄏㄢˋ}赫(指暑氣炎熱逼人之時)多「瘵^{ㄓㄞ}疾」。

宋・洪邁《夷堅甲志・崔祖武》

自言少「好色」，無日不「狎遊」。年二十六歲，(得)成「瘵^{ㄓㄞ}疾」將死。

清·袁枚《新齊諧·歪嘴先生》

湖州，潘淑，聘妻未娶，以「瘵_尹 疾」亡。

(「傳屍」資料可參考：張綱《中醫百病名源考·傳屍》，人民衛生出版社，1997 年第 1 版 P120-122)

唐·王燾_幸《外台秘要》

(1)「傳屍病」，亦名「痎瘧(隔日，每隔二天就會發作的一種瘧疾)、遁注(遍藏注入於身體的五臟六腑器官內)、骨蒸(《紫柏尊者全集·卷四》云：心骨蒸燒)、伏連(伏古同「復」➡反復連續的發熱)、殗_一 殜_一」。此病多因臨「屍」(而)哭泣，(造成)「屍氣」入腹，(發病而)連綿或(長達)五年、三年。

(2)有能(飲)食(但)不作肌膚(就是人愈來愈瘦)，或三日、五日，若微勞(一點點的勞動)即發(病)，大都「頭額、頸骨」間，尋常「微熱」翕_一 翕_一 (形容發燒時的症狀)然。(只要一病)死，復家中更染一人，如此乃至(全家都會)「滅門」。

(3)療「伏連」(伏古同「復」➡反復連續的發熱，即「傳屍病」)，(此)病(的)本緣(乃會造成)「極熱氣」相易(交相改易)，(而且)相連不斷(就是相連不斷的發熱)，遂名「伏連」，亦名「骨蒸(有心骨蒸燒發熱的感受)、傳屍」。

「傳屍」也叫「屍注」，主要是由「屍氣」所傳染，如：

唐·王燾_幸《外台秘要·屍注方》

或聞哭聲，或見屍常發。

「傳屍」有時也會挾雜著「鬼邪」的干擾，故「屍注」又名為「鬼注」。如：

《肘後備急方·卷一·治屍注鬼注方第七》

「屍注、鬼注病」者，葛(洪)云即是五屍中之「屍注」，又挾諸「鬼邪」為害也。

唐·王燾_幸《外台秘要·卷第十三·五疰方四首》

(1)病源(名為)「注」者(有注入和久住意)，(是指)「住」(的意思)也。言其(此病將)連滯(接連積滯的)「停住」(於身體的五臟六腑器官內)，(等人)死(了)又(將傳)注(移)易(於)「旁人」也。

(2)「注病」之狀，或乍寒、乍熱。或皮膚「淫躍」。或心腹脹「刺痛」。或支節「沉重」。

(3)(傳屍病的)「變狀」多端，而方云(有)「三十六種、九十九種」(之多)。

隋・巢元方《諸病源候總論》

(1)人有年命「衰弱」，至於喪死之處，而心意忽「有所畏惡」，其身內「屍蟲」，性既忌惡，便更接引外邪，共為「疹病」。

(2)其發亦「心腹」刺痛，「脹滿」氣急。但逢「喪處」，其病則發，故謂之「喪屍」。

晉・葛洪《抱樸子微旨》

(1)身中有三屍，三屍之為物，雖無形而實「魂靈鬼神」之屬也。

(2)人有觸值「死屍」，或「臨屍」，其「屍氣」入腹內，與「屍蟲」相接成病。其發亦「心腹」刺痛，「脹滿」氣急。但聞「屍氣」則發，故謂之「屍氣」。

(3)人有病「注」(具有傳染性和病狀較長的慢性病。注➔有注入和久住意)死者，人至其家，「染病」與死者相似，遂至於死，復(移)易(至)傍人，故謂之「死注」。

(4)人有「臨屍喪」，體虛者，則受其氣，停經絡腑臟。若觸見「喪柩」，便即動，則「心腹」刺痛，乃至「變吐」，故謂之「喪注」。

清・尤怡《醫學讀書記》

(1)五疰(具有傳染性和病狀較長的慢性病。亦作「注」➔有注入和久住意)鬼氣之病，或助正氣以辟之，如「蘇合、香丸」之屬是也。

(2)或假「鬼氣」以引之(此即使用「物以類聚、人以類同」去導引「陰鬼」的方式)，如(使用)「死人枕、天靈蓋」之屬是也。

清・徐大椿《醫學源流論・病有鬼神論》

(1)人之(遭)受「邪」(邪氣;陰邪)也，必有「受之」之處(一定有「遭受陰邪」的一個「來源處所」)，有以「召」(召引;引召)之，則(與其相)應者，斯至(此即導引來至)矣。夫人(若其)「精神」完固(完好堅固,身心皆健康)，則「外邪」(亦)不敢(侵)犯；惟其所以「禦之」(指人體在抵禦邪陰的能力)之具有虧(缺之時)，則「侮」(侵害欺侮)之者，(方)斯(會聚)集(過來)……

(2)夫「鬼神」，猶「風寒、暑、濕」之「邪」耳。

(如果一個人的)「衛氣」虛(衛氣能使肌肉充實，皮膚潤滑，保持體溫調節。衛氣不足，會出現自動盜汗、怕風，外邪極易入侵，可吃點山藥、山楂等)，則(易)受「寒」。

(如果是)「榮氣」虛(榮氣即血氣，具有榮養身體的意思)，則(易)受「熱」(中暑)。

(如果一個人的)「神氣」虛(弱之時)，則(容易遭)受(邪)鬼(的干擾或侵入)。

蓋人之(精)「神」屬「陽」(氣)，「陽衰」(陽氣衰敗之時)則(邪)鬼(就會過來)憑(依憑；憑倚)之。

(3)《內經》有「五臟之病」(指人一定先由「內五臟」的疾病先生起)，則(容易)現(顯現或見到外來的)「五色之鬼」。

(4)《難經》云：「脫陽(陽氣虛弱)者(易)見鬼。」故(在)「經穴」(神經穴道)中，有「鬼床、鬼室」等「穴」(道)。此諸「穴」者，皆賴「神氣」以充塞之，若(其)「神氣」有虧(缺)，則「鬼神」(就)得而憑(依憑；憑倚)之，猶之「風寒」之能「傷人」也。

✻《外台秘要》中有「伏連方」五個，亦可作為偏重醫療的參考。

《普賢菩薩説證明經》
若有下方「遁注鬼」(遁藏注入於身體的五臟六腑器官內，即「傳屍病」)。

《不空罥索神變真言經・卷十一》
(1)若「伏連」(伏古同「復」→反復連續的發熱，即「傳屍病」)瘦病，(以)「藥」和於「煖水」，每日「洗浴」身。速滅諸罪垢，一切病之惱。
(2)若患「鬼神病」，以「藥」和「酥」調，灌鼻、燒熏(於病人之)身，則當得除差。

《㝔圖(古同「窖」)大道心驅策法》
世尊！若行人療「伏連病」者，召鬼問之。若可治者，取「桃枝」一把，煎之，取一合。誦呪七遍，與(吞)服，立差！

《不空罥索神變真言經・卷二十八》
若「傅(應作「傳」)屍、伏連」少身力者，三設、五設、七設，每設，長流河邊，隨時塗壇。

元・清源居士王古撰《大藏聖教法寶標目・卷九》

穢迹金剛陀羅尼法術靈要門

右說持誦此呪，能除一切病苦。除遣一切鬼祟＼ 邪魅，救度眾生，滿一切願，降伏一切凶惡鬼神，除「伏連、虫獸」等。皆不能為害，有「結印」、「服符」等法。

《千手千眼觀世音菩薩廣大圓滿無礙大悲心陀羅尼經》

若患「傳屍鬼氣、伏屍連病」者，取「拙具羅香」（安悉香），呪三七遍，燒熏（於病人的）鼻孔中。

《慈悲地藏菩薩懺法・卷三》

毒厲傷寒，傳屍（應作「傳」）**屍、骨蒸。**

《陀羅尼集經・卷九・烏樞沙摩金剛法印咒品〉

若患「骨蒸、伏連、傳尸氣病」者，誦呪千遍，其病即愈。

《阿吒薄俱元帥大將上佛陀羅尼經修行儀軌・卷二》

八者，（欲）治「骨蒸病」，（可）使「鳩槃荼王」。

《千手千眼觀世音菩薩治病合藥經》

若有人等，患「傳屍鬼氣、伏連病」者。取「拙具羅香」（安悉香），呪三七遍，燒熏（病人之）鼻孔中。

《千手千眼觀世音菩薩廣大圓滿無礙大悲心陀羅尼經》

若患「傳屍鬼氣、伏屍連病」者，取「拙具羅香」（安悉香），呪三七遍，燒熏（病人之）鼻孔中。

《青色大金剛藥叉辟鬼魔法（亦名辟鬼殊法）》

復此鬼病，漸漸展轉，處處流行。所謂傳夫、妻、子孫，及兄弟姊妹等，是故時人號曰「傳屍鬼」□，天下名醫不能療治。

《青色大金剛藥叉辟鬼魔法（亦名辟鬼殊法）》

此「傳屍病鬼」，亦名「天魔羅 難室陀鬼」。

《佛說灌頂經・卷二》

此神女，主治「蜚(古同「飛」)尸客氣」之鬼、復(古同「伏」)連(即「傳屍病」)鬼神，即便磨滅不現。

《佛說灌頂經・卷四》

主治「飛尸客氣」之鬼、復(古同「伏」)連注(之)鬼。

《佛說灌頂經・卷八》

有復(古同「伏」)連(之)死鬼。

第三部《穢跡金剛禁百變法經》

唐·<u>北天竺</u> <u>阿質達霰</u>ㄒㄧㄢˋ (Ajita-Senapati 意譯<u>無能勝將</u>。公元 732 年間人) 譯

爾時(穢跡)金剛復白佛言：世尊！若有善男子、善女人，持我此(穢跡金剛)呪，(若)無効驗者，無有是處。

(文中「二五」到「三十四」字樣，爲讓經文清楚，係私人添加之字樣)

二五、欲令「山摧(破)」者：取「白芥子」三升，(再以)上好(的)「安息香」(準備要燒用的)，(先)於「山中」(猜)疑(可能會)有寶(物之)處(例如此地可能有寶礦、隕石、黃金之類等物)，(先)取「賓鐵」(精鍊且堅硬的鐵)刀一枚，畫四方為界。取淨「巾」一枚，「香爐」一枚，燒「安息香」，先(以穢跡金剛咒)呪一千八遍。(再)取「白芥子」四散(於該處)，乃至(如是作法達)七遍，作是法，其山(之處則將)自摧(破)。若(此處真)有寶(物)之處，(則)其「藏神」(守藏之神將)捨寶(物)而出，(此時山中之寶物則可)任意用之。

(如果於此山處，有人不小心將寶物類的東西遺失於此，則亦可令此處山丘暫時摧破移平，以便發現寶物而取回)

二六、若欲令「海竭(乾)」者：先(以穢跡金剛咒)呪一千八遍，以「金銅」(的材料)作一「龍」形，(再將此金銅之龍)擲於(欲令乾竭之)「海」(的某一處中)中，即時「海竭」。

(如果此處海水有人剛剛淹溺，或有某物已掉落於河海之底，則可令此處海水暫時乾竭，以便救回某人或取回某物)

二七、若欲令「江河」(發生)「逆流」者：取「安息香」，(將香排列而)作一「象」形，無問(象之)大小，(將此象形的安息香)擲(於)水中，(以穢跡金剛咒)呪一百八遍，即時(江河可能會發生)「逆流」(的現象)。(若欲)令(江河)依舊(復原為順流狀)者，(則改)呪一「淨石」，(再將此淨石)擲之水中，其水(即)如(原來順流狀)故。

(如果有某物已掉落江河而漂流於水面時，則可以此法而令水暫時逆流，以便取回某物)

《千手千眼觀世音菩薩廣大圓滿無礙大悲心陀羅尼經》卷 1
若有比丘、比丘尼、優婆塞、優婆夷、童男、童女，欲誦持者，於諸眾生，起慈悲心，先當從我，發如是願：

南無大悲觀世音！願我速知一切法。
南無大悲觀世音！願我早得智慧眼。
南無大悲觀世音！願我速度一切眾。
南無大悲觀世音！願我早得善方便。
南無大悲觀世音！願我速乘般若船。
南無大悲觀世音！願我早得越苦海。
南無大悲觀世音！願我速得戒定道。
南無大悲觀世音！願我早登涅槃山。
南無大悲觀世音！願我速會無為舍。
南無大悲觀世音！願我早同法性身。

我若向刀山，刀山自摧折。
我若向火湯，火湯自消滅。
我若向地獄，地獄自枯竭。
我若向餓鬼，餓鬼自飽滿。
我若向修羅，惡心自調伏。
我若向畜生，自得大智慧。

發是願已，至心稱念，我之名字，亦應專念，我本師阿彌陀如來，然後即當誦此「陀羅尼」神呪。一宿誦滿「五遍」，除滅身中，百千萬億劫生死重罪。

《佛說妙吉祥最勝根本大教經》卷3
此「印」，能止他軍，能降毒龍，能摧「山嶽」，能破「大石」及樹木等。能隨行人，施一切願。

《金剛薩埵說頻那夜迦天成就儀軌經》卷2
用香華飲食，如法供養。恭敬旋遶，至七日內，降「大風雨」，摧山、拔樹等。若依此法，及誦「吽」字，能枯竭「江海」。

《不空罥索神變真言經》卷27〈神變阿伽陀藥品 63〉

若散「華果樹」上，華果增好，或俱「自落」。若「山頂」上，大瞋「怒聲」誦念，散藥，其山「摧圻」。

《陀羅尼雜集》卷2

此陀羅尼力，能使四海「踊沸」，「須彌山」碎如微塵，及七寶山、四大海水、江河淮濟，入「一毛孔」。四天下中，悉能為之。

《不空胃索神變真言經》卷30〈畝捺羅印品 76〉

此「印」於諸印中，最為上首。能壞百千「蘇彌盧山」，能「涸竭」百千海水「枯竭」。

《佛說妙吉祥最勝根本大教經》卷3

依法作「曼拏羅」，以「香花、飲食」，作廣大供養已，依前加持。至「芥子」作聲，及「破裂法」，方成就。持「明」者所欲，破裂「大地」、震動大地。摧倒「山嶽」、枯竭「江河」，涌沸「大海」，忙亂「龍宮」。

《佛說妙吉祥最勝根本大教經》卷3

時持「明」者，具「大吉祥」，能作一切事。破壞「山嶽」、枯竭「江河、大海」。

《聖迦抳忿怒金剛童子菩薩成就儀軌經》卷1

若持誦者，設有不能依此法則。或增或減，亦得滿足。又能開諸「伏藏」，破「阿修羅」關鍵。枯竭江河，迴止「流水」。

《聖迦抳忿怒金剛童子菩薩成就儀軌經》卷3

又法，結「印」，誦「吽」字真言，即得「山岳」摧倒，亦能「枯竭」河水。亦能破「阿修羅」關鍵，此聖迦抳忿怒金剛童子，有無量威德大神通力。

《阿吒薄俱元帥大將上佛陀羅尼經修行儀軌》卷1

世尊！此呪極大「神力」，極有威德，能令三千大千世界六種振動。四海「枯竭、涌沸」，碎「須彌山」如微塵，移「山」、住「流」，種種事業。皆悉充滿。

《佛說金毘羅童子威德經》卷 1

「安息香」和「搗」，向釋迦像前，「白密」和之，作丸。丸如豆許大，以呪，呪一百八遍，廣繫前壇，將「藥」壇中燒之。令彼「龍宮」振烈崩，摧「大海枯竭」。

《陀羅尼集經》卷 5〈毘俱知救病法壇品〉

若意得「大海竭」者，可至海際，經三箇月。用前大呪，呪「白芥子」一百八遍，散海水中，日日如是，海水即竭。

《佛說灌頂經》卷 7

此「文頭婁」，印山，令山崩倒。印一切樹木，樹木為之摧折。印於河海、源池、泉水，為之枯竭。印向水火，為之消滅。

《閱藏知津(第 6 卷-第 44 卷)》卷 12

天帝請問「文頭婁法」？佛言：當先念「自身」，猶如「佛身」，相好光明。次念千二百五十「弟子」，次念諸「菩薩僧」，又念「五方大神」。

以「五方神王」名字，及其眷屬，寫著「圓木」之上，縱廣七七分，名為「文頭婁法」，此云「神印」。

二八、若(於你所在之處遭)有「雷電(交加)、霹ㄆㄧ 靂(霹震雷靂)、(天空)毒龍(噴發→龍捲風)、卒ㄘㄨ 風(卒暴颶風)、惡雨(兇惡豪雨)」者。即(可)作「止雷電ㄉ 印」：

❶以「左手」(之)「中指、無名指、小指」，(共三個指皆)並屈(向於手)掌中，

❷直(立你的)「頭指」(食指)，

❸(然後再)以「大姆指」捻ㄋㄧ (按;捏)「頭指」(食指)「中節」上。

誦(穢跡金剛)呪呪之。

以(止雷電手)印遙(遠的)指(向)「雷電ㄉ 」(所發生)之處，(則雷電將可暫時)自止(自行止住)。

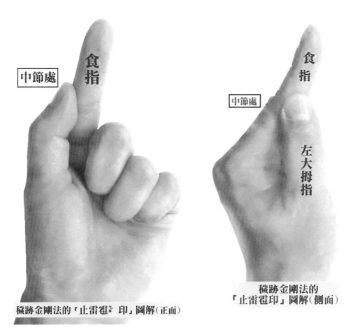

穢跡金剛法的「止雷電）印」圖解（正面）

穢跡金剛法的
「止雷電印」圖解（側面）

二九、若欲令一切「鬼神」自來「歸伏」，（而另作）為「給使」者：取水三升，盛（於）「銅器」中，以淨「灰」圍之，即作「都攝錄印」。

❶以（左右手的）二（個）「無名指」（同時）並屈（於）掌中，令（二個無名指之）背（互）相倚（著），

❷（左右手的）二（個）「中指頭」（互）相捻（住），

❸（左右手的）二「頭指」（食指）及「小指」各如開華（之狀），

❹（左右手皆）以「大拇指」捻（按；捏）「頭指」（食指的）「中節」（處）。

默（誦念以穢跡金剛咒）呪「一百八遍」，（則）其（持咒打手印者所處）世界內（的）所有諸「惡鬼」，並來「雲集」，（將）自現其身，（及）捨「毒惡心」（指令惡鬼捨惡從善、棄惡轉善，令彼得解脫善道），（亦可）任「行人」（作為）「驅使」（者）。

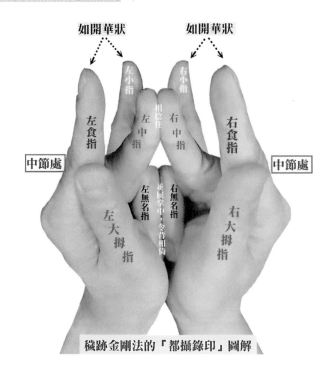

如開華狀　　　如開華狀

左小指　右小指

左食指　左中指　右中指　右食指

相絞住

中節處　　　中節處

左無名指　左大拇指　右無名指　右大拇指

並屈安中，令肯相倚

穢跡金剛法的「都攝錄印」圖解

三○、若有「百鳥」(喻眾鳥)與人(傷害且)作怪者：即(面)向(眾)鳥「作怪」之處，誦(穢跡金剛)明(咒)一百八遍，其鳥(將)自來而死(不再作怪)。

三一、若(欲)「禁山」(禁止鳥獸於此山中住)者：(先選)所至之山，誦(穢跡金剛)呪「百遍」，(並對此山)大叫三聲，即作印(此手印相同於「潔淨印、灑身手印、佛部飲水灑淨手印」)：

❶以右手(的)「無名指」，(彎)屈(向)於掌中(只需要「屈如鉤形」即可，不可黏合於手掌)，

❷直豎「中(指)、頭(食指)、大拇指」等(這裡應該還要加上「小指」也是直豎)，並直豎。

(「大拇指」是要放在「食指」的根下側邊的地方。還有「中指」與「食指」間是相觸合的)

(以此手印)向山印之，(誦咒共)七遍，即(先)卻行(倒退行走)七步，復後(再)七印(七次以手印印)山，其山中即一切(之)鳥獸，並(將)移出(此)山。

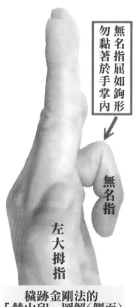

無名指屈如鉤形
勿黏著於手掌內

無名指

左大拇指

穢跡金剛法的
「禁山印」圖解（側面）

穢跡金剛法的「禁山印」圖解（正面）

《十一面觀自在菩薩心密言念誦儀軌經》卷2

　「潔淨印」：

仰右手掌，屈「無名指」在掌中，「大指」（與）「頭指」（的）根（下）相（附）著。

以此印，承「水」，三飲。兩度拭「脣」。次印「二目、兩鼻、兩耳、兩肩、心、臍」。

灑「兩足」，又取「水」灑身。密言曰……

《蘇悉地羯羅供養法》卷1

　「灑身真言」曰……其手印相：

以「右手」仰掌，直舒「五指」，指頭相「博」（古同「搏」，相接觸的意思）。次屈「無名指」（的）

「中節」（向內屈），**與掌相當**（指無名指與掌間是有一距離的，不是全部「黏合」的狀態）。

以「大母指」屈輔「頭指」根（食指的根部下的側邊），**向前**（向著前方的意思）。

《蘇悉地羯羅供養法》卷1

　「灑身真言」曰……其手印相：

以「右手」仰掌，直舒「五指」，指蹄相「博」（古同「搏」，相接觸的意思）。

次屈「無名指」(的)「中節」，與掌相當(指無名指與掌間是有一距離的，不是全部「黏合」的狀態)。

以「大母指」屈輔「頭指根」(食指的根部)下(的側邊)，向前(向著前方的意思)。

《蘇悉地羯羅供養法》卷1

又説「佛部飲水灑淨手印」：

仰舒「右手」，屈「無名指」(的)「中節」，向(手掌)內，(但)勿著掌(此是佛部灑淨水印)。

《蘇悉地羯羅供養法》卷1

「佛部飲水灑淨手印」：

仰舒右手，屈「無名指」(的)「中節」，向(手掌)內，(但)勿著掌(指無名指與掌間是有一距離的，不是全部「黏合」的狀態)……

《陀羅尼集經》卷7〈佛説金剛藏大威神力三昧法印呪品 1〉

畫金剛藏菩薩像法

一切金剛藏菩薩像，通身「黃色」……其「眼睛角」如「帶」，少「赤」，似「斜」看視。其像形狀如「瞋怒相」……

右手屈臂，向前豎之，屈「無名指」，豎其「大指、頭指、小指」。其身上著「黃華褺裙」，胡跪而坐「赤蓮華」上。

右手的「無名指」是彎屈於掌中，但只需要「屈如鉤形」即可，不可黏合於手掌，如其餘的經典在講「無名指」時，皆有「類似」的説明

《一字佛頂輪王經》卷3〈印成就品 7〉

(1)又以右手「大拇指」豎伸，搏著「頭指」側。以「頭指」直豎，伸其「中指」，似曲。

(2)其「無名指」向掌，屈如「鉤形」。

(3)其「小拇指」，屈如「初月」形，呪曰……

《一字佛頂輪王經》卷3〈印成就品 7〉

如來光照印之四十四

(1)又以右手「大拇指」，豎伸，搏著「頭指」側。以「頭指」直豎，伸其「中指、小指」，

　　各伸向掌，屈如「月初生」。

(2)其「無名指」向掌，屈如「鉤形」印，呪曰……

右手的「無名指」也被廣泛應用於「沾取水」使用，或者「攪拌」使用，或「書寫」梵字時使用……等

《瑜伽集要焰口施食儀》卷1

用右手「無名指」，搵取「香水」，塗二手掌，表敬仰故。

《瑜伽集要施食儀軌》卷1

（次右手「無名指」取「香水」，於「曼拏囉」上，右旋，作一圓相，表福智圓滿故）。

《陀羅尼集經》卷10〈烏樞沙摩金剛法印呪品〉

其壇中心，著佛像或佛舍利。搆取「母犢」并「黃牛乳」，作蘇戒金盞中，以右手「無名指」攪之於酥。并呪，其蘇之上「火」若出者，即應自知得「大聰明」。

《聖迦抳忿怒金剛童子菩薩成就儀軌經》卷2

取「酥」七兩，置於金銀器中，以「左手」持酥，以右手「無名指」攪酥，誦真言。

三二、若(仍)作此(禁山寶)印(者)，(以穢跡金剛呪)呪七遍，以(禁山寶)印，向空中(作)印，(共計)三七度(21遍的次數)，其空中(乃至一點點的)毫塵(都)不遇(不會遇著)。

　　(如果此處天空有嚴重的污染，或者 PM 2.5，則可以此法而令空氣暫時獲得清晰)

三三、若欲令(很吵鬧很多嘴的)人「不語」(停止吵鬧)者：(先於塑膠片上書)畫前人(的)「姓名」，(再將此有姓名的塑膠片)向(自己)口中含之(並默誦穢跡金剛呪語)，其人口(即)不能(再胡)言(亂語)，(將此塑膠片再)吐出，(此人)即(可正常)語得(獲得話語)。

三四、若誦一切諸呪，先須「作壇」。若誦我此(穢跡金剛)呪者，即勿須「作壇」，但剷(刻削。剷通「刻」→刻鏤朶)一「跋枳」(即跋折囉 vajra→金剛)金剛橛(形狀有點類似刀劍造形的套

子叫「樻」）杵。（將金剛杵置）於（有）「佛塔」（之）中，或（置）於（修行或佛堂的）「靜室」中。用「香泥」塗地（此指古代對「道場壇城」地面的處理方式，現代人已不需），隨其大小（多少），（應）著（以）種種「香、華」供養（金剛杵）。

（若能）安（金剛）杵（於）壇（場）中，（以穢跡金剛咒）呪一百八遍，其「杵」即（可能發生）自「動」。或（此金剛杵將）變作種種「異物」，（此時行者）亦勿怪之。（行者應保持「無恐無懼相、心寂靜相、不貪著相」而面對之）

（若見金剛杵有所移動或變動時）更（應繼續）誦咒一百八遍（以上），其（金剛）杵（可能）自去（離）地（而飛），（飛行高至）三尺（唐代的一尺即今天的 30 cm，三尺即現代的 90 cm 高）以來，或五、六、七尺，乃至（高至）「一丈」（唐代的一丈＝10 尺，即現代的 300 cm 高）以來。

持（穢跡金剛咒）法之人，（此時應）即須（立刻對穢跡金剛聖像或金剛杵作）
❶歸依。（一心禮拜皈命穢跡金剛佛）
❷懺悔。（於金剛佛面前懺悔往昔與現在所造諸惡業，祈求加持與消業）
❸發願。（發願以「生死大事」為第一，願此生緣盡，能順利往生西方淨土。其餘的，例如可再發願說：道心不退、身體健康、事業平安……等等）

（穢跡金剛）我（即）於彼中，即（顯）現（出）「真身」，（並將）隨（持咒）行人（其）意所「願樂」者，並皆（令彼）速（獲）得「如意」（如你的心意而獲滿願），（穢跡金剛）我即與（彼人）授「菩提」（成佛）之「記」，即（令彼能獲）得「身心解脫」。

（以上「杵」動或飛升之事，及底下總共 46 道符印祕法）先須誦（穢跡金剛咒）十萬遍滿（數），然後作法，若（持咒功）課未充（未達充足圓滿的遍數），（否則）不得効驗……

（下面有四大符印及四十二道符印，總共 46 道符印祕法，此處略之。另詳見《祕印篇》一文詳細解說）

爾時「穢跡金剛」說此（總共 46 道）符已，大眾同聲讚言：善哉大力士（即穢跡金剛）！汝能說是「大妙之法」，令諸眾生皆得「解脫」。

爾時(穢跡)**金剛頃白**(告訴)**諸大眾：當知我於汝等，此**(穢跡金剛)**法若**(有)**流行之處，**(穢跡金剛)**我等**(及諸)**大天**(仙神眾)**，常當護此行法之人，助**(益而)**令**(其獲得)**成就。**

是時(穢跡)**金剛復作是言：若有眾生行此法者，我即往彼**(顯)**現**(於)**其人**(之)**前。**(其若有)**所求願者，我亦施與**(彼人)**，令彼**(人獲)**得種種「變現」，種種「神通」，所作**(皆)**「無礙」。**

(修持此咒法者，應)**常須念我「本師釋迦牟尼佛」**(之聖號)**，**(穢跡金剛)**我即常「隨逐」之，令**(此人所修的)**一切法，皆助**(益而令其獲得)**成就。**

爾時(穢跡)**金剛說此**(46 道符印祕)**法已，大眾倍加悲喜。及諸天龍大鬼神等，各奉「聖言」，禮足而去。**

--穢跡金剛法禁百變法門經一卷--

(古經本咒四十三字。<u>唐太宗</u>朝人多持誦，感驗非一。除去十字，今就錄出，速獲靈應，無過是咒。〈　〉內的字是曾被刪除的十個咒字，今補之)

唵・怫咭嘔哮・摩訶鉢囉(二合)・哏那哱・吻汁吻・〈醯〉〈摩〉〈尼〉・嚩咭嚩・摩那棲・
〈唵〉・〈斫〉〈急〉〈那〉・烏深暮・嘔哮・吽吽〈吽〉・泮泮泮・〈泮〉〈泮〉・娑訶・

(<u>真覺</u>禪師所傳神咒，與今經咒同，但梵音賒切，字語少異)
唵・佛咭窟聿・摩訶般那・很那詡・吻泮吻・尾劫尾・摩那棲・烏澁謨・窟聿・吽吽吽・發發發・莎訶・

第四部《大威力烏樞瑟摩明王經》

唐·北天竺 阿質達霰ㄒㄢˋ (Ajita-Senapati 意譯無能勝將。公元 732 年間人) 譯

《大威力烏樞瑟摩明王經》卷上

敬禮一切佛，復次(敬禮一切)諸菩薩。

爾時會中(有)無量俱胝「明仙」之所圍遶，(此時)「摩醯首羅」(Maheśvara 大自在天→色界天魔) 天王大部多主，(即)從座而起，頭面著地，前禮金剛手菩薩摩訶薩足，作是言：

(金剛手)菩薩！唯願演說(具)「大威力」者，(具)不空無礙教令(具)諸無比(大)力勇健者，(能為)金剛菩薩所「愛樂」者，(能為)諸天、阿修羅、梵王、帝釋所「歸仰」者，(能為)「夜叉、羅剎、毘(piśāca 毘舍遮鬼)、多(bhūta 食血肉步多鬼)、拏(kumbhaṇḍa 鳩槃茶)、布單那(pūtana)」所怖畏者，(能)降怨敵者、(能)辦諸事者、(為)曼荼羅法(中)所(最)祕密者。

《陀羅尼雜集》卷 7

阿難！此大普賢呪，遮滅一切兵刃，除一切怨仇諸怨除。一切夜叉、羅剎、富多(bhūta 食血肉步多鬼)等畏除。一切熱病、鬼神病、方道、蠱毒、呪術、毘(piśāca 毘舍遮鬼)、多(bhūta 食血肉步多鬼)、茶(kumbhaṇḍa 鳩槃茶)、富多那(pūtana)等，悉不能違犯此普賢呪。

時彼眾會，同讚「摩醯首羅」(Maheśvara 大自在天→色界天魔)言：善哉！善哉！作意，善哉！善哉！(摩醯首羅 Maheśvara 大自在天)大部多主！為我等(眾人之)類，決定(跟金剛手菩薩)勸請(法義)。

爾時金剛手菩薩，透ㄊㄡˋ 迤ㄧˇ (舒展自如的一種莊嚴姿勢)抽(取)擲(置)「金剛杵」已，便下「金剛莊嚴蓮華」之座，顧(看)彼眾會，即入「怖畏金剛大忿怒遍喜三摩地」。然後(於)無量百千俱胝所，為「報障」(之三)有(眾生)，皆(因此而)大「振慴」，悉見其「身」，(此類眾生皆)為「烏樞瑟摩」(ucchuṣma)所押伏(指烏樞瑟摩的大威力能押伏眾生)，(造成)命將欲盡(的狀態)，如

遇劫燒(的狀態)，其意(發生)「迷悶」，(故所有的眾生)俱發聲言：唯願(金剛手菩薩)哀憐(於眾生)，(請)施之「無畏」(的法義)。

爾時金剛手菩薩摩訶薩，(便)從「(怖畏金剛大忿怒遍喜)三摩地」安詳而起，告徒眾言：(有一烏樞瑟摩法乃具)大威德者、(具)大光明者、(具)大忿怒者。如汝所言，如是(此乃是)「薄伽梵」(所具之)大威德者、大忿怒者、大光明者。

爾時「薄伽梵」(為世人所尊重之)金剛手菩薩摩訶薩，如師子(而)顧作此「瞻視」，(並)唱如是言：(摩醯首羅 Maheśvara 大自在天)大部多主！我今說「烏樞瑟摩」(ucchuṣma)祕密曼荼羅法。

若(有)「暫聞」(此烏樞瑟摩法)者，(則)一切(世間出世間諸法之)「事業」，皆悉成就，不有非時(之)「夭橫」。但諸惡事，皆不及身，(所有的)「毘那夜迦」伺(但)不得(其)便。(此烏樞瑟摩法能為)一切眾生之所「愛敬」，一切「怨敵」常皆遠離，一切「密言」皆得「成驗」，(所修的)諸金剛法，(能)任運當成，(所有)一切「不祥」即得「解脫」，一切(皆獲)「吉慶」，常當「加護」(於你)。

若(有能)持此「明」(指烏樞瑟摩 穢跡金剛的咒語)，滿「十千遍」(一萬遍)，即(如)同登(上)「壇」(場)，具足「灌頂」(之密義)，(亦)如(同已)遇「明師」(明白佛法之師，非指「名」師)之所「傳授」。

次復當陳「烏樞瑟摩」(ucchuṣma)曼荼羅相，先應具受「三歸、八戒」，(並)發「菩提心」，慈慧(慈心智慧)悲愍。其(所)立(的)「壇」地，應當「擇處」。若於「山間」、或在「莊居」、或於「曠野」、或在「寒林」、或在「淨室」、或「河岸側」、或「獨樹下」、或「閑宅、祠宇」。

「如法」(的)治(壇)地，建「曼荼羅」，(大小可)三肘、四肘，或復八肘，亦十六肘(皆可)。

若(專修)「降伏法」，(則應作)三肘三角。

作若「寂災法」，(則應作)四肘、或八肘。

若(專修)「增益法」，及為國王(所修)，(則應作)「十六肘」作。

用「黑月」(指農曆的第「初十六日」起，到下個月的「初一」之前)八日，或(於)「黑月」十四日(有些密教經
文說是選黑月的第八日[農曆的23日]，或黑月的第十四日[農曆的29日]來修，亦即只修一日而已。有的則說要連修7日，或14
日不等)，以(烏樞瑟摩)「心密言」加持清水，用灑其(壇場之)地。

又以「紫檀」摩一「圓壇」，布以「祥草」上，散「赤迦囉尼囉花」，以塗香眾花，散
於壇上，加持「佉馱囉」(Khadira 類似紫檀木)橛(木橛子；短木椿)，一百八遍，釘入大壇「四
角」，及中成「結地界」，乃作「根本遍擲印」，誦(烏樞瑟摩)「密言」七遍。

《四分律名義標釋》卷30

佉陀羅 Khadira 紫檀 木；紫薑木；檀木；薑木；木紫檀；木紫薑；紫荊木

(1)或云「揭地羅」，又云「揭達羅」，此言「檐 木」。

(2)(玄)應法師云：南此多饒此木。

(3)(慧)苑師云，此方「苦梗木」也。

(4)《陀羅尼集》經，譯為「紫樞木」。

按此「佉陀羅木」，堅而有刺，亦非「紫樞」。言其「木堅」，似「紫檀」也。凡「持呪」
中用，可以「紫檀」代之。

《涅槃經》云：佉陀羅樹，斷已不生(檀音江。一名萬年木紫檀，嶺南俗呼為紫荊)。

《大陀羅尼末法中一字心咒經》

佉陀羅木(唐云檀木)。

《陀羅尼集經》卷2

取「佉陀羅木」為杖(唐云紫檀(或作「薑」)木也)，用打此人。

《千轉陀羅尼觀世音菩薩呪》

取「佉陀羅木」(紫檀木是)。

《大日經義釋演密鈔》卷 7

「佉陀羅木」者，謂「紫橿木」也。

《大毘盧遮那佛眼修行儀軌》卷 1

當用「佉陀羅木」，若無，當用「苦楝木」。

《一切經音義》卷 60

「羯地羅木」(騫孽反，梵語，西方堅硬木名也，古譯曰佉陀羅，堪為橛釘也)。

《大日經義釋》卷 7

用「佉陀羅木」，若無者，當用「苦練(古同「楝」)木」。

《大毘盧遮那佛眼修行儀軌》卷 1

當用「佉陀羅木」，若無，當用「苦楝木」。

《底哩三昧耶不動尊聖者念誦祕密法》卷 1〈本事神力息障祕要品 1〉

其「佉陀羅木」橛(木橛子：短木椿)。若無此，當用「苦練(古同「楝」)木」。

《四分比丘尼戒本註解》卷 1

佉陀羅炭(即軻地羅，Khadira，毒樹，刺，苦楝木，乃大樹也)。

取「紫檀」遍塗地，以「五色線」拼為「界道」，四角、四門，運以「黃、赤、綠、黑」，乃於「壇心」畫佛。

佛左傍畫金剛手菩薩，持杵，有諸「使者」及金剛鉤明蛇，捧「杵」，瞻仰(著)菩薩。

次右「烏樞瑟摩」(ucchuṣma)明王，持青「難拏」(daṇḍa唐言棒)。以「夜叉」及「阿修羅」眾，并訶利帝母(Hārītī，密教歡喜母。意譯為愛子母、天母、功德天、亦稱鬼子母)，及其「愛子」等為侍從，皆瞻仰(烏樞瑟摩)明王。

於東北角「大自在天王」執「三股叉」，并妃。

東方天帝釋執「金剛杵」。

東南隅火天執「了戾棒」。

南方閻羅王執「那拏」（daṇḍa 刀杖；器杖）。

西南方寧帝執「劍」。

西方水天執「赤索」。

西北方風天執「緋幡」。

北方毘沙門執「伽那」（ghana 鐵棒；棍棒）。

三面畫「毘舍」蛇眾，東門內畫「三股叉」守護，以「新瓶」皆滿盛「淨水」，及「寶物」五穀等。以「綵色」纏項，取一口瓶置佛前，安「紫檀杵」於口上，餘瓶皆以「赤花」或「菓木枝」塞口，四角四門，各置一瓶。

佛前置兩段「衣服」充供養，金剛聖眾乃至「天」等，亦用「衣服」，每尊皆置「飲食、香花」，壇外道「梵行」界道（壇外正方遺灰）。

其瓶先加持「一千八遍」，乃置之，請諸尊依法，引弟子誦「金剛三昧耶」密言，纔令弟子耳聞，散花所至，彼尊有緣，如法灌頂。

若登此「壇」，即同入一切「曼荼羅」訖，一切天魔「毘那夜迦」（vināyaka 亦有分成二尊，一頻那，即豬頭使者。二夜迦，即象鼻使者。毘那夜迦或說即是大聖歡喜天）皆悉順伏，命終生阿拏迦嚩典宮（aḍakavatī 是 vaiśra-vaṇa 北方毘沙門天王所建立的一個宮殿。毘沙門天王宮）。

《頂生王因緣經》卷2

(1)須彌山「北」，有大天王名曰多聞，所居宮城，號阿拏迦嚩帝（aḍakavatī 是 vaiśra-vaṇa 北方毘沙門天王所建立的一個宮殿）；其城縱廣正等「二百五十」由旬，周匝千「由旬」，內外嚴麗，殊妙可觀。

(2)城有「金牆」，高半「由旬」；「金城」之上有四「女牆」，「金、銀、瑠璃、頗胝迦」作。復有重牆，通往來道，亦四寶作。

(3)其城中「地」殊妙莊嚴，有「百一」種「綵繪」為飾。地復「柔軟」，如「兜羅綿」及

如「妙氍^毹」，下足隨「陷」，舉足隨「起」。

(4)有天「曼陀羅華」散布其「地」，深可膝量，香風時來，吹去「萎華」，更雨「新」者。

(5)城中「街衢」，長二百五十「由旬」，闊二十五「由旬」，「金沙」布地，觸處遍灑「栴檀」香水，「金繩」交絡，垂「金鈴鐸」，以界道側。

(6)「街衢」左右，復有種種清淨「池沼」，「金、銀、瑠璃、頗胝迦寶」，以布其「底」；池之四面，有四「梯陛」，「金、銀、瑠璃、頗胝迦」作；底及層級，亦四寶作。

(7)又池沼中有「四寶臺」，間錯莊嚴：

若「金」為臺，即「銀」為柱，及以「梁棟」。

若「銀」為臺，即「金」為柱，及以「梁棟」。

若「瑠璃」為臺，即「頗胝迦」為柱，及以「梁棟」。

若「頗胝迦」為臺，即「瑠璃」為柱，及以「梁棟」。

(8)清涼甘美，水滿池中；「優鉢羅華、鉢訥摩華、俱母陀華、奔拏利迦華」等，遍覆其內。

(9)復有種種「水鳥」，游戲池中，出妙音聲，謂高遠聲、悅意聲、美妙聲等。

(10)彼池周匝，復有種種「華樹、菓樹」，直生端立，圓無缺減，如「結鬘」師，取以妙線，妙巧安布，盤結成鬘，華菓樹林，亦復如是。

(11)彼樹復有種種「飛鳥」，游止其上，出妙音聲，謂「高遠聲、悅意聲、美妙聲」等。

(12)又彼宮中有「青、黃、赤、白」四種「劫波衣」樹，其樹所出，四色妙衣；若彼「天男」及「天女」等，思其衣者，纔起心時，而自至手。

(13)又彼宮中，有其種種妙「音樂樹」，所謂「簫、笛、琴、箜篌」等；若彼「天男」及「天女」等，思「音樂」者，纔起心時，其樂「自鳴」。

(14)又彼宮中，有其種種「妙莊嚴樹」，彼樹所出，手「釧」足「環」，及身「莊嚴」妙好之具；若彼「天男」及「天女」等，思「莊嚴具」者，纔起心時，而自至手。

(15)又彼宮中，有四色「蘇陀」味食，謂「青、黃、赤、白」；若彼「天男」及「天女」等，思其食者，纔起心時，而自至手。

(16)又有四種所飲之「漿」，謂「末度漿、摩達網漿、迦譚末梨漿、播曩漿」等。

(17)而彼宮中，有「妙莊嚴」殿堂樓閣，「諸天女眾」或處其中，安隱而坐，或觀視「游行」，悉有種種「乘輿、服飾」莊嚴之具。

(18)「天女」軮^輇隘^狹，擊鼓奏歌，蒸眾「名香」，豐諸飲食。彼<u>多聞</u>天王與諸眷屬「嬉戲、娛樂」，隨自「福力」，受斯勝果。

《佛說守護大千國土經》卷2

(1)是時毘沙門天王前白佛言：世尊！我於北方建立一城，名阿拏迦嚩底(aḍakavatī 是 vaiśra-vaṇa 北方毘沙門天王所建立的一個宮殿)。彼阿拏迦嚩底，一切天眾於彼而住，其城高廣，面百「由旬」，眾寶間錯，以為「莊嚴」。有大藥叉手持金剛住於「四方」而為「守護」。我彼大城如是建立。

(2)其城四門，第一純以「黃金」所成。其第二門，「眾寶」合成。其第三門純「頗胝迦」。其第四門「摩尼」之寶，復以眾寶而嚴飾之。

(3)於其城中，處處皆有「園林、花果」種種宮殿，種種妙寶以為莊嚴。復有種種「寶樹」行列，亦有種種「雜色之鳥」飛翔其上，或坐寶樹以為莊嚴。

(4)有種種「香」、種種「塗香」，諸「藥叉女」周匝圍遶，作倡妓樂。我彼國界，莊嚴如是，富貴自在……

(5)我於彼城，有「㫋檀林」及「清涼池」，我及眷屬，於彼「遊戲」，我處其中，名為「法王」，以「法」治世。

(6)於其中間，復有種種「眾寶樓閣」。第一「黃金」，第二「白銀」，第三「吠琉璃」，第四「頗胝迦」，第五「妙真珠寶」，第六「白玉」，第七「馬瑙」，第八「七寶」合成。

(7)一一樓閣，有百千萬「寶女」而住其中，彼諸「寶女」妙色端正，工巧技藝，歌唱鼓吹，無能及者，有如是等種種功德。

(8)復以天諸「妙寶」及「無價衣」，莊嚴其身，作眾妓樂。

復次重說無上祕密「曼茶羅」，以「黑月」(指農曆的第「初十六日」起，到下個月的「初一」之前)八日或十四日，「可稱讚」(之)地而建立之，四肘、四門，布以「五色」，或摶 「灰末」。

於中畫佛，次右觀自在菩薩，次右馬頭明王大忿怒形。佛左金剛手菩薩，次左大威力「烏樞瑟麼」(ucchuṣma)明王大忿怒形。

佛前摩麼雞(māmakī。莽莫枳；莫鷄。《大日經義釋·卷七》云：莽莫雞真言，莽是「母」義，莫雞是「多」義，即十世界微塵，諸執金剛之母。一切如來智印，皆從彼生，故名多母也)金剛部母，四角置一瓶，佛前一瓶，以不截綵，覆之名勝瓶。外壇東北隅，大自在天王執「三股叉」并妃，於餘隅，畫

「半杵」或「杵印」，以香花飲食供養，如法引弟子「灌頂」，所用物充，以「心密言」加持。

復次契相，「根本遍擲印」→先正立，極力引「左足」頓地，向左「亞身」（曲身而低府），右手握「大（拇）指」成拳，申臂令豎，「左手」為拳，約著心，舒「頭指」（食指）如針，眉間顰蹙 （皺眉憂額），目（眼神）當專注。

此「遍擲印」乃能「怖畏」（於）「諸障難者」，「阿修羅」門所有（的）「關鍵」，亦能摧破。

「大忿怒印」→並雙手，「中、（無）名、小」指等，互以「面」相著，其「大（拇）指」捻（按：捏）其「三指甲」，便相握成拳，舒「頭指」（食指）合如針。此契能作一切事業，縛、撲、請召，（能）辟除「卒忤」（突來的忤逆與違犯事等），又令遠離（忤逆諸事），能殺（會令人）「枯瘁」（枯瘦憔悴之事），（亦能）護身。

「普焰印」→手背相著，「指頭」垂下，名下「合掌」，乃深交諸指，二「小指」如針，大開掌，二「大（拇）指」互捻（按：捏）「頭指」（食指）甲側，此契能成一切事業。

「杵印」→雙手「內相叉」為拳，舒左「中」及「頭指」（食指），右「中、頭指（食指）」亦然，二「中指」相合，微屈「頭指」（食指）各近「中指」傍，「大（拇）指」相並押「無名」側。

「打車捧印」→右手握「大（拇）指」成拳。

「剪刀印」→結次前印，舒「頭（食）、中」指，如剪刀股，徐動之。

「大牆院印」→結前「棒印」，極開二「頭指」（食指）。

「頂印」→結次前「大牆院」，屈右「頭」（食指）入掌如「餘指」。

「頭印」→如「大牆院」，屈左「頭指」（食指）入之。

「甲印」→准「牆院」，屈二「頭指」(食指)，相拄如環。此印有大威力，能作一切事業。

復次畫像法，用氎ㄉㄧㄝˊ，徑方「兩肘」，依口(而)「酬價」，乃以「牛糞」摩壇，豎㲲ㄉㄧㄝˊ(古代的彩布;彩色的木棉)於內，以「赤花、飲食」供養，因食食△(宴請)「良工」，圖「如來像」，坐「師子座」，手作「說法相」(以左手「大指、頭指」頭相捻，並舒「中、名、小」三指，右手亦然，及以左手仰掌，橫約著心，以「右手」腕著左手「名、小、指」等頭，以掌向外散其「三指」也)。

如來左畫<u>金剛手菩薩</u>，右手執「杵」，左作「問法相」(並其五指微屈之如仰鍬形，引手向前掌向如來也)。

次左畫大威力「烏芻瑟麼」(ucchuṣma)明王，大忿怒形：
❶目「赤」色。
❷通身艷ㄌㄨㄢˊ黑色(青黑色)。
❸舉體(火)焰(生)起，而有「四臂」。
❹右上手執「劍」，次(右)下(手執)「羂ㄐㄩㄢˋ索」，左上(手)「打」「車棒」，(左)下(手執)「三股叉」。
❺「器仗」上並(火)焰(生)起。

如來(的)右(是)「金剛部母」<u>摩麼雞</u>(māmakī。莽莫枳;莫雞。《大日經義釋‧卷七》云：莽莫雞眞言，莽是「母」義，莫雞是「多」義，即十世界微塵，諸執金剛之母。一切如來智印，皆從彼生，故名多母也)，多髮美貌，通身艷ㄌㄨㄢˊ色，蹲跪合掌，恭敬白佛。
(金剛)「部母」(的)右(邊是)「行者」，蹲跪兩手，執「香爐」供養。

其㲲ㄉㄧㄝˊ(古代的彩布;彩色的木棉)，勿經打污，無(任何)「毛髮」者。勿用「臭色」及有(生)命之色。其畫匠，每日(應)受「三歸、八戒」，(吃)長齋(且)具大善心，(還要穿著)新衣清潔(行者亦爾，勿離其傍，速成為上，後有畫像，亦准此也)。

復次於此像前，面(向)東(而)誦「根本密言」，乞食、禁語，兀如「枯木」，當印「制底」，如是相續，滿「六十萬」(遍咒語)，遂即「登山」，建立前祕密「曼荼羅」。

持「劍」作「大壇」，用「阿伽嚧」(agaru 沈香也)充「柴」，「鬱金華」和「白檀香」，燒之(一整個)晝夜，(即可)成(就為)「持明仙」之首，(能)得一切「悉地」，有大威力，壽齊日月，命終生「阿拏迦囉典宮」(aḍakavatī 是 vaiśra-vaṇa 北方毘沙門天王所建立的一個宮殿)。

若置「訶哩多擺」(雌黃)、或「安善那」(眼藥)、或「麼曩始擺」(雄黃)、或「捧」，准前作「火壇」，功力同「劍」。若乞食於「一月」內，無間「念誦」，取「白月」(之)十五日畢，其日，布「像」，敷「阿說他葉」(aśvattha 關說他樹;阿濕波他樹)(廣府有之)於像前，加持「三金」(金、銀、赤銅)娜拏(daṇḍa 刀杖;器杖)七遍，置上「加持」持之。

(若有火)焰(生)起，(可獲)劫壽，有大威力。一切「阿修羅」、一切「夜叉、羅刹鬼神、諸天」，皆大「順伏」。

若(此)三金「娜拏」(daṇḍa 刀杖;器杖)，(於)一月內，加持之，日滿，准前加持，(若有火)焰(生)起，(加)持之，(可獲)劫壽，身(可等)(於)「大威力」明王。

若人以「三金杵」(金、銀、赤銅所製的杵)，代「娜拏」(daṇḍa 刀杖;器杖)。
(若有火)焰(生)起，(則)身(可等)同(於)金剛手菩薩。
若以「三金輪」代「杵」，(若有火)焰(生)起，身(將)如「日輝」，(能)成(就)「明仙」中(之)「輪王」。

若又「絕食」三日，(然後於)「黑月」(指農曆的第「初十六日」起，到下個月的「初一」之前)八日，布「羊蹢躅葉、葛塔葉」，是於「像」前，(以)「補沙鐵」鉤，長八指，於葉上「右手」而「加持」，(若有火)焰(生)起，執之，(能)洞視(整個)土地，(能)位同(於)「帝釋」，(能)遊戲(於)「三十三天」，天龍鬼神(皆)「欽伏」。

若「絕食」一日，(於)黑月「八日」或「十四日」，布「阿說他樹」(aśvattha 關說他樹;阿濕波他樹)七葉，於像前，置「雄黃」於上，加持。
(若有火)焰(生)起，塗之，(能成就)「持明仙」。
(若)烟隱，(具有)暖熱，(則諸)善(皆能)行。

若於「山頂」，誦「十萬遍」，(則能感)天大威力「烏芻瑟廲」(ucchuṣma)明王「現」，甚可怖畏，(此時應)執心「勿懼」，(烏芻瑟廲將)云：(行者)須何作？

(行者可)白言：「薄伽梵」(乃能)成就一切事，但乞「一願」(例如我想成就)「持明仙」，或(願我能)降「阿脩羅」，或(能)召(請)「諸天」，皆悉「隨意」。

若於「吉祥門首」，布「像」，誦「三十萬遍」(咒)訖，(則)「阿脩羅女」(將)自出迎(接)之，可(大約)將(帶領)「五百人」同入，彼輩(若對你)作障(礙的話)，(其)身便「乾枯」。

復次「畫像法」，取兩肘「㲲ㄊㄧㄝˊ彩」(古代的彩布;彩色的木棉)，畫大威力「烏芻瑟廲」(ucchuṣma)明王：

❶身「赤」色。
❷怒形。
❸「狗牙」露出。
❹密目(如狸眼即是)。
❺髮「黃色」，上衝。
❻左持「杵」、右「娜拏」(daṇḍa 刀杖;器杖)。

(無論)行者食(或)不食，「淨」與否，(若能於)像前誦「三十萬遍」(咒)，(則)所作皆辦。

若於「吉祥門」首，面北，布「像」，行者面「南」，(以)「苦練」(古同「楝」)薪作「火壇」，進(於)「毒藥末、芥子」，(加上)己血，(咒)滿一千八，(則阿)修羅女子，(將)身如火燒，(並)獻「長生」及「點化藥」(給你)。(若你)不受(此)「藥」者，(則)諸女(將)攜手同入其「宮」。

先有(持)明(咒)者，我當王ㄨㄤˋ(稱王於)彼，不畏「娜羅延」(Nārāyaṇa 意譯為堅固力士、金剛力士、鉤鎖力士、人中力士、人生本天)業，輪壽「多劫」，尊貴快樂，身有「光明」，(具)種種神變，命終(可得)生天。

若於「吉祥門」首，布「像」，作「火壇」，燒「㲲華子」，一千八，滿三日，乃結「根本遍擲印」，彼門即開，(能)「無障」而入。

若有(於)「龍水岸」，布「像」，作「火壇」，燒鹽，滿一千八，龍出，受(你之)命，(能)隨意驅使。

若先「絕食」三日，置像(於)「審銘」(śamī 奢彌草。唐言苟杞)柴，作「火壇」，(以)「芥子油」和「芥子」，燒滿一千八，能召(請)一切人天。

若以「鹽」成「悉底哩」，置像，作「火壇」，片片割(斷)進(於)火中(燒)，日三時，令盡，滿七日，(並)稱名，(能於)百「由旬」內(皆)至。

若以(於)諸天「空祠廟」中，布「像」，(以)「阿說他」(aśvattha 關說他樹:阿濕波他樹)薪作「火壇」，(以)「苦練」(古同「楝」)葉和「芥子油」，進(於)其中，一千八遍，日三時，經七日，即有「天神」來現，云作何事？隨意「驅使」。

若先「絕食」三日，以「黑月」(指農曆的第「初十六日」起，到下個月的「初一」之前)八日或十四日，於「大自在天王」前(之)「石陵伽南」，以「右手」掩上，加持，須臾有「大聲」者，「三天王」(將)現受(並供應)驅使，(若三天王)不現(身)，(則)彼身(將)乾枯。

若准前，先三日「絕食」，(於)「黑月」八日或十四日，布「像」，作「火壇」，進(於)「羊躑躅花」，一千八遍，又執其「花」，加持一遍，擲打「夜叉女」(之)膝，即相敬。若要「長生藥、眼藥、金銀寶玉」等，悉皆從命。

若以「佉馱羅」木(Khadira 類似紫檀木)作「三股叉」，絕食三日，以「日月蝕」時，(於)「寒林」中，布「像」，以「香花」飲食，廣以供養。右手持「叉」，加持之，(待)叉(上之火)焰(生)起(又)止(時)。

後於「夜分」，豎「叉」於地，(則)七寶「堂宇」，(將)現是人前，「天女」繽紛，(將)充滿其處。(並)云：欲何所作(主人有何吩咐)？(諸天女能以)歌舞、音樂，種種(供給您的)驅使，(待天)將曉，去「叉」(將叉離開地面)，(恢復)如故。

若取一屍，無「瘡^多」_(原意指足疾)痕_(亦作「瘢痕」→創口或瘡口留下的痕跡)者，洗浴之，置大河側，_(頭)首_(向)東、仰臥_(之)，日正午，_(於屍的)四面，各令一「丈夫」，執刀而立，「行者」_(則於)屍心上坐_(著)，取「雄黃」_(置)內_(納於)「屍口」中，_(並)加持之，藥若變「熱」，_(則獲)一切貴敬，_(若藥有)煙隱_(沒)，_(則有)光_(相)昇空。

若「絕食」三日，_(於)「黑月」八日或十四日，布「像」，廣陳「供養」，以「阿樞迦」_(aśoka 無憂木，學名 Jonesia asoka Roxb。屬苣科之植物，產地分布於喜馬拉雅山、斯里蘭卡、馬來半島)木合，盛「素嚕_(二合)但_(引)戰曩藥」_(此是藥名帶赤黑色，重比金出天竺，末塗目中仰視日，能奪其光，見日中有者，為真耳)，置「像」前，加持之。

_(若有)熱_(相則獲一切)貴敬。

_(若有)煙生_(起可獲)「遁形」_(藏遁身形)。

(若有火)焰(生)起，_(能成就)持明仙。「身光」_(將)如日圓滿、可愛，_(獲)壽七千歲。

若「絕食」三日，_(於)「黑月」十四日，_(於)「寒林」中取無「瘡痕」_(亦作「瘢痕」→創口或瘡口留下的痕跡)屍，以「香湯」洗浴之，以頭向東，臥著，_(以)香花供養。行者_(需)「裸形」被髮，_(於)屍心上坐_(著)，_(再)取白淨「髑髏」，滿盛「白色芥子」，_(再)置_(於)屍口上，加持之，_(若)「芥子」盡隱，_(再)執_(此)髑髏，_(能獲飛)騰隱_(身而)自在，_(能)為一切「騰空」，_(能為一切的)隱者之首_(領)。

復次不擇「淨、穢」，_(絕)食與不_(絕)食，先誦_(此咒滿)「三十萬遍」，又以應「肘」量縶^工_系_(一肘、或二肘、或三肘、或四五等肘，後言應肘量，准此)。畫大威力「烏芻瑟麼」_(ucchuṣma)明王，作大怒形：

❶左_(手)持「杵」。右_(手持)「娜拏」_(daṇḍa 刀杖；器杖)。

❷_(眼睛採)左視。

❸_(以)「龍」為瓔珞_(龍作蛇形)。

❹明王_(的)左_(邊)畫「大寒林」及「行者」。

❺於明王_(的)右_(邊)畫「山座」。

❻以「赤花、飲食」供養。

(於)黑月(指農曆的第「初十六日」起，到下個月的「初一」之前)八日，於「制帝」(佛塔)，布「像」，(並)廣設供養，作「大壇」，以「烏曇波羅」充薪(木)，進(於)「赤色」未開「花」，(持咒)滿一千八(遍)，其日三時(皆作法)，即成(靈)驗，能作一切「事法」，(受)人天「貴敬」。

《蘇悉地羯羅供養法》卷 1

而向東立。屈其左脚膝。臨向前。就於右脚。右脚闊展二尺以來。橫著躡地。咬「下右唇」，怒目左視。默想自身如「軍荼利」，誦其根本真言曰。

《蘇悉地羯羅供養法》卷 1

如三股杵。面向東立。屈左脚膝。臨身向前。就於左脚。闊展右脚，二尺以來。橫躡地。咬其右下近脣邊，怒目左視。默想自身如「軍荼利」。誦其根本真言曰。

《陀羅尼集經》卷 7〈金剛藏眷屬法印咒品 2〉

金剛隨心大瞋法身印第五十(丹第三十二誦前大咒)

先以左右手。從中指以下三指。皆向外相叉。令指皆著手背。[22]又以二頭指。向裏相叉。右押左，竝二大指各附二頭指上已。起立舉印。在右膊上。斜怒，「左脚」屈「右脚」膝。怒迴身向右。面向左視，怒眼。

若「眼藥法」，取「尾避多迦木」(毘梨勒木)合子，盛「素嚕(二合)怛(引)戰曩」(此是藥名帶赤黑色，重比金出天竺，末塗目中，仰視日，能奪其光，見日中有者，爲眞耳)，(於)「月蝕」置(於)像前，「加持」之，得「熱、煙、焰」生，三種(效)驗，功力同前。

若取「犬舌」以「三金」鍱裹，(於)「月蝕」時，加持。

(若有)「煙」生，口含(之)，(可獲)「藏形」(隱藏身形)。

若口含「嚩極」(vacā「菖蒲根」也)，(並)持「密言」，(可)取三種成驗：

(若生)「熱」(相)，(可)得一切「總持」不忘。

(若有)「煙」生，(可獲)「藏形」(隱藏身形)。

(若有火)「焰」(生)起，(可)作「持明仙」。

若於「山頂」，誦九十萬遍，(能)為「持明王」。

若「乞食」，「禁語」誦「四十萬遍」，「絕食」一日，(於)「黑月」(指農曆的第「初十六日」起，到下個月的「初一」之前)十四日，於「制帝」(佛塔)前，布「像」，廣設此供養，并作「火壇」，進(於)「安悉香」丸，一千八，其日三時，(能)作小「持明王」，若食「乞食」，「安悉香」伴「紫鑛汁」進(於)火中(燒)，滿十萬遍，見用。

若取「麼戶保怛哩迦」(唐云天門冬根)，進(於)火中(燒)，一千八遍，「迦那」(gaṇa 群眾;部眾)至。

若(於)水中立，至臍，誦十萬遍，(則)一切「伏藏」盡現，能開「枷鎖」，止「業輪」(惡業的輪轉環繞)，起「死人」、勝「冤敵」。

若(於)「月蝕」，(以)「牛糞」作壇，布「像」，以「赤銅椀」盛「赤牸牛蘇」，置中加持，執食之，(能獲)「總持」不忘。
(若有)「煙」生(則獲)長生。
(若有火)「焰」(生)起，(則獲)「藏形」(隱藏身形)。

若以「烏曇跋囉」薪，作「火壇」，「芥子、黃芥子、麼沙(天竺云毒藥。正確應是天竺產的一種小豆子 māṣa)，以「血」和之，進(於)火中(燒)，一千八，(則)「伏藏」自現。

(若)結「根本遍擲印」，又執「佉羅木」(Khadira 類似紫檀木)杵，向前降之，(則有)「寶物」涌出。

若「絕食」，於「恒河」側，誦「三十萬」，(則)「阿脩羅」門開。
若稱「吽」(hūṃ)字，降山，山碎。禁諸江海，能令「枯竭」。
若「絕食」於「寒林」中，誦「四十萬遍」，「梵羅剎」(brahma-rākṣasa 婆羅門羅剎餓鬼)及諸「鬼神」，(將)作「美貌」而現「受命」。
若「驅使」，遲違稱「吽」(hūṃ)字，打地一下，彼當「殞絕」。
(若)稱「莎嚩賀」，再生，「大自在天王」廟中。

(若)「絕食」，誦「十萬遍」，，「大自在天王」現以「香華」，供養問訊。(若)從天王乞，其一切「道術」如意成驗。

若於「大自在天王妃」前，「絕食」誦「十萬遍」，妃現，隨心「乞願」，不現彼「死」或「乾枯」。

若依前法，誦「密言」，欲令「梵天、夜摩、兜率」及「天帝釋」等，一切天王「現」，並得如意。

若取一「屍」，稱「吽」(hūṃ)字，以「足」加「屍首」，令「聲足」齊下，屍當起「大叫」。持劍斷其首，成「黃金」，不者，屍叫，告之，有「捨覩嚕」(śatru 怨敵；怨家)，某甲持「始羅」來如意。

若以「補沙鐵」作「劍」，(於)「月蝕」時，加持，(若有火)焰(生)起，持之，(能)身同「大自在天王」。

若「補沙鐵」作「斧」，(於)「月蝕」時，加持，(若有火)焰(生)起，持之，(能)為「毘舍者」(之)王。

若「補沙鐵」作「刀子」，(於)「月蝕」，加持，(若有火)焰(生)起，持之，(能)為「明仙王」，功用最勝，壽命尤多。

若以「蟻墳土」墢(古同「塑」→用泥土等做成人和物的形象)成形，行者以「足」加「心」上，作壇，「白芥子、毒藥」及「血」，置於「左手」中，以「右手」捻𢭏(用手指搓或轉動)燒，經七日，日一千八，(能獲)王貴敬，(及獲)族(姓人之貴敬)亦爾。

若食「乞食」，誦四十萬遍，(於)一「制帝」(佛塔)前，布「像」，供養，以「密栗嚩」薪，作「火壇」，并取其「果」，進「一萬顆」，(能作)為「持明王」，天龍(將)順伏。

若加持「華」、或「菓」七遍，(能)贈人「貴敬」。

若一日「不食」，(於)「黑月」八日，布「像」，(以)「阿説他」(aśvattha 闚説他樹；阿濕波他樹)薪，作「火壇」，進(於)「黑油麻」，一千八，(能獲)王臣貴敬。

若三日「絕食」，進「酥蜜、酪、白芥子」於火中(燒)，一日三時，二千八，滿七日，(能)為「持明王」。

若燒「酥」，滿一千八，經三日，(能獲國)王貴敬。

若取「舍多華」(唐云迴香花)酪、蜜酥相和，進(於)火中(燒)，一千八，滿七日，即得「金錢」一百。

若燒「粳米、乳粥」，一千八，日三，滿月，(獲)五穀盈溢，用之不竭。

若「紫檀末」加「酥」，內(納)華於中，進(於)火，一百八遍，日三，滿七日，「迦那」(gaṇa 群眾;部眾)至。

若從「黑月」一日起，布「像」，(以)「遏迦」(argha 功德;香花)薪，作「火壇」，(以)「烏麻油」和「酥」，(以)「迦瞻摩樹」華，一內(納)一燒，一千八，滿七日，(能)得「金錢八文」。

若「乳」和「蜜」相和，以「青蓮葉」，一內(納)一燒，滿三十萬，(則)「伏藏」盡現。

若召人，(於)「大寒林」中，布「像」，香華供養，(以)「紫檀末」成彼形，(以)「佉馱囉」(Khadira 類似紫檀木)木，作「火壇」。男從右(足)、女從「左足」起，一割一燒，令盡，(則於)百「由旬」外，(能)一月而至。

若「大寒林」中，布「像」，(以)「紫檀」摩壇，水和王蹤「下土」一把，塐(古同「塑」➜用泥土等做成人和物的形象)成形，從「右足」割，進(於)火中(燒)，令盡，(獲一切)敬重。

若「寒林」中，布「像」，「香華」飲食供養，進「虞麼娑」於火中(燒)，滿一千八，(獲)貴敬。

若進「阿底目迦多」華，於火中(燒)，十萬遍，(獲)貴敬。

若(於)「大寒林」中，(以)「尾避多迦」木，作火壇，進「麼訶麼娑」，(於一整個)晝夜，(則於)一切「毘舍遮」眾、(於)「梵羅刹」(brahma-rākṣasa 婆羅門羅刹餓鬼)等，(將獲被)敬重。

若(遇有)「捨覩嚕」(śatru 怨敵;怨家)，今「梵羅刹」(brahma-rākṣasa 婆羅門羅刹餓鬼)為病。

若(以)「悉馱」薪，作火壇，(以)初生「犢子」糞，和「紫檀末」，作丸進之，日三時，時一千八，滿二十七日，(能)得「牛」千頭。

若截「白檀香」內(納)「杉木脂」，進(於)火中(燒)，日三時，時一千八，滿二十一日，(能)得大莊五所。

若截「杉木」，進「摩咄囉」火中(燒)，一千八，滿七日，(能)得金錢「一千文」。

若食「麨」及「水」，布「像」，供養，坐吉祥草，(於)十五日念誦勿間。

(若)「絕食」三日，(於)黑月十四日，布「像」，供養以「白芥子」油，然燈，乃截黑「阿迦嚧」(唐云沈香)，進「鉢囉奢」薪(於)火中(燒)，一千八，(聖)像(之)形(會)「動」，或「目」動，或作「吽」(hūṃ)聲。若「形動」(則)為(成)「持明輪王」。

若「名香」和「牛酥」，進(於)火中(燒)，一千八，得「群羊」，牛不走，失疫病。

若「酥蜜」相和，又內（納）炒「稻穀華」於中，進「遏迦」(argha 功德;香花)火中（燒），滿十萬，（能獲）五穀盈溢。

若取「紅蓮葉」進河中，流入海者，滿六箇月。次「絕食」三日，（於）白月八日，布「像」，供養。（以）「烏麻油」和「名香」，截「紫檀木」杪，進（於）火中（燒），（一整個）晝夜，（將感）「大吉祥天」現。

（若）以「白檀」閼ざ伽(argha 功德;香花)供養，天云：（你）須何願（望）？白言：（願當）「持明輪王」，天（即）從行者「口」入（而）無礙，即得「如意」，無有「天龍鬼神」為怨敵者。

若「酥蜜、酪」相和，一內（納）「名華」，進（於）「遏迦」(argha 功德;香花)火中（燒），一千八，（能獲）妻妾貞潔。

若（於）黑月八日，（以）「酥蜜」相和，內（納）炒「稻華」於中，進（於）火中（燒），一千八，日三時，滿七日，（能）得「千戶」大莊。

若供養像，（以）「黃芥子」和「欝金」，進「隥吒」薪火中（燒），一日三時，時一千八，滿七日，（獲）國王貴敬。

若供養像，（以）「阿底目迦多」薪，作火壇，進其華於中，滿十萬，（獲）大臣貴敬。

若供養像，進「夜合」華於火中（燒），一千八，（獲）妃貴敬。

若取「眾名香」蜜和，作「迦那」(gaṇa 群眾;部眾)形，充七日，割進（於）火中（燒），日一千八，（獲）貴敬。

若（以）「海鹽」和「芥子油」，燒，日三時，時一千八，經一月，（獲）族姓人貴敬。

若「寒林」中，坐「髑髏」上，（以）「寒林」薪，作火壇，進「血」於中，（一整個）晝夜，（將獲）「茶吉」現（身），（若）以「血」充「閼ざ伽」(argha 功德;香花)供養之，（茶吉將）云：有何事？（可）隨意乞大願，（獲）天神貴仰。

若「大寒林」中，（於）「黑月」十四日，取「裸形屍」肉，進（於）火中（燒），從日入，至夜半，（以）「梵羅刹」(brahma-rākṣasa 婆羅門羅刹餓鬼)作「忿怒」形而為「奉教」，後日得衣兩事，金錢一百文。

若取寒林「華鬘」，進（於）火中（燒），一千八，（獲）首陀(śūdra 為印度四姓中地位最低之奴隸階級)貴敬。

若以「蠟」作「毘舍遮」形，割進（於）火中（燒），「毘舍遮」眾現為「奉教」，後日得「衣服」。

若截「阿樞迦」(aśoka 無憂也)抄愔ᵣ 愚多油，進(於)火中(燒)，經一月，(能成)為「持明王」。

若進「薰陸香」於「阿樞迦」(aśoka 無憂木)火中(燒)，日三時，時一千八，經一月，得大莊(嚴)。

若以「飲食、華」供養像，以其華，一誦，一散(於)像前，滿一百萬遍，(能)為「持明王」。

若取「摩勒迦華」飲食供養，散其華，十萬，(獲一切)見用。

若常持念此「密言」者，無眾諸「衰難」。

若「酥、烏麻油」，一日三時，時一千八，進(於)火中(燒)，滿七日，(能)得大莊(嚴)。

若加持「佉馱羅」木(Khadira 類似紫檀木)橛(木橛子；短木樁)，一百八釘，入「怨人家」內，彼(將)「善心」相向。

若「龍華鬚」，進「佉馱」火中(燒)，日一千八，經一月，(將可成就)「迦那」(gaṇa 群眾；部眾)至。

若「酥蜜」相和，一內(納)迴「香華」，進「阿波末哩迦」(唐言牛膝)火中(燒)，滿十萬，家內「七寶」(將)自涌。

若「酥蜜、酪」和「阿波末迦子」，進「屈嚩迦」薪火中(燒)，滿十萬，(獲)王貴敬。

若(於)「黑月」一日，(於)「阿樞迦」(aśoka 無憂木)樹下，「庾體迦」木敷「華」，一內(納)「酥蜜、酪」中，進(於)火中(燒)，滿十萬，(能)得金錢一千文。

若(於)「制底」前，布「像」，供養，進「俱羅吒迦華」於「佉馱羅」(Khadira 類似紫檀木)火中(燒)，滿七日，(則獲)大威力「烏芻瑟麼」(ucchuṣma)現(身)，(能)滿願。

若進「阿杜華」於「佉馱囉」(Khadira 類似紫檀木)炭火中(燒)，一千八，七日，「伏藏」(將)現。

若進「阿伽悉地」華於「苦練」(古同「楝」)火中(燒)，一千八，經七日，得「金錢」一文。

若以內(納)「摩勒地華、酥蜜、酪」中，進「瞻蔔迦」火中(燒)，經一年，共誦一十萬，(獲)得金錢十萬文。

若以泥塜(古同「塑」→用泥土等做成人和物的形象)「嚩囉呬」，(益)「紫檀」供養，持「密言」，盡(一整)夜，彼當長喘，(將)與行者「黃金」千斤。

若流入海河，立其水至胯（古同「胯」），用「阿迦羅」充「燒香」，以「名華」一熏，進_{（於）}水中，滿十萬，_{（能）}為「大持明王」，_{（獲）}人天歸命。

若截「阿說他」_{（aśvattha} _{關說他樹;阿濕波他樹）}樹枝，一內_{（納）}「酥蜜、酪」中，燒之，十萬遍，_{（能）}為「小持明王」。

若「油麻、酥蜜、酪」相和，進_{（於）}火中_{（燒）}，滿十萬，_{（將可成就）}見_{（一切）}用。

若截「松木」，進_{（於）}火中_{（燒）}，十萬遍，_{（能獲一切）}見用。

若「酥蜜」相和，截「蜜栗」，嚼樹根，一內_{（納）}一進_{（於）}火中_{（燒）}，滿十萬，_{（獲）}大富。

若_{（於）}「黑月」_{（指農曆的第「初十六日」起，到下個月的「初一」之前）}八日，供養「像」，華和「欝金華」，進_{（於）}火中_{（燒）}，一日三時，時一千八，滿七日，_{（獲）}大富。

若_{（於）}有「龍水」邊，白月五日，布「像」，供養「龍腦香、龍華鬚」，和進_{（於）}火中_{（燒）}，滿十萬，其龍貴敬，得「寶珠」十萬顆。

若_{（於）}「黑月」八日，_{（於）}「大自在天王」廟中，一內_{（納）}「阿底目迦多」華，於「酥蜜、酪」中，進_{（於）}火中_{（燒）}，日三時，時一千八，滿七日，得「大莊五所」。若進「訥嚕草」_{（骨路也）}、若進_{（於）}火中_{（燒）}，滿十萬，_{（獲）}長壽。

若進「屈野迦」，欲敷華，於「審銘」_{（śamī} _{奢彌草;苟杞）}火中_{（燒）}，滿十萬，_{（獲）}王女敬重。

若「粳米」和「烏油麻」粗_{（古同「渣」}→_{渣滓）}，進「脂俱吒」_{（於）}火中_{（燒）}，一千八，_{（獲）}饒奴婢。

《大威力烏樞瑟摩明王經》卷中

若「粳米」和「牛蘇」，進_{（於）}火中_{（燒）}，十萬遍，_{（獲）}生「有相」之子。

若「杉木脂」和「酥」，進_{（於）}火中_{（燒）}，十萬遍，_{（獲）}增「七寶財」。

若以「飲食、香華」，供養像，_{（於）}像前地上，畫「人」、或「王」，_{（以）}行者形，_{（於）}心上坐，誦十萬遍，彼并族_{（姓人）}，_{（皆獲）}貴敬。

若「白芥子、欝金華」和，進「迦赦」，若火中_{（燒）}，日三時，時一千八，滿七日，_{（獲國）}王、族_{（姓人之）}貴敬。

若「麼沙」_{（māṣa} _{天竺產的一種小豆子）}末、芥子油」和，壤_{（古同「塑」}→_{用泥土等做成人和物的形象）}為「囉」形，從初夜，割進「鉢囉奢」薪火中_{（燒）}，令盡，_{（獲）}彼貴敬。

若「烏油麻、粳米」和煮，又以「烏麻油」和，進_{（於）}火中_{（燒）}，日三時，時一千八，滿七日，_{（獲）}首陀_{（śūdra} _{為印度四姓中地位最低之奴隸階級）}貴敬。

若「烏麻粗(古同「渣」→渣滓)」，進(於)火中(燒)，一千八，(能獲)迦那(gaṇa 群眾；部眾)貴敬。

若「粳米粉」成「捨覩嚕」(śatru 怨敵；怨家)，取「脂俱吒」枝為橛(木橛子；短木樁)，加持一千八遍，釘口，不能語。

若寒林炭，畫「梵羅刹」(brahma-rākṣasa 婆羅門羅刹餓鬼)，誦一萬，令「捨覩嚕」(śatru 怨敵；怨家)「麼羅寧」(maraṇa 死亡；臨死)。

若(欲)解彼「呪法」者，(則)以「香華、飲食」供養像，像面向北，人對之，(以)「芥子、毒藥、血」和，進「味達迦多」薪火中(燒)，一千八，彼(之咒法)當失驗。

復次「羯磨壇」，先對像，面東，念誦畢，便作此「壇」，於「大河海」側，或「大寒林」中，或「高山」上，如法「摩地」訖，准前畫院，開一門，正方八肘，當中畫大威力「烏芻瑟麼」(ucchuṣma)明王。

於右畫若稜多者，哩嚀明王，怒形，斜目右，於左畫阿吒吒僧伽明王，入門門右角，內畫「大自在天王」并妃，又於門左角內，畫「那羅延天王」，四臂皆執器杖，又於北方畫「伽那」(ghana 鐵棒；棍棒)，一角內「金剛杵」，西方「赤索」，一角「阿跛邏攞龍王印」(畫一小階，階上畫一蛇頭，蒙出項以來)，南方一口「黑色劍」，壇內諸尊並坐，以「心密言」加持「灰」，於壇外正方作「梵界道」，以「飲食、香華」供養。

凡入「壇物」，皆以「心密言」加持之，取「雄黃」，以「石研」成粉，「牛乳」和為丸，五布「阿說他」(aśvattha 關說他樹；阿濕波他樹)葉於壇中，以「藥丸」置上。

行者以「忿怒形」加持之。

(若有火)焰(生)起，取一丸，施與諸天，以一丸施與「先成持明者」，以一丸施「給侍者」，餘丸研塗「額」上、喉及心，成「天明仙」。身生「瓔珞」，其髮「右旋」，婉轉紺色，(具)異常(之)貌，同諸天壽，一千歲。

若(有)「煙」生，(能)王❖ 諸(於)「隱形仙」。

若(有)「熱」(相)，能令一切眾生「喜見」柔伏，(並)供給財寶，壽年百歲。

若「三相」(皆)不現，(則可)塗「額」，(亦獲)眾人「貴敬」。

若以「雌黃」或「牛黃」，代「雄黃」，亦得驗。

若「黃丹」和己身「血」，置淨「髑髏」中，安前壇上，加持，_(若有火)焰_(生)起，取少塗「額」，_(能)王_主 _(於)「一切天仙」，餘相准前。

若「沐浴」，衣邏結差囉細，曩緤熏香，_(於)壇中坐，持明_(咒)，身上_(火)焰或_(生)起，_(或有)「煙」生_(起)、_(或有)熱_(相)等，功力_(則)准前_(一樣)。

若取「紅蓮、鬚龍、華鬚」末之，「酥蜜」和之，_(以)「金椀」盛，置壇中，加持，
(若有火)焰(生)起，藥成「甘露」，服之成「自在天」，身壽遠劫，不復飢渴。
_(若有)「煙」生_(則獲)「藏形」_(隱藏身形)。
_(若有)「熱」_(相則獲)「總持」不忘，壽千歲，無病，_(能獲)一切眾生「貴敬」。

若_(於)「月蝕」時立「壇」，_(以)赤銅椀，盛羖⁂羊_(黑色的公羊)乳，加持之。
(若有火)焰(生)起，服之，_(能)王_主 一切「天仙」，壽如日月。
_(若火)焰不_(生)起，_(則)壽一百歲，得大勝。

若_(以)「補沙鐵」作「三股叉」，或「佉馱囉」_(Khadira 類似紫檀木)木，長「十二指」_(23公分→一般男性可用的尺寸)作。

行者澡浴，遍體塗「灰」，禁語，加持「叉」三十萬，候「月蝕」，以置壇中，加持。

(若有火)焰(生)起，持「叉」，_(此)身_(可)成「大自在天王」，面有三目，威力亦等。
_(若有)「煙」生之，_(可)王_主 _(於)諸「隱形仙」。
_(若有)熱_(相生，則能具)有大威力。

若_(以)「補沙鐵」作「杵」，長十六指_(30公分)，以「紫檀」遍塗之，_(於)「黑月」八日或十四日，_(於)月蝕時，立前壇。於道路，取少淨「草布」中，置「杵」於草上，取「黃牛酥」，一加持，一澆_(於)「杵」上，滿一千八，諸鬼神及「毘那夜迦」，并「阿吒吒訶僧」_(將顯)見，_(此時)勿畏，_(若)結「那拏印」持明_(咒)，彼皆退散。
然執之，加持。

(若有火)**焰**(生)**起，持之，**(獲)**得**「帝釋位」**，具足**「千目」**，**(能)**王**（於）**三十三天。**「阿脩羅」**眾，皆來**「頂禮」**，**(獻)**納其女子，**(及能)**力伏**「魔王」**。**

(若有)「**煙**」**生，**(能)**王**（於）**「隱形仙」。**

(若有)「**熱**」(相生)，**(可得)**壽百年，**(獲)**天龍順伏。**

若作「三金輪」，大寒林中，立前壇，准前置輪，澆酥一千八，壇中右手執輪，加持。(若有火)**焰**(生)**起，**(能)**成**(就)**「諸仙輪王」，威力倍勝**「首羅」**及**「帝釋」**，**「神仙」**歸仰，命終生「阿拏迦嚩典宮」**(aḍakavatī 是 vaiśra-vaṇa 北方毘沙門天王所建立的一個宮殿)**。**

若(以)「**佉馱囉**」(Khadira 類似紫檀木)**木作**「劍」**，以三金鍱，裹三處，**(於)**山頂，布前壇，以右手持之，加持之，加持，令劍作**「青色」**，便**「住立」**其地，先布**「少淨灰」**，以**「劍頭」**當**「灰」**中，拄之，一切**「隱身諸仙」**並(顯)**現，作禮旋遶而去，取其**「灰」**少少，分布與人，彼得**「灰」**者，皆成**「天仙」**。**

若(以)「**佉馱羅**」(Khadira 類似紫檀木)**木作**「伽那」**(ghana 鐵棒；棍棒)，以**「赤色」**華鬘掛於**「伽那」**(ghana 鐵棒；棍棒)**上，准前置，執(之)，加持。**

(若有火)**焰**(生)**起，成**「毘沙門天王、大力夜叉之主」**，**(有)**無量鬼神而為**「給侍」**，**(臨終)**便往「阿拏嚩典宮」**(aḍakavatī 是 vaiśra-vaṇa 北方毘沙門天王所建立的一個宮殿)**，壽一大劫。**

若「**素嚕**(二合)**但**(引)**戰曩**」(此是藥名帶赤黑色，重比金出天竺，末塗目中仰視日，能奪其光，見日中有者，為真耳)，末以「**麼囉**」(二合)**頷銘**(二合花及葉掌中和末候乾和擣津又泮滿一千遍)**和之**(又擣為末)，以「金椀」盛之，又以「金椀」蓋之，准前，澆「酥」，滿千，乃置「椀」於掌中，加持，(若有火)**焰**(生)**起，**(以)**末塗**「目」**中，**(能獲)**飛騰自在，諸天圍遶**「給侍」**，壽**(獲)**遠劫。**

復次「阿毘遮嚕迦法」**(abhicāruka 調伏；降伏)，**(於)**大寒林中，立「壇」，以「心密言」加持己「血」，一遍灑其地，候「乾」，又灑「清水」，又以「寒林灰」塗之，「寒林灰」界壇院，三角三肘，開「北門」。**

門外畫「羅刹」(rākṣasa 羅刹鬼)，髮上豎，怒形，以「人骨」莊嚴之。右手掌一「髑髏」，盛血，作向口「飲」勢，壇心畫「娜拏印」(daṇḍa 棒印)，(若有火)焰(生)起，三角各畫「佉吒望伽」及「毘舍遮」眾，以「犬肉」祀羅刹「毘舍遮」，前置「酒」。

行者「裸形、被髮」，以「頭、中、無名」三指，塗己「血」於「額、兩肩、心、喉」，大怒心左，遶壇行一匝，立，稱「烏芻瑟麼」(ucchuṣma)名，更灑己「血」於壇，以「華鬘」遶壇院一匝，「粳米飯」和「血」，置「髑髏」中，安壇中。

(以)「人骨」和「髮」為焚香，又一「髑髏」滿盛「血」，(以)「赤華鬘」纏之，又以「三髑髏」壇前支「纏華」者，煎之。

行者「蹲踞」坐，持「人脛ㄒㄧㄥ (小腿)骨」攪「血」，仍咬牙、嚙齒，大怒形，持「密言」，血中(若有火)焰(生)起，(則)有無量聲喧(於)空(中)，必不損人，慎勿(恐)怖。
其「阿吒吒訶僧」及諸「鬼神」，身皆(有火)焰(生)起，以種種「惡形」來(顯)現，云：(行者)須(求)何願？(此時行者可)隨意「乞」之。若國家有大「陣敵」，或惡人毀除「三寶」(之事)，(可)令繫(縛)之，(彼惡人將)皆(如)大喪(之)敗。

若不擇時日，依前作「三角壇」，唯除華鬘，纏髑髏并支者，以「建吒迦」(kaṇṭaka 唐言棘也)薪，作「火壇」，「髑髏」末「毒藥」末和血，進(於)火中(燒)，一千八，(令)「捨覩嚕」(śatru 怨敵；怨家)「摩囉寧」(maraṇa 死亡；臨死)。

復次「寒林」，衣應肘量者，寒林中，或路上作「壇」，以「血」灑之，壇北布之，以己「血」畫之，髮上豎，怒形，四臂。
一手掌「髑髏」，第二手(持)「娜拏」(daṇḍa 刀杖；器杖)，第三手(持)「人頭」，第四手(持)「杵」，衣「虎皮」褌　(古代稱作「兜襠布」，具一段兩側，有窄長布條的一種長寬布條，可遮擋私部，亦似日本傳統的內褲樣式)。
(於)「黑月」八日，(於)「大寒林」中，布「像」，以「黑飲食、赤花」供養。行者「蹲踞坐」，以灰畫「捨覩嚕」(śatru 怨敵；怨家)，(將)「血」和「芥子」，置一「髑髏」中，行者於「捨覩嚕」(śatru 怨敵；怨家)上，「蹲踞」坐，以「建吒迦」(kaṇṭaka 棘)薪，棘也，作「火壇」，

進「血、芥子」於中，晝夜，非「支麼囉寧」，三夜作一家，七夜作七族，一月「夜尾曬」也。

若「墓田」，或「殯宮」，布之，蹲踞坐，進「鹽」和「血」，於「建吒迦」(kaṇṭaka 棘)火中(燒)，一千八，(將)「摩囉寧」(maraṇa 死亡；臨死)。

若布「像」，「像」前以「灰」或「炭」或「稻糠灰」，畫彼形，(於)心上坐(著)，進「血」和「灰」，於寒林「殘」薪火中(燒)，晝夜，家「摩囉寧」惹七夜。

若寒林中，布「像」，取其炭末和水，作「捨覩嚕」(śatru 怨敵；怨家)，(以)「佉馱羅」(Khadira 類似紫檀木)木橛(木橛子；短木樁)，長兩握，塗血，於釘花「仡哩娜」，乃坐橛上，持明，一千八，日三時，滿三日，(可成就)摩羅寧(māraṇa 破魔；令死。maraṇa 死亡；臨死)。
若行者「內衣」於「血」中披之，水立至(肚)臍，持「明」(咒)，(待)血乾，披亦然。

若寒林中，布「像」，「犬肉、芥子油」和，進(於)火中(燒)，一千八，經十五日，(可成就)「摩囉寧」(māraṇa 破魔；令死。maraṇa 死亡；臨死)。

復次「扇底迦」壇(śāntika 息災；寂災)，於淨室，或河岸，作方四肘，准前壇樣，圖之，當中畫「金剛部母」，右畫「金剛拳明妃」，左畫「金剛鎖明妃」。

部母前「一角」內，大威力「烏芻瑟麼」(ucchuṣma)明王，一角內金剛手菩薩，四角內及壇心，皆布「阿樞迦」(aśoka 無憂木)葉，葉上各安一「水瓶」，以「香花、飲食」供養，用「鉢羅奢」薪，作火壇，進酥，稱麼雞(māmakī。莽莫枳；莫鶏。《大日經義釋·卷七》云：莽莫雞真言，莽是「母」義，莫鶏是「多」義，即十世界微塵，諸執金剛之母。一切如來智印，皆從彼生，故名多母也)明，滿一千八。

又進「牛乳」，每遍稱「烏芻瑟麼」(ucchuṣma)莎嚩訶，一千八，官事散，病愈矣。
(oṃ · ucchuṣma · svāhā)

若准前，七日作，國內「疫」差(瘥𠤏 ➙病癒)。

若壇前，「油、麻油、酪蜜酥」和，進前火中（燒），日一千八，七日，病差（瘥癒→病癒）事散。

若依前立壇，布「像」，取像內（納）「牛乳」中，出之又布，進「牛酥」於前薪火中（燒），一千八，瓶盛少「香水」，加持七遍，將瓶就彼「病人處」，以灑彼「面」，云：願汝即差（瘥癒→病癒），其瓶滿盛「清水」置壇中，持一千八，令浴之，差（瘥癒→病癒）矣。

若「烏曇跋羅」木作匙，先三誦，三策酥，乃進「阿說他」（aśvattha 關說他樹；阿濕波他樹）薪火中（燒），次一誦一進，稱彼「病者名」，一千八，差（瘥癒→病癒）矣，
若加持「粳米飯」和「乳」，與食，經七日，差（瘥癒→病癒）矣。

若依前，布壇「像」，截「烏曇跋羅枝」一內（納）乳，進「審銘」（śamī 奢彌草；苟杞）薪火中（燒），一千八，經七日，彼差（瘥癒→病癒）。

若布「像」，取「油、麻油、酥蜜、酪」和，進「審銘」（śamī 奢彌草；苟杞）薪火中（燒），一日，一千八，經七日，（可成就）「摩囉寧」（māraṇa 破魔；令死。maraṇa 死亡；臨死）。

若進「乳」於「審銘」（śamī 奢彌草；苟杞）薪火中（燒），滿萬，（可成就）「摩囉寧」（māraṇa 破魔；令死。maraṇa 死亡；臨死）。
若內（納）「像」於乳或「酥」，布之，進乳「審銘」（śamī 奢彌草；苟杞）火中（燒），又加持「香水」，灑彼「面」，差（瘥癒→病癒）。
若（以）「酥」煎「美餅」，及「酪蜜、酥乳」等，供養「像」，以「粳米飯」和「酪」，或「酥乳蜜」和，進「阿說他」（aśvattha 關說他樹；阿濕波他樹）火中（燒），日三時，時一千八，滿七日，（獲）致富。
若（於）「佛殿」或「神廟」中，依前供養「像」，進「龍腦香」於「榖木」火中（燒），日三時，時一百八，滿七日，（獲）七寶、六畜增長。

復次以「白檀香」木，刻「本尊」，長六指，行者頂戴（於）水中，立至「項」，盡日，持「密言」，家內「行疫鬼」死。
三日作，城內「疫」差（瘥癒→病癒）鬼去。

七日作，「境內」差（瘥苶 ➜病癒）鬼去。

若以「阿說他」（aśvattha 關說他樹；阿濕波他樹）木，與前壇像作座，以「牛糞」於路上，作壇安像供養，然「牛酥燈」，「像」面向西，「行者」面東，坐草團上，捧「白檀香水」以奉請。

（以）「密言」加持七遍，迎「本尊」降入像中，「惹底華」（jāti-kusuma。一名蘇末那）一內（納）「乳」中，進（於）火中（燒），晝夜，當莊內（之）「疫」差（瘥苶 ➜病癒）。

（若）七夜作，「國內」（之疫皆）差（瘥苶 ➜病癒）。

復次以「欝金」畫本尊，行者受「八戒、持齋」，頂戴像，設「幡花、燒香」供養，引之，右遶莊「一匝」，（所有之）疫（皆）差（瘥苶 ➜病癒）。

復次「按俱咤」木，或「阿說他」（aśvattha 關說他樹；阿濕波他樹）木，刻本尊，於四衢路，以香花、飲食供養，「人髮」并「骨」末之，進「按俱咤」火中（燒），日三時，時一百八遍，當莊（內之）「疫」（皆）差（瘥苶 ➜病癒）。

復次（於）「補沙宿直日」（puṣya-nakṣatra-yoga 鬼宿日。唐云鬼宿苶 ），（以）食食△（宴請）「香花」供養，（以）「阿說他」（aśvattha 關說他樹；阿濕波他樹）樹，用取其北，引根，「牛五淨」（《蘇悉地羯羅供養法·卷三》云：牛五淨者，謂黃牛尿，及糞未墮地者）和少清水，持莖草揩洗之，或「鬼宿直日」市「紫檀木」依前洗之，日日初摩一方壇，置木及所刻像刀斧等。

於中以「根本密言」加持「紫壇木」，香水七遍，洗之，行者（應受）「八戒、十善」，壇西進「酥」於火中（燒），七遍，結「根本」及「娜拏印」（daṇḍa 棒印）。令「匠」於壇中，速「刻」本尊。

❶左手持「杵」。
❷右執「娜拏」（daṇḍa 刀杖；器杖）。
❸怒形。
❹右視。
❺如立勢。

❻如立「根本印」。

行者在側，持「明」勿(斷)絕，令「白月」畢。以「檀香水」浴之，以「飲食、香花」供養，以「彩色」嚴之。

像「額」間，點「赤」或「黃」，至來月(下個月)一日，「開目」立壇，以「飲食、安悉香、花」供養三寶。

其日於「壇」像前，起首，持「明」十萬，乃候「月蝕」，立壇，布「像」，像面西，(以種種)「飲食、紫檀香、花」供養之。燒「安悉香」，結「娜拏印」(daṇḍa 棒印)加持之，(作)印。(若有火)焰(生)起，(則本尊明王可能)入「行者」(之)頂，(此時所)持(的)「明王」(將)有(發)聲，(能)見(一切之)用。

若或(於)「河側」供養本像，作佛手「一磔」量(佛手一磔，今人之「三磔」，以二尺四寸，准也)「制帝」(佛塔)十萬，誦密言「三十萬遍」，乃以「黑月」八日，或十四日，供養加持，(若有火)焰(生)起，(則)為(成就)「明王」(之瑞相)。

復次(於)「黑月」八日，依儀供養，按「俱咤樹」，取其根本尊。

右手舒「五指」，以掌拓心。

左手持「杵」，左足踏「毘那夜迦」(vināyaka 亦有分成二尊，一頻那，即豬頭使者。二夜迦，即象鼻使者。毘那夜迦或說即是大聖歡喜天)。

右足踏「娜拏」(daṇḍa 刀杖；器杖)，令「娜拏」(daṇḍa 刀杖；器杖)一頭押「毘那夜迦」。

取「按俱咤」花和「芥子油」，進「按俱咤」火中(燒)，晝夜，令滿「一萬遍」，夜半，作「大聲」現，(等)候至「午」。

(以)「佉馱羅」(Khadira 類似紫檀木)木和「芥子油」中，進「按俱咤」火中(燒)，一千八，滿七日，「毘那夜迦」(將)死，若進「乳」於火中(燒)，一千八，(能作)「寂災」(之效)。

若以「蟻墳土」作「毘那夜迦」形，應肘(之)量，(於)大寒林中立「壇」，置(此毘那夜迦之)形，於「佉馱羅」(Khadira 類似紫檀木)木，長十指(19公分→小女生可用的尺寸)，和「毒藥」及「血」，進「佉馱羅」(Khadira 類似紫檀木)木(於)火中(燒)，滿「萬遍」，(於)夜半，(此毘那夜迦之)形(將)作「大聲」，(即可)得其「悉地」，後作「毘那夜迦」法，皆(能)成就，不被「惱亂」。

復次於應肘量緤㲲(古代的彩布;彩色的木棉)上，畫「大威力明王」：

❶左上手掌「髑髏」，(左)下手豎「頭指」(食指)擬勢(作比劃指向之勢)。

❷右上手持「那拏」(daṇḍa 刀杖;器杖)，(右)下手執「杵」。

❸像前畫一「毘那夜迦」，蹲跪合掌。

❹左足下踏一「毘那夜迦」。

立壇，布「像」，以「赤花、飲食、紫檀香」供養，取一內(納)進「苦練」(古同「楝」)火，當乃「諸惡鬼神」以種種形(而現出)，(若彼)見(出並)作(出)「吒訶吒訶」聲，(於此)慎勿(恐)懼，「毘那夜迦」(將)啟言：(主人將)有何事喚我？勿與(話)語，(此即是)得「毘那夜迦」(之)「悉地」，後(將)無「畏難」。

若被「毘那夜迦」作「障難」者，(於)像前，誦一千八，(障)難止。

若(被)「水」立(淹)至「項」(頸)，結「娜拏印」(daṇḍa 棒印)，誦一千八，彼眾退散。

若取「五穀」及「新菓」，并「名香」，置一「瓶」中，滿盛「清水」，以「菴羅葉」塞(於)「口」(中)，(以)「牛糞」摩「壇」(地)，置瓶於中，加持，一百八遍。

若(遭被)「毘那夜迦」為(鬼)病，或遭「鬼魅」，或年「十六」已下(之)人，(被)諸鬼神所(著)中者，(只要)浴(此水即可獲)差(瘥矣 ➜病癒)。

(若有)婦人，過月(而)不生(子)，浴之，即(可)產(子)。

(若有)薄福之人，浴之，(則)罪滅，致富。

若加持「菖蒲根」，(咒)一千八，口含(之)，(則所有)「訴訟」(能獲)得「理」。

《陀羅尼集經》卷2〈釋迦佛頂三昧陀羅尼品 1〉
若欲共他「論議」，七日之中，日日燒青「菖蒲」(vacā)。一呪、一燒，一百八遍。即得(速)勝(於)彼。

《不空羂索毘盧遮那佛大灌頂光真言》卷1
若加持「石菖蒲」(vacā)，一千八十遍，含之，與他相對「談論」，則(迷)勝他(降)伏。

《大寶廣博樓閣善住祕密陀羅尼經》卷1〈心及隨心陀羅尼品 3〉
若有人取「菖蒲」(vacā)根，誦此「陀羅尼」，一千八遍，口中含之。入於王宮，所有
演說。妃后、婇女，歡喜淨信。

《廣大寶樓閣善住祕密陀羅尼經》卷1〈心隨心咒品 3〉
若有人取「菖蒲」(vacā)根，誦此咒「八千遍」訖，或佩、或執。即令一切眾生，見者
歡喜，所索皆得。

《金剛恐怖集會方廣軌儀觀自在菩薩三世最勝心明王經》卷 1〈一切有
情敬念品 5〉
由誦真言「二十一」，加持「菖蒲(vacā)、青木香」，「論議、諍訟」獲(迷)勝。(所有)教命
(教導命令)言辭，人皆信受。

《千眼千臂觀世音菩薩陀羅尼神咒經》卷2
若欲令自身「辯才、智慧」者。咒「菖蒲」(vacā)，一千八遍。塗其「心」上，即得辯
才無礙。

《千手千眼觀世音菩薩廣大圓滿無礙大悲心陀羅尼經》卷1
若取「白菖蒲」(vacā)，咒「三七」遍，繫著(於)「右臂」上，一切「鬪處、論義」處，皆
得(迷)勝(於)他。

《佛說七俱胝佛母准提大明陀羅尼經》卷1
若欲求「聰明」，取「石菖蒲(vacā)、牛黃」各半兩。擣作粖，以「酥」(蜜)和(合)，於佛
前作「曼荼羅」，念誦「五千遍」，服之。即得聰明。

《不空羂索神變真言經》卷28〈灌頂真言成就品 68〉
若加持「石菖蒲」(vacā)，一千八十遍。含之，與他相對「談論」，則(迷)勝他(降)伏。

《觀自在菩薩怛嚩多唎隨心陀羅尼經》卷1

又法，呪「菖蒲」(vacā)七遍，鼻嗅之，(可令)不(昏)睡(而)少眠。

《觀自在菩薩怛嚩多唎隨心陀羅尼經》卷1

(1)又法，若(遭)為「官府」及「怨家」、(及)「惡人」(之)瞋怒。(可)口含(咀)嚼「菖蒲」(vacā)根，(然後於)心中誦呪。(或者)當「怒誦」(指面帶怒容的急誦咒語)之，即止。

(2)凡誦呪，或對天(神)或「陰誦」(指默念不出聲或很小聲的誦咒方式)之，任意(誦咒)。

(3)(若)用力皆(使用)「瞋色」(方式)、(以)「勵氣」(奮勵之氣；猛厲之氣)急誦之，所為皆驗。

《龍樹五明論》卷1

(1)此呪誦已，一切「作障礙鬼」，皆即時遠去。若有「護自身」者，取「灰」，誦呪七遍，呪灰，散十方。

(2)若(欲)「護他身」者，(則)呪彼「頭髮」，七遍(咒)，(為之)作「髻」，(此能)令一切眾生即不能(攪)動(到此人)者。

(3)當「陰誦」呪，不出聲，七返(咒)，即皆「不能動」。

《千手千眼觀世音菩薩姥陀羅尼身經》卷1

若有善男子善女人。被諸「惡鬼、眾邪、魍魎」所惑亂者。取「石榴枝、柳枝」等，「陰誦」此呪，「輕」打病人，無病不差。

《千眼千臂觀世音菩薩陀羅尼神咒經》卷2

被諸「惡鬼、眾邪、魍魎」之所或亂者，取「石榴枝」及「柳枝」。「陰誦」此呪，「輕」打病人，無病不差。

《佛心經》卷2

若有一切難伏怖畏之像。能怖人者。但以右手中指。屈入掌中。以大指押中指節上。「陰誦」(此)「隨心呪」，不過百遍，自然降伏。

《觀自在菩薩怛嚩多唎隨心陀羅尼經》卷1

又法，若有（發生）橫作（橫禍之作）「口舌」，（及）論人「是非」。取「菖蒲」（vacā）根，燒作灰（燼），呪一百八遍，以散（撒於）人舍。其家大小（之）自相「鬥諍」不休（即獲）解者。

取一升「井華水」（於清晨最初所汲取的純淨的水），呪二十一遍，（然後）散著其舍，即（可）止（鬥諍）。

《觀自在菩薩怛嚩多唎隨心陀羅尼經》卷1
又法，呪「菖蒲」（vacā），一百八遍，口中含之。則一切「言論」（之）處，及（於）官府中理（符合事理之處），若（發生）「鬥諍」處，皆（能）得（速）勝。

《西方陀羅尼藏中金剛族阿蜜哩多軍吒利法》卷1〈成就大法品　4〉
又法，欲得「多聞、最上智惠、聰明」者，取好「菖蒲」（vacā），於其壇中安置，誦呪……多有「威德」足「辯才」，一切人見皆得敬重。

《聖迦抳忿怒金剛童子菩薩成就儀軌經》卷2
又法，加持「菖蒲」（vacā），（誦咒）二十一遍，口中含（菖蒲），（若）共人論議，皆即得（速）勝。

《聖迦抳忿怒金剛童子菩薩成就儀軌經》卷2
又法，誦真言加持「菖蒲」（vacā），一千八遍，繫於「臂」上，於他人邊（所）出（之）言，（及）所求，皆（能）得「稱意」。

《聖迦抳忿怒金剛童子菩薩成就儀軌經》卷2
又法，取「菖蒲」（而作）「護摩」，誦真言「一千八遍」。（每咒）一遍，（即）一擲（於）火中，即得「財寶」。

《聖迦柅忿怒金剛童子菩薩成就儀軌經》卷2
又加持「菖蒲」（vacā），二十一遍。口中含（菖蒲），共人論議，皆得（速）勝。

《摩訶吠室囉末那野提婆喝囉闍陀羅尼儀軌》卷1〈求一切利益品　8〉
若有夫婦（發生）「相憎」，欲令「和會」者。即於天王像前作「壇」，壇內畫「夫婦二人形」，（再）以種種「飲食」供養「天王像」。即取「白芥子」及，「菖蒲」根（之細）末（而）作丸

(子)，(共咒)三百二十一(遍的丸子)。其一丸(即)一咒，(並)稱其「夫妻姓名」，(夫妻)即(能達)自然「和睦」，更無「別心」(別異之心)。

《末利支提婆華鬘經》卷1

又共他(而生)「鬪諍」，被他相言(相向之言)，(遭)「枷鎖」官邊，(而發生)問罪「是非」之時。取「白菖蒲」(vacā)，咒二十一遍，繫著(於)「右臂」，復以「左手」作「歡喜印」，并咒之，即得「大勝」之理，若數誦咒，(能獲)種種得驗。

《末利支提婆華鬘經》卷1

又法，欲向他人處(而)索(求)「所愛物」者，取「白菖蒲」(vacā)，咒之一千八遍，繫自臂上，(再向對方)乞之，(則)無所不得。

《大使咒法經》卷1

又法，欲求「聰明」者，(於)「菖蒲」(vacā)，咒一千八遍，然後服之。

《佛說最上祕密那拏天經》卷3

又法，若行人欲於「論義」得(達)勝者，當用「菖蒲」(vacā)，誦(此)「大明」(咒)，加持二十一遍，(將菖蒲)含於口中，(則)凡(有)所「論義」，(皆能)一切得(達)勝。

《佛說金毘羅童子威德經》卷1

(1)又法，欲求作種種「喜弄」者，當取「菖蒲」(vacā)，七七四十九莖，長五寸者。又於佛前咒，一根復咒七七遍，隨意用之。

(2)又法，若欲於「江河大池」之中作「船」者，當取「菖蒲」三寸，又取藥，少許塗之，擲彼水中，即成「大船」并及「船人」並(皆獲滿)足。

(3)又法，若盛熱之「月」變「冰」者，當取「菖蒲」五寸，又溫藥令暖，少許塗之，擲水，(即)變成冰出。

(4)又法，若欲作「龍」者，當取「菖蒲」三寸，以藥塗之已，(於)黑畫出，服(於)口，(再)擲彼(於)水中，即作龍起。

(5)又法，若欲「逆流」河水者，取「菖蒲」五寸，又以藥塗之，咒三遍，擲著水中，即便(發生)「逆流」。

(6)又法，若欲作像者，當取「菖蒲」五寸，以本藥塗之，呪七遍，擲水中，變成「白像」。

(7)又法，若欲(令生)起「大風雨」者，取藥(於)口中含之，吐氣，隨口即(有)風起。

(8)又法，若欲令人「日行千里」者，當取「菖蒲」三寸，燒作灰，和藥，(再)塗腳。(若又)不欲進「千里」(時)，(亦)並不為難(而無礙)。

《虛空藏菩薩問七佛陀羅尼呪經》卷1

若復有人，身生「團風、白癩」，及以「癲病」，取「菖蒲」(vacā)根，擣以為末，一升。以「白蜜」和之，在於像前，呪之一千八遍，(於)晨朝未食(之前)，日取方寸(之量)，上服之，即得除愈，及餘一切「宿癖」，亦得除愈。

若進「阿鉢羅指多」花，火中(燒)，滿一萬，辟兵。

若誦「密言」，七遍，以頂上少「髮」，作一「結」，(能)辟兵。

若童女合繰「花」，作七結，繫「臂」，不為「諸毒」所中。

若「鬼魅」所中，加持水，灑其「面」，結「娜拏印」(daṇḍa 棒印)，持明(呪)，差(瘥ㄔㄞˋ→病癒)矣。

若治毒，加持「清水」，灑彼「面」，差(瘥ㄔㄞˋ→病癒)。

或加持「苦練(古同「楝」)葉」，七遍，掃彼身，差(瘥ㄔㄞˋ→病癒)。

若為「諸龍」所傷者，加持清水，一百八，令服之，差(瘥ㄔㄞˋ→病癒)。

若「惡瘡、丁瘡」，加持土，七遍，和水塗之，差(瘥ㄔㄞˋ→病癒)。

若遇「怨敵」，結「娜拏印」(daṇḍa 棒印)，(持)明(咒)一百八，彼(將)發「善心」相向。若(欲)止「惡官」，亦爾。

若為人「抵犯」者，結「娜拏印」(daṇḍa 棒印)，彼(便)不能語。

若恆「憶念」此「密言」者，本尊隨逐(於你)，「眾魔」不(靠)近(於你)，(能)止「盜賊、水、火、辟五兵」，(得)「延年」。

若欲食，先加持之，七遍，服之，(能)辟眾毒。

若人患「心狂」，或為人(所)厭(蠱)，(欲)令爾者，(可)結「娜拏印」(daṇḍa 棒印)，(於)彼「耳邊」，誦七遍。

若療前「狂病」，以二「瓦椀」，相合，結「娜拏印」(daṇḍa 棒印)，(於)彼「耳邊」，誦七遍，(再)撲破其椀，差(瘥𥼶➜病癒)。

若療痃ㄒㄩㄢˊ (由下疳ㄍㄢ引起的腹股溝淋巴結腫脹、發炎的症狀)癖ㄆㄧˇ (古同「痞」➜痞塊，中醫指兩脅間的積塊。或指飲水不消的病)，加持「烏麻油」，七遍，塗(於)腹(中)，差(瘥𥼶➜病癒)。

若加持「淨水」，散於十方，一誦、一(打)結，練線滿七(結)，繫(於)「臂」，(可)自護、護他。

若自經(過)穢(處)，但誦之，(即)解矣。

若加持右(手)「大母指」，(咒)七遍，以其(手之大母指去)印「額」，(每)誦一遍(咒)，次(印)「右肩」、次(印)「左肩」、次(印)「心」、次(印)「喉」，(能)成「護身」，(能)辟「師子、虎狼」及諸「怖畏」。

若晨朝，沐浴，以「華」供養「本尊」，誦一百八(咒)，(能)辟「兵災」(諸)橫，(獲諸)見歡喜。

若有「官事」(發生)，或(有)「怖畏」(之事)，依前「供養」，持明(咒)，(即能)止矣。

若國家(有)「大兵敵」者，布「像」，內(納)「阿波末哩迦」(牛膝)子，(於)「酥蜜、酪」中，進「阿波末哩迦」薪火中(燒)，滿萬(遍)，(大兵)敵(將)退(散)。

若療「藥毒」，(以)「牛糞」作壇，布「像」，截「佉馱羅」(Khadira 類似紫檀木)木，(共)二十一枚，加持，七遍，點「芥子油」進(於)火中(燒)。

若中「鬼魅」，加持一瓶「清水」，一百八，令浴，差(瘥病 ➔ 病癒)。

若被「禁繫」，持「密言」，(則)枷鎖(能)解脫。

若療「癩」，加持「紫檀香」，一千八(遍咒)，塗之，差(瘥病 ➔ 病癒)。

若「菖蒲根」末和「蜜」，加持，一千八(遍咒)，服之，(能)療「冷癥」。

《如來方便善巧咒經》卷 1
若治「癩病、身體腫、癬風、冷病」等，取「菖蒲」末，以「白蜜」和，(於)佛前誦呪，一千八遍。(於)「空腹」服之，即便除愈。

若患「瘧」，加持「恒山花」，一千八，令「頂戴」，差(瘥病 ➔ 病癒)。

若患「癲癇」，或及「惡風」者，進「菱花」於「佉馱羅」(Khadira 類似紫檀木)木火中(燒)，一千八(遍)，差(瘥病 ➔ 病癒)。

若令「童子」沐浴，塗「紫檀香」，衣以「新衣」瓔珞，(以)「牛糞」塗壇，遍散「赤花」，令(其)頭(上)戴「赤花鬘」，加持「赤花」，七遍，令捧而「掩目」，(再)焚「安悉香」，結「娜拏印」(daṇḍa 棒印)，加持，「本尊」(將下)降，(可請)問(諸)事。

若(於)「步多鬼」中者，(以)「素囉婆」藥和「香」燒，結「娜拏印」(daṇḍa 棒印)，加持彼(人)，(則)被(步多鬼)縛，(能)赦之，差(瘥癒→病癒)。

若(以)「芥子末」塑(畫)「彼形」，割進(於)火中(燒)，令「形支」(形體肢節)，七日，(可成就)「摩囉寧」(māraṇa 破魔；令死。maraṇa 死亡；臨死)。

若(取)寒林「灰」，於「髑髏」上畫「彼人」，(以)寒林「柴火」炙之，持明，如火，七日內，(可成就)「摩羅寧」(māraṇa 破魔；令死。maraṇa 死亡；臨死)諸術不解。

若(取)寒林「炭」和「水」，塑(畫)「彼形」，或以其「炭」畫之，以釘釘口，加持，二十一遍，或一百八，(彼即)不能語。

若依前「塑畫」，(於)口上燒「苦練」(古同「楝」)火，(於)心上坐，「毒藥、血、鹽、芥子」和進(於)火中(燒)，一百八，同前。

若准前「塑畫」，(於)頭上、(於)坐心上，燒火，(可成就)「摩羅寧」(māraṇa 破魔；令死。maraṇa 死亡；臨死)。

若依前「塑畫」，釘(其)「心」、(於)腳上坐，澆水於釘上，滿一百八，水病(將)「摩羅寧」(māraṇa 破魔；令死。maraṇa 死亡；臨死)。若去釘，加持「乳」，一百八(遍)，與之浴，(可回)復。

若加持「素尾爛戰」(此藥青色似鐵生)末，一百八，塗目，(獲一切)見者(都)貴敬(於你)。

若加持「清水」，一百八，洗面，(獲)謁王(得)貴敬。

若加持「清水」，一百八，洗面，(獲)「訴訟」得「理」。

若「蛇皮」，進「苦練(古同「楝」)根」火中(燒)，或「佉馱囉」(Khadira 類似紫檀木)木火中(燒)，日三時，亦一千八，滿七日，(可成就)「摩囉寧」(māraṇa 破魔；令死。maraṇa 死亡；臨死)。

若於「淨室」，或「四衢路」中，或「寒林」中，日午，截「鴝翅」進「摩訶迦羅」火中(燒)，一千八，如鴝(古同「鴉」)飛。

若進「乳」，於火中(燒)，一千八，(可回)復。

若(欲)離(而)合，三日，絕食，午時，進「蛇肋骨」於「迦赦惹」火中(燒)，一千八，滿七日。

若「己血、毒藥」，夜半，進寒林「薪」火中(燒)，一千八，經七夜，(可成就)「摩囉寧」(māraṇa 破魔；令死。maraṇa 死亡；臨死)。

若誦「部母密言」，進「酥」(於)火中(燒)，一千八，又誦「根本密言」，進「牛乳」於火中(燒)，一千八。

若先三日，不食，(於)「大自在天王」廟中(有名相處)，布「像」，先廣設「供養」，便(可於)眠(中)夢(見)「本尊」告諸「某處」有「伏藏」，可取之。

若(於)「黑月」八日，夜半，(於)「淨室」或寒林中，「血」和「毒藥」，一內(納)「摩咄囉」子，進「摩咄囉」火中(燒)，一千八，滿七夜，(將可成就)「烏蹉娑曩」(utsadana 淨身)。若進「酥」於火中(燒)，一千八，(可回)復。

復次(於)「像」前，先誦「十萬遍」，三日勿食，(於)第四日，二時，入水中，(站)立至「喉」(處)，結「娜拏印」(daṇḍa 棒印)，或(結)「打車棒印」，或(結)「杵印」、或(結)「羂索印」、或(結)「劍印」。

持「明王」(咒語)，至夜半，(再)出於(海)岸(之)側(邊)，以「莽度迦」薪(madhuka 美果；末度迦。唐云甘草)充「火壇」，先以「莽度迦」(madhuka 美果；末度迦；甘草)木，刻其「印」(指娜拏印、或打車棒印、或杵印、或羂索印、或劍印)，一內(納此)「木印」於「酥蜜」中，(然後)燒之，至(火)止後，(再)以印(去)印山，(則)山碎；(以)印(去印)海，(則)海竭。

若(遭)蛇咬，(以此)印之，彼(蛇將)求「哀赦」之，差(瘥痾→病癒)，

若(將此)印(去印)人，彼(人將)被(繫)縛。

若(將此)印(去印)枷鎖，即(可獲)得「解脫」。

若(將此)印(去印)毒藥，(再)服之，(皆)無苦。

若欲作一切法，以(此)印助之，(能獲)速驗。

若(有)「惡人」相向，作「瞋心」，(將此)印(印人)之，彼(人將)「吐血」或「失心」(而昏迷)。

若患「鬼魅」及「風癇」，加持「黃芥子」，七遍(咒)，打面，差(瘥痾→病癒)。

若進「虎爪」火中(燒)，七遍(咒)，(能)不被「虎」傷。

若加持「苦練(古同「楝」)根」，一千八(遍)，繫(於)臂，(則)無一切(佈)畏。

若加持「摩訶迦羅」根，一千八(遍)，置門頰上，一切「鬼病」不入。

若加持頂上少「髮」，作一結，(則)一切處(皆)無「怖畏」。

若絕食一日，(於)「黑月」八日或十四日，(於)「制底」立壇，安「像」，供養，於「金剛部母」前，燒「安悉香」，誦一千八(遍)，便敷「草根」，(能獲)吉凶(預告)，(皆)具告(之)。

復次(若欲)「止雨」，以「紫檀」作壇，布「像」，「香花、飲食」供養，持明(咒)，(則雨)止矣。

若惡「雨、雪、雷電」，結杵，或(打)「娜拏印」(daṇḍa 棒印)，持明(咒)，止矣。

若祈雨，(於)「黑月」十四日，(於)大河側，以「蟻墳土」塓(古同「塑」→用泥土等做成人和物的形象)龍，(以)「籠葉、芥子油」和遍，傅 之，以「足」加龍「首」，結「娜拏印」(daṇḍa 棒印)加持之，盡(一整)日止，(降)雨(將)足。

若以「牛皮」，(於)「白月」五日，(以)寒林「炭末」和水，傅 皮白上作「龍」，籠前一日，三時，時一千八，進「苦練(古同「楝」)葉」於火中(燒)，經七日，(降)雨(將)足。

若前法(仍)不驗者，(於)寒林中，以其「炭」，畫作「四肘」方壇，開「南門」，於中畫「大威力明王」，前畫「三、五」頭「龍」，龍皆(頭)首(向)北。
次南畫一「池」，池中「青蓮華」。
次池南，又(再畫)「三、五」箇龍，龍亦(頭)首(向)北。
四角內各畫一「池」，池內「青蓮華」并三兩箇，「龍門」內畫一「龍」，七首(七個頭)，(頭)首(向)北。
以「毒藥末」和「血」，內(納)「緤花子」於中，進(於)火中(燒)，滿一千八。
諸龍(將)以「蛇」形而(顯)現，宛轉于地，語令「急下雨」，加持水七遍，(再)灑(於)龍(身)，赦(而離)去，(降)雨(將)足。

若誦「金剛部母密言」，一千八，(於)「白月」七日，於「制帝」(佛塔)布根本「像」，以「飲食、香花」供養，「芥子」和「酥」，進(於)火中(燒)，一千八，(獲)罪障清淨。

若以「穢處」(之)土和「水」成「彼形」，行者每「小遺」，其上(每)一遺，(則)加持一百八，滿七日，(能令)彼(獲)「貧賤」。
若(以)「勃哩孕迦花、摩勒迦末」及「清水」，置瓶中，「勃哩孕迦葉」塞(於)口，加持一千八，今浴，(可令回)復。

若加持「花」或「菓」，一千八(遍)，贈人(可獲)貴敬。

復次應「肘」量緤 (古代的彩布:彩色的木棉)，畫「夜叉女」，勿用「膠」，(以)美白「淨色」瓔珞、鐺釧、天衣嚴飾，右手「施願」，左手執「阿樞迦」(aśoka 無憂木)葉，布此「像」於「阿樞迦」(aśoka 無憂木)樹下，面北，立壇。
以「惹底花」(jāti-kusuma:闍底蘇末那花)或「勃哩孕迦花」并「飲食」供養，(以)「心密言」加持，香燒之。行者面南，(於)草團，或「花葉」上坐，加持，(咒)「阿樞迦」(aśoka 無憂木)花一遍，(便)擲(於)「像」上，滿七日。

以第七日(之)「夜半」，於「像」前，一內(納)「阿樞迦」(aśoka 無憂木)花、酥蜜、酪中，進「阿樞(aśoka 無憂木)」火中(燒)，一千八，現獻紫檀「關ぞ 伽」(argha功德;香花)，(將獲)如願(母打額姊妹打喉婁打心)。

若一日不食，(於)「黑月」八日或十四日「午時」，(於)寒林中，「芥子」末成彼「呪師」所(之)「尊形」，遍塗「毒藥」於「刀子刃」，加持一千八遍，(再)稱彼(呪師)尊(之)名，因(已)「截形」為兩段，彼(呪師將)失(靈)驗。

若准前成形，加持「乳」，一千八，浴之，(將恢復)如故。

若寒林中，以「生酥」成彼「尊形」，加持五釘，各一百八，稱彼(呪師)尊(之)名，於「額」及「兩肩、喉、心」，各釘一「釘」，彼(呪師將)失(靈)驗，(若)去釘，(則將恢復)如故。

若(於)「瓦椀」中，以寒林「炭」，畫彼(呪師)形(之)「尊形」，又以一「瓦椀」，蓋之，取「羊毛線」纏「椀」，加持一千八遍，彼「呪師」身，(將)如被縛，(而)失(靈)驗。

若有諸「呪師」，能為大神通者，(於)寒林中，(以)寒林「炭」和「毒藥」末之，進其「薪火」中，一千八遍，稱彼(呪師)名，(則彼呪師將)失(靈)驗。

若誦「金剛部母密言」，進「酥」於火中(燒)，一百八，稱彼(呪師之)名，(則將恢復)如故。

若先三日，不食，(於)寒林中、或淨室、或四衢中，(以)「紫檀香、青木香」末和「水」，塐(古同「塑」→用泥土等做成人和物的形象)迦那(gaṇa 群眾;部眾)，以寒林「炭」和「毒藥」，充火炙形，加持一百八，(再)相親(於)彼(人)，(則被)障(之)患癲，依前加持「水瓶」，令浴，差(瘥芥 →病癒)。

若(於)「旗旛」上寫「密言」，持之，入(軍)陣，(能)辟兵。

若以「樺皮」寫密言，置「髻」中，入(軍)陣，(所有)刀箭及身，猶如「散花」(一般)，(將)有何患(難)也？

若(以)「紫礦末」和水，一內(納)「勃羅得迦」子於中，進「竹火」中，一千八，諸呪師(將)欽伏(於你)。

若以「人骨」代「勃羅得迦」牒ㄎㄨ (古代的彩布;彩色的木棉)，准前，行者(將獲)身「安寧」。
若(以)紙、或樹皮，寫「密言」，頭戴(之)，(能)辟兵。

若加持「土塊」，一百八(遍)，擲於水中，然(後)涉(水)之，水性之屬，(皆)不能傷人。

若加持「牒花線」，一百八(遍)，次誦(一呪打)一結，滿七(遍)，繫(於)「臂」，路行，(能)辟「劫盜」。

若以「木」刻「金剛杵」，一千八，先一日不食，進(於)火中(燒)，令盡，(則)一切「金剛部法」(能獲)成驗。

若(以)「霹ㄆㄧ 靂木」(雷擊木)刻作「三股杵」，(若)有「大雪、雷電降」，(以)右手持「杵」，(能)降山，或(將)他境(之)雪(患)等，移往(至於)其處。

若以「摩咄羅」莖刻(金剛)「杵」，立壇(於)置中，(以)「人髮」供養之，取一「樹菓」，一千八顆，以其樹充「薪」進菓，令盡，炬瑟吒(kuṣtha 青木)。

若以「貓糞」代進「摩咄羅」花，於「草麻」火中(燒)，一千八，(能)去「白佃ㄉㄧㄢ 風」。

若(以)「鹵土酪」和置「鎗ㄑㄧ 」，用「摩娜那」薪火，煮之，去「鎗」進「粥」於「鎗」下火中(燒)，一千八，留「殘粥」後，取少分和食，與之同前。

《大威力烏樞瑟摩明王經》卷下

《大威力烏芻瑟麼明王經》心密言事法

復次求「心密言成驗法」。行者不拘「淨、穢」，「食」與「不食」，持滿「十萬」(遍咒語)，當得「悉地」。

若取線，一加持(打)一結，一千八遍，戴之，(能)「自護、護他」。

若加持「黃芥子」、或「灰」、或「水」，散(於)十方，(能)辟魔。

若加持頂上「髮」作「髻」，所至之處，皆(能)獲勝利。

若加持「衣角」七遍，作一「結」，訴訟(能)得「理」。

若遭囚閉「枷鎖」，心誦「真言」，即(可獲)得「解脫」。

若良田(之)「土」及灰，以「蜜」和之，加持，塗一切瘡，(能)生「肌」。

若(被)「梵羅剎」(brahma-rākṣasa 婆羅門羅剎餓鬼)中人(而)至「困」者，(可)結心印，持明，差(瘥蔡 ➜病癒)。

若「旃陀羅」家「灰」，滿盛(於)鉢中，(以)「毒藥」末和「水」加持，灑「灰」上，置地加持之，旋轉，(可)捕盜。

若(於)「黑月」八日，(以)魚肉及血，祀「摩醯首羅」(Maheśvara 大自在天➜色界天魔)，(則於)右邊(的)「夜叉」面，執「人骨」橛(木橛子；短木椿)，加持一千八遍，稱彼名，擣「紅藍花汁」，塗橛，用釘入地，(將可成就)「烏蹉娜曩」(utsadana 淨身)。

若加持鵶(古同「鴉」)脛(小腿)骨，一百八遍，釘彼門下，如鵶(古同「鴉」)飛。

若絕食三日，(於)「黑月」八日或十四日，(於)寒林中，以其「灰」布「彼形」，(以)「佉駄羅」(Khadira 類似紫檀木)木橛(木橛子；短木椿)五枚，各加持一百八遍，釘「額、喉、心」及

「兩肩」，(可成就)「摩囉寧」(māraṇa 破魔；令死。maraṇa 死亡；臨死)。不者，以一橛，釘支節，少沙。

若(欲)離(而)合，(於)「黑月」八日，日方午，或夜半，進寒林「灰」於「苦練(古同「楝」)樹皮」火中(燒)，一千八遍。若夜半，(以)「蛇脫皮、鼠狼肉」，一內(納)「芥子油」中，進「摩阿迦羅」火中(燒)，經七夜，(將可成就)尾娜末沙曩(vi-dhvaṃsana 破壞；降伏)。

若(欲)離(而)合，進「俱奢得鷄果」於「勃羅得迦」火中(燒)，一日三時，時一千八遍，至滿七日。

若「寒林」中，或「淨室」中，進「勃羅得迦」果於「氷拏迦」火中(燒)，一千八遍，(能)辟「大力鬼神」。

若「勃羅得迦」子、青木香，和「油、麻油」，進「勃羅得迦」火中(燒)，一千八遍，至滿七日，(以)「矩瑟吒」(kuṣṭha 青木)加持「紫檀香」，一千八遍，塗之，(能回)復。

若「灰、鹽、毒藥」末和，進(於)火中(燒)，一千八遍，(能治)痃癖(由下疳引起的腹股溝淋巴結腫脹、發炎的症狀)癖(古同「痞」→痞塊，中醫指兩脅間的積塊。或指飲水不消的病)。

若一日不食，(於)「黑月」八日，(以)寒林「灰」和「魚膽」作「人形」，割進「佉馱羅」(Khadira 類似紫檀木)火中(燒)，(從)夜半起，(可獲一切)貴敬。

若三日不食，(於)「黑月」十四日，(於)寒林「立壇」，以「香、赤華、赤飲食」供養，以「己血」於「髑髏」上，畫「迦那」(gaṇa 群眾；部眾)，(以)寒林「炭火」炙之，仍加持一千八遍，(則可感召部眾)自至。

若「夜半」進「稻穀末」於火中(燒)，一千八遍，(將可成就)「烏柘吒曩」(uccāṭana 排除；ucchedana 斷除)。

若(於)「寒林」中，(以)「花鬘、蛇皮」和，進(於)火中(燒)，一千八遍，(將可成就)「入嚩囉」(jvala 照耀;熾盛)。

若進「胡椒」於火中(燒)，一千八遍，(於)「悉多哩」(獲)「貴敬」。

若「微赦迦」及「摩那」果，內(納)「芥子油」中，(於)「黑月」八日，(於)寒林中進其火中(燒)，日以三時，時一千八遍，至滿七日，彼即(獲)貴敬。

若(於)夜半「被髮」，(以)「苦練(古同「楝」)葉」并「子」，和「牛尿」，進(於)火中(燒)，一千八遍，三遍，(將可成就)「烏柘吒曩」(uccāṭana 排除;ucchedana 斷除)。

若(於)「黑月」八日，(以)寒林「灰」塑𑐀「人形」，(於)本尊前割進「佉馱囉」(Khadira 類似紫檀木)火中(燒)，即至，加持「果」七遍，贈之，(能)轉貴敬矣。

若(以)「麼沙」(māṣa 天竺產的一種小豆子)、己血」和「鹽」，進經用「齒木」火中(燒)，一千八遍，(獲)「囉拏」貴敬。

若每晨誦「一千八遍」，常得「安寧」。

若「芥子、鹽、血」和，進經用「齒木」火中(燒)，一千八遍，(能獲)「囉拏」貴敬。

若午時，(以)「薰胡」(鵁鶄鳥)翅和「芥子油」，進「苦練(古同「楝」)木」火中(燒)，一千八遍，(將可成就)「烏柘吒曩」(uccāṭana 排除;ucchedana 斷除)。

若(於)寒林中「禁語」，誦「十萬遍」訖，三日不食，(於)「白月」八日或九日，以人「左肋骨」，用「紅藍花汁」畫「彼形」，(於)寒林火，炙之，加持，彼(將)自空而來。

若(於)「淨室」或「寒林」，(用)「已指甲、蛇皮、薰胡」(鵁鶄鳥)毛」和作香，燒供養「跛吒寫」，誦經七日，(將可成就)「烏柘吒曩」(uccāṭana 排除;ucchedana 斷除)。

若﹙於﹚水中立，至膝或腰，一內﹙納﹚「薰胡」﹙鸚鸚鳥﹚毛於「人脂」中，日時，三千八遍，經一七日，﹙將可成就﹚「烏柘吒曩」﹙uccāṭana 排除：ucchedana 斷除﹚。

若「芥子脂」遍己身，塗之，以「芥子末」拭取成「彼形」，﹙於﹚寒林中割進其火中﹙燒﹚，經一七日，「矩瑟吒」﹙kuṣṭha 青木﹚。

若「鉢羅奢子」及「麼娜子」和，進﹙於﹚火中﹙燒﹚，一百八遍，「矩瑟吒」﹙kuṣṭha 青木﹚。

若得「莽囉葉、嚩囉伽、得嚩稱」，及「咄嚕瑟劍」﹙turuṣka 蘇合香也﹚為末，和「芥子油」，進﹙於﹚火中﹙燒﹚，一千八遍，令眾人﹙獲﹚貴敬。

若於寒林中，以「紫檀」作壇，供養，行者坐「髑髏」上，﹙以﹚「犬肉」和「芥子油」，進寒林火中﹙燒﹚，一千八遍，「毘舍遮」眾見隱﹙遁﹚，及﹙獲﹚「長生藥」一切所索。

若寒林「灰」和「犬脂」成形，一「髑髏」中著「犬脂」，置形頭上，行者坐「髑髏」上，進「屍髮」於火中﹙燒﹚，一千八遍，﹙可成就﹚「摩囉寧」﹙māraṇa 破魔：令死。maraṇa 死亡：臨死﹚。

若﹙有﹚一切「大怖畏」遍身，憶念此「密言」，止之，若日誦一千八遍者，﹙能﹚辟「官事」及「大力鬼神、虎狼、師子」。

若路行，日誦一百八遍，﹙能﹚免「劫盜」。

若遭「官事」，誦一萬遍，﹙則﹚枷鎖解脫，長吏﹙皆﹚相容。

若被「囚禁」，但誦此「密言」，即得解脫。

若﹙有﹚「疫病」，以「粳米飯」和「酥」，進﹙於﹚火中﹙燒﹚，一千八遍，止。

若加持「牛黃」，一千八遍，塗「額」，﹙獲一切﹚見者﹙皆﹚貴敬﹙於你﹚。

若進「安悉香」火中(燒)，十萬遍，(欲求)羅剎、貴敬，所求皆(滿)遂。

若「安悉香」和「松膠」，進(於)火中(燒)，十萬遍，大聖金剛手菩薩(將)隨心所願。

若「紅蓮華鬚、青木香、酥蜜」和，於「獨樹」下進(於)火中(燒)，滿十萬遍，「大威力明王」(即)現其(於)人前，(能)隨心滿願。

若(於)寒林中。(以)「犬骨」和「犬脂」，進(於)火中(燒)，一千八遍，(可成就)「摩囉寧」(māraṇa 破魔；令死。maraṇa 死亡；臨死)。

若鵶(古同「鴉」)翅、「薰胡」(鶺鴒鳥)翅和，進(於)火中(燒)，一千八遍，(將可成就)「尾娜末沙曩」(vi-dhvaṃsana 破壞；降伏)。

若「摩怛曩子」和「蛇脂」，進(於)火中(燒)，一千八遍，(將可成就)「烏蹉娜曩」(utsadana 淨身)。

若供養本尊，(以)「黃芥子」和「烏油麻」，進(於)火中(燒)，一日三時，時一千八遍，經一七日，即(獲)「貴敬」。

若「鹽」和「芥子」，進(於)火中(燒)，日三時，時一千八遍，經一七日，(獲)國王貴敬。

若「髑髏」末，和寒林「灰」作形，割進(於)火中(燒)，(獲)「入嚩囉」(jvala 照耀；熾盛)。

若「髑髏」末，(與)「薰胡」(鶺鴒鳥)毛和，進(於)火中(燒)，每日一千八遍，經一七日，(將可成就)「尾娜末沙曩」(vi-dhvaṃsana 破壞；降伏)。

若「髑髏」末、「欝金香」和「芥子油」，進(於)火中(燒)，一千八遍，(將可成就)「入嚩囉」(jvala 照耀；熾盛)。

若「鵶肉」和「雌黃」，進(於)火中(燒)，一千八遍，(將可成就)「烏蹉娜曩」(utsadana 淨身)。

若內(納)「鉢囉奢子」於「滿挐迦脂」，進(於)火中(燒)，一千八遍，矩瑟姹(kuṣṭha 青木)。

若獨樹下，進「迴香花」於「烏曇鉢囉」火中(燒)，十萬遍，得「金錢一千文」。

若以「惹底花」(jāti-kusuma；闍底蘇末那花)，准前燒，(能)為(成就)「持明王」。

若燒「蓖麻子」，一千八遍，(能獲)「囉挐」貴敬。

若「審銘」(śamī 奢彌草；苟杞)花和「酥蜜、酪」，進(於)火中(燒)，一千八遍，當家(之)「疫」散。

若「勃哩孕迦花」和「酥蜜」，進(於)火中(燒)，一千八遍，當家(之)「疫」散。

若截「杉木」，進(於)火中(燒)，成「扇底迦」(śāntika 息災；寂災)。
若進「迦羅尾花」(karavīra 羯囉微囉；羯羅尾羅；迦囉毘囉。意譯作「羊躑躅樹」，即「夾竹桃」，學名為 Nerium odorum。其葉汁可治眼疾)於大河水中，滿十萬遍，候「月蝕」時，布「像」，以飲食「迦羅尾花」供養，又進其「花」於水中，(到)月(蝕完畢後)復(停)止，其夜勿睡，(需)至(日)曉(之)後。

(若)有「蛇」(受)傷，縱已(命)「終」者，但加持之，(蛇)再生，(能)益(蛇)壽，若令其蛇轉(而去)傷人，(絕)不(可)得。

若「月蝕」時，於本尊前，加持「麼沙」(māṣa 天竺產的一種小豆子)，令(火)焰(生)起。

若(有)人「中毒」，以「麼沙」(māṣa 天竺產的一種小豆子)於病者前，(讓豆子)掉三兩遍，病差(瘥者→病癒)，(可)延年。

若(有)「鬼瘧(病)、時氣(病)」等，依前掉(之)「麼沙」(māṣa 天竺產的一種小豆子)，差(瘥者→病癒)，若取眾「名花」和「清水」，置瓶中，加持一千八遍，浴之，(能)增福、(能)破魔、(能)護身，(若有被)「毘那夜迦」為障(患)者，差(瘥者→病癒)。

若以「紫檀香」塗壇，加持「童子」，本尊(會)降(於童子身而可)問(諸善惡)事。

若「白芥子」、以「身血」(自身之血)相和，進(於)火中(燒)，一日三時，時別一千八遍，稱彼名，(能獲)貴敬。

若以「鹽」作「彼形」，(後)後「右脚」稔，進(於)火中(燒)，一日三時，時一千一百八遍，滿一七日，(能獲)王者(對你生)貴敬。

若但稱「彼名」，一日三時，時一千八遍，滿一七日，欲召(請)「帝釋」，猶尚(而能)得至。

若「鹽」和(自)己「身血」，進(於)火中(燒)，一日三時，時一千八遍，(每)遍(皆)稱彼「名」，滿一七日，(獲)貴敬。

若進「油麻」於火中(燒)，一日三時，時一千八遍，遍稱彼「名」，滿一七日，(獲)貴敬。

爾時「薄伽梵」<u>金剛手菩薩</u>摩訶薩，告諸眾言：我此廣大「壇法」，(乃為)三世諸佛皆所「傳說」，我今復陳(述)此法，能利益人天及諸有情。若(有)登其「壇」，皆成大(靈)驗，不(需)擇時日，(隨)任(意而)建立之。

爾時天龍八部，人及非人，咸皆歎言：此壇功力，量等虛空，難可籌量，無以比喻，唯願慈悲為我等說。

爾時「薄伽梵」知眾樂聞，告言：欲立此壇，其「阿闍梨」相身，須「清潔、柔和、質直」，具「忍辱行」、深信「大乘」及「陀羅尼」，「戒珠」無缺，聰明利智，起「慈悲心」，(應)仍好(好)供養(此阿闍梨)。

乃於「山林」或「大海側」，或﹙於﹚「泉」、或「河、大池」等側，﹙於﹚牛欄、獨樹，或﹙於﹚寒林「制帝」﹙佛塔﹚及「花林」中，若在「城隍」，近東南角，或西北隅，如是等處，取便而作。

以「牛五淨」﹙《蘇悉地羯羅供養法・卷三》云：牛五淨者，謂黃牛尿，及糞未墮地者﹚，和灑其地，或用「香水」，又以「牛尿」和「糞」摩之。

其壇「四肘」、或「八十四」、或「二十肘」，作「四門」。「西門、北門」是「往來道」，階高「四指」，四角內畫「金剛杵」，皆﹙有火﹚焰﹙生﹚起。

壇中首「東」，畫佛，當結「跏趺」，處蓮花座，兩肩及光，皆有﹙火﹚焰﹙生﹚起。左手「大﹙拇﹚指、頭指﹙食指﹚」把少「袈裟」，餘三指微﹙作﹚「拳」﹙狀﹚，其「掌」向外，以手近「脅」，「右手」揚掌。佛右，畫大力「烏芻瑟麼」﹙ucchuṣma﹚明王：
❶ 四臂。
❷ 右手﹙執﹚拂，﹙右﹚下手執「娜拏」﹙daṇḍa 刀杖；器杖﹚。
❸ 左上手，並舒「五指」，「側手」﹙則靠﹚近額﹙頭﹚，微低其頭，作「禮佛」勢。
❹﹙左﹚下手﹙執﹚「赤索」。
❺ 目「赤」色。

次右金剛手菩薩，次右素婆明王，於菩薩左阿蜜哩多軍茶利明王，次金剛劍明妃，次金剛鎖明妃，於素婆明王，左磨麼鷄﹙māmakī。莽莫枳；莫鷄。《大日經義釋・卷七》云：莽莫雞真言，莽是「母」義，莫雞是「多」義，即十世界微塵，諸執金剛之母。一切如來智印，皆從彼生，故名多母也﹚。

於金剛手後，畫「明王」等心，「心」即「半月」也，所謂計里吉攞明王，娜囉尾拏明王，囉迦當伽明王，嚩日囉尾娜囉明王，嚩日囉嚕娜囉明王，波囉摩纈哩乃耶明王，摩訶戰拏舍者明王。

佛左，觀自在菩薩，次右波拏囉嚩細寧，次後多囉及毘俱胝「明妃」菩薩。
左馬頭王大怒形，次左大吉祥天女，次左摩訶濕吠帝，遶佛住畫。
諸大菩薩，西門裏，左右各畫一「忿怒」。

南邊者，一手執「打車棒」。

北邊者，一手「杵」，一手「娜拏」（daṇḍa 刀杖；器杖）。

東門內北邊➔青金剛，「一手」豎擬之。

南邊➔阿吒吒訶索笑勢。

南門內東邊➔惹瀾多者嚕。

西邊➔波娜寧估廁波。

北門內東邊➔訥馱囉沙。

西邊➔訥惹庾。

此門內，並是「忿怒」者。

外壇東北角➔伊舍那天王，以「伽那」（gaṇa 群眾；部眾）眾圍遶。

東方➔日月天及提頭賴吒，并帝釋等。

東南隅➔火天以苦行仙圍遶。

南方➔閻羅王及那羅延。

西南隅➔寧李帝羅刹圍遶。

西方➔龍王以諸龍眾圍遶。

西北隅➔風天以風天眾圍遶。

北方➔毘沙門天王以藥叉眾圍遶。

於佛前置「灌頂瓶」，「阿闍梨」洗手訖，三度（三遍）抄水向口，又以「名香」塗手，結「請佛印」并「密言」。

又請「諸尊」，以飲食香華，供養寧李帝，通用「麼娑」。

壇西以「乳木」作火壇，「阿闍梨」先請「火天」，於火爐中安置訖，乃以「蘇蜜、酪」和「油麻」，一加持，一進（於）火中（燒），供養二十一遍，或一百八遍，心念「火天」。

於火壇側「東南」方坐，乃請佛於「火爐」中坐，進准前物，二十一遍，或一百八遍，次請佛却歸「本位」。

（供養）佛部畢，次供養「蓮華部」眾。

一請尊，次金剛部，一一請尊，次大自在天王，次一一諸天，依次而請，燒准前物而供養之。

又請「火天」，就爐供養，乃請「火天」歸其「本位」。

其「行者」，當先「洗沐」，衣新淨衣，受戒、懺悔、發「菩提心」，以「帛」掩「目」。
「阿闍梨」加持「香水」，灑行者「頂」，引入西門，令結「金剛三昧耶印」，置華於
「印」上。

「阿闍梨」誦「金剛三昧耶」密言，七遍，令行者「耳聞」，便使「散花」，華所至處，
「阿闍梨」告言：著某尊！汝與「彼尊」有緣，「阿闍梨」准法，為請行者「本尊」，
就火爐，令行者在「阿闍梨」(之)右，跪坐，執其手，令以「右手」進「酥」等，於火
中(燒)，七遍，充供養。

「阿闍梨」奉送「本尊」歸「本位」，以行者擬授「密言」，加持「灌頂瓶」，一百八遍，
令行者結「本尊印」，印(頭)頂，口誦「密言」。

「阿闍梨」與「灌頂」，告言：灌頂已畢，各依本法，而作事業，乃示之種種「印契」
及諸「法要」。「阿闍梨」乃讚歎諸佛菩薩「功德」，又以「飲食、香華」，供養「諸
尊」。

發願、懺悔，次依前先請「火天」，燒准前物「供養」，次供養「佛部」二聖眾，次
「蓮華部」、次「金剛部」、次「諸天」。乃奉送「佛部」、次「蓮華部」、次「金剛部」、
次「諸天」。

「阿闍梨」舉「燭」，引諸行者，照壇內，示佛菩薩及天等「位」，乃「泥」掃之，凡
作壇日，未出前畢住。

若登此「壇」，即如入一切「灌頂壇」訖，同功、罪滅、福生，(能)辟諸「業輪」(惡業的
輪轉環繞)，(能)降伏人天，所作皆(靈)驗。

時「薄伽梵」說此「大威力」明尾襄多銘壇已，一切大眾咸共讚言：善哉！善哉！
威德無過，饒益我等，故今說「斯要」。

復次「薄伽梵」金剛手說「大威力密言」相，大威力根本密言曰：
唵(一)吽吽吽(二)頗吒(半音下同)頗吒頗吒(三)鄔仡囉(二合)戍攞播寧(四)斛斛斛(五)頗吒頗
吒頗吒(六)擾瓱寧囉曩(二合一)娜(七)斛斛斛(八)頗吒頗吒頗吒(九)沙嚩(二合引)訶(十)

心密言曰：

唵(一)䪺(二)頗吒(吒字半音與頗字合呼諸准此)頗吒頗吒(吒半音呼三)鄔仡囉(二合)戍擺播寧
(四)䪺䪺䪺(五)頗吒頗吒頗吒(吒半音呼六)唵(七)優抵寧囉曩(二合)娜(八)䪺䪺䪺(九)頗吒(吒
半音呼下同)頗吒頗吒(十)唵唵唵(十一)摩訶麼攞(十二)娑嚩(二合引)訶(引十三)

此密言，凡五「唵」(oṃ)、七「䪺」(hūṃ)、九「頗吒」(phaṭ)，梵文「十七字」，「娑嚩訶」
不入數。

復陳教法，(此)能作一切「事」，以三金(金、銀、赤銅)作「蓮華」，往「山頂」，加持「三
十萬」遍，當得「悉地」。手持其「悉地」蓮華，身成「大威力」。

若作「輪」或「杵」，或「三股叉」，或「加那」(ghana 鐵棒;棍棒)，准前，加持「七十萬
遍」，能遊「四天下」。

(若)加持「一百萬遍」，(能)遊三十三天。
(若加持)「二百萬遍」，(能)成「持明輪王」，(所有)「夜摩、兜率」及與「諸天」，皆大順
伏，能作一切事法，有大威力。

復次畫像，市縲₮　(古代的彩布;彩色的木棉)勿經「截割」者，不用「皮膠」，於中畫像。

佛處「師子座」，手「說法相」，其右金剛手，左持「杵」，右「問法相」，通身「青
色」。

佛左，威力一手，執「拂」，其次「施願」。於下畫「行者」，右執「香爐」，左持「華
籠」，瞻仰「大威力」，於此「像」前，每日誦二十一遍，經六箇月，遂成先行，「悉
地」所願皆遂。

復次「薄伽梵」金剛手無比勇健前「密言」相，所謂「頭」頂「甲胄」頂髻坐等，奉請
「密言」(大威力烏芻澀麼金剛曼荼邏請召陀羅尼，亦名「立現驗」)曰：

歸命三寶及<u>金剛手</u>，

唵(一)縛日囉(二合)俱路(二合)馱(二)摩訶戰拏(三)訶曩娜訶跛者(四)尾馱望(二合)娑也(五)瞖係曳(二合)呬(六若除瞖係曳呬安蘖車蘖車成奉送密言)薄伽嚩(引七)訶曩訶曩(八)娜訶娜訶(九)跛者跛者(十)尾馱望(二合)娑也(十一)莣嚩乃殿(覩見反)娜囉(二合十二)布爾多(十三)薩嚩(引)多麼(二合)耳多(十四)薩嚩(引)多麼(二合)惹(十五)蘇(上)嚕蘇(上)嚕(十六)矩嚕矩嚕(十七)母嚕母嚕(十八)屈嚩屈嚩(十九)摩訶屈嚩摩訶屈嚩(二十)矩曩知矩曩知(二十一)曩知曩知(二十二)賜儞賜儞(二十三)吉儞吉儞(二十四)佉佉(二十五)佉(去)奚佉(去)奚(二十六)區(上)囉區(上)囉(二十七)覩吒覩吒(二十八)訶曩訶曩(二十九)步多跛帝(三十)阿蘇(上)囉補囉(三十一)尾馱望(二合)娑曩迦囉(三十二)烏樞瑟麼(二合)俱路(二合)馱(三十三)摩訶麼攞(三十四)馱麼馱麼(三十五)迦羅迦羅(三十六)矩嚕矩嚕(三十七)絆頗吒(三十八)蘇(上)嚕蘇嚕(三十九)絆頗吒(四十)訶曩訶曩(四十一)絆頗吒(四十二)娜訶娜訶(四十三)絆頗吒(四十四)跛者跛者(四十五)絆頗吒(四十六)纈哩(二合四十七)絆絆絆(四十八)頗吒(四十九)娑嚩(二合引)訶(引五十)

Oṃ・vajra-krodha・mahā-caṇḍa・hana-daha・paca・vi-kira・vi-dhvaṃsaya・ehyehi・bhagavan・hana-hana・daha-daha・paca-paca・vi-kira・vi-dhvaṃsaya・deva・nāthendra・pūjita・sarva・ātma-jita・sarva・ātma-ja・suru-suru,・kuru-kuru・muru-muru・kurvat-kurvat・mahā-kurvat・ku・naṭi・ku・naṭi・mahā-ku・naṭi-naṭi-naṭi・mini-mini・mahā-mini・kini-kini・mahā-kini・khā-khā・khāda-khāda・khāhi-khāhi・ghuru-ghuru・turu-turu・ṭu・ṭal・ṭu・ṭal・hana-hana・daha-daha・paca-paca,・gṛhṇa-gṛhṇa・bandha-bandha・mātha-mātha・pra-mātha・pra-mātha・cchinda-cchinda・bhinda-bhinda・bhūta-pati・asurā-pura・vidhvaṃsana-kara・Ucchuṣmaḥ・krodha・mahā-bala・dama-dama・yama-yama・kara-kara,・kiri-kiri・kuru-kuru・hūṃ・phaṭ・muru-muru・hūṃ・phaṭ・suru-suru・hūṃ・phaṭ・hana-hana・hūṃ・phaṭ・daha-daha・hūṃ・phaṭ・paca-paca・hūṃ・phaṭ・hṛ・hṛ・hūṃ・phaṭ・he-he・hūṃ-hūṃ・phaṭ-phaṭ・svāhā。

(以上據房山石經《釋教最上乘秘密藏陀羅尼集卷二十七》第二一四頁而校訂。《大正藏》第二十一冊第154頁內容有脫漏)

「心密言」曰：
歸命畢，

唵(一)嚩日囉(二合)俱路(二合)馱(二)摩訶麼攞(三)訶曩娜訶跛者(四)尾馱望(二合)娑也(五)烏樞瑟麼(二合)俱路(二合)馱(六)吽(七)頗吒(八)

「甲冑密言」曰：
唵(一)薩望伽鼾(二)摩訶帝鼾(三)嚩日囉(二合)舍寧(四)嚩日囉(二合)播舍(五)麼那鉢尾蛇(六)薩嚩弩瑟䗍(二合七)娑擔(二合)娑擔(二合八)婆也婆也(九)斛(十)頗吒(十一)

「器仗密言」曰：
唵(一)蘇(上)嚕蘇(上)嚕(二)烏樞瑟麼(二合)俱路(二合)馱(三)訶曩訶曩(四)吽(五)頗吒(六)

「頂髻密言」曰：
唵(一)始哩始囉(二)摩里寧(三)始儞(四)始儞始儞(五)始儞(六)斛(七)頗吒(八)

「頂密言」曰：
唵(一)入嚩(二合)攞(二)入嚩(二合)攞(三)薩嚩努瑟䗍(二合四)娑擔(合)波也(五)娑擔(二合)婆也(六)努囉柘羅(七)努瑟䗍(二合八)寧嚩囉也(九)囉訖叉(二合)囉訖叉(二合十)滿(引十一)馱嚩(二合)訶(十二)

「坐密言」曰：
歸命畢，
唵(一)娜難(上)多尾惹也(二)摩訶戰拏(三)斛(四)頗吒(五)

「心中心根本明」曰：
唵(一)嚩日囉(二合)俱賂(二合)馱(二)摩訶摩攞(三)訶曩娜訶跛者(四)尾馱望(二合)娑也(二合五)尾馱望(二合)娑也(二合六)惹智攞濫毫娜囉(七)烏樞瑟麼(二合)俱路(二合)馱(八)斛(九)頗吒(十)唵(十一)地哩迦(迦字半音以上三字合呼之十二)
Oṃ・vajra-krodha・māha-bala・hana・daha・paca・(mātha・vikiraṇa)・vi-dhvaṃsaya・jaṭila・lambodara・Ucchuṣma-krodha・hūṃ・phaṭ・Oṃ・dhṛk・

附：大力金剛心中心真言─出自房山石經《釋教最上乘秘密藏陀羅尼集卷二十七》第215頁

Oṃ・vajra-krodha・māha-bala・hana・daha・paca・mātha・vikira・vi-
dhvaṃsaya・jaṭila・lambodara・Ucchuṣma-krodha・hūṃ・phaṭ・svāhā・

復次「薄伽梵」！(具)無量廣大力，難踰越「契」相。

薄伽梵「根本印」➜先以手背相著，乃交指，「小指」及「大(拇)指」自相合如「針」，大開掌。

「根本印」➜二「大(拇)指」雙招之。

「奉送印」➜改請印「大(拇)指」向外彈。

「剪刀印」➜先並二手，屈「小指」，以「大(拇)指」押「甲」上如環，乃「二環」乃「相拘」握之，「頭、中」指並舒，右「中指」押左「頭指」(食指)側，如「剪刀」股形，徐動其股，右轉三遍，并誦密言，成「結界」；若左轉三匝，成「解界」，用「大心真言」。

「制止印」➜右手作拳，直豎「大(拇)指」，若有「忿怒」者，誦密言，以「印」降之，彼被制止，用「大心真言」。

「棒印(daṇḍa 娜拏印)」➜二手各以「大(拇)指」押「中(指)、(無)名(指)、小(指)」甲成環，二環極力相握，舒「頭指」(食指)如針，用「大心真言」。

「頭印」➜次前「棒印」(daṇḍa 娜拏印)，舒二「頭指」(食指)屈中節，乃以「頭」相拄。

「頂印」➜如前「頭印」，舒開二「頭指」(食指)，用「大心真言」。

「甲印」➜准前「頂印」，各屈「頭指」(食指)，用印五處，即同「被甲」。

「牆院印」➜次前「甲印」，舒二「頭指」(食指)，即同以牆院遶。

「鉤印」➜次前「牆院印」，各屈二「頭指」(食指)如鉤，徐招之，此印能呼召「二足四類」，用「大心真言」。

「驚怖印」➜如「鉤印」，乃舒「左中指」，一切鬼魅悉皆驚恐，用「大心真言」。

「頂髻印」➜次前「驚怖印」，二「頭指」(食指)相交入掌，二「中指」微屈「第一節」，頭相拄，此印持誦時用之，能除「難調伏者」，用「心中心真言」。

「普焰印」➜外交指，以「小指」相合如針，微屈「大(拇)指」，各捻(按:捏)「頭指」(食指)甲側，微舉「餘指」如「焰形」。

「杵印」➜雙手內相交為拳，舒左「中指」，右「頭指」(食指)如針，用「大心真言」。

「打車棒印」➔右手掘「大(拇)指」為拳，徐步右轉，以左足頓地，向左「亞身」(曲身而低府)，忿怒顧視，一切「卒 忭」(突來的忤逆與違犯事等)退散，「阿修羅」關鍵開闢，用「大心真言」。

「重杵印」➔外交指合掌，「頭、名」指各為股，散舒「大、小」指如「五股」重「杵形」，置頂即同「灌頂」，亦令「貴敬」，亦能「攝召」，亦可舉印於「頂」，以水灌之，能滿一切欲，用「大心真言」。

「羂 索印」➔右手左拳，以「大(拇)指」與「頭指」(食指)相捻 (按；捏)如「環」，以左手握右腕。

「鉞斧印」➔舒二手「五指」，覆「左掌」仰「右掌」，以右「小指」拘左「小指」，其「無名、中指」亦然，乃轉腕向合拳，左「大(拇)指」入右「虎口」中，以右「大(拇)指」押左「大(拇)指」側，正立，以「右足」頓地，向右「亞身」(曲身而低府)，(能)辟一切「卒 忭」(突來的忤逆與違犯事等)，(能)開「阿脩羅」關鍵。

復次畫像法，用應肘量㹀 (古代的彩布；彩色的木棉)，畫「大威力明王」：

❶通身(為)「黑色」，(火)焰(生)起，忿怒形。

❷左目(應作)「碧色」。

❸髮「黃色」，上竪。

❹咬下脣，「狗牙」(最)上(應露)出。

❺衣虎皮褌 (古代稱作「兜襠布」，具一段兩側，有窄長布條的一種長寬布條，可遮擋私部，亦似日本傳統的內褲樣式)。

❻(以)「蛇」(即為「龍」類)為瓔珞。

❼四臂。

❽左上手持「杵」，(左)下(手執)「羂 索」。
　　右上手並屈，竪「頭指」(食指)擬勢(作比劃指向之勢)，(右)下手(作)「施願」(手印)。

❾眉間(現)顰 蹙 (皺眉蹙額)，其目可怖。

置「象」，(於)「黑月」八日或十四日，以「赤華、飲食」供養，置「雄黃」等藥加持，取三種驗(若有火焰生起，則可獲成就持明仙。若煙生，則獲隱藏身形。若變熱，則獲一切諸善與被人貴敬)，功力(如)同前。

若於山頂，布「像」，誦「十萬遍」，後(若過)有(種種)「業輪」(惡業的輪轉環繞)，(只需)稱「吽」(hūṃ)字，(將可)止(一切諸事)矣，(所有的)關鎖(皆能)開解，(可)摧山、竭海。

若於「吉祥門」首，布「像」，(以)「芥子」和「己血」，進(於)火中(燒)，一千八遍，(阿)脩羅女(將)出(現)，(並)執行者(之手)，(共)入其宮(殿)。

若以「牛五淨」(《蘇悉地羯羅供養法‧卷三》云：牛五淨者，謂黃牛尿，及糞未墮地者)洗「麼沙」(māṣa 天竺產的一種小豆子)，(於)月蝕(之日)，勿(抬頭)看「月」，口含(麼沙豆子)，持明(咒)，復止。(若此)「麼沙」生(有生出豆)牙(來)，後以「擲」人，(可獲彼)相敬。(若豆子)不生(豆)牙，(直接)擲人，(將可成就)「尾娜末沙曩」(vi-dhvaṃsana 破壞；降伏)。

若「黑狗舌」，搗「安悉香」和(為)「丸」，以「三金」鰈(古代的彩布；彩色的木棉)裹之，(以)「勃羅得迦」木(天竺漆此漆通)，合「子」盛之，(於)「黑月」八日或十四日，持「金剛像」，(於)前加持，一千八遍，藥(若)有「佉吒」(khṭa khṭa)聲，後(以)口含(之)，(則獲)「藏形」(隱藏身形)，壽(可)千歲。

若「油麻」，塑「悉多哩」形，從左足割進(於)火中(燒)，令盡，(獲)貴敬。

若(以)「鹽」為「彼形」，從右脚割進(於)火中(燒)，(獲)貴敬。

若加持「華」或「果」或「香」，贈人，(獲)貴敬。

若加持「眼藥」，一千八遍，塗目，(則令一切)見者(都)貴敬(於你)。

若進「遏伽」(argha 功德；香花)華於火中(燒)，一千八遍，日三時，滿七日，能召「夜叉女」。

復次「素皤明王密言」門，及諸法要密言曰：(即蘇跋明王密言，又同於降三世明王真言－Trailokya-vijaya)

曩慕囉　怛曩(二合)怛囉(二合)夜也(一)曩慕室戰(二合)拏噂日囉(二合)播拏曳(二)摩訶藥乞叉(二合)細曩(引)跛多(上)曳(三)唵(四)素(蘇嚕反下同)婆(上五)儞素婆(上六)亿哩(二合)恨拏(二合七)斛(八)亿哩(二合)恨拏(二合引)播也(九)斛(十)阿曩也(十一)穀(十二)薄誐鑁(十三)尾儞也(二合)邏惹(十四)斛(十五)頗吒(十六)娑噂(二合引)訶(十七)

若人於此「密言」，(欲)求成驗者，依求「大威力明(王咒語)」悉地(成就)法用功，當獲成驗。

若人為「鬼神」所(侵)忤，行者到彼(處持咒)，當即自差(瘥苏→病癒)。

若加持「灰、黃芥子」或「清水」，二十一遍(咒)，可以「護身」。

若取十一塊「土」，各加持二十一遍(咒)，(丢)擲(至)十方，餘一(則)成(自己)「護身」，(若於)路行，作此法者，盜賊(將)不劫。

若加持緤𫄙(古代的彩布；彩色的木棉)線，作(打)結，滿二十一(結)，帶之，(可)護身。(若有)小男女，為「鬼魅」所中，作此法，差(瘥苏→病癒)。

若「七色種子、名香」和「水」，盛(於)瓶中，加持一百八遍，浴之，(可)增福，眾人(亦)樂見(你)。

若(治)療「鬼魅」，立「方」壇，以「香水」灑之，燒「安悉香」，坐病人(旁)，加持之。

又加持「水」，七遍，灑(水至)彼「面」，彼(將)大叫。(若)被撲如(而造成)「不語」，又(以水)灑之，(即)語矣。

如(遇鬼附身而顯)誑(者)，即(以)「蟻墳土」，(雕)塑(成)「病者形」，加持七遍，以「杵」擊(這個病者之)「形首」，(令此鬼)實說(真實的說話)，若(彼鬼)言：不捨此人(不想捨離被我降身的這個人)，(行者)即(可使用)小「五金」之類(的東西)，和作「刀子」(之狀)，從(病者之)「形」(的)脚，(一)段

（一）段（的）割，令（全部割）盡，（此時）空中（會有）血（滴）下，（表示）鬼（已）死，（那麼此顯誑）病差（瘥ㄔㄞ →病癒）。

或進「鹽」於火中（燒），一百八遍（咒），稱病者（之姓）名，鬼（將）死，病（即）差（瘥ㄔㄞ →病癒）。

或（以）「苦練（古同「楝」）木」，截進（於）火中（燒），一百八遍，鬼（將）死，病愈。

或（以）「芥子油」和「芥子」，進（於）火中（燒），一百八遍，鬼族（將）滅。

若（以）「七色種子」和，進（於）火中（燒），每日三時，時二十五遍，（獲）「加那」（gaṇa 群眾；部眾）貴敬。

若加持「迦羅尾」（karavīra 羯囉微囉；羯羅尾羅；迦囉毘囉。意譯作「羊躑躅樹」，即「夾竹桃」，學名為 Nerium odorum。其葉汁可治眼疾）莖，七遍，擊「伏藏」七下，（則）寶（將）自（動）涌出。

若（於）人門上，（以）「骨」或「泥」作「杵」，以「辟惡」及「業輪」（惡業的輪轉環繞）者，准前「莖」（指「迦羅尾羅」樹的莖），擊之，杵（將碎）成「微塵」。

若（遇）一切「怖畏」遍身，誦一千八遍，（怖畏將）止矣。

若（以）「遏伽」（argha 功德；香花）華和「酥密、酪」，進（於）火中（燒），每日三時，時一百八遍，（能獲）王及大臣貴敬。

若進「苦練（古同「楝」）葉」於火中（燒），一百八遍，（將可成就）「尾娜末沙曩」（vi-dhvaṃsana 破壞；降伏）。

若「油麻、稻穀華、酥蜜、酪」和，進（於）火中（燒），一百八遍，（獲）貴敬。

若除「油麻」，餘依前，（則獲）一切「迦那」（gaṇa 群眾；部眾）見者（都）貴敬（於你）。

若「大敵」來伐此國者，(以)「阿嚕奚得迦」杖，(斷)截(後再)內(納於)「酥蜜、酪」中，進(於)火中(燒)，一千八遍，兵敵，退散。

若一一依前(面的方法)，稱「己名」(自己姓名)，(從)夜半起(開始修)，(則所有的)「論訟」(將)得「理」。

若進「麈蹉」於火中(燒)，一百八遍，(將可成就)尾娜末沙曩(vi-dhvaṃsana 破壞;降伏)，

若進「鼠狼、薰胡」(鶹鶹鳥)毛於火中(燒)，一百八遍，(能令)離(而)合。

若進「猴毛」於「稻穀穬」火中(燒)，一百八遍，(能治)家(事)鬥(爭)。

若(以)「鵶(古同「鴉」)毛、野猪(毛)或「鹿毛」，和進(於)火中(燒)，一百八遍，(能治)美女失容(所失去「原本容貌」)。

若三日不食，(以)「步多木」合子，盛「白芥子」，(於)寒林中，(以)掌而加持「芥子」，(若芥子)涌出土(而)落地者，(若)不涌出，(則)別貯之，後(若)以涌(出的芥子)者，(可)擲打人，(可)縛撲(於此人)。(若)以不涌(出芥子)者，擊之，(則將恢復)如故。

若進「阿囉嚕迦華」或「灰」於火中(燒)，一百八遍，(可成就)「摩囉寧」(māraṇa 破魔;令死。maraṇa 死亡;臨死)。

若「童子」合縲(工)(古代的彩布;彩色的木棉)線，一加持(咒)，一(打)結，(共)一百八結，(能繫)縛彼「呪師」(之)悉地(此指不令其咒師成就的意思)。

若依前線，作十一「結」，又一加持，稱彼(姓)名，一截，(共)滿十一段，彼(咒師將導致)七生(都)不(能)成(就)「悉地」。

若一日「不食」，旋覆「華餉迦華、白胡椒」和末之，(於)「制帝」(佛塔)前，加持二十一遍，和「蜜」，服之，(能)得大聰明「利智」。

若「先亡日」(於先人死亡之忌日)，不食，於「制帝」(佛塔)供養(作種種供養)，乃(至於)淨室中，獨坐，誦一百遍，先亡(先人亡靈)來現(將來顯現)，如生(一般的狀態)。

若三日「不食」，於「制帝」(佛塔)布<u>金剛手</u>像，誦一百八遍，夜靜，(於)草上，首(向)東而睡，<u>金剛手</u>(將顯)見種種身，(令你)滿願，(並獲)眾人貴敬。

若加持「菖蒲」根，二十一遍，口含(之)，(於)「論訟」得「理」。

若(以)「迦羅尾羅」(karavīra 羯囉微囉；羯羅尾羅；迦囉毘囉。意譯作「羊躑躅樹」，即「夾竹桃」，學名為 Nerium odorum。其葉汁可治眼疾)末敷華，和「酥蜜、酪」，進(於)火中(燒)，每日三時，時一百八遍，經七日，(能)得「好婚」(指好的、良善的姻緣)。

若(以)「安悉香」和「酥蜜、酪」，進(於)火中(燒)，一百八遍，當家「飲食、穀麥」(皆會)無竭(盡)。

若(於)大河中立，(讓)水至腰(際之間)，進「華」於火中(燒)，象其華色，(能)得「衣」一事。

若欲知「三世」未然(未來諸事)，(可)心念(本尊與咒語後)而睡，本尊(將於)夢中為(你)說(三世諸事)。

若(懷)孕過月(而不生子)，(可)加持「水」，(咒)一百八遍，令(孕婦)服(此水)，(即可獲)產(子)矣。

若(以)「蟻墳土」塑(ㄙㄨˋ)「杵」，「摩訶麼娑」二十一臠(ㄌㄨㄢ́)，臠(每)一加持，(再)燒熏「杵」，(將可成就)「烏蹉娜曩」(utsadana 淨身)。

以「炒稻穀華、酥蜜、酪」，和進(於)火中(燒)，一百八遍，(可回)復。

若進寒林「灰」於火中(燒)，稱「毘那夜迦」名，一百八遍，「夜迦」(將)死。

若截「審銘」(śamī 奢彌草；苟杞)枝，進(於)火中(燒)，一百八遍，(獲)增福、得財。

若截「勃羅得迦」枝，進(於)火中(燒)，一百八遍，(獲)大富。

若患「熱」(病)，進「紅蓮華鬚」於火中(燒)，一百八遍，差(瘥兮 →病癒)。

若(有)「龍」(干擾而)作「病」，以「龍華鬚」進(於)火中(燒)，一百八遍，差(瘥兮 →病癒)。

若有「呪師」被奪(而失)卻「悉地」者，(可)畫彼尊，於金剛手像前，室中以「香華」供養，一日夜，(能回復獲)得本(來的靈)驗(與成就)。

若加持「華」，一百八遍，依前供養，同上。

若遭「霜、雹、雨、雪」，心念此「密言」，(即可獲)止矣。

若加持「素嚕(二合)但(引)戰曩」(此是藥名帶赤黑色，重比金出天竺，末塗目中仰視日，能奪其光，見日中有者，為真耳)末，一百八遍，塗目中，(可獲)隱(身)。

若(於)「月蝕」，加持「酥」或「劍」或「雄黃」，復止。又加持「一百八遍」，貯之，(只需)憶食(物)，即(可獲)至。

若(以)「酥蜜、酪、油麻、油」相和，內(納)「惹底華」(jāti-kusuma；闍底蘇末那花)，進(於)火中(燒)，每日三時，時一百八遍，滿七日，(能獲)人天、夜叉，或「阿脩羅女」，(只需)呼名(彼)即至。

若(以)「三金」(金、銀、赤銅)杵，於「山頂」，加持「三十萬」遍(咒)，持之，(能獲)大威力。

若(持)「六十萬」遍(咒)，(能)遊四天下。
(若持)「一百萬」遍，(能)遊於諸天。
(若持)「二百萬」遍(咒)，(能)為「持明輪王」。

(若持)「六百萬」遍(咒)，(於)進「本尊」(之)宮(殿)。

若誦此「密言」，作「諸家事法」，皆(獲靈)驗。

復次以應「肘」量緤^疊（古代的彩布；彩色的木棉），畫佛像，處「師子座」，手作「說法相」，以觀自在及金剛手為侍者。

金剛手通身「青色」，右持「杵」，左作「問法相」，對此像前，每日三時，時誦二十一遍，滿六箇月，(必)得成就。

復次「烏芻瑟麼」(ucchuṣma)明王教法，不拘「淨、穢」，恒示「忿怒相」，誦滿「三十萬遍」，(獲)得(成)驗。

若進「炒稻穀華」，於火中(燒)，一千八遍，(獲)王及大臣貴敬。

若進「芥子」，於「羅惹」火中(唐云皂莢)，一千八遍，彼人(獲)貴敬。

若(將)「將帥」足下(之)「土」，左手持(之)，進(於)火中(燒)，一千八遍，(能獲)大將、大師，并軍人貴敬。

若(以)「鹽」塑^夊彼「形」，左手持刀，(再)割進(於)火中(燒)，一千八遍，(獲)人天貴敬。

若(以)「粳米末」撚「彼形」，割一百八段，進(於)火中(燒)，(能獲)一切「迦那」(gaṇa 群眾；部眾)貴敬。

若(以)「胡椒蓽茇(古同「跋」)」末，進寒林火(燒)，或(於)「旃陀羅」家火中(燒)，一千八遍，(獲)囉拏貴敬。

若進婦人(之)「萎華鬘」，(於)火中(燒)，一千八遍，(獲)一切「迦那」(gaṇa 群眾；部眾)貴敬。

若加持「牛黃」或「雄黃」，一千八遍，塗身，(能獲)惡人「貴敬」，入陣(能)「辟兵」。

若(於)「制帝」(佛塔)前，置「素嚕怛戰曩」(此是藥名帶赤黑色，重比金出天竺，末塗目中仰視日，能奪其光，見日中有者，爲眞耳)，或(置)「牛黃」於「阿說他葉」(aśvattha 關說他樹；阿濕波他樹)上，加持一千八遍，(再)塗(於)目中，(則令一切)見者(都)貴敬(於你)，所至(一切都能獲)勝利。

若(以)「大麥、龍華鬚」，和進(於)火中(燒)，一千八遍，(獲)丈夫貴敬。

復次不拘「淨、穢」，誦三十萬(咒)，(以)「烏油麻」和「酥」，進(於)火中(燒)，一千八遍，(獲)得(靈)驗。

若(以)「鹽」塑ㄙ彼「形」，(再)從「右足」割進(於)火中(燒)，令盡，(能獲一切)丈夫(之)貴敬。

若(以)「芥子」和其「油」，進(於)火中(燒)，一千八遍，(能獲)國王大臣貴敬。

若加持「華果」或「香」，(咒)七遍，贈人，(能獲)貴敬。

若加持「眼藥」，塗之，(則令一切)見者(都)貴敬(於你)。

若進「苦練(古同「楝」)葉於」火中(燒)，一千八遍，(將可成就)「烏柘吒曩」(uccāṭana 排除；ucchedana 斷除)。

若進「油麻」於火中(燒)，一千八遍，(將可成就)「尾娜末沙曩」(vi-dhvaṃsana 破壞；降伏)。

若(以)寒林「灰」伴「水」，進(於)火中(燒)，一千八遍，(將可成就)「烏蹉娜曩」(utsadana 淨身)。

若截「俱吒迦」和「油」，進(於)火中(燒)，一千八遍，(將可成就)「烏蹉娜曩」(utsadana 淨身)。

若(以)水(浸)濕(之)衣，披之，而(於)日中(站)立，持「密言」，衣(將)乾，(可成就)「步沙曩」。

若(於)自在天王廟中，以手覆「石陵」，加持明(咒)，(可成就)摩囉寧(māraṇa 破魔；令死。marana 死亡；臨死)。

若於聖金剛手菩薩前，持「密言」，仍「彈指」，勿(停)絕，(可成就)摩囉寧(māraṇa 破魔；令死。marana 死亡；臨死)。

若(有)「怨敵」相向，先誦「密言」，乃稱「吽」(hūṃ)、或「頗吒」(phaṭ)，彼(怨敵將)「失心」或(遭)「碎首」。

若「芥子、毒藥」及「(己)血」，進(於)火中(燒)，一千八遍，(將可成就)「烏柘吒曩」(uccāṭana 排除；ucchedana 斷除)，或(將可成就)「尾娜末沙曩」(vi-dhvaṃsana 破壞；降伏)，或(成就)「烏嗟曩」(utsadana 淨身)，或小曩、或(成就)「摩囉寧」(māraṇa 破魔；令死。marana 死亡；臨死)。

若(以)「安悉香」末，和「黑狗舌」，為「丸」，(以)「三金」鏷(包)裹(之)，(以)「勃羅得迦」木、染木是，合「子」盛之，(於)「黑月」八日或十四日，「金剛像」前，加持一千八遍。(若)藥(發出)有「佉吒佉吒」(khṭa khṭa)聲，(若以)口含(之)，(則獲)「藏形」(隱藏身形)，壽(可)千歲。

若於「山頂」，誦「十萬」遍(咒)，復有一切「枷鎖」及(種種)「業輪」(惡業的輪轉環繞)。

但稱「斜」(hūṃ)，或「頗吒」(phaṭ)，皆(能)開(啟)、(或住)止之，亦(能)摧山、裂地、竭海。

若(於)「吉祥門」首，(以)己「身血」(與)「芥子」和，進(於)火中(燒)，一千八遍，阿修羅女(將)出(現)，(並)執「行者」手，(便帶)同入其宮(殿)。

若加持「素嚕怛戰曩」(此是藥名帶赤黑色，重比金出天竺，末塗目中仰視日，能奪其光，見日中有者，為眞耳)，一千八遍，置「瓦椀」中，以一「瓦椀」蓋之，進「酥」於椀，(待)上月(即)復止，(可)塗目，(則獲)「藏形」(隱藏身形)，壽(可)千歲。

若誦「一萬遍」，彼(將)如「僮僕」，欲令「摩囉寧」(māraṇa 破魔;令死。maraṇa 死亡;臨死)，亦(可)隨意。

復次「密言」曰：

曩慕囉怛曩(二合)怛囉(二合)夜也(一)唵(二)嚟日囉(二合)俱路(二合)馱(三)摩訶麼攞(四)訶曩娜訶跛者(五)尾馱望(二合)娑也(六)烏努瑟麼(ucchuṣma)(二合)俱路(二合)馱(七)斛(八)頗吒(吒半音呼之九)娑嚩(二合)訶(十)

復次畫像法，用應「肘」量緤𧵣 (古代的彩布;彩色的木棉)，畫大威力明王：

❶通身「黑色」。
❷露出「狗牙」。
❸髮「黃」上衝。
❹忿怒，舉身(火)焰(生)起。
❺左持「杵」、右擲「拏」(daṇḍa 刀杖;器杖)。

(於)「黑月」八日或十四日，布「像」，以「赤華、赤食飲」供養，加持「雄黃」新緤𧵣 (古代的彩布;彩色的木棉)，披神線(天竺淨行以緤線循環合為繩麁如三指名神線絡髆之)或「木屧𧵣 (木履)杵輪、鉞𧵣 斧劍」等類。

若(有火)焰(生)起，(則獲)成就「持明仙」。
(若有)「煙」生，(則獲)「藏形」(隱藏身形)。
(若)變「熱」，(則)當(獲一切)善行。

復次「大威力明王守護密言」曰：

曩慕囉怛曩(二合)怛囉(二合)夜也(一)曩慕室戰(二合)拏嚩日囉(二合)播拏裔(二)摩訶藥乞叉(二合)細曩(引)跛多(上)裔(三)怛儞也(二合)他(引四)唵(五)嚟日囉(二合)俱略(二合)馱(六)摩訶麼攞(七)訶曩娜訶跛者麼他(八)尾吉羅拏尾馱望(二合)娑也(九)烏努瑟麼(ucchuṣma)(二合)俱路(二合)馱(十)斛(十一)斛(十二)斛(十三)頗吒(十四)頗吒(十五)頗吒(十六)馺嚩(二合引)訶(十七)

若以「淨器」，盛「牛乳」，加持，一華一擲於中，滿二十一遍，成(就靈)驗。

復次「觀門」法：

❶以(手)「指」拄「額」(上)，(觀)想 (oṃ)唵字在中，(咒字)作「赤」色。

❷次(以手)拄「心」，(觀想) (hūṃ)吽字在中，(咒字)作「青」色。

❸後(再以手)拄「足」，(觀想) (pha)發 (ṭ)吒字在中，(咒字)作「潔白」色。

(再觀)想「己身」同(於)「本尊」，(並)誦「守護密言」二十一遍，(以)隨意(所)至(之)處為(結)「界」。

(此法能)成(就)「護持」(之門)，(令)「魔眾」不近(於你)，(若)欲眠，(以此法)為之，(亦可令)夢想(獲)「清淨」。

此「三字」(oṃ hūṃ phaṭ)觀門，亦通「諸金剛部」念誦時(皆可使)用。

第五部《大威怒烏芻澁麼儀軌經》

唐・<u>南天竺</u> <u>不空</u>(Amoghavajra。705～774。於 746 年還歸大唐京師，開展譯經傳法)**譯**

十方所有佛，妙智悲濟者，常住菩提心，是故我稽首，<u>普賢</u>(菩薩)即諸佛，(對彼)受職(授職灌頂為)<u>持金剛</u>(菩薩)，為調伏難調，(普賢菩薩)現此(烏芻澁麼)明王體，以其法勝(法義殊勝)故，「淨」與「不淨」(皆能兼)俱。

「真言者」先修，最初「承事」法，「紫檀」用「塗地」，方圓隨意成，依於彼東方，置前「本尊像」，取二「閼ᜒ 伽」(argha 功德；香花)器，「香水」以充足，鑪焚眾名香。

一「空器」承水，布在於壇內，食或不食俱，洗漱亦如是，五輪投地禮，十方佛菩薩，方廣大乘經，合掌應至心。

「右膝」當著地，多生「非善業」，「眾罪」難具陳，今以誠實心，隨懺願清淨。

如前發願已，「全跏」或「半跏」，興大菩提心，堅固無時捨，名「香塗手結」佛部三昧耶：

二羽(二手)「虛心」合，開「進、力」微屈，捻²ᵇ (按：捏)「忍、願」初分，第一文背間，又屈「禪、智」頭，處其「進、力」下，「第一節」文側，以此印當心，諦觀如來儀，門後真言曰(佛部三昧耶真言)：

唵怛他薩覩納婆(二合)嚩野(二合引)娑嚩(二合引)訶(引)

養、親近、承事、(當)伴侶」等者，(此)即(等)同(去)「供養」一切諸佛及諸賢聖(的道理)。

(12)如是「真言」及「契印」等之法，不可具陳，(就算經)一劫、二劫，乃至無量劫，說不能盡……是故此「法印」義，難信難解，(唯)除「佛菩薩」之所能(盡)知……隨所印處，(皆)令成「法事」諸度門等。

(13)如是「真言、印契」，(雖)窮劫說(仍)不可盡，(此)唯「佛」與「佛」乃能說之，(連)「祕密主菩薩」亦不能(盡)知之。

「三誦」總持已，警覺諸如來，光明遍觸身，業除煩惱滅，後當安頂上，散印成加持，次結「蓮華」中，三昧耶契相：

「二羽」(二手)准前合，「戒、方、忍、願」開，「進、力」亦如之，若敷蓮八葉，安印當心上，想觀自在尊，具足如本儀，誦總持三遍(蓮華耶三昧耶眞言)：

唵跛娜慕(二合)納婆(二合)嚩野(二合引)娑嚩訶(引)

警覺「蓮華部」，聖眾發光明，照觸行者身，障銷為我友，置印於頂右，隨意而散之，復結「金剛甲」三昧耶密印：

舒其「二羽」(二手)已，右仰左覆之，以其「背」相著，「檀」鉤於「智」度(手指)，「慧」復與「禪」結，如十股金剛，約置於當心，誦明，觀部主(金剛部三昧耶眞言)：

唵嚩日嚧(二合)納婆(二合)嚩野娑嚩(二合引)訶(引)

警覺「金剛眾」，聖者放光明，照觸修行人，加持為善友，於頂左散印：
「二羽」(二手)內相叉，「忍、願」成峯狀，微屈其「進、力」，各近「中峯」側，「禪、智」並而舒，「三股」行已成，印「額、右肩」上，「左肩、心」亦爾，其後加於「喉」，印已成，護身，皆誦後「明」(護身眞言)句：

唵嚩日囉(二合引)祇儞(二合)鉢囉(二合)捻跛哆(二合)野娑嚩(二合引)訶(引)

威光發熾盛，魔黨不能侵：

「二羽」(二手)各虛拳，「禪、智」捻^{按:捏}餘指，開「右拳」握左，「進」度(手指)直如峯，舉類於其「頭」，大心真言(烏芻澀麼大心真言)曰：

唵(一)嚩日囉(二合引)俱嚕(二合)馱(二)摩訶麼囉(三)訶曩娜訶跛者(四)尾馱望娑(二合)烏摳瑟麼(二合)馱(五)吽(六)泮吒(半音)

如是三遍畢，已首同本尊，屈頭契「進」峯，入掌舒「力」度(手指)，逐成「頂契」(真言)相：

唵(一)入嚩(二合)攞(二)入嚩(二合)攞(三)薩嚩怒瑟麟(二合四)娑擔(二合)娑也(五)娑擔(二合)娑也(六)努邏遠囉(二合七)努瑟麟(二合八)儞嚩囉也(九)訖叉(二合十)囉訖叉(二合)餄(十一)娑嚩(二合引)訶(引)

三遍稱誦之，亦同本尊頂，如前二契相，「進、力」皆屈之，相捻^{按:捏}勢如環，即成五處甲(甲冑真言)：

唵(一)薩嚩伽闍(二)摩訶帝舋(三)嚩日囉(二合)舍抳(四)嚩日囉(二合引)播舍(上五)摩那鉢囉(二合)尾捨(六)薩嚩努瑟麟(二合七)娑擔(二合)婆也(八)娑擔(二合)婆也(九)吽泮吒(吒半音呼)

內叉其「二羽」(二手)，開掌諸廣舒，合「檀、慧」成峯，微屈「禪、智」節，半捨「進、力」側，近申「普焰」成。

誦「大心真言」，當胸安其印，三遍持「明」句，心同於本尊，改甲「進(右食指)、力(左食指)」環，極舒自相合，如「針」名「捧印」(真言)，誦其後真言：(此同「解穢咒」的咒文)

唵(引)俱嚕(二合)馱曩吽(引)惹(入)

普焰契又陳，「禪、智」成針狀，真言用根本，名「獨股金剛」(烏芻澀麼根本真言)：

唵吽發吒（吒半音呼）發發鄔亿囉（二合）戍攞播寧吽吽吽發發發唵擾秖寧囉曩（二合）娜吽吽吽發發發唵唵唵摩訶麼攞娑嚩（二合引）訶（引）

本尊遍入身，即同「大力」體，堅持其地故，當同「金剛橛」（木橛子；短木椿）。

「戒」度（手指）「方、慧」間，「忍」亦屈「願、力」，亦復入「檀、戒」，「願」處「忍、進」中，餘「度」（手指）皆直舒，相合成三股，用「禪、智」柱地。

一掣一稱「明」（結金剛堅固地界真言）：

唵枳里枳里，嚩日囉（二合引）嚩日哩（二合）勃（引）滿馱滿馱吽發吒（吒字半音呼）

下至「金剛輪」，堅固無能壞，准前橛（木橛子；短木椿）為本，「禪、智」度（手指）極開，直堅即成壖。

三轉誦「明」曰（金剛牆真言）：
唵娑囉娑囉嚩日囉（二合引）鉢囉（二合引）迦（引）囉吽發吒（吒音半呼）

諦想所居地，澄澈「大海生」（大海生真言），誦次後真言，七遍當成就：

唵尾麼盧娜地娑嚩（二合引）訶（引）

次應想其海，「湧大須彌山」（涌出大須彌山真言），復誦此真言，經七遍方止：

唵婀者攞泮

又想寶山上，師子座莊嚴（成就寶師子座真言），其「明」如後稱，亦復七遍止：

唵婀者攞末嘯娑嚩（二合引）訶（引）

師子法座上，百千葉寶蓮(成就寶蓮華真言)，香潔盛敷榮，誦此密言曰：

唵迦麼攞娑嚩(二合引)訶(引)

於彼蓮臺裏，樓閣眾寶成，懸以妙繒幡，「矜羯尼」為網，真言(虛空藏明妃供養真言)如後誦，七遍，想隨成：

那莫薩嚩怛他蘖帝毘逾(二合)尾濕嚩(二合)慕契毘藥(二合)薩嚩他欠(平)鄔娜誐帝娑頗(二合)囉系輅誐娜劍娑嚩(二合)賀

次復執「香鑪」，誦治路「明」曰(淨治空中道路真言)：

唵蘇悉地羯哩入嚩(二合)里多(去)難多暮多入嚩(二合)攞入嚩(二合)攞滿馱滿馱訶曩吽發吒(吒字半音呼)

空中有關鍵，及障難皆除，次結「寶輅印」，邀迎諸聖者，單已并眷屬，隨意奉請之，「二羽」(二手)當內叉，「進、力」舒相拄，「禪、智」捻²(按：捏)「進、力」，根側第一文，其腕當極開，指背互著掌，誦真言三遍，七寶輅車成(請七寶車輅真言)：

唵覩嚕覩嚕吽

念至本尊居，阿拏迦嚩底(aḍakavatī 是 vaiśra-vaṇa 北方毘沙門天王所建立的一個宮殿)，想乘「輅車」已，次當奉請之，准前「寶輅車」，「忍、願、禪、智」撥，向內成請契，真言如後誦(奉請本尊真言)：

曩麼悉底哩(三合)野地尾(二合)迦(引)南薩嚩怛他蘖哆南唵嚩日嘮(二合)儗孃(二合)野迦囉灑(二合)野瞖係曳(二合)呬(若奉送即除)薄誐挽娑嚩(二合引)賀

聖者昇寶車，金剛駕御至，當以部主契，請降入道場，「二羽」(二手)內相叉，「禪」入

「進、力」間，成拳豎「智」度(手指)，每招誦後「明」(奉請本尊降入道場真言)：

唵嚩日囉(二合引)特力(二合)暨係曳(二合)呬婆誐挽嚩日囉(二合引)時力(二合若奉迎特除暨係曳加藥紹藥蹉)

奉契又當施，次舒「忍、願」度(手指)，自與「進、力」並，右居上相交，「智」股徐動之，窮除諸障者，真言句如後，三轉右同施(斷除諸障者真言)：

唵嚩日囉(二合)俱嚕馱摩訶麼攞羯囉羯囉親那親那吽發

次結「金剛網」，「禪」捻^{二合}(按:捏)「進」根下，「智」亦加「力」度(手指)，根側第一文，真言如後稱，牆以網彌覆(結金剛網真言)：

唵尾塞普(二合)囉捺囉(二合)乞叉(二合)嚩日囉(二合)半惹囉吽發

大院密縫印，「二羽」(二手)並而舒，「定」以「慧羽」(右手)加，直豎「禪、智」度(手指)，三周右旋已，皆誦後真言(金剛火院真言)：

唵訶娑懵儗儞吽泮吒(吒字半音呼)

金剛牆外圍，威焰熾然住，堅固界成已，無能沮壞之，當奉右膝傍，「閼^ᆮ伽」(argha 功德:香花)香水器，舉與額齊等，誦「大心真言」，慇懃持獻之，成浴聖眾足，心所希求願。

於此當具陳，微沈空器中，置水在本位，如前蓮華部，結彼三昧耶，當鉤六度(手指)端，如微敷蓮勢，想為「金剛葉」，三誦後真言(奉座真言)：

唵嚩日囉(二合)味(引)囉也娑嚩(二合引)賀(引)

如前運想成，眾聖儼依座，次當心供養，水陸有諸華，無主所攝華，十方盡虛界，

人天塗香等，燒香燈明空，傘蓋及幢幡，鼓樂歌舞妓，真珠妙羅網，懸以諸寶鈴，白拂與華鬘，散妙香華等，矜羯尼為網，如意寶樹王。

次服天厨雲，上妙美香潔，樓閣寶嚴淨，天瓔珞及冠，如是供養雲，遍滿虛空界，誠心而運想。

又以印真言，聖力所加持，虛空庫供給，眾聖當受用，真實無有殊。

十度(手指)反相交，右押左合掌，舉印案於頂，同「樓閣」真言，次以「美言音」，「金剛妙歌」讚：

摩訶麼攞也贊拏也(引)尾儞夜(二合)囉惹也難扼寧，尾曩野地哩(二合)多娘也那莫俱嚕(二合)馱野縛日哩(二合)儞

「戒、方、進、力」屈，二羽(二手)虛心合，屈度(手指)背相著，遂成「部母契」，誦「明」寂靜意，「七遍」護本尊(金剛部母真言)：

唵矩嬭馱哩滿馱滿馱吽發吒(吒字半音呼)

珠蟠合掌中，誦「大心」七遍：「智、方」息相捻꜀(按:捏)，「禪、戒」亦復然，餘「度」(手指)皆直舒，「進」捻꜀(按:捏)於「忍」背，「力」亦附「願」上，二環用承珠，思惟己心中，皎白如滿月，分明住觀已。

想「部母」真議，所持之「密言」，從口而流出，字字皆「金色」，普放無量光，相繼若連珠，自「行人」口入，散布「月輪」上，變色隨本尊，焰鬘因相穿，文句無「錯謬」，行人威武相，稱誦「祕真言」。

歸命「唵」皆寂，「餘文」瞋猛意，末字「戒」當捻꜀(按:捏)，一珠與句齊，住此三昧門，極力當持念，修行將止息，「合珠」於掌中，如前再「加持」，頂戴還本處。

須臾住靜觀，「月輪」上真言，義理及文詞，諦思其「實相」，次當出定已，「真言」金色光，從口若連珠，奉歸「部母」處，應作如是願，攝受此真言，「慈悲」加護之，無令功用失。

所得「遍數」者，誦「部母」加持，「七遍」以護之，應作如是法。

一切有情類，「諸苦惱」遍身，於其「菩提」中，不堪任「法器」。我濟彼等故，非獨拔「己身」，唯願佛世尊，成就還「遍數」，三部「三昧契」，如初重作之，次「護本尊」身，用前「部母」印，捧左「閼ぇ 伽」(argha 功德；香花)器，奉獻陳所求，儀式不異前。

次運心「供養」，火院密縫印，頭上左放之，諸印都解除，當奉送眾聖，降入道場契，「智」度(手指)外「彈」之，又結「請輅車」，聖眾昇其上，改「禪、智」外撥，想歸於本宮。如前護己身，隨意道場外，印塔當轉念，方廣大乘經，迴助口所祈，上中下「悉地」，往諸「觸穢處」。

「慧羽」(右手)握成拳，「禪」度(手指)豎如峯，護身加五處，真言用「捧印」，不被眾「魔羅」，此遍說運心，加飲食尤上，隨辦任陳布，用「大心真」言，欲去萎花時，誦此祕「明」曰(去除萎華真言)：

唵濕廢(二合)帝摩訶濕廢(二合)帝佉(去音)娜寧娑嚩(二合引)賀(引)

若欲「睡眠」者，以「部母」護身，部主契真言，用護其處所，如前降入契，「智」度(手指)押「進」傍，當誦後真言，警相當清淨(金剛部母護身真言)：

唵嚩日囉(二合)特力

(若經常發生夜夢而)「失精」及(作)「惡夢」，(則應持)「百遍」部母(的)明(咒)，凡欲喫食時，團食置其處，所持「明」加護，奉獻於本尊，部主前真言，加持食乃食。

次陳四微妙，儀軌當修習，「扇底迦」(śāntika 息災)寂災，聰明及長壽，并除冤禍法。

面北交脛^{胡么} (小腿)居，豎膝右脛^{胡么} (小腿)先，衣服當潔白，食飲香華地，燈燭亦復然，月輪布真言，文字亦宜白，先并歸命誦，三七乃除之。

從(咒語的)「唵」起，為(最)初，(此具有)與某甲「除禍」(的功效)，(而咒語末是)「娑嚩(二合)訶」最後。(以上即是指 śāntika 息災:寂災)

本無臨事加，念誦以「小聲」，當須「寂靜」意，若作「大壇」者，圓穿其爐形，於中宜泥輪，護尊忿猛相。

若求「增長」者，名「布瑟置迦」(puṣṭika 增益:增榮)，五通及轉輪，寶藏輪劍杵，致一切財物，藥丸眼藥俱，面東結跏趺，其色皆上赤，增減真言句，如前無復殊，欲稱「娑嚩訶」，其所求如願，小聲寂靜意，護尊忿猛為，大壇方穿爐，安杵具三股。

若求「歡愛」法，名「嚩施加囉」(vaśīkaraṇa 敬愛:慶愛)，召人及天龍，鬼神非人類，面西半跏坐，上赤增長同，加減歸命文，「娑嚩訶」亦爾，與某甲攝某，成就願所求，持明歡喜心，護尊寂靜意，并以忿猛相，二種皆護之。爐如八葉蓮，開敷具臺藥。

若作「降伏」法「阿毘遮嚕迦」(abhicāruka 調伏:降伏)，制「鬼神、惡人、損壞三寶」者，「左足指」押「右」，西面坐蹲居，亦大忿怒形，諸色上青黑，心中圓明觀，變用大日輪，熾盛無與儔，發輝如猛焰，除去「娑嚩訶」，願為某甲成，某事「吽」發心，火爐三角作，「獨股杵」置中，真言猛勵稱，傍人如可聽，護尊寂靜意。

事法次當陳，相應置本尊，中間是爐位，或於「精室」外，爐遙對於尊，治地二肘間，形隨爐口勢，築階高一指，中量一肘穿，深半肘成爐，周緣高四指，一寸外方作，爐成如法治，輪杵泥為之，置中稱其底，「瞿摩夷」塗飾，檀香等又施，其色隨所求，階上祥茅草，隨日匝旋布，以本覆其苗，所燒物在茅，近行人右手，二器「閼ぜ伽」(argha 功德:香花)水，置茅在戶邊，柴相隨頻推，長截十指量，酥蜜乳酪內，搵其薪兩頭，半爐熾炭充，投亦起威焰，燚火勿以舊，用扇非口吹，燃爐誦後明，三遍成加持(燃爐火真言)：

唵步入嚩（二合）攞吽

火既發光焰，當用「忿怒王」，瀉垢能淨除，祕契如是結：
　　「二羽」（二手）背相著，「八度」（八個手指）以類鉤，轉腕反相合，成拳遍印物，每觸皆稱誦，次後「祕真言」（計利計利忿怒王真言）：

唵枳里枳里吽頗吒（吒字半音）

又當請「火天」，直舒其「慧羽」（右手），「禪」橫約於掌，微以「進」度（手指）招，每招誦後「明」，三遍「火天」降（請火天真言）：

唵曀係曳吶摩訶步多泥（去）嚩哩使（二合）儞尾惹娑多麼仡俚（二合）吶（引）怛嚩（二合）護底莽（引）訶（引）囉麼塞泍散儞吶覩婆嚩阿仡曩（二合）曳賀尾也迦尾也嚩（引）訶曩（引）也娑嚩（二合引）訶（引）

便想入爐內，次結「三昧耶」，「禪」捻（按：捏）「檀」度（手指）初，舒餘波羅蜜，直灑「閼ぎ伽」（argha 功德；香花）水，於火成淨除，三灑皆誦「明」，真言句如後（灑閼伽水真言）：

唵阿蜜哩（二合）帝訶曩訶曩吽發吒（吒字半音呼）

次以其「慧羽」（右手），右旋灑「閼ぎ伽」（argha 功德；香花），誦「文殊密言」，想漱火天口：

唵嚩囉娜嚩日囉（二合）曇

太杓「定羽」（左手）執，小者「慧」當持，三度取名「蘇」，灌其大杓滿，「慧」捨小執大，有劍等按之，誦次後真言，句終灌火上（以酥灌火上真言）：

阿仡曩曳賀尾也迦尾也嚩（引）訶曩也儞波也儞波也娑嚩（二合引）賀（引）

每至其「訶」字，皆「引聲長呼」，空杓却按之，其音即齊畢，非加劍藥類，但灌不按杓，是則祀火天。三度皆如此，依前再淨火，漱口用文殊，請火天出爐，東南方就位。

當設諸供養，次請部主尊，爐中遠行人，諦想依位住，又念「本尊」入，爐中近「行人」，與「部主」相當，二聖儼而對，忿怒王瀉垢，淨火漱口明，如法重為之。

「二羽」(二手)膝間住，如前祀火法，各獻三杓酥，每先想「己身、本尊」與「部主」，「火」及「劍、藥」等，「一相」無有殊，五體既合同，各以本「明」獻。

如是供養已，隨求事「護摩」，觀其應所燒，宜杓或宜手，所須用杓類，取前小者澆，執已，「進」度(手指)舒，令順於其柄，「檀、戒」及「忍」等，共掘「禪」度(手指)初，「定羽」(左手)掐其珠，一誦一投火，遍數既畢已，如前各獻珠，二聖歸於壇。

又誦「火天祀」，三大杓酥畢，依位如其初，若須祀八方，一一皆當請，解界如儀送，「火天契」，次陳，如前請召時，「進、禪」以相捻葛(按：捏)，誦後「明」一遍，「火天」還於宮(送火天還本宮眞言)：

布爾覩徒麼也薄底也(二合)蘗蹉阿仡儞娑嚩(二合)婆嚩南補曩羅跋夜(二合)那也娑嚩(二合引)賀(引)

如前護己身，眾魔不復擾，若夢佛菩薩，金剛諸天王，婆羅門居士，食粳米酪飯，甘露乳果花，茂林若登山，履塔及樓閣。

或乘車馬象，白鶴孔雀王，金翅鳥與同，泛海清流水。或騰空自在，威焰遍於身。

或聽法座中，及諸清淨事，此皆「成就」應，況已勿復「眠」。

若夢「魁膾」人，豬驢駱駝狗，或觸或在近，死屍亦復然，惡鬼怖畏徒，是障不是相。

或有「妄念」起，違闕「三昧耶」，當誦此真言，以除其「過患」。

如前「金剛杵」：

「進」(右食指)、「力」(左食指)」改相合，

「忍」(右中指)、「願」(左中指)」依甲傍(意即依著食指節的傍邊)，

「繞」上亦「相拄」(意即中指繞上去食指節上，且互相依拄著)。

大輪金剛陀羅尼手印01　　大輪金剛陀羅尼手印02　　大輪金剛陀羅尼手印03

真言如後誦，「三七」障皆消，「大輪」（大輪金剛陀羅尼）明曰：

娜莫悉底哩（三合）野地尾（二合）迦南怛他誐哆喃唵尾囉耳尾囉耳摩訶縛日哩（二合）薩哆薩哆娑（引）囉帝娑（引）囉帝哆囉（二合）以哆囉（二合）以尾淡末作糝伴惹儞哆囉（二合）末底悉馱蘗囉（二合）怛嚂（二合）娑嚩（二合引）訶

namas-triya-dhvikānāṃ-sarva-tathāgatānāṃ・āṃ・viraji-viraji・mahā--cakra-vajri・sata-sata・sārate-sārate・trayi-trayi・vidhamani・saṃbhañjani・tramati・siddha-agre・traṃ・svāhā・

凡所「觀想」時，「閉目、凝心」作，了了分明已，目覩道當成。護世八方天，真言如後說，八方天明，摩醯首羅王（Maheśvara 大自在天➜色界天魔），位居東北隅，真言（護世八方天真言）如後稱，諸天所尊奉（東北方摩醯首羅天真言）：

唵嚕捺囉（二合引）也娑嚩（二合引）訶（引）

東方帝釋位真言曰：

唵設揭囉（二合引）也娑嚩（二合引）訶（引）

東南方名火天真言曰：

唵娜仡曩(二合)曳娑嚩(二合引)賀(引)

南方閻羅天位真言曰：

唵吠嚩娑嚩(二合引)哆(引)也娑嚩(二合引)賀(引)

西南方羅(刹)主真言曰：

唵囉乞叉(二合)娑(引)地跛多曳娑嚩(二合引)賀

西方水天位真言曰：

唵冥伽捨曩也娑嚩(二合引)賀

西北方風天位真言曰：

唵嚩(引)也吠娑嚩(二合引)賀

北方毘沙門天真言曰：

唵藥乞叉(二合)尾儞夜馱哩娑嚩(二合)賀(引)

迎請八方尊，及須供養者，隨其所願事，皆用本真言，凡建「曼荼羅」，及興諸事法，皆先施「供養」，飲食香燈明，閼伽花塗香，物皆周匝布，永無一切障，所願皆遂心，本尊及部主，皆用本真言。

序中舊云「透ᜆ 迤᜔ 掲ᜆ 擲」，請改為「透ᜆ 迤᜔ 輪擲」也。
又「下卷」(指《大威力烏樞瑟摩明王經》卷下)初(所說的)「心密言法」中，舊云：若得「莽羅葉、博伽得、博伽稱」，及「咄嚕瑟劍」(turuṣka 蘇合香)蘇合香也，(磨成)末和「芥子」，以進(於)

火中(燒)，一千八遍，(能獲)令眾人敬。

「真言」者，請改為若「零陵香、天竺蘇合香」末，和「芥子油」，進(於)火中(燒)，一千八遍。

令人福德，儀中舊脫「四句」，請知之。諸色上青黑，心中漸圓明，變用大日輪，熾盛無與儔，發輝如猛焰。

附錄一：《密跡力士大權神王經偈頌》

元・延祐(公元 1314～1320)廣福大師「僧錄」(統領全國寺院、僧籍，及僧官補授等事宜)管主八撰

元・古汴ぅゞ 龍華寺住持沙門智昌述《密跡力士大權神王經偈頌》序

蓋聞瞿曇(釋迦佛)演教(廣演法教)，普利(普遍利濟)含生(含靈眾生)。歷代諸師，(皆以)三分(來)科(判)經(典)，謂「序分、正宗分、流通分」。《穢跡金剛說神通大滿陀羅尼法術靈要門經》者，北天竺國三藏沙門無能勝(此仍是阿質達霰 Ajita-Senapati)，與三藏沙門阿質達霰ぉ(Ajita-Senapati)同譯二經，同卷闕「流通分」，已入《大藏經》「伊字函」第一卷中。是故(釋迦)如來於「涅槃臺」，(釋迦佛於)「左脅」化現「穢跡明王」三頭八臂，降伏螺髻梵王(śikhin 編髮；持髻；螺髻梵。因此梵王頭髮之頂髻作螺形狀，故稱螺髻梵王，他曾為色界初禪天之第三天「大梵天王、娑婆世界主」)，說咒劃「四大寶印」(心智自然智宿命智符印、神氣交合自在密咒符印、騰空自在無礙符印、隱蔽無見自在符印)、書符「四十二道」、結「五指印契」(頓病印、禁五路印、止雷電印、都攝錄印、禁山印)，普利(普遍利濟)有情(眾生)。歷代以來，持咒行法者，「僧、俗(在家人)」甚多，(但皆)未(通)達(圓滿)「信受奉行」先二師(之前二位大師)同譯(共同翻譯的經典)。

後宋(南宋)曾稽沙門智彬，將此經重行校勘治定，補闕「流通」(指補闕了「流通分」的內容)，題曰《佛入涅槃，現身神王，頂光化佛說大方廣大圓滿大正遍知神通道力陀羅尼經》，今此經中說大權神王降伏螺髻梵王，復次(有位)住世(救世)梵王(之)啟請，復化現出「三頭八臂忿怒相」，執持「器仗」，與前無異。

「本王」(指大權神王為螺髻梵王與諸會大眾說法畢後，即入)寂定(之境)，次(有一)「化王」(此指第二尊的化神王)畫出(穢跡金剛)「三頭八臂」，(穢跡金剛)頂上(畫有釋迦)「化佛」相儀。

(第二尊的化神王再)劃「四大寶印書」、「四十二靈符」、指結「五印契」(頓病印、禁五路印、止雷電印、都攝錄印、禁山印)，(此第二尊的化神王便)，悉皆付與螺髻梵王，受持奉行。

爾時「化佛」(此應指釋迦佛之化佛，亦即大權神王佛)與螺髻梵王摩頂「授記」，號清淨光明如來已，於是「化王」(第二尊的化神王)復隱入「本王身」(即大權神王：穢跡金剛)中，「本王」(即大權神王：穢跡金剛)紫金光聚，隱入「金棺」。

(待)「荼毘」之後，各分「舍利」，頂戴奉行，(其)所說(之)「咒、符、印、五指印契」，已在前「伊字函」二經內。今此經中更不重述前說，本咒內(曾)闕「九字」(之)咒句，續次(已)添入。

今廣福大師「僧錄」(統領全國寺院、僧籍，及僧官補授等事宜)管主八，歸命三寶，獨心(獨智精心於)「內典」(佛經內典)，(遂將穢跡金剛法)集成「偈頌」，補闕流通，亦曰《密跡力士大權神王經》，廣行遍布。後(若)有「持咒行法之者」，了明(了解明白)前後經旨(經文意旨)，詳(細了解)而「行持」，(此咒法能)自利、利他，「福報」無窮，集此「功勳」(功德勳業)。上答(向上報答)

佛恩(佛陀恩情)。祝
聖人壽。願冀
佛日重輝。法輪常轉

《密跡力士大權神王經偈頌》

元・延祐(公元 1314~1320)廣福大師「僧錄」(統領全國寺院、僧籍，及僧官補授等事宜)管主八撰

歸命最上乘，依經入流通，願共諸眾生，同證光明中。

廣福心無慮(無雜慮)，幻身(乃由)四(大而)生出，(從)小習學「經書」，(但)忘卻(追求)「真如」理。(後來我)留心在「教典」，早晚參(閱)「經旨」，(因我)心昏(而)未曉得，(故)念念(皆在)資(養)熏(習)修(行)，無有「間斷」(之)期。

若不(探)訪「究竟」(之理)，(則有朝一日我的)光明「四大」(突然西)歸，何時(能)再出遇(佛法)？今逢「大覺」(世)尊，廣開「方便」門，(故我發願)鋟(鋟板刻書)梓(付梓)施「梵書」，(祈願能周)遍(流)布(於)不全「璧」(指「無法完璧圓滿」之處)。

(並祈)未至「逡巡」(極短的時)間，(無論)遐邇(遠近)八分足(指四方皆應可獲法義而達至少八分滿足)，(此)皆是(佛陀之)「正遍祐」，覺皇(之)「慈悲力」。

(我)雖(已能)省(悟)「真空」理，(但六度)「萬行」未曾畢(盡)。

三世諸佛(皆)說，如來(為)一大事(之因緣起)，皆從「眾生」(而生)起。眾生(若)無「貪、嗔」，(則)諸佛(何)因(而)何說？(故以)「權」之行(而達到)「實」(度)化彼(眾生)。(此指如果沒有螺髻梵王的「貪欲」一事，何來佛陀宣講「金剛咒」法的「緣起」因緣呢)

(佛陀從)初生(而最終)至「涅槃」(時)，(於)金棺(金飾之棺木)銀槨ㄍㄨㄛˇ(套於棺外之銀飾大棺)裏，(時)天人四眾(皆)啼，(唯有)螺髻(śikhin 編髮;持髻;螺髻梵。因此梵王頭髮之頂髻作螺形狀，故稱螺髻梵王，他曾為色界初禪天之第三天「大梵天王、娑婆世界主」)惡神王，(竟然)烹宰(眾生而)立(於)一國，(彼國之)眾生(皆)被「食噉」。

我(釋迦)佛(只好)又(重新)出世，(現出)青黑(色的)八臂王(穢跡金剛)，手執「八物」誅ㄓㄨ(指八種可以「誅罪」降魔的法器與手印)，此(螺髻惡)魔便歸依(佛陀如來)，(故)眾生(因此皆能)免遭迍ㄓㄨㄣ(迍害災難)。

「等覺」(最殊)勝(的)「慈悲」，(釋迦佛之化佛大權神王佛)授與(螺髻)「惡魔」記，(及授予諸)臣(輔)佐「眷屬」類，(螺髻將於)累劫(後成佛為)清淨陀(螺髻梵王未來成佛為清淨光明佛陀)，(能於諸佛)海會得「省悟」。

(釋迦佛之)「權」化實(為)忿怒(之尊)，(螺髻便)遭誅ㄓㄨ(於)蓮(華)藏界，(螺髻將)永無「惡念」起，(此)是佛(之)慈悲門。

(若能執)持(正)念(而)不空(過)矣，(然後)依「經」(而通)達「修行」，(則能)已見「真如」際，但(再)求「世間」事，(則將)無「果」(而)不隨「意」。

若不「志誠」(懇切的修行)者，(則將)「虛勞」(而)難得遂(心滿願)。

(我以)愚憃ㄔㄨㄥ(愚蠢冥憃心)勸(諸)「高智」(者)，(此)不是「誑言語」；若(我)不「真語」者，(我寧)願入「擊毬獄」(即「擊鞠」，遊戲者必須乘坐於馬上，然後以「球桿」去擊球來獲得分數。此乃作者自喻為「球」而遭大眾所擊的一種處罰牢獄之災)。

（穢跡金剛法有）四十二道祕（的符印），（及）四大「寶篆文」（心智自然智宿命智印、神氣交合自在密咒印、騰空自在無礙印、隱蔽無見自在印）。（此乃）大權金剛意，「六印」（原經文載「頓病印、禁五路印、止雷電印、都攝錄印、禁山印」五印，再加上一密傳之「根本手印」，這樣就共有六印）指爪上，無得「亂曲」（亂意邪曲）之。

我今詳「經」意，（讓）末法（就像佛陀決）定「在世」（之世），（亦能）護「教」護「君主」，（直到）當來彌勒（再降）世，（於彌勒佛之）「正、像、末」法時，（皆能）隨（眾生之）類（而）一體出（現於世度眾生）。

「本智」（根本智佛）化（現）「後智」（後得智佛），「化佛」（再）宣（說）「密語」。

大權（神王再）化（現出另一位）「次王」（此即指第二尊的化神王），（此）「次王」（再）慈悲書（畫八臂穢跡金剛像）。願得經中義，一切眾生（皆能曉）悟。

（我曾於）曉暮勤（勞）「參禮」，「念念」長（而）不（停）息，（亦）看閱大《華嚴》，「無有」（尚未有）推其理（推求出其真理）。（直到我閱到）海幢比丘（Sāgara-dhvaja。華嚴經中善財童子所參訪五十三善知識之第六位）問，（終於）方省能仁（釋迦佛）意。（其實）佛開「最上乘」（之法義），諸人盡可入（此最上乘之大法）。

（我願）印經（布）施（於）諸方，「大覺」（釋迦佛）本「無語」（無相無言語），（但佛陀卻）念念資（祐）隨類（眾生之）身語及「意」業，（且永）無有「厭怠」時。

（吾是）拙口、鈍詞舌，（雖）無能（竟）敢「下筆」（寫此偈頌），（但願所寫的內容皆）不昧（於）「真如」理。（期望）「末法」一萬年，（由）「三寶」（為）印證（而）無增減，（並求天龍）八部「威嚴」常加護。

苗裔（釋迦佛種族的苗嗣後裔）甘蔗剎帝（釋迦佛所屬之本姓為瞿曇 Gautama，又稱為甘蔗種，屬於印度四姓階級中之第二階級「剎帝利」種姓 kṣatriya，地位僅次於「婆羅門」）清淨種，（釋迦佛）為（一）大（事）因緣（而於）「末法」能「傳授」（大法）。

（佛陀於）跋提河（Ajitavatī 希連河；伐提河）邊（娑羅 śāla）雙樹（之間而入）「寂滅」定。（時天龍）八部（皆）懊惱「世主」（而）號哭倒（地）。

諸國「帝王」同時來佛(之涅槃處)會，(眾皆)搥胸跌腳(及)哽噎啼哭禮(佛陀)。聲動「三界」(且)日月光明(皆)暗，(此時)愁雲慘霧(與)山崩地裂(震)吼。飛鳥悲鳴，草木枯乾萎，源泉涸^(ㄏㄜ)竭，海水騰波起。

凡有「物像」(有物有形像者)無不(穿)掛「孝衣」，「羅漢應真」(雖然仍)不曉(究竟的)「真諦」理。(但)「菩提薩埵」(大菩薩眾已通)達(佛陀)其(變)化(的)「理趣」，(菩薩已)了悟「無常」(故)「安禪」如「虛空」(之如如不動)。

(菩薩已證)不生不滅(但發願)「留惑潤生」裏，(於)「十二緣生」(之理已達成熟)「葉落」方見(道)跡。(一切)蠢^(ㄔㄨㄣ)動(微動；緩慢爬行)「含靈」(皆)本有「成佛」(之)性，三界諸天(皆)前赴(佛陀之)「涅槃」(並)供(養)。

諸大帝王哀戀(思)慕「如來」，(唯有)螺髻(生)輕蔑，(故大眾)商量差仙(差遣諸小仙咒眾、小金剛眾)取(抓螺髻)。諸天便差(遣)「大力咒仙」取(抓螺髻)，(諸小仙咒眾、小金剛眾)各執「寶杵」(要前往)收攝(螺髻)魔王去。

(諸小仙咒眾、小金剛眾)纔嗅(螺髻梵王處之種種)「穢氣」，(就被)鎖在「禁中圍」(於中被鎖禁與圍剿)，無法取(抓螺髻而)歸，(所以)諸天前來禮(拜佛陀)。

願佛慈悲慈悲哀納受，(螺髻)魔鬼(興起)災害(於)一方，(且噉)食(眾生的)生命。(螺髻)劫奪「室女」(享用)欲樂(與)快活受，(造成眾生)積骨如山，願佛(度)化(令彼惡魔)歸順。

諸王動哭(驚恐擾動而哭泣)，如來(於)「寂滅」後，(竟有)貢高我慢(的螺髻)「惡鬼」不敬信(於佛陀)。

諸天差(諸小咒仙、小金剛咒)仙，七日(皆)不(能抓螺髻)還歸，(大眾)愁悶滴淚，(故)來(頂)禮(佛陀的)「金棺軀」。能仁(釋迦佛)慈父「順人」(順眾人必有的「生老病死」規則)歸(入)「寂滅」，眾生造惡(故)感得(螺髻)魔王出(世)。

螺髻苦害(苦毒傷害)食噉「眾生肉」，願佛慈悲(能)去(除惡)邪(而為)「眾生」(之)主。

「根本智」佛(已入)「常樂寂光」(常寂光淨土)已，「後智」(後得智佛再)化現「三頭八臂」(站)立。

都攝寶印(此為「金剛拳印」，故與《穢跡金剛禁百變法經》經文說的「都攝錄印」是不同的)、火輪、金剛揮「罥𤭖 索」、鈴音、八龍纏身臂。

（右一手「開山印」(禁山印)。二手「金剛杵」，三手「寶鈴」，四手「寶印戟」。左一手「都攝印」(金剛拳印)，二手「火輪」，三手「罥索」，四手「寶劍」）

九目、三面(三個臉)、利劍、寶印戟。青黑(色)、藍澱(色)、髮赤(紅色)、(髮)上豎(而)起。

「次佛」(指穢跡金剛大權神王佛)宣呪大現「光明」輝，無量「魔王」(亦)盡赴(法會而)恭敬禮(拜)。

(手)腕 慣(古同「貫」→穿)寶鉐𨦪 (套在腳腕上的環形裝飾物，亦稱為「如意寶釧」)。
(左)足(是站立)按(壓於)「閻浮界」。
「右足」印空(右腳的足印是騰空狀態)。
(腰繫)「綵裙」繚繞(而)起。

「智火」(智慧火焰)洞然塞滿「虛空」中，(若能)讀誦受持(必)定(證)到「無生位」。

加持本呪「四十三字母」(以漢字來計算是 43 字)，(此為)「頂光如來」(此應指釋迦佛之化佛，亦即大權神王佛)親説(的)「伽陀」啟(啓咒之文)。

「法界」含識(含有心識)世主及無數(眾生)，聽(我宣)説「梵音」圓滿陀羅尼（前呪內闕九字呪入

唵(引)・佛吼喔咩・摩訶般囉・喔那噓・吻只吻・醯摩尼・微吉微・摩那栖・唵・拶割囉・鳴深暮・哏咩・唅唅・吽吽・發發・薩訶・

(今添入呪句〈唵〉、〈拶割囉〉、〈醯摩尼〉、〈吽吽〉、〈發〉)

(以)無(妄)念(及)觀「定」(而)歸依「三寶」竟，次發「菩提」(成佛大心而)不求「人天」果(位)。

願諸眾生同證「無上」(第一成佛之)乘，(有)情(眾生)、器(世界)變空，自魔(自心之魔相)遣教(清)淨。

四無量(心生)起(於)「心月輪」中「吽」(hūṃ)。光昇(於)虛空，無量諸佛(即)至。

(待)鏡像影滅(而)本體(大權)神王出，髮硃(紅色)、(髮豎)尖(莊)嚴，(釋迦佛之大權神王)化身(具)「端嚴」(端莊威嚴)處。

(具)三枚(三個臉)、九眸(眼)，手執「六件」(法)寶，(金剛身後有猛烈)劫火「熾然」(狀)、(身態)安詳，(亦具)忿怒(之)勢。

「吽ཧ hūṃ」光(能)再召(請)「智佛」(根本智佛)一念(即)至，(行者應)灌漱(口)、濯ㄓㄨㄛˊ足，(將)五種「香華」(具)備(來供養)。

「拶ཛ jaḥ・吽ཧ hūṃ・嗡ཨ vaṃ」和智句(皆)「不二」(而為)一，(這些咒句皆可)青(古同「清」淨)「心、喉、頂」。

(此時)十方諸佛(皆往)赴(道場)，(以)「甘露」灌頂(並)注滿(於)「光明」(之)器。

(行者於)身口意(清)淨「究竟」(之後)，(再)我佛誦(即「誦我佛號」也)：
　　南無本師釋迦牟尼佛。
　　南無化身釋迦牟尼佛。
　　南無大權神王佛。(請注意，藏經所有的資料都稱此「大權神王」名，並非是「大權力士神王」六個字)
　　(各念十聲)。

(然後再)念誦(我之神咒)「祕章」(必能獲)心口相應(而)和。(若能誦至)「十萬、百萬」(遍咒)定(定能)證「涅槃路」。

(釋迦佛)「左心」所化大權神王出，威嚴顯赫非「天」非「人」禮。眉放「毫光」十方世界(悉)知，(諸天下降)「華鬘ㄇㄢˊ、寶蓋」，諸天(亦將)「奏樂」起(住世梵王啟請流通)。

時(另)有(一)梵王名曰救世主，統領「梵眾」來禮(釋迦佛之)金棺(金飾之棺)軀。(救世梵王)仰告

大神不壞金剛(即大權神王;穢跡金剛)體，眾生(陷)危險(時)如來慈悲(而現)出。

大神(大權神王)告言：救世梵王(你好好)聽(著)，我從「金棺」(將)示現「一七日」。(因為)天人(之)哀請(所以我才去)降伏螺髻鬼，(螺髻鬼)起義「不善」(而)來犯慈悲(之釋迦)主。

世尊勅(大權神王)我宣諭ᴗ 四眾(而告)知，不謂「小事」怎生「出塵世」(諸佛說法皆有「因緣」，如果沒有螺髻梵王的這件小事因緣，眾生如何生解脫出離塵世之心呢)？如來(雖)示滅(於)「四果」(但)諸天(有)疑(慮)，(故)囑累「流通經文」到處(而)立。(化濁世為淨土，轉凡質作佛身)。

「海會菩薩、聲聞、緣覺」(皆為諸佛之伴)侶，(如來能獲)八部天龍晝夜常「守護」，(以)「戒定慧」修「諸事莊嚴」(而成)就，(故)「菩提」先發(後)「阿耨多羅」(才能)證(得)。

「法身」(本)無相(亦無)「生滅」(故)如何(能言)說？(眾生皆具)愚癡、暗昧、邪見、忿怒、諍(鬥)。(因)「婬欲」(而)昏迷，(故於三界)火宅(而生)「疑城」起(此指眾生將三界火宅當作受樂之處，其實三界只是一座暫時的「疑城」假相罷了)，(若能)參透「真如」那時(即)方到(而證)得(真實涅槃的「常寂光淨土」)。

(釋迦佛之)頂光「化佛」(即大權神王;穢跡金剛)宣說「神呪」起，(此咒法能證)求於「初果」(乃至)直至(證)「如來地」，(亦能快速獲證)「五根、五力、(七)菩提、八聖諦」，(能周遍歷)日月四洲，豈有「晝夜」理？

(修習)慈悲喜捨(四無量心與)「六度」萬行起，囆怛(raṃ taṃ)清虛，(必能)頓證「佛骨髓」(佛法最精華核心的骨髓)。

十地(菩薩)「三賢」(位)成就不離(此本)體，眾生(就算)根(器為)「漸」(亦)盡是「成佛」(之)器。如來智日(能)周遍(於)法界際，(如來)光明朗耀(能治)眾生貪瞋癡。

生者見「常」(見)，死者見「斷」(見而永滅)絕，(其實)無「常」、無「斷」(乃是)第一「真消息」。

救世梵王領諸「梵天」眾，旋遶(佛陀的)「金棺」(與)禮拜向大神(大權神王)。

(救世梵王)**我自隨佛遊歷**(於)**十方中，**(雖我亦有)「**寶杵金剛**」(但仍)**未有**(如佛陀)「**大聖尊**」(的威力)。

(大權)**神王宣諭**(曰)：**救世梵王**(汝諦)**聽！我從**(佛陀的根本智)「**正遍**」(正遍知)**後智**(後得智)**化現**(而)**出，**(我的法)**名曰密跡力士大神王，**(我能)**調伏螺髻顯示**(於末)**後**(之)**眾生。**

(我有)**寶印鎮心**(及)**靈文「四十二」**(指穢跡金剛法有四大符印及四十二道靈文符印)，(能)**掃除「妖怪」盡歸**(於)**東方**(清淨)**世**(界)。

螺髻貢高(而)**道：佛**(已)「**入滅去，**(佛已)**生滅**(進入)**無相，**(佛已)「**緣畢**」(生緣滅畢)**順「寂定」。**(佛乃)「**善逝**」(其)**智力**(螺髻)**我與**(佛)**難比並，**(若與佛智相比之下)**菩薩、羅漢**(的)**神力**(僅)**如爪土**(爪甲上之一點泥土而已)。

世尊(的神力看似)「**不思**」(不生一念)**卻似「大地土」**(而一切悉知)，**魔王**(因貢高我慢而)**私念**(自己)「**神通」為第一。**

如來(雖已)「**緣畢**」(生緣滅畢)**示現「入滅」相，**(奈何螺髻)**魔鬼「憍慢」不**(來)**禮敬如來。**(大權神王能)**破其**(螺髻)**窟宅**(並)**取彼「二部」**(小咒仙與諸小金剛)**歸**(返如來處)，(先)**令**(二部咒仙)**還神。**

(在旁圍)**觀**(之)「**天人」休懊惱，諸天四眾**(見螺髻被縛)**心中「十分喜」，**(螺髻)**魔王宮殿盡**(頹)**倒及**(被)「**崩摧**」(崩潰摧敗)。

(螺髻)**魔**(眷)**屬**(是)**兇**(惡的)**黨**(徒)，(雖能)**戰戰兢兢**(仍被催)**倒，**(此)**或是**(因)「**二仙」**(小咒仙與諸小金剛共二部咒仙)「**神通」依然**(存在而生)**起**(的嗎)？

(螺髻)**魔王「商議」**(此或許是)**如來**(重新)**再出世**(才把我催倒)？**或是「二仙」**(小咒仙與諸小金剛共二部咒仙)**壞**(滅)**我**(的)**境界**(而讓我失)**去**(魔宮)？

(螺髻)**忖**{思量忖度}**已「神力」**(乃)**不能**(通)**達得知**(自己為何被摧倒的原因)，(於是)**兩眼淚下**(擔心自

己)早晚(都會遭滅頂橫)禍(而)生矣。

(此時釋迦的)頂光「化佛」(大權神王佛)口中誦「伽陀」(gāthā)，(其)光明照耀「微塵世界」(的)虛(空)。(此時)三界魔王(的)宮殿(皆因此黑)如「墨漆」，(魔王眷屬皆)不敢違逆(並)攝取眾生(而)去。

(大權神王口誦咒語加上光明照耀)諕(古同「嚇」)得螺髻(的)「八識」(八個神識)(個)不在(本)體(此喻被嚇的魂飛魄散)，(所有的魔眷)大臣徒黨(倒趴於)地上(最後才)漸漸(而爬)起。

(大權神王)消滅(所有)穢跡(污穢之跡)魔類；(並令彼)盡(皆)歸依(如來)，惟願(佛陀)慈悲(能)留我(螺髻之)殘生軀(二部呪仙各還神通力)。

(螺髻)悶絕不醒，逃生無(處可)走路，(螺髻)魂飛膽散(且)開口說不得。「二部」呪仙(小咒仙與諸小金剛)各還(原其)「神通力」，(二部咒仙亦)瞻仰大神(大權神王)，今日(終於能從螺髻處而)得還歸。

大神(大權神王)呪責：咄哉！螺髻鬼！(汝)甚大愚癡！(竟然)「我慢」(與)耽「樂欲」，(你的)「毒心」不改犯著「慈悲」(世)主，汝應速(懺)悔，(並)捨「邪」歸「正」理。

汝心不悔(應)早早求「懺除」，(為保)全爾(之)性命(應盡快)瞻禮(佛如來)涅槃(處)去。

(其實螺髻)爾於前世(曾)強「施慧」眾生(此指螺髻生前曾經「勉強」布施行恩惠於眾生，他沒有「三輪體空」，只是行「表面」之「假善」)，(待汝今世於天上)福盡(福報享盡)樂足(快樂滿足後即會再)墮入「泥犁」(地獄)去。

(螺髻的)心業不善(指他的起心動念不善，就算有布施行惠，也是「假善」)，(故)「造罪」如山嶽，(螺髻並以)百千「徒黨」聚集(於)一處居，(於是造成)百千萬人每日(皆)受(你的)「災殃」。

一人自有(一個)「八識」(與)「四蛇」(人之「四大」猶如四蛇在吐毒而令眾生遠離諸善)隨，(每一個人也有)「六情」(六根對六塵而產生)對執(對境的執著)，(造成)「舉念」(六識之念皆是)無(慈)悲(之)惡，(於是)招誘「群生」(皆為)「八十八使」(三界共計有「八十八使」之見惑)逼，(尚有)「百惱」(百種煩惱)相牽，又

添「二十惡」(二十種「隨煩惱」之惡)，(於日夜)十二時中受(此煩惱諸)殃(而)從此起。

(螺髻之)兇惡徒黨(以)「天魔」為眷屬，勾引「眾生」(而被)羂_{ㄐㄩㄢˋ}(索)入「魔黨」聚。

動以「萬人」(皆)遭殃(並)受大誅_{ㄓㄨ}(殺)，獨存「四大、五蘊、六根」主。
「意識」不顯(遂造成)「五根」常(被)宛轉(宛曲流轉)，「六塵」色法「七漏」(見漏、修漏、根漏、惡漏、親近漏、受漏、念漏)、八垢(八種妄想：念煩惱、不念煩惱、念不念煩惱、我煩惱、我所煩惱、自性煩惱、差別煩惱、攝受煩惱)」動(皆被轉動)。
「九結(九種結縛：愛、恚、慢、無明、見、取、疑、嫉、慳)、十纏(九種結縛：愛、恚、慢、無明、見、取、疑、嫉、慳)、十二(十二入)」被牽縛。(三界)「二十五有」、「百八」煩惱生。
「八萬」(四千)「塵勞」回心「即時」轉。「八識」便「轉」直至「解脫道」。
不動「五蘊」便證「法王身」，「百惑」顛倒「頓除」(能獲)「百法」證。

「百二十」(「百二十轉」為古代印度計算極大數目之名稱，亦稱「百二十一轉」)惡轉為「功德果」，八萬四千轉為「光明相」。

皆汝心(所)造非從「外處」來，青天(本)無物(乃由)「黑雲」鼓扇(而)起。

忽然雲收(斂)日月「圓明」鑒，(因)靉_{ㄞˋ}靆_{ㄉㄞˋ}(濃雲而造成)陰晦，(圓明心性本)不從「外處」覓。
是汝一心本自「圓正」(而)迷(失)，「悟時」當體不損些兒(少許一點)「理」。
回汝「惡念」便歸登「正路」，(以)「寶雨」宮殿「華鬘」等奉獻。
法界「如來、菩薩、四果僧」，天龍世主盡入「無為」(之)洲。

螺髻梵王便向大神(大權神王)禮，兩眼淚滴「五體」投地啟。懺悔從前(所)作過(之)「不正」理，(螺髻)俱發聲言：南無釋迦禮(螺髻王於二仙處求懺悔)。

二部呪仙(小呪仙與諸小金剛)各還(復其)「神通力」，(二部呪仙)儼然「如」故(而)衛遶(大權)神王立。
螺髻帥眾發露「求懺」除，白言：聖者潛(古同「閟」)念休生疑。

螺髻啟告：善來！(諸)「大仙」(當)知，我(往)昔習學「惡業」(之)因緣至。

(我曾經)剛強「淩物」損他「眾生軀」，今逢(大權神王)宣化(宣揚教化)我今頭面禮。

(此時)魔王宮殿(即)大作「佛事」起，天地晴霽「日月」增光輝。

飛走(飛禽走獸)忻ㄒㄧㄣ 歡來遶(釋迦佛之)「金棺」體，(娑羅 śāla)雙樹變白(對釋迦佛)鞠恭(古同「躬」)接足禮。

大權神王領諸魔(螺)髻(之)鬼，(與)大臣、徒黨「二仙」(小咒仙與諸小金剛共二部咒仙)同瞻禮(釋迦佛)。

佛會「四眾」(與)「八部」諸天仙，各啟恭敬同聲說「偈」禮。

種種妄想由彼「無明」(而)起，造作諸幻「魔王」為眷屬。

如來指教不入「魔黨」趣，扶「宗」立「教」永遠無「改」意。

「黃金」出(於)「鑛」(但為)「無明」所覆翳，「油」(若墮)在「麵」中(則)永遠難「拔出」。

「鑛、油」分別「麵白、黃金赤」，(若能)捨邪歸正，「黃、白」(並)無「二種」。

法界通化「三界」(之)「四生」類(胎卵濕化)，唯心一起不在「別處」覓。

初遇「明師」不入「邪曲」路，今逢(佛陀)「大覺」(能)免入「輪迴」獄。

黃金打就「眼、耳、鼻、舌、身」，「金性」無變「盆、盤、釵、釧ㄔㄨㄢ」等。

萬品千差(但)「本性」甚分明，鎔「金」性定(能獲)「真空」自在用。

(由於)「四魔」(蘊魔、煩惱魔、死魔、天子魔)作礙(故)如來慈悲(而再現)起，麻訶葛剌(Mahākāla，大黑天神、摩訶迦羅天)大權忿怒出。

觀音、大智、馬項獄帝主(指「牛頭馬面人身」地獄的獄帝主)，(於其)因(地之)門不捨(而)來救「眾生苦」。

「悲心」門開救世「無為智」，慈雲普布，「胎、卵、濕、化」(皆)覆(之)。

(若懷)悍ㄏㄢˋ 毒「邪見」(則)不入「菩提路」，

(應棄)權貴、相登(進登宰相)，盡歸(入於)「究竟處」。

（大權）神王聞偈，（其）「八臂」搖撼動，「九目」顧盼（工），按「右蹺足」（而左腳站）立。

（大權神王於）方圓智火（之）「紫金棺」中（而）出，（能）散壞「幻術」（並）消滅螺髻鬼。

「祕章」功能（能）普施末法世，（就算只有修）「十善」初入（或者有犯）「惡口」（之）臭穢誦（呪）。

十方諸佛聞誦（此金剛）「神呪音」，一（一授）記當來（必定）直至「無說地」。

文殊、普賢、觀音、金剛藏、菩提薩埵（大菩薩）、舍利（舍利弗）、空生（須菩提）悟。

（大）目連、迦葉「四果」應真侶，（皆）讚言「善哉」（並以）香華供養慶。

三界諸天（所有的）忿怒金剛眾，（一）聞此「呪音」（即）屈身侍衛（而）立。凡有「所願」無有「不果遂」。（就算）未能「達理」（仍能）速獲「菩提路」（誦本呪靈驗，畫符印，香木雕杵，試驗治百病一切等事）。

誦我「呪王」如「旱」逢甘雨，（如）相擊「戰敗」再逢「大將」（而）至。

（如）「孤露」之人（於）路逢「父母」（而）聚，（如）膏盲老病方逢（遇）耆婆（之名）醫。

誦念「呪師」無得生「疑慮」，（大權）神王（將對你）欽遵（恭欽遵奉）「駈（古同「驅」）使」隨爾（喚）用。

天人、脩羅、地獄、餓鬼趣，耳聞「呪音」盡得「解脫」去。

（就算以）「惡心」持念尚獲殊勝（之）果，（如果）精嚴專注（則必獲）心口相應（之）和。

其餘「功能」（皆）不如「伽陀」（gāthā）力，善男信女（若能）「持念」（必）得（大）利益。

（若能）書此「呪」即（於）「絹紙、貝多葉」（上），（或書寫於）寶網、衣繒、華鬘、寶篋上。

隨其所儀（則）諸天龍神（將）護（持），「寶蓋」覆頂「古佛」宴然坐。

若（有）一「微塵」墮（於任何之處）呪於物上（然後持金剛呪加持此微塵物），（只要有）風吹（此被加持過的）微塵（而）落在（任何）眾生身，所得福報如似恒河數。

（若人能）彩畫「頂像」（即大權神王：穢跡金剛）除卻「阿鼻獄」（之罪）。

（以）沈（木）篗（ㄐㄩㄝ）（狹條形的小竹片）、（或以）檀木（為）工巧（而製）「跋折羅」（金剛），「寶杵」執持「（金剛）杵像」曼拏（壇場）心。

(以)「香華、燈塗、果蓏、飲食」奉，供養釋迦忿怒(相之)大神(大權神王)尊。

(或以)「香水」和「泥」雕塑 慈悲「像」，(或以)百種莊嚴(及)「美器」安(置)「(金剛)杵像」。

(若能)虔誠結(手)印不動(誦)「十萬遍」(咒)，(將感)「杵搖、水湧」那時方(是)「明證」。

「(金剛)杵像」放光(或本尊將現前而)「言語」及(種種)神變，「大覺」慈尊(由)「左心」化現出。

「靈瑞」萬端心生大歡喜，果乘「願力」再誦「三十萬」(遍咒)。

(大權)神王靈感(若)持誦得「法語」，設一「盆器」滿盛「清淨水」。

誦我「祕章」(祕密章句)晝夜不斷聲，(則將感)「水」湧「杵」動光明「神通」證。

(若能於)行住坐臥「心、口」常持誦，果熟「三昧」通達「神交」(神氣交合)用。

(行者)所行(過之)「祠廟、神祇」皆拱奉(持此咒者)，(諸神祇將)隨逐不捨，不敢違「尊命」。

(若有)「四百四病」及諸妖精怪，蠱毒、陰崇(寫疑作「祟氣」字)害他(陰邪將會作祟而害人)眾生命。

患人「宿業」多生「冤債病」，(只要)朱(砂)書(寫)「祕呪」，永遠除瘥 去。

誦念「呪師」虔誠加持(於)「水」，(以)朱(砂)書(寫符)方印(指長寬皆5cm之正印)「四十二道祕」
(穢跡金剛法有四十二道靈文符印)。

翦(裁)摺疊「封」(塑封;護貝)護帶於身上，(或將符印)捻(用手指搓或轉動)為「丸兒」，(如果吞飲)到口(能)除「百病」。

(如果)無人(可)書寫(此)「寶印」靈應符(穢跡金剛法有四大符印及四十二道靈文符印)，(可以)「香木」雕就(雕刻造就)，(然後)蘸(朱)砂(而)印(蓋)於(符)紙(上)。

如前(將符印)翦(裁成)丸靈驗無有二，頂光「化佛」(即大權神王)放大毫光起。

首題「過去、現在」及「未來」，諸佛同音宣說「根本呪」。

(三世諸佛)成道(與)涅槃無不宣此(咒)音，情界(三界有情眾生)四生(胎卵濕化)、天龍、六部(三十六部神王)誦。

淨信男女專心稱「祕音」，欲求「佛果、世間諸事」(成)就。如來、薩埵(菩薩)慈悲生

「大憫」，放光動地顯大「神變」用，(能令)呪師(於其)夢中(顯)現其「所求事」。

「都攝」(印)先結(此為)一切呪王(之)祖(印)。

《峚圄(古同「窖宏」)大道心驅策法》卷1

世尊！其修行此法人，集得「鬼」已，欲令「現」者，取「清水」，向鬼嗽(古同「漱」→噴出)之，即作「都攝印」(又名「金剛拳印、歡喜印、鳥樞沙摩跋折囉母瑟知法印、最一切頂輪王心印、如來甲印、堅牢金剛拳印、毘盧遮那如來大妙智印、金剛不退轉印」)：

先「左足」微舉，「右足」直立。

❶屈「左手」(的)「大母指」(於手)掌，

❷(將)「頭指」(食指)押(於左手「大拇指」的最)下「節文」上。

右手(則)作「拳」垂下。

即召前名，三呼之，其「鬼」並來「現身」，令人怕懼！

古往「帝王、儲君(已確定為繼承皇位者)」並大臣，(若遇)身心病疾(只需)持念(此金剛呪)無不(相)應。

(若結)「都攝」(印能)頓除(身心之疾)水湧「藥光」(將)出，(金剛呪水或金剛符印)服下(則)痤瘭𤻲 「百病」難生起。

(若遇)日月薄蝕(與)風雨不依「時」(的災難)，

「五星」(五執。即①歲星：即木曜，為五行中木之精，乃東方蒼帝之子。②熒惑星：即火曜，為火之精，乃南方赤帝之子。③鎮星：即土曜，為土之精，乃中央黃帝之子。④太白星：即金曜，為金之精，乃西方白帝之子。⑤辰星：即水曜，為水之精，乃北方黑帝之子。此五星行一周天之遲速不同，太白星與辰星各須時一年，熒惑星二年，歲星十二年，鎮星二十九年半，人每至其命星，可能會發生吉凶不等諸事)失度(失去緯度)逼迫眾生苦。

(若遇)人災(人禍之災)、國凶(國家凶厄)、歲儉(年歲災儉)、逆賊(生)起，(導致)君臣失措，(若結)五路(禁五路印)、(或)都攝錄(印)，(可結手印並)仰視虛空(然後)「立期」(立下期限的)誦呪起，(將可)保國安寧永無「災禍」起。

(三武毀佛如)魏、周、唐武(北魏‧太武帝滅佛、北周‧武帝滅佛、唐‧武宗滅佛)毀滅佛法僧，不聽(不允許)「出家脩行」(去)明(心見)真性。

(三武毀佛)**驅逼僧尼**「**還俗**」(並與種種)**差役**(之)**重**(戀)**，**(三武毀佛)**毀滅**「**宗、乘**」**定入阿鼻**(地獄而)**輪**(轉)**。**

一、北魏‧太武帝滅佛

北魏‧太武帝滅佛，自太平真君七年（446 年）詔，至其駕崩（452 年）為止，滅佛時間共六年。史稱「太武滅佛」。

二、北周‧武帝滅佛

北周‧武帝滅佛，自建德三年（574 年）始，至其駕崩（578 年），滅佛時間共五年。史稱「建德毀佛」。

三、唐‧武宗滅佛

唐‧武宗滅佛，自會昌二年（842 年）始，至其駕崩（846 年），滅佛時間共五年。史稱「會昌毀佛」。

據《舊唐書‧武宗紀‧卷一八上》載

還俗僧尼二十六萬五百人，收充兩稅戶。

收奴婢為兩稅戶十五萬人。

據《唐會要》載

當時拆毀的寺院有 4600 餘所，「招提、蘭若」等佛教建築 4 萬餘所，沒收「寺產」，並強迫「僧尼還俗」達 26 萬 500 人。

四、後周‧世宗滅佛

後周‧世宗滅佛，自顯德二年（955 年）始，至其駕崩（959 年），滅佛時間共五年。史稱「顯德毀佛」。

五、明‧世宗滅佛

明世宗崇信道教，排斥佛教。

嘉靖十年(1531 年)，詔毀<u>大慈恩寺</u>內所有的佛像。

嘉靖十五年(1536 年)，撤宮中大善佛殿，建太后宮，毀金銀「佛像」，凡一百六十九座，焚燒「佛骨、佛牙」，凡一萬三千餘斤。

但誦「寶玉」_(寶玉疑作「寶王」神咒)結前「都攝印」，「蕊努」_(因前世業力感召獲)困苦_(而)轉與_(為)「惡王」_(之)所。

(在三武毀佛下的諸比丘眾)彼(但應)自悔責「懺悔」_(而一)心「歸依」，「塔廟」_(將如舊之)依然，_(而)「精舍、伽藍」_(亦將重新再)起。

_(若以)「金、銀、銅、鐵、香_(木)」篆_(古代刻「名字」的印章多以「篆文」刻寫，所以就稱為「刻篆」。若刻印章就稱「印篆」)龍_(之)形像。

_(再以)甕缸_(盛)水滿，_(然後)投「_(龍)像」於水際，「娑竭羅」_(大海)龍，_(可結)手印「都攝錄」，_(則將感)「水」湧「_(龍)像」動，_(及)空中鳴雷震。

_(因)<u>牟尼</u>火化_(而感召)<u>大權神王佛</u>_(現出)，三種名號_(南無本師釋迦牟尼佛、南無化身釋迦牟尼佛、南無大權神王佛)及誦佛世尊_(各十稱名號)。

大澍甘雨遍灑「閻浮地」，_(若遇)久雨損物_(金剛法中有)「止雷」_(電印能令久雨)得「晴霽」。

_(若遇)象、馬、駝、牛_(等)「禽獸」難調制，時行_(當時流行的)「疾病」，但飲_(金剛)「神呪」水。

_(若遇)蛇、鼠、惡蟲_(將)損他「諸般物」，_(但以金剛咒)水灑屋地，_(則)自然「他」_(害蟲)無跡_(而消失)。

(金剛咒法)所有(的)「禁制」_(功能)一一說不盡，_(汝可)慇懃仔細_(並)請看「正經」_(原始純正佛經)去。

超「凡」入「聖」皆是_(由)爾_(之)「自心」，_(若)不_(通)達「真如」_(皆因修行)枉去「錯用心」。

(所有)「夜叉、惡鬼、山精」並「地靈」，(以及於)水府(間)、巖穴(間)、樹石(間)、一切廟(宇間)，(皆有)「魍魎、邪魔」久住(於)人間(造)反(危害)，(若遇諸惡)侵犯家國(若用)「都攝」(錄印即可)除遣(斷除遣散)了。

(若遇)金蠶、蛇蠱、骷髏、金銀蠍、蜈蚣、蝦𧈫蟆𧉠(等)一切「蠱神」(之)眾。
(若遇)飲食中(被)下(毒)殺(而)壞「良人」命，(只要將)寶印、雲符(原指雲彩顯示的一種符瑞，此指穢跡金剛法有四大符印及四十二道靈文符印)佩帶(則獲)無所「損」。

(若遇)「狼心、狗猘」(的)人面「畜生」類(此指「人面獸心」邪惡的眾生)，(若能獲得此人的)生年日月(或其)「乳名」達得知，(可以)硃書(硃砂書寫)彼名(字)，(然後再以左)腳心(踩)踏(名字於)實地，大手(可結)「都攝」(手印)，(則「人面獸心」邪惡者將生自我)悔責(與對你)頭面禮。

(若遇)心智「頑鈍」無所知「分曉」，欲求「智慧」(與欲)都攝(都統總攝)伽陀(gāthā)用，(可)吞服「呪印」(此指「心智自然智宿命智印」)，(穢跡金剛將)默(贈)與(你)「大辯才」，(能獲)總持「多聞」、博雅(學識淵博精雅)、(獲眾)多「究竟」(之理)。

(若遇)貧窮(而)受苦，(則)誦念(金剛呪可獲如)給孤(獨長者之巨)富，(可獲)長生不死(之)「戒定」與「菩提」，(穢跡金剛將)惠施(給)眾生(令其)後世(得)「大貴富」。

(若有想要)學習「神丹」(而得)「紫磨」(般如)黃金(之殊)勝(者)，(或想斷除)「分段」(三界內有形的生死)身形(而獲得)「變易」(生死而得)常「不壞」(變易生死是三界外無形的生死)，(當然亦可)定入「分段」(生死獲)神通(增)長(與)自在。

(亦能獲得)似鳥飛空往來(而)無罣礙，(亦能於)頂上出火，(或於)腳下出水海。(能獲種種)「變易」無礙，聖凡(皆)難測(測)度。

(若能於金剛)「像」前(以)「禁山」(印)誦念，如前(之所)作，(若遇)住居「乏水」(則可獲得)穿鑿(之)「香甜水」，眾生(所有)病「證」(症候)即時(可)消散去。

(若)素無「子息」(則可以此金剛)祕呪(及結)「都攝錄」(印)，(此能治)「百病」(及)婦女(患)「鬼胎」

(之病)，(能度過)延年(之)滯(礙)。

(若遭)祖宗(而)見(受到)禍，(或欲)男女(子孫能)行「孝義」，(或遇)「鬼怪」山魈工亙，(以此金剛)「呪印」即(能獲得)平覆，(金剛呪能治)染勞(癆)、傳屍(病)，(及能治)邪鬼(於)夢(中)交感(與鬼夢中交感，有時亦指「與鬼發生關係」的一種邪症)。

(若有)鼻口四肢(皆正常之)「巨富」去採「寶」，若遭「官訟」(被)囚禁便(可)得(赦)免，(若遇)臨敵交鋒(之時)「逆賊」(將)自然息(止)。

(若欲)求於「佛地」(之果位則)無不「成就」者。

佛(能)滅(能)降伏「天魔」及「闡提」(者)。

一切「世事」種種無不遂(願)，(此金剛)寶王(神呪)「密語」(為)放光如來(之所)說。

(佛之法身具)「常樂我淨」(能)繫縛(眾生之)心猿意(馬)，(若有)所(求諸)願(而)不(獲)果(遂者)，(則)「善逝」(如來)皆(為)「虛說」。(佛乃)真語、實語(者)，如來(以)無「誑語」(而證得)「阿耨多羅三藐三菩提」。

(此經呪之)「伽陀」(gāthā)靈驗(為)諸佛(及)菩薩(所)說，聲聞(及)天仙(皆護持)「印符」(穢跡金剛法有四大寶符印及四十二道靈文符印)、(及)畫(穢跡金剛)像(而辦)設。

(如來功德巍巍乃因)宿昔(曾發)大願，(及修種種)「禪那、精進」(之)力，「梵志外道」(就算再)聰明(也僅)如「黑漆」(一般而已)。

(所有這種金剛)寶杵(的大權)神王(祕法)，(一般的梵志外道)如何敢自詃(發言)，(故此大法只能由)頂上「化佛」(大權神王)宣說「神呪語」。

(大權神王)忿怒騰身，(以)「八臂」所執物(其中二臂是結手印，六臂是持法器)，(能)普放無量百寶「光明」出。頂光「化佛」(大權神王)亦放「大人」相，合掌當坐，口(亦)放「無量光」。

(光明)互相照映(便能)散壞「幻術」(之)災，(能)消滅(諸)穢跡(污穢之跡)，(及)調伏螺髻鬼。

(所有)三界諸天、四(大天)王、叨利(切利天宮)等，六道、(阿)脩羅、住世梵王眾、(及諸)世主(皆)恭敬(於大權神王)，(所有)大眾(亦皆)跪膝禮(於大權神王)。

(大權神王將)宣說神通圓滿(之)「密呪」音，爾時(大權)神王頂光「化佛」說：大方廣大圓滿神通力。

(佛陀能以)「正遍知」(而令眾生)覺(悟)，(故)聽法(之)「天人」眾，(皆能)得「淨法眼」(與)各獲「三昧」證(果)。

(為了)提攜螺髻(故)先遣「二部」(小呪仙與諸小金剛)歸，(此時二部呪仙也)前後圍繞，同到(釋迦佛)涅槃所。

化佛(大權)神王(能)遍歷十方(而)去(度眾生)，「化佛」(大權神王)說法(而)利濟眾生主。大權神王宣諭 四眾(弟子且諦)聽，「適來」(剛才)我佛(已)宣說(金剛)「神呪」音。

(螺髻)魔宮「城壍 」盡(被摧)倒(而)不留存，(所有)「臭氣」(將)遠(遠的)蒸(發掉)，(進而轉變)化成「優鉢」(羅華)果。(羅華)
「根本智」佛示現「千百億」(化身)，(法身為)常住不滅「佛」住(待)佛(色身)滅去。
眾生祈禱立「大誓願」(而)持，坐處安養(皆是)「幻化法身」(之)軀。
堅持「苾蒭」坐住(於)「多寶」塔，精嚴「頓證」釋迦牟尼尊。

(因)誓願驅使(而能)奉承(於)「持呪人」，(令持呪人)獲「六神通」(及)得「大解脫」門。
(大權)神王(雖)說(諸)誓(但)恐人生「疑忌」，惟願「如來」(能)照察「真實際」。
為作(種種)「證明」(而能)破(除)諸眾生「疑」，(待眾生)不懷「疑怖」再(宣)闡「雷音」(生)起。
爾時(釋迦)如來雖「般涅槃」寂(滅)。(但由)「左心」示現「百寶光明」(而)出。

十方諸佛放光灌(釋迦佛之)「金體」，(所有)菩薩、聲聞、四眾(弟子皆)生「希奇」。
螺髻(雖具)我慢(為)臣左(大臣左右之)眷屬類，(亦能)同聲「讚嘆」心中十分喜。
(若能以)「道眼」照徹「達空」(通達空性)「真如」理，(於)塵沙佛國(亦能證)「等覺、妙覺」地。

(釋迦佛)頂光「化佛」熙怡微笑(生)起(而)告示，(大權)神王(向)大眾(宣告且)聽(我)宣語：
(此乃)「根本智」佛釋迦牟尼(佛)陀，失照(佛陀雖入涅槃、雖暫「失」，但仍常「照」諸眾生，此名「寂不失照」)降伏作業(於)螺髻鬼。

(頂光)「化佛」宣說：「根本智」佛(已)滅(度)，(但因)螺髻惡逆(故釋迦)「左心」(有大權神王金剛)力士(而現)出。

人天驚疑(為了)收攝「魔天」歸(來)，(故穢跡金剛)代佛「行事」(從)真如(之)慈悲(而)出。
「天魔」拱手望著「智佛」(根本智佛)禮，臣屬部眾(在)「緣熟」(因緣成熟)當(獲)「受記」。
在會「清信」(大眾)各發「菩提」意，永無「退轉」堅固誓願(而)持。

「放光」如來(此應指釋迦佛之化佛，亦即大權神王佛)舒手摩螺(髻梵王)頂：善哉！善學「捨邪」歸「正路」。

(螺髻梵王)得蒙(大權神王佛)「授記」領悟「真如」性。改故重新勇猛精進力(螺髻王得蒙授記名曰清淨光明佛)。

(螺髻)梵王(獲)得(授)記(後)同來(為)「善知識」，(以)六十億劫修諸「菩薩」位。
(更)廣(至)於十方(去)供養「恒沙佛」，累劫修行(後最終必能)證入「如來」地。
螺髻(未來將)證得清淨光明佛，(具)調御丈夫(等)「十號」皆具足。
(清淨光明)佛壽「二萬」，天人(皆)聽(其)法音，廣宣流布。
應以「雜類」身(而度化)，(或)示現二乘「聲聞、緣覺」(為伴)侶，即(示)現「佛身」(以)一(佛)乘(度化令)至「理趣」。

(所有四生)「胎、卵、濕、化」，上至「菩薩乘」，(所有)蠢蠢動(微動：緩慢爬行)「含靈」(含有靈識)皆聽(清淨)光明(佛之法)音。
(能令眾生)證得「初果」(或)直至「辟支位」，(或令眾生證入第七)「遠行」(地)、「法雲」(第)十地(及)「滿心」住(華嚴宗立「五教」中的「圓教」認為無盡法界皆無礙，一位即一切位，一切位即一位，故只要「十信位」圓滿成就之際即可成佛，稱為「信滿成佛」，或稱為「十信滿心」即可成「正覺」佛陀位)。
(清淨光明佛)成就無上「佛果」大菩提，(然後經過)「正、像、末」法，(清淨光明)佛壽(為)「二萬歲」。

(待清淨)光明如來「入滅」寂定已，(再)次第「授」與一尊(一尊的)「菩薩」(相承)繼(位)。

今日所歸(之所有)「大臣」眷屬類，(未來皆能)次第(有)所證(在清淨)光明如來體(的教化下)。

其(清淨光明)佛國土皆名無垢世，(所有)天龍八部、四眾盡(皆)歸依。

(無垢世國土)與今所宣(之)清淨光明佛，並無差別，(皆)同住(於)無垢世。

無垢世界(有)菩薩(及)二乘人，(有)八部威靈(及)四眾(悉皆)聽法音。

(清淨)光明如來(亦)同(宣說)今「化佛」(所)宣(之穢跡金剛)「大滿神呪」(及)「四十二道」(穢跡金剛法有四十二道靈文符印)聖。

(待)清淨(光明)如來(之)緣畢(而入)「涅槃」已，(以)「三昧」智火「焚身」收「舍利」。

(眾生將)建立「寶塔」(其)高至「梵天」所，天人四眾(皆來)供養(而)「作福」處。

爾時螺髻與諸「同來」(諸)類，蒙「化如來」(此應指釋迦佛之化佛，亦即大權神王佛)授與「菩提」記。(大眾皆)歡喜勇銳(古同「悅」)，即獲「無量乘」，一時之間大作「佛事」起。

大權神王(汝)諦聽「化佛」(之所)說，心中踴躍，歡喜讚歎禮。

(頂光化佛)告示「(與會)清眾、螺髻、諸上人」，(汝等乃由)宿業所感(說獲)得「大善」利喜。

(大權)神王再宣本師釋迦佛，(因)示現「入滅」(而)潛(古同「閉」)汝「末法世」。

「有情」包識(包含靈識)失了「功德」利(益)，(為了)調伏螺髻有勞「如來」(重新而)出。

我今所(之)「頭身相」(皆)現「威儀」，(由)「根本智」佛(之)「左心」化現(而)出。

(穢跡金剛)「大滿神呪」(由)頂光「化佛」(所)宣(說)，所作「功德、誦呪法、儀式」(本體神王結印儀式)。

「都攝寶印」(都攝錄印)：

❶左右「無名指」屈向掌中，

❷二(小)指相「靠豎」，

❸「中指」左上右下，捻(按;捏)同指，

❹「頭指」(食指)直豎。

❺「大拇(指)」中節底。(文太簡，完整應稱：「大拇指」捻住於「食指」的「中節」底處)

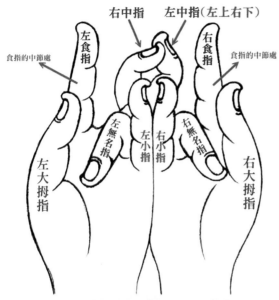

右中指　左中指（左上右下）

左食指　右食指

食指的中節處　食指的中節處

左無名指　左小指　右小指　右無名指

左大拇指　右大拇指

元‧廣福大師（管主八）的版本

都攝寶印

（都攝錄）手印加呪（於）世間所有事，（所有）「惡人、邪鬼」皆向「呪師」禮（敬）。

（皆）捨「惡逆心」（並）尊命聽（汝）「驅使」，不敢「違逆」，（其本具的）誓願堅固力。

「禁山寶印」（即「禁山印」，禁止鳥獸於此山中住）：

　❶右手「無名」曲（無名指要彎屈向於手掌中），

　❶（其餘）「四指」平直（手指盡量「相併」與伸直即可）。

進退各七步（照《穢跡金剛禁百變法經》的說明，應先倒行走七步）。

一呪一印，左右上下顧（看），（然後再）散其呪印，自然（惡鳥惡獸的）「惡心」（即）止。

禁山寶印

「無雷寶印」（即「止雷電印」）惡風、雹雷震、暴雨霖久：

❶中指、無名(指)、小(指)。(以上是指左手三指屈向於手掌中)

❷「頭指」(食指)直豎，

❸「大拇」捻(按;捏)「中節」。(文太簡，完整應稱:「大拇指」捻於「食指」的「中節」處)

(以)「左手」印呪，(則)雲散、日光(將)出。

止雷電寶印

「頓病寶印」(即「頓病印」，此手印能治療「困頓病痛」者)：

右手莊嚴啟。

(照《穢跡金剛說神通大滿陀羅尼法術靈要門》的說明，應指「左手」才對)

❶「頭指」(食指)、中指」屈向(於手)掌中裏。

❷(其餘)三指(大拇指、無名指、小指)並直，

「五勞、七傷」無。

一呪一印(以手印的正面敲病人病痛之處)，一百八遍奇(若持滿108遍能獲神奇的治病事)。

頓病寶印

五勞

一曰「肺勞」：短氣面浮，鼻不聞香臭。

二曰「肝勞」：面目乾黑，口苦，精神不守，能獨臥，目視不明。

三曰「心勞」：忽忽喜忘，大便苦難，或時「鴨溏」(病名。大便泄瀉，清稀如水，狀如鴨屎之症)，
　　　口內生瘡。

四曰「脾勞」：舌本苦直，不得咽唾。

五曰「腎勞」：背難俯仰，小便不利，色赤黃而有餘瀝，莖內痛，陰囊濕生瘡，小腹
　　滿急。

又有「志勞、思勞、心勞、憂勞、瘦勞」，亦名「五勞」。

「久視」傷「血」，「久臥」傷「氣」，「久坐」傷「肉」，「久立」傷「骨」，「久行」傷「筋」，
是謂「五勞」所傷。

七傷

一曰「大飽」傷脾，脾傷善噫，欲臥面黃。

二曰「怒氣」逆傷肝，肝傷少血目闇。

三曰「強力」舉重、久坐濕地傷腎，腎傷少精，腰背痛厥逆下冷。

四曰「形寒」，「寒飲」傷肺，肺傷少氣，咳嗽鼻鳴。

五曰「憂愁思慮」傷心，心傷苦驚，喜忘善怒。

六曰「風雨寒暑」傷形，形傷髮膚枯夭。

七曰「大恐懼」不節，傷志。

「**五路寶印**」(即「禁五路印」)：

　　❶左右「無名指」曲向(於手)掌中，

　　❷(其餘)「八指」皆直立。

(若遇)卒夶(然)死(之)生人，(可)散印於心上。「高聲」誦呪，(可令其)魂魄還(身軀)殼體。

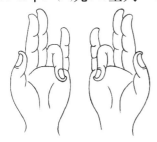

禁五路寶印

(若有)「惡入、鬼神」欲犯「持呪主」，(或)出入「不祥」(處)，(或遭)追補(而)逃亡(將喪)軀。
晝夜(遇有)「賊盜、牛、馬、豬、羊」類，飛禽走獸(等)情識(將)不捨(而離)去。

(大權)神王示教眾會「善知識」，(有)「五大寶印」(頓病印、禁五路印、止雷電印、都攝錄印、禁山印)，
信受奉行已。

(有)「四枚正印」(心智自然智宿命智符印、神氣交合自在密咒符印、騰空自在無礙符印、隱蔽無見自在符印)、(及)
四十二道祕(的靈文符印),傳授末法展轉「流通」去。

大權(神王又)別化(一尊)忿怒「次王」(指又有一「化神王」出現,所以此名爲第二尊)出,(其)威儀進止與
「本元」(即大權神王:穢跡金剛)無異。

本體(大權)神王寂然入「定」住,(手)執(八)物不動從此留「像儀」(本體神王化現,次王忽然
於虛空至)。

「次二神王」(指又有一「化神王」出現,所以此名爲第二尊)乘空忽然至,手提「貝多」(pattra 貝多羅;乃
供書寫經文之樹葉)白氎(有)數丈(之)餘。
(手持)魚膠(用魚類的鰾或鱗、骨、皮等熬製而成的膠,可作黏合劑,及製造照相的膠片)、礬 粉(脱膠的明礬粉末)
諸般顏色聚,舉(起畫)筆纔(才)動,「像嚴」(畫像莊嚴)無「二異」(別異)。

「次二神王」(第二尊的化神王亦)來遶(佛陀的)「金棺」軀,啼哭作禮,白言:「智佛知」(根本智
佛將自知)。
螺髻(興起)殃害(在)本佛(根本智佛)歸(涅槃)真際(之時),(由釋迦佛之)「左心」所化本體(大權)神王
出。
本體(大權)神王(在)調伏螺髻(後亦)歸(寂滅),(再變)化(出)我(的)分身(爲)「小王」(此指第二尊的化
神王流(傳於)末世。

(此種)「神通」變化惟願如來(悉)知,(如來能)放光印證(並)「表記」於凡世(凡俗世間)。
「次化神王」(第二尊的化神王)圍繞(大權)神王禮。白言:

(第二尊的化神王乃由第一尊本體大權神王)「聖者大聖」(變)化(出)我(才)出(現),(我將)與眾「施設」以
「假」(而)存「真實」。

願(本體大權神)王(能)「放光」照察(我的)「真實語」,(已經入)「寂定」如來(的)毫光(之)棺中出
(現)。

本體(大權)神王(便以)百寶光明(之)輝，(與)寶光「二道」灌在「化王」(第二尊的化神王)頂。諸佛(皆)「印證」(我讓我製畫)流傳於「凡世」(寂定如來放光，本體神王放光，灌化王頂)。

「化王」(第二尊的化神王)即時(以)「右手」引筆起(畫聖像)，聖像「端嚴」(端莊威嚴)，「三頭」及「八臂」，「九目」閃爍，執「索」都圓備。

頂光「如來」合掌「端嚴」(端莊威嚴)啟(次王畫八臂相儀、寶印、靈符)。
(其)左踏「寶石」，右印「蹺足」立。(有)「八龍」纏臂(具)一切「神變」(之靈)異。

(所畫之「像」)與本體(大權)神王一一都無異，大眾(即)瞻仰，即時(有)「光明」出。

(第二尊的化神王再以)「貝葉」所畫(的)「宿命功德智」(此為四大寶符印之第一枚)。(宿命)智印(以)「香木」(的)「一寸八分」(5.3cm)刻。

(其所)篆(古代刻「名字」的印章多以「篆文」刻寫，所以就稱為「刻篆」。若刻印章就稱「印篆」)文「深直」分明，(再以)細磨(朱)硃，印在「素帛」(若吞若攜帶將)永遠無「災滯」(災禍滯礙)。

(若將)「宿命(功德)智印」(四大寶符印之第一枚)，印已「吞服」竟，即(可)獲「三昧」，(能斷)分段(生死而)證「變易」(生死)。

凡夫幻體(雖)難證「總持」門，(雖有)「垢膩」之行(亦能)「頓證」淨妙心。
　　(此)「宿命(功德智)」功能(亦能)感得「現世」果(報)。

(此「宿命功德智印」如同)手足(與)心中塔上(的)「如意」寶，(就算)未成「最上」(佛果，亦能)早獲「智辯才」，(獲)「心眼」靈明，諸法自然(能)成(就)。

第二「隱蔽無見自在印」(此正確應為四大寶符印之第四枚)。(以)香木(的)「一寸七分」(5cm。據《穢跡金剛禁百變法經》正確應云「一寸八分」)刻之用。如是「圈篆」方法照前(皆)同，(此是)「無為」空寂(之妙用)堪(能比)擬(為)如來(之境)論。

(第)三顯「騰空自在無礙印」(此爲四大寶符印之第三枚)。(以)香木(的)「一寸五分」(4.4cm)如是空。

(於髮)髻中(用)「衣物」遍體印(此)呪文，(能神足通而)周遊(於微)塵(世界)中，方省菩薩(之)「行」。(據《穢跡金剛禁百變法經》云「呪六百遍，以白膠香度之，用印印腳，便得飛騰虛空，所向自在)

「神氣交合自在密呪印」(此正確應爲四大寶符印之第二枚)。(以)「一寸二分」(3.6cm)深直文篆㝎定。

(再)蘸㝎(朱)硃，印心，(所有)「人、非人」等(皆貴)敬，(此爲)不能「達空」(通達空理者)、(無法)自省(者)難比(之)論。

「次王」(第二尊的化神王)所畫「四大寶印」(心智自然智宿命智符印、神氣交合自在密呪符印、騰空自在無礙符印、隱蔽無見自在符印)，已堪(傳授)與「眾會」，(再以高妙深)遠(的)畫(出)「四十二」(穢跡金剛法四十二道靈文符印)。

(所有的)「梵夾」靈文(皆於)「貝多葉」上(畫)成，一一分明(皆)不離(其)「梵字體」。

(待)「次化神王」(第二尊的化神王)所畫(四十二道)「符印」訖，大眾(即)悲喜(又悲又喜於)「次王」(第二尊的化神王)合掌禮(敬)。

(第二尊的化神王)啟白：(我乃)本體(大權神王變)化(爲)我，(大權)神王(汝當)知，並及大眾，(請)聽我說「端的ㄉㄧ」(詳情的始末究竟)。

(第二尊的化神王說:)五濁惡世(以)「婬欲」為根本，(眾生具)「生、熟」二臟，(故於)腹內作「生理」(生命成長之理)，(所有)「髮毛、爪齒、涕唾」及「膿血」，(以及)「筋骨、髓腦」盡是「腥羶」(之)物。

(由於)「日、月、風」持(而成)旋轉為(二十四小時的)「晝夜」，(加上)「金、木、水、火、土」居「方隅」(四方之隅)重。

羅睺(Rāhu)、計都(Ketu)、月、孛ㄅㄟ(彗星)，三宿ㄒㄧㄡ動。

(「日、月、火、水、木、金、土」等七爲「七曜」之精。若加羅睺與計都等二「蝕星」，則稱爲「九執」或「九曜」。在「二十八星宿」中有時是由三個星宿在主導作怪)

「四門」分界，

(北斗七星的「天樞、天璇、天璣、天權」組成爲斗(古同「鬥」)身，古曰「魁」。「玉衡、開陽、搖光」組成爲斗柄，古曰
「杓」)

「七星」拱「北斗」。

(北斗七星是指「大熊座」的「天樞、天璇、天璣、天權、玉衡、開陽、搖光」七個星，像古代「舀酒」的「斗」形)

(以)「角、亢ㄎㄤ」為首(等的)「二十八員將」(二十八星宿ㄒㄧㄡ)。

三國吳·竺律炎共支謙譯《摩登伽經·卷下》

大婆羅門！今我更說「日月薄蝕」吉凶之相，汝今應當善諦著心。

(1)月在「昴ㄇㄠ」宿ㄒㄧㄡ。若有蝕者。中國(指在有月食中的國家)多災。禍難必起。

(2)月在「畢」宿。而有蝕者。普遭患難。災亂頻興。

(3)若在「觜ㄗ」蝕。大臣誅戮。

(4)(5)(6)乃至「參ㄕㄣ、井」。亦復如是。(此處應該還有一個「鬼宿」)

(7)若在「柳」宿。依山住者。皆當災患。及與龍蛇。無不殘滅。

(以上七屬東方)

(8)月在「七」(星)宿。若有蝕者。種甘蔗人。當被毀害。

(9)在「張」蝕者。怨賊降伏。

(10)在「翼」而蝕。近陂澤者。亦悉衰落。

(11)若「軫ㄓㄣ」蝕者。守護城邑。及防衛者。皆悉亡壞。

(12)在「角」蝕者。飛鳥毀滅。

(13)在「亢ㄎㄤ」蝕者。畜妻男子。亦當惱害。

(14)在「氐ㄉㄧ　or ㄉㄧ」而蝕。近水住者。皆有災難。

(以上屬南方)

(15)月在「房」蝕。商賈之人。及以御者。一切皆當無利益事。

(16)在「心」蝕者。如在嘴說。

(17)在「尾」蝕者。行人多死。

(18)在「箕」蝕者。乘騎象馬。若斯之人。亦當墜落。

(19)在「斗」蝕者。亦復如是。

(20)「牛」星蝕者。出家之人。及南方者。禍患滋多。

(21)在「女」蝕者。怨賊消滅。牧馬之人。皆當殘毀。

(以上屬西方)

(22)在「虛」蝕者。北方之人。並悉破壞。

(23)在「危」蝕者。敢能咒術祠祀之人。皆當傷害。

(24)在「室」蝕者。為香瓔人。亦皆毀壞。

(25)在「壁」而蝕。知樂者衰。

(26)若在「奎丟」蝕。諸乘船者。亦不利益。

(27)在「婁丟」而蝕。市馬者死。

(28)在「胃丟」而蝕。田夫亡壞。此則名為薄蝕之相。如其體性。我已分別。

(以上屬北方)

註：若將「黃道」(地球繞太陽公轉之軌道面與天球相交之大圓，亦即太陽在天球上之視軌道)附近較明顯之恆
　　星選出若干，再分為二十八組，稱為「二十八宿丟」：
　　昴丟、畢、觜丟、參丟、井、鬼、柳➡屬東方。
　　星、張、翼、軫丟、角、亢丟、氐丟 or丟 ➡屬南方。
　　房、心、尾、箕丟、斗、牛、女➡屬西方。
　　虛、危、室、壁、奎丟、婁丟、胃丟 ➡屬北方。
　　　「二十八宿丟」之說夙行於印度，然印度認為「牛」宿與「月」之運行無關，
　　如外道「六論」中之「豎底沙論」亦僅列出二十七宿之名，可知後世印度乃盛行
　　以「二十七宿」之說為主；又因二十七宿之性各別不同，故以與二十七宿相當
　　之日而論其吉凶，或以人之生年月日配二十七宿而占其命運之法，皆稱為占星
　　法。此二十七宿分為七類，即：
　　(一)安重宿：即畢、翼、斗、壁等四宿。
　　(二)和善宿：即觜、角、房、奎等四宿。
　　(三)毒害宿：即參、柳、心、尾等四宿。
　　(四)急速宿：即鬼、軫、胃、婁等四宿。
　　(五)猛惡宿：即星、張、箕、室等四宿。

(六)輕燥宿(或稱行宿)：即井、亢、女、虛、危等五宿。

(七)剛柔宿：即昴、氐等二宿。

(星相上的)「盈、虧」變怪(有時會成爲)人間主(宰)禍福(的一種參考依據)。

(星相上的)「天罡、河魁」，(或出現)「紫氣」照人(之時代表諸事皆善)美。

(「天罡」指月內的凶神，教認爲北斗叢星中有三十六個「天罡星」、七十二個「地煞星」。「河魁」則爲月中的凶神。據星命術士的說法，在陽建之月，「前三辰」爲「天罡」，「後三辰」爲「河魁」；陰建之月則相反，這一天諸事宜避)

(轉輪聖王是統領)一(個)四天下，

「帝釋」(天則)爲(三十三天之)主宰。

「根本智」佛所(度)化(之三千)大千(世)界，

(有)百億(之)日、月、五星(五執：歲星、熒惑星、鎮星、太白星、辰星)、列諸宿(「列宿」原指眾星宿，特指二十八星宿)，主持(世界的)「方隅、災、福、氣候」等，(其實)眾生(遭遇)「逆境」皆是爾(心)自修(惡業所感召)。

末法(之)「善人」(有時竟)須(遵)從「惡黨」(之)類，(此類善人將導致)促命、短壽，(然後)捨(離於)我(佛之)慈門(而離開塵)俗。

(惡人皆以其)「闡提」(之)心發(而竟然)損害(修善的)「苾芻」意，(只要能將金剛)「呪印」緊切(的)依(止)然(就能如)佛(還)在世(一般)。

大權(神王)忿怒告示「化王」(第二尊的化神王)知：善哉！大悲！汝能作此事。

(能)普滿(普遍圓滿而令)「眾生」均霑(受你的)大惠恩，(你的)大行願力(能讓)眾生得「利益」(本體神王讚歎次王)。

「次二神王」(第二尊的化神王)所作(諸)能事(皆)畢(盡)，(第二尊的化神王已將)寶印、靈符(穢跡金剛法有四大符印及四十二道靈文符印)對眾親(自交)付(託)囑。

螺髻(被)極(速)授(予)「梵夾、(四十二道符印)靈文」(後而)禮(敬第二尊神王)，(螺髻)爾(未來)成佛(具)威(神)本支(本體支節皆具)神王(之)力。(具有)慈善根力(與)大眾(之)賢聖力，(亦具有)諸佛菩薩

加被(之)威神力。(故請大眾要)累劫專心「持誦」(並)廣流(通散)布，勿令「末法」眾生遭(受)「大苦」。

「次王」(第二尊的化神王)告示「頂光如來」(所)說(的)「大滿呪王」(與)手指結印起(諸祕法)，(有)五種寶印(穢跡金剛法有五種手印契，能對治諸)「列宿」(原指眾星宿，特指二十八星宿)，(還有)四十二(穢跡金剛法有四大寶符印及四十二道靈文符印)各存「神用」(與種種)「禁制」(法皆)由「汝意」(汝之起心動來使用這些祕法)。

本呪「功能」說之「不可盡」，(如果)精嚴(精進嚴密的修法)「加持」，(將)詔示諸(多)「神異」(相)，(能感召)「水」湧「波」動「(金剛)寶杵」橫飛轉。
「(金剛)像」(將於)儀光(中將)出「言語」(說法)，(行者應)「端的」(真實確定的)奉(行)。

(行者將於)夢中(或)禪定(中)親見釋迦尊，(具有)「法、報、化」(三)身(之)大權神王像，(能以種種)妙音(慰)撫(並供汝心意之)須，凡有所「求禱」(皆能滿願)，(令汝獲)「神交」氣合(及)「五綵」法物(後才會消失沒)隱(次二神王隱)。

「次二化王」(第二尊的化神王)放「大光明」(而)出，本體(大權)神王光明(亦)從頂(上)起。
(此時)「二王」(指二尊的化神王在)交灌(交相互灌)融(合)變(化之後)，「化王」(第二尊的化神王便)隱(沒)，本體(大權)神王(手持)「八寶」(法器)依然(擎)舉。
(待)「化王」(第二尊的化神王)既(消失)隱(沒)，(此時)力士(大權)神王(便)說「適來」(剛才)所(變)化(的)「忿怒明王」出(現的因緣)。
(第二尊的化神王)畫我(的法相是)「三頭、八臂」及(左腳)「按石」，(具種種)威儀(與)「進止」(進退舉止等行動)，(還有)「寶印、靈符」祕(圓明無相)。

釋迦智佛(根本智佛從)「左心」(現大權神王)力士(而)起，(而)大權(神王)所(變)化(出的)「次王」(第二尊的化神王乃)從空(中而)至。

虛空法界無量「諸如來」，皆從毘盧遮那(佛之)「心印」(而)出。
螺髻鞠恭(古同「躬」)合掌頭面體，多蒙「提攜」攝受歸「正路」。
自前「惡念」今日盡「斷除」，悟自(性)「真如」與「佛」(乃)同一體。

「化佛」(此應指釋迦佛之化佛，亦即大權神王佛)授記螺髻(未來成佛而)無疑慮，(未來)「證果」(必定)成就(其)冷煖(將)自得知。

(螺髻梵王)一行「部眾」(亦)同受「菩提記」，我佛「慈悲」(故雖是)「魔屬」(亦能)得「善利」。

(大權神王)力士告言：螺髻菩薩(汝)聽！(要將此)祕章(祕密咒語章句)流(通散)布，直至「不退地」(為止)。

(此時)聽法(諸)大眾(便)右遶(大權)神王(旁而站)立，白言：大聖！今日方見(真正的道)跡。

螺髻白言：如來(雖)示「寂滅」，(但由)左(心)化(大權)神王(於釋迦)頂光如來出。

我佛(宣)說「呪」，(大權神王)力士(則)談「經義」，守護流(通散)布，不敢違「佛勅」。

螺髻發願(並請)如來「印證」(悉)知，末法眾生(常遭)「天魔外道」(之)欺(害)，(我願)分身遍滿百億「閻浮提」，掃除「妖精」(令)眾生(永)無「災滯」(災禍滯礙)。

時大神王(大權神王)說是「經呪」已，(大權神王之)八臂「器仗」(便於)「頂光」(釋迦)如來(消)泯。

(大權神王之)「紫金光聚」(亦)漸漸近(釋迦佛之)「金軀」，(最終大權神王)光明「身相」盡(滅)入(釋迦)如來(金軀)體。

「明空寂樂」(與)「妙有真空」(亦)虛(無)，迦葉(雖)離佛(但仍於)雞足山中(常)住(入定)。

觀行「顛倒」徒弟晨朝議。必是如來早晚(亦)「入滅」去(繫縛歸空寂示現舍利)。

付(予白)氎(ㄉㄧㄝˊ)、千疋(ㄆㄧˇ)(數千的布帛紡織)纏裹(疑作「裹」字)「善逝」(釋迦佛)體，金棺(金飾之棺木)銀槨(ㄍㄨㄛˇ)(套於棺外之銀飾大棺)自然(於)空中(生)起。

(釋迦佛之金棺在)拘屍羅城(Kuśinagara 拘尸那伽羅；拘夷那竭；俱尸那；拘尸那；瞿師羅；劬師羅；拘尸城)「四門」都(城)「遊履」(遊歷步履)，(修梵行之)「頭陀」(雖)執(取)薪(木)，(但釋迦佛即以)「三昧火」(而)自(生)起。

(釋迦佛荼毘後之)「八萬四千」分身「真舍利」，(皆)俵(ㄅㄧㄠˋ)(施)散(於)「情界」(有情世界)，(八萬四千)「寶塔」(亦)從此(而)起。

「天上」(與)「龍宮」先分(為)二(留)停(佛舍利而)去，(待五十六億七千萬年的)彌勒出世(時)迦葉(將

(出定而)**焚身體。**

(吾人)**信受奉行**(並)**依**(諸)**經**(而作)「**流通頌**」(指此《密跡力士大權神王經偈頌》)，(有請)**諸佛慈潛**(古同「閔」)**赦**(免)**我**(犯的種種)「**差錯**」**過**(失)。

(吾人)**誓願**(發誓並祈願)「**四生**」(胎卵濕化)**同證**(萬法)「**唯心**」(之法)**座，**(及證)**真實**「**無語**」(之)「**八識**」**蓮宮**(蓮華宮殿之真)**理。**

(吾人)**多生**(之)「**障翳**」(業障塵翳)**方逢**(解救之)「**良藥餌**」**，今生慶幸**(能完全)**省**(悟)**得「無消息」。**(如《大慧普覺禪師語錄·卷十七》云：洞山忽然大悟，更無消息可通，亦無道理可拈出，只禮拜而已，既悟了)

(從)**昧覺**(愚昧中覺醒之)「**群生**」，(已能)**自省**(自我省悟而)**求「出離」，**(頓證)**根本「圓明」**(圓滿光明)，(無論身處)**那裏**(皆能)**常「自在」。**

「**念佛**」(之)**功德**(能)**利濟**(利益救濟於)「**法界**」**內，**「**情**(有情眾生)**、器**(世界)」**二處「十方」**(眾生)**無窮類。**

(若)**耳**(一)**聞「佛聲」**(能)**頓**(滅)**絕「三惡趣」，各請**(自)**承當--「元來本是爾」**(法爾自性，本來常在)。

附錄二：《密跡力士大權神王真言法》

《密跡力士大權神王真言法》 清·元度輯 錄自《大藏秘要·真言品》第六「金剛部」	《密跡力士大權神王（穢跡金剛）真言曼荼羅法》 清·㢞◻觀記 錄自《法界聖凡水陸大齋法輪寶懺·卷九》
密跡力士大權神王真言	一心奉請密跡力士大權神王（即穢跡金剛也）真言曼荼羅法（拜觀同上）
此（釋迦）佛於跋提河（Ajitavatī 希連河;伐提河）邊娑羅樹（śāla）間，臨入「涅槃」。有螺髻梵王（śikhin 編髮;持髻;螺髻梵。因此梵王頭髮之頂髻作螺形狀，故稱螺髻梵王，他曾爲色界初禪天之第三天「大梵天王、娑婆世界主」）將來（帶領）諸天女，共相娛樂，不來觀省（觀謁省顧）。	佛於跋提河（Ajitavatī 希連河;伐提河）邊娑羅（śāla）雙樹間，臨入「涅槃」，有螺髻梵王（śikhin 編髮;持髻;螺髻梵。因此梵王頭髮之頂髻作螺形狀，故稱螺髻梵王，他曾爲色界初禪天之第三天「大梵天王、娑婆世界主」），將來（帶領）諸天女，共相娛樂，不來觀省（觀謁省顧）。
時諸大眾，（即）驅（策諸）小咒仙，往彼（螺髻梵王之處）令（抓）取，才嗅（螺髻梵王處之種種）「穢氣」，鏁（古同「鎖」）禁（被關鎖禁閉）中圍（於中圍剿）。	時諸大眾，（即）驅（策諸）小呪仙，往彼（螺髻梵王之處）令（抓）取，纔嗅（螺髻梵王處之種種）「穢氣」，鎖禁（被關鎖禁閉）中圍（於中圍剿）。
（時諸大眾）復策（動無量）「金剛」（令）「持咒」而去（螺髻梵王處），乃至「七日」，無人（能抓）取得（螺髻梵王歸來）。	（時諸大眾）復策（動無量）「金剛」（令）「持呪」而去（螺髻梵王處），乃至「七日」，無人（能抓）取得（螺髻梵王歸來）。
爾時（具）「根本智」佛（已入）「常樂寂光」（常寂光淨土），乃以「後得智」（之）「大徧知」神力，隨（如來之）「左心」（變）化出「不壞金剛」（穢跡金剛）。（穢跡金剛）即自騰身至（螺髻）梵王所，（以手）指其「穢物」（即刻）變為（清淨）「大地」。	爾時（具）「根本智」佛（已入）「常樂寂光」（常寂光淨土），乃以「後得智」（之）「大徧知」神力，隨在（如來之左）心，（變）化出「不壞金剛」（穢跡金剛）。（穢跡金剛）即自騰身，自（前往至螺髻）梵王所，（以手）指其「穢物」（即刻）變為（清淨）「大地」。
「二部」（小咒仙與諸小金剛）咒仙，（即）各（復）還（獲得原本的）「神通力」，（此時螺髻）梵王（即）發（大）心（而回歸）來至（釋迦）佛所。（穢跡金剛咒）真言曰：	「二部」（小咒仙與諸小金剛）呪仙，（即）各（復）還（獲得原本的）「神通力」，（此時螺髻）梵王（即）發（大）心（而回歸）來至（釋迦）佛所，（手印用金剛拳等）。（穢跡金剛咒）真言曰：

唵（引。上音讀從「胸」引身至「喉」中，俗傳讀作「甕」音，恐未可信）・咈咶堀嗶・摩訶般囉（二合）・很那碍・吻汁吻・〈醯〉〈摩〉〈尼〉・嚫咭嚫・摩那棲・唵・斫急那・烏深暮（ucchuṣma）・堀嗶・吽吽〈吽〉・泮泮泮・〈泮〉〈泮〉・娑訶・ （古經本咒四十三字，唐太宗朝人多持誦，感驗非一。除去十字，今就錄出。速獲靈應，無過是咒）	唵(引)(一)(○上音讀，從胷引聲至喉中，俗傳讀作甕音，恐未可信) 咈咶堀嗶(二) 摩訶般囉(二合)(三) 很那碍(四) 吻汁吻(五) 醯摩尼(六) 嚫咭嚫(七) 摩那棲(八) 唵斫急那(九) 烏深暮(十) 堀嗶(十一) 吽吽吽(十二) 泮泮泮(十三) 泮泮娑訶(十四) (古經本呪四十三字，唐太宗朝人多持誦，感驗非一，後人除去十字而不靈，以防妄用，今不除去)
時(另)有(一)梵王，名曰救世，啟告大權神王(即釋迦佛化現的穢跡金剛，故又名為大權神王佛)：願(大權神王能)得久住(於)世間，(方便)拔濟眾生一切(之)苦厄。	時(另)有(一)梵王，名曰救世，啟告大權神王(即釋迦佛化現的穢跡金剛，故又名為大權神王佛)：願(大權神王能)得久住(於)世間，(方便)拔濟眾生一切(之)苦厄。
是時(大權)神王為住「一七日」，(便)與螺髻梵王(śikhin 編髮；持髻；螺髻梵。因此梵王頭髮之頂髻作螺形狀，故稱螺髻梵王，他曾為色界初禪天之第三天「大梵天王、娑婆世界主」)，及諸海會(大)眾說「法身無相」(之理)，(所謂)「淫、嗔、邪見」(將)覆蔽(清淨)「真如」，如青天(本)無物，黑雲(突然)瞥起，(一切)皆(唯)汝心(所)造，非從「外」(而)來。(待大權神王為螺髻梵王與諸海會大眾說法)滿「七日」已，即入「寂定」(之境)。	是時(大權)神王為住「一七日」，(便)與螺髻梵王(śikhin 編髮；持髻；螺髻梵。因此梵王頭髮之頂髻作螺形狀，故稱螺髻梵王，他曾為色界初禪天之第三天「大梵天王、娑婆世界主」)，及諸海會(大)眾說「法身無相」(之理)，(所謂)「婬、瞋、邪見」(將)覆蔽(清淨)「真如」，如青天(本)無物，黑雲(突然)瞥起，(一切)皆(唯)汝心(所)造，非從「外」(而)來。(待大權神王為螺髻梵王與諸海會大眾說法)滿「七日」已，即入「寂定」(之境)。
(復)次(又)有(一)「化神王」(即第二尊的化神王)，忽然乘空而至，手提「貝多」(pattra 貝多羅；乃供書寫經文之樹葉)白氈ㄓㄢ 數丈(之長)，(及手持)香膠、礬ㄈㄢˊ 粉(脫膠的明礬粉末)諸般顏色。(此第二尊的化神王便)右手引筆，畫出「三面、八臂、九目」(之)大威德神王像(即大權神王；穢跡金剛)：	(復)次(又)有(一)「化神王」(即第二尊的化神王)，忽然乘空而至，手提「貝多」(pattra 貝多羅；乃供書寫經文之樹葉)白氎ㄓㄢ 數丈(之長)，(及手持)香膠、礬ㄈㄢˊ 粉(脫膠的明礬粉末)諸般顏色。(此第二尊的化神王便)右手引筆，畫出「三面、八臂、九目」(之)大威德神王像(即大權神王；穢跡金剛)：
❶身青黑、藍澱ㄉㄧㄢˋ（音電，藍汁也）色。 ❷赤髮(紅色頭髮)上豎(往上豎立)。	❶身青黑、藍澱色。 ❷赤髮(紅色頭髮)上豎(往上豎立)。

❸八龍纏臂，以為莊嚴。

❹右一手「開山印」（禁山印）。二手「金剛杵」。三手「寶鈴」。四手「寶印戟」。

❺左一手「都攝印」（金剛拳印）。二手「火輪」。三手「絹索」。四手「寶劍」。

❻左腳按「閻浮界」，踏「寶石」上。

❼右腳印空「翹立」，「吽」光猛燄，作「忿怒」勢。

❽（第二尊的化神王作）如是畫已，復劃（音畫，以錐刀畫物也）「四大寶印」（心智自然智宿命智符印、神氣交合自在密咒符印、騰空自在無礙符印、隱蔽無見自在符印），書「四十二靈符」，（手）指結「五印契」（頓病印、禁五路印、止雷電印、都攝錄印、禁山印）。（第二尊的化神王）悉皆付與螺髻梵王，受持奉行。

爾時「化王」（據元朝管主八《密跡力士大權神王經偈頌》的內容，此應指釋迦佛之化佛，亦即大權神王佛）與螺髻梵王摩頂「授記」，號清淨光明如來已，遂隱入本「神王」（即大權神王；穢跡金剛）身中。

本「神王」（即大權神王；穢跡金剛）紫金光聚，（便）隱入「金棺」，荼毗之後，各分「舍利」，頂戴奉行。

（穢跡金剛；大權）神王言：凡誦一切真言，先須「作壇」。若誦此（穢跡金剛）真言者，勿須「作壇」，但以「沉壇香木」刻一「跋枳」（即跋折囉 vajra→金剛）金剛橛㮔（形狀有點類似刀劍造形的套子叫「橛」）杵。（「跋枳」即「跋折囉」，此言「金剛」。按《陀羅尼集經》載「金剛商迦羅壇印法」云：畫作人面，其面頭上畫「跋折囉形」立著頭上。其身畫作杖形，如錫杖形，竊意所謂杵像者，當不異此）。

❸八龍纏臂，以為莊嚴。

❹右一手「開山印」（禁山印）。二手「金剛杵」。三手「寶鈴」。四手「寶印戟」。

❺左一手「都攝印」（金剛拳印）。二手「火輪」。三手「索」。四手「寶劍」。

❻左腳按「閻浮界」，踏「寶石」上。

❼右腳印空「翹之」，「吽」光猛燄，作「大忿怒」。

❽（第二尊的化神王作）如是畫已，復劃「四大寶印」（心智自然智宿命智符印、神氣交合自在密咒符印、騰空自在無礙符印、隱蔽無見自在符印），書「四十二靈符」，（手）指結「五印契」（頓病印、禁五路印、止雷電印、都攝錄印、禁山印）。（第二尊的化神王）悉皆付與螺髻梵王，受持奉行。

爾時「化王」（據元朝管主八《密跡力士大權神王經偈頌》的內容，此應指釋迦佛之化佛，亦即大權神王佛）與螺髻梵王摩頂「受記」，號清淨光明如來，遂隱入本「神王」（即大權神王；穢跡金剛）身中。

本「神王」（即大權神王；穢跡金剛）紫金光聚，（便）隱入「金棺」。

（穢跡金剛；大權）神王言：凡誦一切真言，先須「作壇」。（若）誦此（穢跡金剛）真言，不須「作壇」，但以「沈檀香木」，刻一「跋枳」（即跋折囉 vajra→金剛）金剛橛㮔（形狀有點類似刀劍造形的套子叫「橛」）杵。（「跋枳」即「跋折囉」，此言「金剛」也。《陀羅尼集經》載「金剛商迦羅壇印」法云：畫作人面，其面頭上畫「跋折囉形」立著頭上，其身畫作杖形，如錫杖）。

（將金剛杵置）於（有）「佛塔」（之）中，或（置）於（修行或佛堂的）「靜室」中。用「香泥」塗地，隨其大小（多少）。

於幰去（古同「幀」→已張開的畫幅）像（之）前，設一「盆器」，滿盛「淨水」，置（金剛）杵（於）其上（指將金剛杵置於一盆淨水之上）。

（此法應先）誦（咒滿）「三十萬」（經中云十萬徧）以為「先行」（先行者，謂欲於彼岸行，先於此岸行也），然後（可）於「月圓」（之）夜，廣設「供養」，「竟夜」（一整夜）持誦（咒語），（令咒）聲不斷絕，即（可）見（盆內之）水「涌」（動以及金剛）杵（亦會搖）動，（並）放光照耀。

（此時金剛杵）或（將）變作（各）種（不同的）「異物」，（此時行者）亦勿怪之，（應）專意（專心一意）更誦（更加的持誦咒語）。其（金剛）杵（可能離地）昇起，（飛行高至）離地「三尺」（90 cm 高），或五、六、七、尺，乃至（高至）「一丈」（300 cm 高）以來。

（此時持咒之）行人即須（立刻對穢跡金剛聖像或金剛杵作）「歸依、懺悔、發願」，（穢跡金剛）我（即）於彼時，即（顯）現（出）「真身」，（並將）隨（持咒）行人（其）意，（而）常為「結使」（結字疑爲「給」字），（此行人之）所（任何的）「願樂」者，並皆（令彼）速（獲）得「如意」，（穢跡金剛）我即授與（彼人）「菩提」（成佛）之「記」。

若（於你所在之處遭）有「雷電（交加）、霹靂（霹震雷靂）、（天空）毒龍（噴發→龍捲風）、猝亥風（卒暴颶風）、惡雨（兇惡豪雨）」者：即（可）作「止雷電冫印」
❶以左手中指、無名指、小指並屈掌中，

（將金剛杵置）於（有）「佛塔」（之）中，或（置於修行或佛堂的）「靜室」內，用「香泥」塗地，隨其大小（多少）。

於幰去（古同「幀」→已張開的畫幅）像（之）前，設一「盆器」，滿盛「淨水」，置（金剛）杵（於）其上（指將金剛杵置於一盆淨水之上）。

（此法應先）誦「三十萬」徧，以為「先行」，然後（可）於「月圓」（之）夜，廣設「供養」，「竟夜」（一整夜）持誦（咒語），（令咒）聲不斷絕，即（可）見（盆內之）水「涌」（動以及金剛）杵（亦會搖）動，（並）放光照耀。

（此時金剛杵）或（將）變作種種「異物」，（此時行者）亦勿怪之，（應）專意（專心一意）更誦（更加的持誦咒語）。其（金剛）杵（可能離地）昇起，（飛行高至）離地「三尺」（90 cm 高），或五、六、七、尺，乃至（高至）「一丈」（300 cm 高）。

（此時持咒之）行人即須（立刻對穢跡金剛聖像或金剛杵作）「歸依、懺悔、發願」，（穢跡金剛）我（即）於彼時，即（顯）現（出）「真身」，（並將）隨（持咒）行人（其）意，（而）常為「給使」，（此行人之）所（任何的）「願樂」者，竝皆（令彼）速（獲）得「如意」，（穢跡金剛）我即授與（彼人）「菩提」（成佛）之「記」。

若（於你所在之處遭）有「雷電（交加）、霹靂（霹震雷靂）、（天空）毒龍（噴發→龍捲風）、卒亥風（卒暴颶風）、惡雨（兇惡豪雨）」者：即（可）作「止雷電冫印」：
❶以「左手」（之）「中指、無名指、小

❷頭指直豎，

❸以大拇指捻頭指中節上），

　　誦(穢跡金剛)真言，以(止雷電手)印搖(遙的)指(向)「雷電⚡」(所發生)之處，(則雷電將可暫時)自止(自行止住)。

止雷電寶印

　　若欲治「人病」者：(應)作「頓病印」(右手莊嚴，左手頭指、中指如押索文，屈向掌中。餘三指並直豎)，(再面對著手印，誦穢跡金剛咒)加持「一百八徧」，以(此手)印(去)頓(叩擊；敲打)病人七下(以手印的正面敲病人病痛之處，共打七下)，立差(瘥⇒病癒)。

頓病寶印

　　若病人(病痛至極將欲)臨「欲死」者：結「禁五路印」(左右無名指屈向掌中，餘八指皆直立)，(將手印)置於(欲死者之)心上，高誦(高聲誦咒)真言「一百八徧」，(則即將臨欲死

指」，(共三個指皆)竝屈(向於手)掌中，

❷「頭指」(食指)直豎，

❸(然後再)以「大拇指」捻²⁴(按；捏)「頭指」(食指的)「中節」上，

　　誦(穢跡金剛)真言，以(止雷電手)印遙(遙的)指(向)「雷電⚡」(所發生)之處，(則雷電將可暫時)自止(自行止住)。

止雷電寶印

　　若欲治「人病」者：(應)作「頓病印」(指此手印能治療「困頓病痛」者)，右手莊嚴，左手(的)「頭指(食指)、中指」，如押「索文」(繩索紋布)，屈向掌中，餘三指竝直豎，(再面對著手印，誦穢跡金剛咒)加持「一百八徧」，以(此手)印(去)頓(叩擊；敲打)病人七下(以手印的正面敲病人病痛之處，共打七下)，立差(瘥⇒病癒)。

頓病寶印

　　若病人(病痛至極將欲)臨「欲死」者：結「禁五路印」，(右手與)左手(的)「無名指」屈曲向掌中，餘「八指」皆直立，(將手印)置於(欲死者之)心上，「高聲」誦真言「一百

者之)**魂魄**(即可能)**還體**(如果業緣已盡，則此法亦無助)。

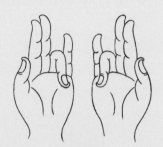

禁五路寶印

若治(遭)「**邪病**」者：(但)於患病人(之)「**頭邊**」，燒「**安息香**」(讓病人能聞得到此香)，誦(穢跡金剛)**真言**，(則咒力可)**立**(刻)**除之**(邪病)。

若治(遭)「**蠱毒病**」：**書**(此病)**患人**(之)「**名字**」於紙上，(並心念&觀想此「蠱毒病者」病癒)。(以穢跡金剛咒)**加持，即差**(瘥ㄔㄞˊ ➔病癒)。

若治(遭)「**伏連病**」(傳屍病)者：**書**(此病)**患人**(之)「**姓名**」，及「**作病鬼姓名**」(無法得知是何鬼名，就寫「某某鬼眾」四字即可)，(將二者之名字)**埋**(於病)**患人**(之)**床**(底)**下**，(以穢跡金剛咒)**真言**(咒)**之，其鬼**(即)**速奉**(出自己的)「**名字**」，(並)**自出**「**現身**」。(持咒者)**便**(可)**令**「**彼鬼**」看三世之事，(彼鬼則)一一具說向人，其病速差(瘥ㄔㄞˊ ➔病癒)。

若有患「**時氣病**」(氣候不正常而引起的種種疫病)者：「**行人**」(會持誦穢跡金剛咒者)**見之，**(加持咒語)**即差**(瘥ㄔㄞˊ ➔病癒)。

若欲令「**行病鬼王**」(會令人發病之鬼王)**不入**「**界**」(結界之處)者：(可)於「**十齋日**」，誦此(穢跡金剛)**真言**「**一千八徧**」，

八徧」，(則即將臨欲死者之)**魂魄**(即可能)**還體**(如果業緣已盡，則此法亦無助)。

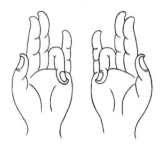

禁五路寶印

若治(遭)「**邪病**」者：(但)於患病人(之)「**頭邊**」，燒「**安悉香**」(讓病人能聞得到此香)，誦(穢跡金剛)**真言**，(則咒力可)**立**(刻)**除之**(邪病)。

若治(遭)「**蠱毒病**」：**書**(此病)**患人**(之)「**名字**」於紙上，(並心念&觀想此「蠱毒病者」病癒)。(以穢跡金剛咒)**加持，即差**(瘥ㄔㄞˊ ➔病癒)。

若治(遭)「**伏連病**」(傳屍病)者：**書**(此病)**患人**(之)「**姓名**」，及「**作病鬼姓名**」(無法得知是何鬼名，就寫「某某鬼眾」四字即可)，(將二者之名字)**埋**(於病)**患人**(之)**床**(底)**下，誦**(穢跡金剛)**真言，其鬼**(即)**速奉**(出自己的)「**名字**」，(並)**自出**「**現身**」。(持咒者)**便**(可)**令**「**彼鬼**」看三世之事，(彼鬼則)一一具說向人，其病速差(瘥ㄔㄞˊ ➔病癒)。

若有患「**時氣病**」(氣候不正常而引起的種種疫病)者：「**行人**」(會持誦穢跡金剛咒者)**見之，**(加持咒語)**即差**(瘥ㄔㄞˊ ➔病癒)。

若欲令「**行病鬼王**」(會令人發病之鬼王)**不入**「**界**」(結界之處)者：(可)於「**十齋日**」，誦此(穢跡金剛)**真言**「**一千八徧**」，能除萬

能除百萬(之)「病患」。

欲令一切「鬼神」自來「歸伏」，(而另作)為「給使」者：取水三升，盛(於)「銅器」中，以淨「灰」圍之，即作「都攝寶印」(都攝錄印)：

　(❶以二無名指，並屈掌中，

　❷令背相著。
　❸二中指頭相捻，
　❹二頭指及小指各如開華，

　❺以大拇指捻頭指中節)，

默誦(念穢跡金剛)真言「一百八徧」，(則)其(持咒打手印者所處)世界內(的)所有「鬼神」，並來「雲集」，(將)自現其身，(亦可)任「行人」(作爲)「驅使」(者)。

都攝錄寶印

若(欲)「禁山」(禁止鳥獸於此山中住→禁山印)者：(先選)所至之山，誦(穢跡金剛)真言「百遍」，(並對此山)大叫三聲，即作「印」(以右手無名指屈於掌中，中指、大拇等指並直豎)。(以此手印)向山印之，(行者須)進退各(走)七步，一誦(咒作)一(手)印，左右上下(皆)顧視(一番)，一切(位於此山之)鳥獸，並(將)移出(此)山。

里(所造成的)「衰患」(衰疾病患)。

若欲令一切「鬼神」自來「歸伏」，(而另作)為「給使」者：取水三升，著(於)「銅器」中，以淨「灰」圍之，即作「都攝錄印」：
❶以(左右手的)二(個)「無名指」(同時)並屈(於)掌中，
❷令(二個無名指之)背(互)相(倚)著，
❸(左右手的)二(個)「中指頭」(互)相捻(住)，
❹(左右手的)二「頭指」(食指)及「小指」各如開華(之狀)，
❺(左右手皆)以「大拇指」捻ㄋㄧㄝ(按；捏)「頭指」(食指的)「中節」(處)。

默誦(念穢跡金剛)真言「一百八徧」，(則)其(持咒打手印者所處)世界內(的)所有「鬼神」，並來「雲集」，(將)自現其身，(亦可)任「行人」(作爲)「驅使」(者)。

都攝錄寶印

若(欲)「禁山」(禁止鳥獸於此山中住→禁山印)者：(先選)所至之山，誦(穢跡金剛)真言「百徧」，(並對此山)大叫三聲，即作「印」，以右手「無名指」，屈(向)於掌中，(然後把)「中指、食指、大(拇)指」(盡量相)並(與)直豎。(以此手印)向山印之，(行者須)進退各(走)七步，一誦(咒作)一(手)印，左右上下(皆)顧視(一番)，一切(位於此山之)鳥獸，並(將)移出(此)山。

禁山寶印

此(穢跡金剛)真言法，能令「枯樹」生枝、「枯泉」出水、「枯山」生木、「野獸」歸降、「夜叉、羅剎」充為侍者，「毒蛇、惡鬼」不敢傷人。求「辯才」得「辯才」，求「珍寶」得「珍寶」，一切所作，皆悉能辦。

凡誦(穢跡金剛)真言者：先誦「南無本師釋迦牟尼佛、南無化身釋迦牟尼佛、南無大權神王佛」各十聲，然後念誦。

禁山寶印

此(穢跡金剛)真言法，能令「枯樹」生枝、「枯泉」出水、「枯山」生木、「野獸」歸降、「夜叉、羅剎」充為侍者，「毒蛇、惡鬼」不敢傷人。求「辯才」得「辯才」，求「珍寶」得「珍寶」，一切所作，皆悉能辦。

凡誦(穢跡金剛)真言者：先誦「南無本師釋迦牟尼佛、南無化身釋迦牟尼佛、南無大權神王佛」，各十聲，然後念誦。

藏傳《忿怒王穢積讚咒》（穢跡金剛讚偈）

【藏密叢譯第三十種】雍和宮扎薩喇嘛傳授。李子敬居士請求。孫景風、李永年居士合譯。

敬禮敬禮敬禮讚，忿中忿故大忿怒。
佛陀佛陀昔佛陀，法身報身幻化身。
名穢積前我敬禮，如劫盡火熾然中。
蓮華日月墊上住，龐大體形色深綠。
三面六臂穢具足，右白左紅中綠色。
三目可怖呲齒牙，不淨甘露如藥服。
右持金剛杵及劍，左持罥索與鐵鈎。

末手期克當胸執，由無穢淨業精勤。

以毒蛇飾其身首，無有恐怖修苦行。

忿怒王前敬禮讚，其不淨者令清淨。

忿怒王前敬禮讚，由諸怖中令救護。

忿怒王前虔敬禮，於諸病疫作護治。

忿怒王前敬禮讚，不淨食與不淨衣。

一切療治作中勝，諸天諸龍藥叉魔。

悉令歡喜盡無餘，諸病諸疫諸癘症。

作守護業敬禮讚，敬請為我作守護。

諸不淨者令清淨，令諸穢者名曰穢。

令諸嚴重轉為輕，寬猛相濟我讚嘆。

穢積忿怒王尊前，一切諸佛所攝授。

若有於汝皈敬眾，身寂心寂諸根寂。

於寂靜天虔敬禮，身淨心淨諸根淨。

於梵淨天虔敬禮，身淨心淨諸根淨。

於淨居天虔敬禮，身清心清諸根清。

於明清天虔敬禮，身明心明諸根明。

於光明天虔敬禮，天龍餓鬼魅魔等。

藥叉部多若聞此，息除痛苦轉安樂。

猶如雪片悉皆白，猶如水晶悉淨明。

猶如明鏡悉明澈，猶如虛空悉朗照。

地及空中所住者，諸天龍等八部眾。

以善心思而安住，不毀於他令安靜。

忿怒王穢積讚咒竟

註：資料來源：《中國藏密寶典·四》頁 305~308。大陸民族出版社印行。2002、1。

第十九、略述著魔、躁鬱症或自殺傾向的對治法【上、下篇】

略述著魔、躁鬱症或自殺傾向的對治法

【上篇】

上篇 ➔ 適合一般大眾讀者閱讀

中醫療法

在中國傳統醫學裡，自殺傾向屬「**鬱證、臟躁證**」。「鬱證」(症)源於「**情志不遂、積鬱成病**」，「臟躁證」(症)的「臟」，是指「心」臟而言，「躁」是指本病的症狀而論。

「臟躁證」一般來說，是指心臟血虛，神不守舍，見有煩躁不寧為主證的一種疾症，最明顯表現為「**神經衰弱、抑鬱**」。臨床症狀繁多，主要有「精神疲勞、神經過敏、失眠、虞病、焦慮和憂鬱、悲觀厭世」。

當「自殺」躍居國人第九大死因之後，「憂鬱症」已列為衛政府教生教育防治重點，因其除了引起精神方面的「心情憂鬱、煩燥不安、起伏不定、鬱卒沮喪、疲乏無力」及缺乏自信等心理症狀外，它也會影響各種器官系統的功能，引起各種的不適：如「頭痛頭脹、記憶力減退、頭暈眼花、心悸氣短、睡眠不安、懶言懶動、活動量少、自殺念頭、食慾減退、暴飲暴食、腰酸背痛、消化不良、腹瀉或便祕、四肢冰冷、酸麻無力、月經失調」及「性功能障礙等」症狀。而這種心身症的身體症狀，反而掩蓋「憂鬱精神」問題，造成誤治，延誤病情。

在中醫理論中，「憂鬱症」病因包括「**肝氣鬱結、心膽氣虛、肝鬱心虛、陰虛火旺**」等證，有的還有「**幻聽、幻嗅、幻覺**」等表現。除了應立即尋求精神科醫師及中醫師的聯合治療，家人持續的精神支持及藥物治療，可使「憂鬱症」患者及早走出心理陰影，改善身體健康。

以上純就中醫的理論來說，**如果以佛法的理論來說「躁鬱症、著魔或自殺傾向」這些都是「業障」引起的，可能是前世的「冤親債主」，今世的所造的惡業，或者是背後有「魔力」在推動著**，關於這點請參閱《下篇》的說明。

（一）中藥配方

今僅介紹中醫法如下：中醫成方「越鞠丸」、「甘麥大棗湯」、「逍遙散」、「丹梔逍遙散」四大藥物常用以對治「鬱證、臟躁證、自殺傾向」有一定防治效驗。

（1）、「越鞠丸」：

「越鞠丸」可治「氣、血、痰、火、濕、氣」六鬱，「行氣解鬱」的效果尤受稱奇，故常用以對治「鬱證」。病人以身體化（自覺身體多處疼痛）為主要表現，兼有「咽喉不適、胸脅脹悶、痰多咳嗽」，此型可以用「半夏厚朴湯」或「越鞠丸」為主方，身體疼痛明顯者可以酌加「桃仁、鬱金」。

（2）、「炙甘草湯」：

適合於心神不寧型。

（3）、「歸脾湯」或「妙香散」：

病人以「失眠」為主要表現，兼有「健忘、月經不調、陽痿、腰背酸痛」的現象，此型可以用「歸脾湯」或「妙香散」為主方。「歸脾湯」適用於「心事煩多、夜晚難眠」者，對「健忘症、心悸、呼吸困難」等症狀效用頗佳。

（4）、「柴胡疏肝散」：

病人常常情緒不寧，伴有「胸口悶、月經不調、容易嘆息」，可以用「柴胡疏肝散」為主方。如果胸口悶甚，可以酌加「香附、鬱金」，如果「月經不調」明顯，則可酌加益「母草、澤蘭」。

（5）、「甘麥大棗湯」：

有「鎮靜」作用，可調整神經活動，緩和神經緊張，雖然是平淡之方，但對「臟躁證」確實有良好效果。病人以「煩躁不安、精神恍惚」為主要表現，兼有「易哭易鬧、心悸」的現象，這型病人可以用「甘麥大棗湯」或「柴胡龍牡湯」為主方。

（6）、「逍遙散」：

治「血虛肝燥、抑鬱不樂、不眠、月經不調、頭暈目眩」等症，古人多視本方為治一切「氣鬱」之劑，經驗上對於「憂鬱症」有良好效果。病人「性情急躁、容易動怒」，兼有「目斥、頭痛、煩躁不安、口乾口苦」，可以用「加味逍遙散」為主方，如果「口苦」明顯，可以酌加「黃芩、龍膽草」。

（７）、「丹梔逍遙散」：

治「火旺、月經不調、白帶、更年期障礙、頭暈目眩、神經衰弱」等症，本方主要在「養血、清火」，故常用作「婦科調經」方。經驗上對於「臟躁證」也有優異效果。

以上藥廠大多均已製成濃縮製劑（即符合 G. M. P.的科學中藥），健保中醫門診中亦予給付，所以無論醫師或民眾都極便於選用。

當出現負面情緒或有自殺念頭時，一般投以「越鞠丸」與「甘麥大棗湯」以二比一的比例組成的合方，成人於三餐及睡前各服 2 克，以溫開水送服，日服四次共 8克。青少年服成人的三分之二量。至於婦女有經前綜合病徵或「更年期憂鬱症」有「自殺意圖」時，通常投以「逍遙散」或「丹梔逍遙散」。服法與上法同。

以上所述只是基本處方，有關臨床上視病情加藥或與其他成方組成合方，以及療程等問題，仍應請教專業醫師。因此有自殺傾向者除非是萬不得已、一時不便，否則原則上仍不應擅自服用。

（二）食療醫法
１、多喝「玫瑰花茶」或「薄荷清火茶」

「玫瑰花」性味甘微苦、溫，入「肝、脾」經。據《本草綱目拾遺》記載「玫瑰花陰乾，沖湯代茶服」、「治肝胃氣痛」。《本草再新》說它能「舒肝膽之鬱氣，健脾降火，治腹中冷痛，胃脘積寒」。《隨息居飲食譜》認為它能「舒鬱結，辟穢，和肝」。《山東中藥》則記載它能「治肝胃氣痛，噁心嘔吐，消化不良」。

綜合各資料可知「玫瑰花」在歸經上入『肝經』，在功能上則可「理氣解鬱」、「舒肝健脾」，極適合用以「防治自殺」。根據臨床應用經驗，它對「性情憂鬱」、「多愁善感」的女性，尤為相宜。

A、「玫瑰花茶」：

取「乾燥玫瑰花」6～10 克，以「涼開水」略沖洗後置茶杯中，沖入沸騰的開水，加蓋燜片刻，依個人喜好酌量加入「冰糖」，以「玫瑰花茶」代茶飲。（「乾燥玫瑰花」在一般中藥店有售）。

B、玫瑰茉莉茶：

材料：「玫瑰」12 朵，「茉莉花」1 點 5 錢，「石斛」3 錢，「桂圓」5 錢，「穀芽」5 分。（一至二天份）

作法：將中藥材分為三至四份，取一份加 250cc 熱水，燜約 5 分鐘，即可代茶飲用。

功效：疏肝健胃，氣陰雙補，適用於「情志鬱悶」，或急躁易怒，頭痛目澀，疲勞無力，食慾減退等。

C、薄荷清火茶：

材料：薄荷 1 點 5 錢、菊花 3 錢、枸杞 5 錢、天麻 1 錢。（一天份）

作法：將中藥材放入藥袋中，加 250cc 沸水，燜約五分鐘，即可代茶飲用。

功效：清肝火、滋腎陰；適用於口乾舌燥、大便乾結、手足心熱、心煩失眠、心悸不安、頭暈頭痛、口苦耳鳴等症。

備註：「便秘」嚴重者，可加「決明子」3 至 5 錢。

2、多補充有「鋅、銅、氨基酸、維生素 B12」的食物

補充富含「鋅、銅、氨基酸」的食物。據科學研究證明，身體中缺乏微量元素「鋅、銅」，是導致「抑鬱症」發生的原因之一。體內缺「鋅」會影響腦細胞的能量代謝及氧化還原過程。含「鋅」較豐富的素食類食物有「奶、奶製品、小麥麵胚、全穀製品、酵母、蘋果、核桃、大豆、芝麻、花生、葵花子、栗子」等。

體內缺「銅」則會使神經系統內抑制過程失調，導致內分泌系統處於興奮狀態，造成「失眠」，久之可發展成「抑鬱症」。**含「銅」較豐富的素食類食物有「核桃、蘑菇、草菇、扁豆、豌豆、蠶豆、玉米、花生、大麥、燕麥、小麥胚」等。**

就輔助治療鬱證而言，「核桃仁」特別值得推薦。**「核桃仁」含豐富不飽和脂肪、蛋白質、鈣及鋅、銅、硒等多種微量元素和「維生素A、B、C、E」等，這些都是神經髓鞘傳遞信息、掌握神經興奮與抑制的基礎物質。臨床應用也證實，「核桃仁」具強力的「健腦益智」作用，治療「神經衰弱」與「抑鬱症」有一定療效。**

至於「氨基酸」，則極有助於振奮人的精神。大腦必須利用「氨基酸」來製造某種神經傳遞素，以便把收到的訊號從一個腦細胞傳遞到另一個腦細胞。沒有神經傳遞素，人就無法進行思維。**例如「色氨酸」，就是大腦製造神經傳遞素的重要物質之一，富含於「酸牛奶、牛奶、香蕉、花生」中。「色氨酸」太少，會造成腦中神經傳遞素下降，使人出現「抑鬱症」。**

還要補充富含「維生素 B12」的食物。「維生素 B12」是製造「紅細胞」的主要原料之一，並可促進「核酸」和「蛋白質」的合成。**人體內「維生素 B12」不足，除會表現出貧血、營養不良和身體抵抗力下降等臨床症狀外，還可影響人的情緒，導致「精神異常」。**

國外有些科學家曾對自殺者的遺體進行檢驗，發現**幾乎每個「自殺者」體內都缺乏大量「維生素B12」。對「自殺未遂者」進行檢驗，也獲得相同的結果。也發現，約有「四分之一」的精神萎靡、情緒憂鬱者缺乏「維生素B12」。**通過臨床也證實，經給予「維生素B12」後，自殺未遂者或有自殺傾向者，確實能快速改變精神面貌，有效地自低潮沮喪轉為開朗樂觀。因此，有自殺意念傾向者，可適量補充「維生素B12」。

「維生素 B12」在素食類中則存在於「牛乳、乳製品、乳酪、螺旋藻」等天然食物中。

3、多吃安神類的養生藥膳

（1）、百合安神羹：

材料：「新鮮百合」1 碗、「五味子」1 點 5 錢、「茯神」5 錢、「龍眼肉」1 兩、「泡軟白木耳」2 碗。（二至三天份）

作法：將中藥材放入紗布袋中，加 1500cc 水，熬煮 45 分鐘，去除藥袋，加入「百合」及「白木耳」，煮熟後加入冰糖，即可食用。

功效：補氣養陰、補心益肝、鎮驚安神；適用於「失眠多夢、口乾舌燥、易於驚醒、膽怯心悸、遇事善驚、少氣倦怠」等症。

（2）、解鬱紫米粥：

材料：「淮小麥」5 錢、「紅棗」6 枚、「炙甘草」2 錢、「糙米」及「紫米」各半杯、「素火腿絲、胡蘿蔔絲、黑木耳絲」及「蛋絲」（可有可無）各三分之一碗。（二至三天份）

作法：「糙米」及「紫米」洗淨，加水浸泡約二小時；將中藥材放入紗布袋中，加一500cc 水，熬煮 45 分鐘，去除藥袋，加入「紫米」與「糙米」熬煮成粥，最後加入「素火腿絲、胡蘿蔔絲、黑木耳絲」及「蛋絲」（可有可無），調味後食用。

功效：養心健脾，解鬱安神；適於情緒失常、喜怒無常、心悸失眠、疲乏無力等者。

4、試試民間偏方

（1）、靈芝

10 公克「靈芝」煎煮服用。

（2）、土當歸

「土當歸」之莖至根絞成「汁」，一回 5cc，每日三回。有調和「焦躁」，安定「神經」之用。

（3）、杷子花

「杷子花」的果實。

日取 5 公克用水煎煮，一日服用三回。

（４）、忘憂湯

服用方式是：一天一次。

主配方：「遠志」3 錢、「酸棗仁」3 錢、「金針」1 大把、「香菇」3 朵、「薑」1 株，
　　　　以及適量的「食鹽」和「味精」。

做法是：先將「遠志、酸棗仁」洗淨，加水適量熬煮 30 分鐘，之後濾渣，再將「香
　　　　菇」切片、「生薑」切絲備用。接著在藥汁繼續煮沸時，下「金針」攪拌片刻，
　　　　再下「薑絲」及「香菇」，煮熟後加入適量的「食鹽」及「味精」，均勻攪拌即
　　　　可。

（５）、好眠湯

配方：「酸棗仁」5 錢，只要將「酸棗仁」磨成粉，置入茶包，浸泡在 300ml 的熱水中，
　　　即可當成開水一般飲用，對上班族來說相當方便。通常約使用二星期，即可
　　　明顯感受到有「精神安定」的效果。

註：保健協會理事長劉吉豐指出，「遠志」和「酸棗仁」原本就是中藥材當中的「安神
　　　藥」，前者味甘性平，後者未甘酸性平，都很適合一般體質的人使用，即使胃
　　　寒者長期喝，也不必擔心有後遺症。

　　　上面有關於食療方法，因牽涉到食物的性、味、功能以及生剋匹配等，**故仍
應請教專業醫師，此處所介紹的「食療藥方」僅供您的參考。**

（三）中醫針灸

　　常用穴位包括：「膻中、風池、足三里、內關、心俞、太沖、行間、合谷、涌
泉、太谿、豐隆」。

（四）芳香療法

（１）、中藥藥浴：

　　「百合」5 錢、「鉤藤」5 錢、「酸棗仁」1 兩、「夜交藤」1 兩、「夏枯草」1 兩、「菊花」

5錢、「半夏」5錢。

（2）、精油沐浴：

「洋甘菊」、「茉莉」及「薰衣草」各2滴。

（五）健身強志

對於有負面情緒、自殺傾向的患者，尚應鼓勵其進行一些自我療法，以達到「健身強志」的目的。這些方法包括：

（1）、「笑口常開」：

中國醫學認為，笑是一種精神滋補劑，是癒合精神創傷的妙藥，也是一種良好輕鬆的體育運動。笑運用於臨床，稱為「笑療」，目前已為現代醫學認同和接受。人每次笑時，膈肌、胸肌、腹部、心臟、肺、脾、肝臟甚至四肢，都能獲得鍛練和放鬆；笑能擴張肺臟，加強胸肌活動，並能通暢呼吸道，還能加速血液循環，調整心律。笑又能調理情緒、振奮精神、改善大腦功能，調節大腦神經，促進睡眠，消除愁悶、厭煩、焦慮、緊張、抑鬱、沮喪、恐懼、孤獨等。有「自殺傾向者」應有意識地鼓勵自己經常面帶微笑，**每天則大笑一～二次，若患者常動腦筋「搞笑」逗趣，實際上便已達到開心解鬱的效（「笑」）果。笑療既無服藥之苦，又無手術之痛，更無副作用之弊，兼可開心顏，長智慧，調和人際關係，可謂一舉數得。**

（2）、「植花種草」：

花木繁茂的地方空氣清新，「陰離子」積累較多，能使人心曠神怡，頭腦清醒，對健康十分有利。可在陽台安置「盆景」或「吊盆」，通過持恒的除草、澆水、施肥、摘芽、剪枝、整株、造形等勞動，能培養愉快平靜的情緒和積極向上向善的精神，有利於患者肯定生命的意義和價值。**「植花種草」可幫助患者鬆弛大腦皮層的緊張和焦慮，促進「安眠」；尤其能幫助老年患者消除「抑鬱情緒」，長保心情愉快，故有利「抑鬱症」的治癒。**

（3）、「尋花問柳」：

　　花卉能予人生命力和美感。許多花卉香氣襲人，而花香本身就具治病保健效果，是「芳香療法」的重要組成。**花香所以能治病，在於花瓣裏所含的各種揮發性芳香油成份，具有不同的藥理作用**。今已證實，有十五種鮮花的香氣對治療心血管病、氣喘、肝硬化、神經衰弱等具顯著療效。大多數花香還能釋放出抗菌、滅菌物質。很多花香，含有芳香油，芳香油中有種叫芳香醇的物質。這種物質會在花開時隨著芳香油揮發到空氣中，當人們呼吸時，就會吸入鼻孔，當它與人的鼻粘膜上的嗅覺細胞接觸後，會刺激嗅神經，從而使人產生合適愉快的感覺。各種芳香醇又有其獨特的功能，**例如「香葉天竺葵」的油有鎮靜神經、消除疲勞的作用，可以改善睡眠，治療神經衰弱症**；「月季花」的香味則可使人心跳加快，精神興奮，對治療「憂鬱症」很有幫助。

　　花卉枝葉的綠色，是保護眼睛和調節精神的最理想底色與基調。據研究，**綠色只要在人的視野中佔了百分之廿五，人就會心曠神怡**。在綠色環境中，人的脈搏次數比在城市空地中每分鐘減少四～八次，有的甚至減少十四～十八次。**因此鬱證、臟躁證患者宜多走到戶外「尋花問柳」，常常接近花卉，在花的美顏、秀色、馨香中鬆弛精神，緩和焦慮**。即或不能如此，亦可於室內供放一、兩瓶花，常常變換花類，以達到怡情、悅目、養心的目的。

（４）、「散步登山」：

　　運動可使人產生化學和心理上的變化，改變血中荷爾蒙的含量；並可改變植物神經系統還易使人興起「完成感」和「控制感」，降低「抑鬱症」患者所具有的那種「無能為力」的感覺。運動鍛練的強度、持久性和次數，對治療效果具有決定性。**在所有運動中，「散步」和「登山」對有輕生尋短傾向者格外相宜**。

　　這兩種運動不僅可鍛練體魄，還可陶冶性情，調節情志，宣泄負面的情結鬱悶。平常限於時間和作息，可選擇散步。**清晨是散步的最佳時機**。據研究，人體內的褪黑激素過多，會使人心情惡劣。夜間，此種激素會增加，但在晨光中則會減少，故早晨散步有益健康。例假日則可選擇登山。**登山須要體力、耐力、意志、鬥志，對常陷入沮喪、低潮、憂愁的患者具激勵作用**。

（５）、「多曬太陽」：

增加陽氣，去除寒氣！其實任何再大的鬼魔惡力也會怕「烈日」，而且著魔力的人也會怕曬太陽，他們總是「躲」著太陽，其實這是背後的「魔力」在驅動著。所以容易著魔力或已著魔力的人應該多曬太陽，而且要選在早上，或正中午時曬最好，下午三點以後，太陽威力漸弱，魔力陰鬼就會慢慢的出現。**病人最忌晚睡，一定要養成早睡早起，如果一直晚上不睡，白天才睡，這樣問題就大了，試著讓病人晚上十一點前就睡，無論什麼方法都可，然後天亮了，至少九點以前一定要挖起來！當病人失眠嚴重時，盡量避免午睡，必要午睡時，以不超過三十分鐘為限。還有不要去任何的喪家或不乾淨的地方！**

（６）、「洗冷水澡」：（如果可以的話）

烏克蘭國立哈克夫大學「細胞基因學系」研究小組，長期以來即在研究長生不老秘訣，最近證實只要能夠控制人體內細胞核的「發電能量」，使細胞永遠活躍，就能夠保證青春永駐，而「冷水浴」是最簡便的方法。

哈克夫大學細胞基因學系主任夏巴佐夫日前發表研究小組成果報告指出，**由於冷水浴的「寒顫」衝擊，細胞核立即反應，釋放大量電能，使人體溫在極短時間內升高至 40 度，而這瞬間的高溫，可以殺死許多微生物、病毒及癌症細胞。**報導引述夏巴佐夫的話說，**控制細胞核放電能量的最簡便方法，就是「冷水浴」，而這也是科學家對常洗冷水浴或寒冬在冰水中游泳的人所作的長期實驗結果，藉由冷水的衝擊，增加細胞核放電的潛能，刺激細胞活動，也延長了細胞的活力。**

俄羅斯人愛在結冰的湖面冬泳，鄰國哈薩克也有一群人喜歡在冰天雪地的氣候，**跳進山溪裡，因為他們相信這是「強身健骨」的好方法。**

《十個經科學證實的長命偏方》
（詳 http://netcity4.web.hinet.net/UserData/84380114/text18.htm）一文中其中第 4 點就是洗冷水浴。冷水浴可**鍛鍊血管，強化體質，讓血管做體操可延年益壽。**台大醫院牙科部醫師免疫學博士孫安迪表示：常作冷水浴**可讓食慾旺盛，吃得香甜，且少有便秘。**實驗證明，**冷水浴鍛鍊對「神經衰弱、頭痛、失眠」，都有良好的防治作用**；孫醫師指出，

當冷水作用到皮膚以後，引起皮膚血管劇烈收縮，血液流向內臟或深部組織，可使內臟新陳代謝過程增強，熱量增加，當腹腔血液循環加速時，胃腸功能活躍，腸蠕動增快，**可改善消化吸收能力**，因而使整個消化系統功能增強，**令人食慾旺盛**。

在冷水刺激下，大腦會立刻興奮起來，調動全身各器官組織加強活動抵禦寒冷；周身血管的舒張運動，即是靠了中樞神經系統的調控，**長期堅持冷水浴鍛鍊，透過神經反射和大腦作用，可使中樞神經系統功能增強，減緩腦細胞的衰老和死亡**。

冷水浴的三階段：

A、當皮膚接觸到冷水時，便會立刻產生反射作用，使皮下血管收縮，防止體內的熱量消散，以保持體溫。**寒冷時，浴前要做好「熱身」活動，出水後要用力擦乾全身。經常淋冷水浴，可以鍛鍊身體「防寒」的功能，令血管反應敏捷。**

B、當皮膚長時間接觸冷水後，身體會出現另一階段的反應。皮下血管經過短時間收縮後，會出現舒張情況，於是，大量血液便會從體內流向身體表面，**使皮膚泛起微紅，全身便有一種和暖的感覺**。所以在沖完冷水浴後，都會有一種溫暖舒暢的感受，當洗完擦乾身上的水後，**不要急著穿衣服，先忍耐個 2～3 分鐘，身體自動會暖起來，你甚至可以一直光著身體，持續一小時都還不會覺得冷哦**！

C、冷水浴亦會對「神經中樞」產生一定的刺激作用，提高它的興奮程度和警覺性，**故冷水浴可以消除「精神萎靡」和「情緒低落」**，令人精神為之一振，對於精神不振和體力疲勞均有一定的幫助。

孫醫師強調，冷水浴適應範圍較廣，但有些病患不宜進行，如**「嚴重心臟病、高血壓、胃炎者，嚴重肝、肺疾患者」；「患急性、亞急性傳染病」，尚未康復者。此外，「月經期」和「孕產期婦女」；「酒後、飽食、強勞動或劇烈運動」後，都不宜進行冷水浴鍛鍊。**

還有要注意如果冷水浴後，**皮膚或口唇出現「紫藍」，就表示水溫太凍**，或淋浴時間太長；這時應該要停止浴沐動作，擦乾全身。如果天氣冷到不敢以冷水沖身或

是浸泡時，也可以用「冷毛巾抹身法」來代替。方法是先用冷水將毛巾完全浸溼，然後由手臂開始擦拭、依序為胸部、雙腿，以至於背部，每一處用冷濕毛巾裹覆後，立即以乾毛巾（以較為粗厚者為佳）用力急速擦乾。

略述著魔、躁鬱症或自殺傾向的對治法

【下篇】

下篇➜ 適合佛教徒讀者閱讀

佛法療法

一般來說，魔的分類有許多種，大致有「二魔說、三魔說、四魔說、五魔說、八魔說、十魔說、五十陰魔……」等。「二魔說」分成「內魔」、「外魔」二魔，「內魔」由自身產生障礙，「外魔」則係自他身而來之障礙。本文不在此詳細討論魔力的「來源」及其「因果業報」，只就「如何治療」來探討。

(一)修持佛法

據《摩訶止觀》言治鬼魔的方法有三：

（1）**覺訶**（識別魔障為那類鬼神所致，呼其名而訶斥之）
（2）**持誦**（指誦戒本、佛名、咒語等）
（3）**修止觀。**

（1）、「呼喚鬼魔名字➜勸持誦楞嚴咒」：

《摩訶止觀》云：「**訶其宗祖，聞即差去**」，訶云：「**我識汝名字，汝是追惕惡夜叉，拘那含佛**時，破戒偷臘<u>吉支</u>貪食嗅香，我今持戒不畏於汝」。這樣訶斥就可除魔。

《修習止觀坐禪法要・覺知魔事八》亦云：「**行者若見常用此時來，即知其獸精，說其名字訶責，即當謝滅**」。這是以「其名號」治「其妖」之法，即以其人之道還治其人之身。關於呼喚鬼神名這個方法，大家一定有個疑問，我們如何知道鬼魔的名字？如何對治？其實很簡單，告訴大家一個祕訣，你只要一心持誦《楞嚴咒》就可以了，因為《楞嚴咒》的「咒義內容」是：【能降伏十三大鬼眾】、【能催伏十二大食鬼眾】、【能斬伐十六大外道咒詛邪術】、【能摧破五十大天神兵眾】、【能轉化五大惡心】、【能禁斷五大邪術】、【能調伏十五大食鬼眾】、【能轉化二十五大惡心、邪心

鬼魅眾】……等，這些咒語都是採取「稱其名字」後再「呵責」的方式。

《楞嚴經》一向是被視為對治魔境的重要法門。下面舉經文來說明《楞嚴咒》的重要性：

《楞嚴經·卷七》云：「十方如來，因此咒心（指楞嚴咒），得成無上正遍知覺。十方如來，執此咒心，降伏諸魔，制諸外道」。

《楞嚴經·卷十》云：「阿難！若有眾生，能誦此經（楞嚴經），能持此咒（楞嚴咒），如我廣說，窮劫不盡。依我教言，如教行道，直成菩提，無復魔業」。

《楞嚴經·卷十》云：「若諸末世愚鈍眾生，未識禪那，不知說法，樂修三昧，汝恐同邪，一心勸令持我《佛頂陀羅尼》咒。若未能誦，寫於禪堂，或帶身上，一切諸魔，所不能動。汝當恭欽十方如來，究竟修進最後垂範」。

《楞嚴經·卷七》云：「十方如來，傳此咒心，於滅度後付佛法事，究竟住持，嚴淨戒律，悉得清淨」。經文一再重覆「楞嚴咒」乃是釋迦如來「究竟修進最後垂範、究竟住持」，足證「楞嚴咒」乃是降伏諸魔不可忽略的神咒。

憨山大師也專勸持《楞嚴咒》除魔，大師說：「云神咒者，乃一切諸佛祕密實相心印……雖以『止觀』之力而消磨之，蓋有深固幽遠，殊非智力可到者，苟非仰仗諸佛如來祕密心印咒輪而攻擊之，倘內習一發，則外魔易侵，如此又何能出生死，證真常，而入寂光淨土哉？蓋行有顯密，前『正觀』之力，所謂顯行，此『陀羅尼』，乃密行耳」。大師極力提倡神咒之效，如果以「止觀」治魔，恐「非智力可到者」，所以必須仗如來祕密神咒以加被之。

憨山大師又云：「行人於生死險難之中，而欲證菩提，非神力加持，又何以濟眾難出險道乎？……」。

《摩訶止觀·卷八上》還說：「若『鬼魔』二病，此須深觀行力，及大神咒乃得

差耳」。

智顗大師《修習止觀坐禪法要・覺知魔事八》云：「**若諸魔境惱亂行人、或經年月不去，但當端心正念堅固，不惜身命，莫懷憂懼。當誦大乘方等諸經治魔咒，默念誦之，存念三寶。若出禪定，亦當誦咒自防，懺悔慚愧、及誦波羅提木叉。邪不干正，久久自滅**」。這裡並加上誦經、持咒之法，並言「**若出禪定，亦當誦咒自防**」，可見「持咒」卻魔一法並不可忽略。

　　持誦佛咒，原則上什麼咒都可以，但是如果仍然不得力的話，就請改誦《楞嚴咒》或者《穢跡金剛咒》，理由是：《楞嚴咒》很長，要有強大的意志力和耐心來學著唸，只要肯發心學唸，魔力終有「除去」的一天，《楞嚴咒》可除任何再大的魔王、神鬼妖精、飛精……等等。建議用「梵音」唸的原因是「比較快相應，比較得力，咒力較易顯現」。

　　推薦唸《穢跡金剛咒》的原因是歷代禪師很多都唸此咒除魔障，**從《穢跡金剛咒》的「咒音」來看，它的確具備了去除魔力的「咒音」在裡面！**

　　《楞嚴經》和《楞嚴咒》相關資料網站，請參閱
https://drive.google.com/drive/folders/1dbuD30gqgpJHvRDWjnvO6DiW4tK8Bd3b?usp=sharing

　　《穢跡金剛》相關資料網站，請參閱
https://drive.google.com/drive/folders/1ShDhhrTm6kIwfQSIyOTOGU9-KyVtep_u?usp=sharing

（２）、「持誦戒本」：

　　持了咒語如果還不能除魔的話，則「**當密誦『戒序及戒』，戒神還守，破戒鬼去**」。以「誦戒」及護法戒神的力量去驅魔。

　　《修習止觀坐禪法要・覺知魔事八》云：「**若出家人，應誦『戒本』；若在家人，**

應誦『三皈五戒』等，鬼便卻行匐匍而去。如是若作種種留難惱人相貌及餘斷除之法」。

《佛說灌頂三歸五戒帶佩護身咒經・卷三》也說：**只要受持三歸依者，即得三十六種善神護衛，受持戒可得二十五善神護念。**

（３）、「念過去七佛名」：

在《治禪病祕要法・卷下》提到：「**應當『數息』，極令閑靜，應當至心念『過去七佛』，稱彼佛名**」。也是是要唸「過去七佛」的名號來降魔，七佛是「**毘婆尸佛、尸棄佛、毘舍浮佛、拘留孫佛、拘那含牟尼佛、迦葉佛與釋迦牟尼佛**」。還有，最好用「標準梵音」來唸這古七佛號。

凡是修道用功的人，當有魔境變現的時候，應當專心提起一句「南無阿彌陀佛」或「觀世音菩薩」、「地藏王菩薩」……等。不論你是持名念佛，或是觀像念佛都可以。因為我們自力的功夫有限不大，必須仗不可思議的佛力來加被。經文說當我們在念彌陀佛時，有四十里路的光明照耀，所以念佛無功不成，無德不圓，無難不除。若能依念佛法，來對治魔，非但魔要驚怖不敢相近，而且也會對你產生恭敬心了。

（４）、「於後座掛『方鏡』防妖」：

《摩訶止觀》云：「**隱士頭陀人多畜『方鏡』，桂之座後，媚不能變鏡中色像，覽鏡識之，可以自遣，此則內外兩治也**」。在坐後掛上「方鏡」以除妖，我想這有點像道家置「八卦鏡」之術。

（５）、「拜懺誦經」：

以修持佛法來除魔，**眾多法門中以「拜懺」為最上等法門**(如果病人可以拜佛的話)，因為「彌天大罪，一懺便消」，今生會著魔，大都是貪心、貪法、貪宿命、貪境界、貪快速、貪神通、甚至執著所修的功德福報……等所引起的。**千魔萬魔均可採「一心拜佛」來除障。拜水懺、梁皇懺、萬佛懺、千佛懺均可！**

唸誦佛經，原則上什麼佛經都可以，如果仍不得力的話，筆者建議可改成唸

《金剛經》，因為這部經是「除相」的、去「執著」的，**人會著魔，就是著了「色相、魔相、神相、鬼相、善相、惡相」等，努力的唸《金剛經》，一定可以克服魔力的。**《金剛經》一天最少一部，多則數部。

（6）、「燃臂迴向」：

《楞嚴經》云：「**若我滅後，其有比丘發心決定修三摩提，能於如來形像之前，身然一燈，燒一指節，及於身上爇一香炷。我說是人無始宿債，一時酬畢，長揖世間，永脫諸漏**」。

《梵網經・卷下》言：「**若不燒身、臂、指供養諸佛，非出家菩薩**」，意即若不燒臂則「**非出家菩薩**」。

儒家常言「**受之父母，不敢毀傷**」（《孝經・開宗明義章》），我們可以把這句話歸類是近「小乘」；而孔子卻又稱其「**泰伯斷髮**」為「**至德**」（《論語・泰伯篇》）；又如比干之「**剖心**」，《論語》則又美其「**為仁**」（【微子篇】），好像又成了佛教「大乘」的行為。從儒家的經典來看，也不是永遠都死板板的「**不敢毀傷**」。

燃臂是在手臂上燃香，一般是在受菩薩戒時才燃臂，有燃一柱、三柱、九柱、二十一柱、四十九柱，乃至百柱以上。如民國戒心大師共燃臂香九十六柱，亦有燃於胸前或背上者。

經論中常提到「燒臂」的如《悲華經・卷九》載世尊昔為燈光明轉輪王時，曾燒手臂七日七夜照亮道路，讓失道的五百商人得以獲救，經云：「**以是善根因緣，今燃此臂為示道故。令是諸商安隱得還閻浮提中，燃臂乃至七日七夜，此諸商人尋便安隱還閻浮提。善男子！我於爾時復作善願，若閻浮提無諸珍寶，若我必成阿耨多羅三藐三菩提**」。

另外《賢愚經・卷六》也有類似的故事，**世尊往昔做「薩簿」時，曾自纏兩臂以酥油燒之成火炬，照亮黑暗，進而整救了五百賈客。**在史傳部中記載燃臂的高僧也很多，如《續高僧傳・卷二十五》載隋・慧雲大師知梁朝國將亡盡，為救愍兵災

劫難，竟「**燃臂為炬**」，期能攘斥災禍，<u>慧雲</u>大師的「**燃臂為炬**」與《悲華經》和《賢愚經》記載世尊往昔行菩薩道的故事相似。

唐·<u>慧雲</u>大師「**於像前以刀解臂，蠟布纏骨而燒焉**」。隋·<u>法朗</u>（五〇七～五八一）大師甚至「**燃臂腳及手，申縮任懷，有若龜藏**」。而南朝梁代禪宗著名之尊宿<u>**傅翕**</u>（497～569）大士(即<u>善慧</u>大士)，一生徒眾甚多，講經說法不輟，卻每率徒眾「**焚指燃臂**」以供佛之舉，乃至明朝<u>蕅益</u>大師一生燃臂無數⋯⋯等等。

<u>蕅益</u>大師曾對「然臂」的事讚歎的說：（詳《蕅益大師全集·十八·靈峰宗論卷七之一》頁 11247～11248 之「寄南開士血書法華經跋」）

「《法華》、《楞嚴》深歎『**然臂指及然香**』功德，亦以此耳。或謂斷煩惱臂，然無明身，豈在區區血肉間？不知眾生結習濃厚，虛幻血肉，如翳眼中脂，當體即是為明煩惱。僧問<u>紫柏</u>，如何是生死根本？曰：只汝身是。云：怎麼則死了便出生死。師震威一喝，嗚呼！大人作用，豈義學所知。蓋實從半偈悟徹，故示人自親切也。人能刺血然香，縱未明理，亦破敵前茅，儻高談理性，不入行門，身見高山，何由摧碎？予每見此妙行，必深心隨喜」。

大師認為人如果能燃臂香，就算「未明理」，也是件無量的功德，一定深心隨喜讚歎功德！

這節內容不是在鼓勵大家爇臂，也不是在說行菩薩者一定要爇臂不可。我要表達的意思是：如果你被魔力鬼神或冤親債主「纏」得很緊，你想「**速戰速決**」，那麼就試試這招「**燃臂**」的功德，把燃臂的功德迴向給冤親債主或三寶，冤親債主看你那麼有「誠心」，很可能就會「放」了你，不過這個方法也請勿隨便用，一定要請示出家法師，然後「**如法**」的在佛寺三寶前「**燃臂**」，先寫好「**迴向文**」，請法師代為燃臂，燒幾顆都可以，以自己「**發心**」決定！

（７）、「修止觀和空觀」：

A、止觀

如何以「止觀」之法治魔？《摩訶止觀》云：「八十億眾不能動心名『止』，達魔界即佛界名『觀』，但以四悉，止觀安心，隨魔事起，即以『四句』破之，橫豎單複破悉無滯」。

《修習止觀坐禪法要‧覺知魔事八》云：「行者既覺知魔事，即當卻之。卻法有二：一者『修止』卻之……二者『修觀』卻之……知魔界如即佛界如，若魔界如、佛界如，一如無二如，如是了知，則魔界無所捨，佛界無所取，佛法自當現前，魔境自然消滅」。佛與魔皆「入實際」，是顯法性無二，佛界與魔界是「一如無二如」，能如此觀的話，則「魔界自然消滅」。

《摩訶止觀》又言：「即此魔事，具十界百法……一魔一切魔，一切魔一魔，非一非一切。亦是一魔一切魔，一佛一切佛，不出佛界即是魔界，不二不別。如此觀者，降魔是道場」。意思是要我們能夠達到：「煩惱即菩提，佛界即魔界。無緣大慈。菩提生煩惱，佛界生魔界，同體大悲」。

《金剛經》上說：「法無定法」、「一切法皆是佛法，皆不可得」，所以佛法「不可得」，魔法亦皆「不可得」。佛界與魔界非但「不可思議」，亦皆「不增不減」、「不生不滅」，如此「佛魔兩妄」，皆是虛妄。《楞嚴經‧卷五》說得好：「言妄顯諸真，妄真同二妄」。佛魔皆在一念心，了無可得！

B、空觀

《金剛經》云：「若見諸相非相，即見如來」、「凡所有相，皆是虛妄」。

《大乘起信論》云：「行者常應智慧觀察，勿令此心墮於邪網。當勤正念，不取不著，則能遠離是諸業障」。這些都是修「空觀」對治魔的不二之道。

《摩訶止觀》云：「若已受入，當從頭至足一一諦觀，求魔叵得，又求心叵得，

魔從何來，欲惱何等？如惡人入舍，處處照檢，不令得住」。

魔者何也？心者何也？若真實諦觀，則一一不可得。《楞嚴經》之「七番破心」心非心，五陰、六入、十二處、十八界皆非自然非因緣，隨眾生心，應所知量。《金剛經》上「**過去心、現在心、未來心**」亦了不可得，故「**魔從何來，欲惱何等**」？一切都是唯心所造。

《大乘起信論》云：「**或有眾生無善根力，則為諸魔外道鬼神之所惑亂。若於坐中現形恐怖，或現端正男女等相，當念唯心，境界則滅，終不為惱**」。

（8）、「**專務修道，不理魔境，與魔迴避**」：

除了「觀想」外，仍不能去魔，則只好「**以死為期，不共爾住**」（《摩訶止觀》）**專務於修道，對魔境不予理會**，或「**善巧迴轉**」與魔迴避。《摩訶止觀》曾舉到一個例子：「**釋論云：釋迦往昔在惡世，世無佛，求法精進，了不能得，魔變化作婆羅門，詭言有佛一偈，汝能皮為紙，骨為筆，血為墨，當以與汝。菩薩樂法，即自剝皮曝令乾，擬書偈，魔即隱去。佛知其心，從下方涌出，為說深經，得無生忍**」。從這個故事我們可得知只要「**一心修道，以死為期**」，萬緣放下，則魔者亦為佛也。

（二）焚香驅邪

常在自己房間或佛堂點上「**除障熏香**」或「**沉香**」，也可避邪！還有，寧可點「**貴**」一點、好一點的香，也不要去點化學合成類較差的香。

（三）佛寺暫住

到「修行較旺盛」的佛寺去暫住，過著佛寺修行的生活，暫時忘掉紅塵中的種種煩惱，我看過有人住上一、二年，就在不知不覺中好了起來！各位想想：佛寺住上一、二年，**放棄所有的工作或經濟收入，然後擺脫掉終身的「鬼神病」，這是值得的**！

(四)法會加持

找高僧大德加持，或請人代做大法會，不論是佛七、水陸、放生活動、各種懺門、或者密教的「施身法」……等。總之，本人親自多參加一點「大型」的法會，或者他人代為參加也可。要持續的做，要有恒心和耐力，相信終有解決魔障病的一天！

(五)遠離魔業的十種方法

《華嚴經‧卷五十八》之「離世間品」中有提及捨離魔業之十法，茲節錄如下：

佛子！菩薩摩訶薩有十種捨離魔業。何等為十？所謂：

1、近善知識恭敬供養，捨離魔業。
2、不自尊舉，不自讚歎，捨離魔業。
3、於佛法深信解不謗，捨離魔業。
4、未曾忘失一切智心，捨離魔業。
5、勤修妙行恆不放逸，捨離魔業。
6、常求一切菩薩藏法，捨離魔業。
7、恆演說法，心無疲倦，捨離魔業。
8、歸依十方一切諸佛，起救護想，捨離魔業。
9、信受憶念一切諸佛，神力加持，捨離魔業。
10、與一切菩薩同種善根，平等無二，捨離魔業。

是為十。若諸菩薩安住此法，則能出離一切魔道。

其中第一條「近善知識恭敬供養，捨離魔業」在智顗大師《修習止觀坐禪法要‧覺知魔事八》亦有言及，云：「是故初心行人，必須親近善知識，為有如此等難事，是魔入人心，能令行者心神狂亂，或喜或憂，因是成患致死……」。我們修行的路上，欲免魔難須具「正知見」，廣修六度，首先要接受親近善知識的教導，「佛來佛斬」、「魔來魔斬」，「不喜不憂」，「不作聖心，名善境界，若作聖解，即受群邪（《楞嚴經》)」。行人自勉之！

結論：

　　治魔之道到底有多少？在智顗大師的著作中也用盡了許多方法治魔，當然大師的重點仍是在「止觀」之道，若仔細講，治魔之道亦是無有窮盡、不可思議的。除了治「四魔」外，尚有治罪魔、治色魔、受魔、想魔、行魔、識魔、鬼魔、神魔、仙魔、業魔、心魔……等；以經或咒治魔、止觀、四句、禪定、禮懺、念佛、六度、修戒定慧……等，無一不是治魔之道。

　　《華嚴經・卷十三》云：「世間所見法，但以心為主，隨解取眾相，顛倒不如實」。

　　《華嚴經》云：「心、佛及眾生，是三無差別」。

　　《華嚴經》云：「若人欲了知，三世一切佛，應觀法界性，一切唯心造」。我們可以把它更改成：「若人欲了知，三世一切魔，應觀法界性，一切唯心造」。

　　眾生心念有多少，則治魔之道就有多少，一切都是「隨眾生心，應所知量（《楞嚴經》）」。一色一香，無非中道了義；一色一香，亦無不是治魔之道，就看各位如何運用了！

　　性定魔伏朝朝樂，妄念不起處處安。
　　心止念絕真富貴，私欲斷盡真福田。—宣化上人

第二十、漢傳穢跡金剛法會【研討會】的問答錄

主講者：果濱

錄音筆記者：穢跡金剛站長果忠

時間：2004、12、19，早上 10 點 20。

地點：新北市樹林區福慧寺「念佛堂」

一、問：請問老師金剛杵是用左手拿著唸，還是右手拿著唸？

答：

如果是天生的左撇子，那你認為應該用那一手拿金剛杵唸？（眾笑）

還有，各位要記著：金剛杵的杵尖，千萬千萬不能對著別人，因為這樣會傷害到無形、有形的眾生。

二、問：在修行中，如何判定我們所見、所夢的本尊，是真的？是假的？

答：

如果本尊現前，依經典來說，一定要立刻起身、懺悔、禮拜。如果是幻境或是魔境，那魔境可能會受不了你跟他懺悔禮拜，境界可能就會消失。如果是真的本尊，境界應該不會消失。又，如果你起了歡喜心，以為見到聖境而執著貪戀的話，那可能會中計了，恐怕是魔王化現的本尊。

三、問：穢跡金剛杵和普巴杵如何分別？

答：

一般大致上來說，杵頭的臉很難辨別，而且標準也不定，有的穢跡金剛杵也刻上 3 面 3 頭，但是大部份都是 1 面 1 頭的造形。「普巴杵」則 3 面 3 頭的居多，所以要以頭來作分辨，這是不客觀的。

倒是有個地方會不太一樣，如穢跡金剛杵身的三角前端不會有「龍型金翅鳥頭、馬頭」造形，也不會有「龍」的裝飾纏繞。普巴杵身大多有「龍型金翅鳥頭、馬頭」造形的尖端，也有加上「龍」的裝飾纏繞。。

所以：從有無「龍型金翅鳥頭、馬頭」造形或「龍」纏繞，大致上還是可以區別的！

如果站在「相由心生」，那金剛杵跟普巴杵就不必分別了，那就看個人修行及觀想了。

如果站在「凡一切相，皆是虛妄」，那更沒什好討論的了。

四、問：灌頂後一天要唸幾遍，都沒有唸，可以嗎？

答：

最少一天唸 108 遍吧！愈多愈好。都沒有唸，那你就是來結緣的，有點可惜！入寶山而空手還！

五、問：唸穢跡金剛咒有沒有超渡的功效？

答：

佛的咒是不可思議的，金剛咒不能說絕對不能使用在超渡上。但是佛咒也都有個別的「特殊用途」，如超渡的咒語，佛頂尊勝咒、地藏菩薩咒……等。如果您修到本尊相應而成就，那咒語是不可思議的，無所不能，無所不用。如果你還在修學當中，那就多多少少做個區別，超渡用超渡比較強的咒，驅魔就用驅魔比較強的咒。

六、問：上師只教我們金剛咒根本手印，其餘法本中所說的四個手印，可以學嗎？可以使用嗎？

答：

這次法會的傳承就只用「根本手印」，其餘的我們沒教，那能不能自修？我要告訴大家，要注意聽：福慧寺只傳「根本手印」，所以我們只對「根本手印」負責，如果您要自修另外四個手印，發生什麼問題，或者有什麼境界的話，那跟福慧寺這次傳法是無關的，大家要記住～

七、問：您法本上的「序言」中有提到「權實不二」，這跟「淨穢」有何關係？

答：

從穢跡金剛的經典來說，我們表面上是看見穢跡金剛以咒力除 "穢" 的事，也

就是以"淨"除諸"穢"。這樣的道理我們可以歸類——叫做「權」，是「方便」。如果深一層來看，有了"穢"就有相對的"淨"；有了"淨"才有相對的"穢"，"淨"與"穢"兩者是相對而來的。所以站在「實相」的立場，"淨"與"穢"皆無實自性，兩者皆是虛妄，都是隨著眾生心的分別而產生的"名相"，所以「淨」與「穢」兩者又皆是"妄"也。這樣的道理我們可以歸類——叫做「實」，是「究竟」。

然而，，「權」不離「實」，「實」不離「權」，兩者是「不一不異」。「不一不異」就是「不二」的意思，《中論》上說：「若不依俗諦，不得第一諦」，所以「俗諦」與「第一義諦」兩者是"不即不離"＆"不一不異"的關係。

「權實不二」，就是說「權」與「實」兩者"不一不異"。

同樣的「淨穢不二」，也是說「淨」與「穢」兩者"不一不異"。

八、問：手印要怎麼修才會有力量？

答：

這跟打拳一樣，必須日日修、年年修，才會有感應。不是說今天會手印，明天就打遍江山，這都還早的很。個人建議，應該盡量每天都有打到手印，有練到手印，等爐火純青時，手印自然就會有效用。

九、問：修行一定要觀想嗎？

答：

當然！三密相應就是「身持印、口誦咒、意觀想」。如果您做不到，慢慢練習，或者先對著金剛像唸咒，熟了後再學觀想，觀想到自己與穢跡金剛本尊無二無別、不一不異、不即不離，這樣就可以了。

十、問：種子字怎麼觀？

答：

可以觀閱本書中那個種子字「hūṃ」即可。

十一、問：儀軌要全部修嗎？

答：

如果可以的話，當然照著本書所指示的方法來修最好，如果您只是純唸「根本咒」，也可以，這是老和尚開示說的！

十二、問：穢跡金剛咒到底是不是普傳？

答：

如果您是<u>明</u>朝人，那我可以肯定的告訴你，這個咒是普傳的，可以唸的，因為它被放在《諸經日誦》內，就是類似我們現在唸的《朝暮課誦本》，無論出家、在家都可以唸，沒有灌頂傳法問題。但是<u>清</u>朝以後、民國以來，《朝暮課誦本》就把穢跡金剛咒移除拿掉了，大家自然就唸不到了。

加上我們末法根器比較差，自修這個咒，亂唸一通，咒音正確與否，都不是很清楚，當然是危險的。所以：以現在來說，這個咒最好還是有如法的灌頂傳授，在有人指導下，有上師的加持下，有傳承的加持下，這樣才不會發生障礙！

十三、問：佛頂尊勝陀羅尼咒沒有灌頂，可以唸嗎？可以修嗎？

答：

如果您是<u>明</u>朝人，那我可以肯定的告訴你，這個咒是普傳的，可以唸的，因為它被放在《諸經日誦》內，就是類似我們現在唸的《朝暮課誦本》的本子，無論出家、在家都可以唸，沒有灌頂傳法問題。但是<u>清</u>朝以後、民國以來，《朝暮課誦本》就把佛頂尊勝陀羅尼咒移除拿掉了，自然大家就唸不到了。在西藏密咒中，這個咒是要灌頂才能學的。

那到底我們可不可以唸？告訴你：如果有上師或法師教授、教讀、傳法，那就去學、去唸，因為有人指導，比較不會發生偏差，或者發生什麼境界，不會處理，造成修行的障礙。

如果沒有上師、法師教導、沒有灌頂，完全是自修這個咒（把自己當<u>明</u>朝人，本咒變成普傳）。不過有個風險，我是說有可能會有這種情形，因為沒人指導，自己亂唸咒，萬一有偏差，或有境界，或者咒音錯誤，自己也不認識，這樣修法的障礙自然就會增加很多了！

十四、問：百字明咒一定要唸嗎？不是說灌頂才可以唸？

答：

不曉得諸位有沒有參加過「瑜珈焰口」法會？這法本最後就是要唸三遍的百字明咒，大家不也都是跟著唸，有灌頂嗎？所以如果可以的話，那就記得唸三遍的「百字明咒」，照著本書中所附的「百字明咒」去唸即可。

十五、問：上師教的 CD 咒語中也有老師您的咒語檔案，我應該學誰的？

答：

當然是以"傳法上師"的口音為准。上師的 CD 中有唸二種音，一是國語音，一是梵語音。老和尚開示過，隨選一種音來修持，不必強作分別。

如果您在聽 CD 時，對上師的咒音有聽不清楚的地方，或者你不確定上師所發的音時，你就可以用我的咒音來作進一步校正參考用！

我必須再說一次，以"傳法上師"的口音為主，不清楚的地方，再以我唸的咒語來加以"參考"。好比說，對於中文「純吃茶」和「存雌擦」三個字，當你聽不清楚上師所發的音時，或者不確定是唸何者音時，就可以參考徒弟所示範、所發的音來！

十六、問：閩山派（鼓山派）和北京派所傳的金剛杵有何不同？

答：

閩山派，例如已圓寂的寶霞法師，就是傳承「閩山派」的，金剛造形以「四層」的方式，如本書中所言。

「北京派」的造形大多是 1 面 1 頭或 3 面 3 頭的方式，福慧寺慧三師公是屬於「北京派」的，但是兩派的咒語發音是完全一樣的！

果濱其餘著作一覽表

一、《大佛頂首楞嚴王神咒·分類整理》(國語)。1996 年 8 月。大乘精舍印經會發行。書籍編號 C-202。字數：5243

二、《雞蛋葷素說》(同《修行先從不吃蛋做起》一書)。1998 年，與 2001 年 3 月。大乘精舍印經會發行。➜ISBN：957-8389-12-4。字數：9892

三、《生死關全集》。1998 年。和裕出版社發行。➜ISBN：957-8921-51-9。字數：110877

四、《楞嚴經聖賢錄》(上冊)。2007 年 8 月。萬卷樓圖書股份有限公司發行。➜ISBN：978-957-739-601-3。《楞嚴經聖賢錄》(下冊)。2012 年 8 月。萬卷樓圖書股份有限公司發行。➜ISBN：978-957-739-765-2。字數：262685

五、《《楞嚴經》傳譯及其真偽辯證之研究》。2009 年 8 月。萬卷樓圖書股份有限公司發行。➜ISBN：978-957-739-659-4。字數：352094

六、《果濱學術論文集(一)》。2010 年 9 月。萬卷樓圖書股份有限公司發行。➜ISBN：978-957-739-688-4。字數：136280

七、《淨土聖賢錄·五編(合訂本)》。2011 年 7 月。萬卷樓圖書股份有限公司發行。➜ISBN：978-957-739-714-0。字數：187172

八、《穢跡金剛法全集(增訂本)》(停售)。2012 年 8 月。萬卷樓圖書股份有限公司發行。➜ISBN：978-986-478-853-8。字數：139706
《穢跡金剛法全集(全彩本)》。2023 年 6 月。萬卷樓圖書股份有限公司發行。➜ISBN：978-957-739-766-9。字數：295504

九、《漢譯《法華經》三種譯本比對暨研究(全彩本)》。2013 年 9 月初版。萬卷樓圖書股份有限公司發行。➜ISBN：978-957-739-816-1。字數：525234

十、《漢傳佛典「中陰身」之研究》。2014 年 2 月初版。萬卷樓圖書股份有限公司發行。➜ISBN：978-957-739-851-2。字數：119078

十一、《《華嚴經》與哲學科學會通之研究》。2014 年 2 月初版。萬卷樓圖書股份有限公司發行。➜ISBN：978-957-739-852-9。字數：151878

十二、《《楞嚴經》大勢至菩薩「念佛圓通章」釋疑之研究》。2014 年 2 月初版。萬卷樓圖書股份有限公司發行。➜ISBN：978-957-739-857-4。字數：111287

十三、《唐密三大咒·梵語發音羅馬拼音課誦版》。2015 年 3 月。萬卷樓圖書股份有限公司發行。➜ISBN：978-957-739-925-0。【260 x 135 mm】規格(活頁裝)字數：37423

十四、《袖珍型《房山石經》版梵音「楞嚴咒」暨《金剛經》課誦》。2015 年 4 月。萬卷樓圖書股份有限公司發行。➜ISBN：978-957-739-934-2。【140 x 100 mm】規格(活頁裝)字數：17039

十五、《袖珍型《房山石經》版梵音「千句大悲咒」暨「大隨求咒」課誦》。2015 年 4 月。萬卷樓圖書股份有限公司發行。➜ISBN：978-957-739-938-0。【140 x 100 mm】規格(活頁裝)字數：11635

十六、《《楞嚴經》原文暨白話語譯之研究(全彩版)》(不分售)。2016 年 6 月。萬卷樓圖書股份有限公司發行。➔ISBN：978-986-478-008-2。字數：620681

十七、《《楞嚴經》圖表暨註解之研究(全彩版)》(不分售)。2016 年 6 月。萬卷樓圖書股份有限公司發行。➔ISBN：978-986-478-009-9。字數：412988

十八、《《楞嚴經》白話語譯詳解(無經文版)-附:從《楞嚴經》中探討世界相續的科學觀》。2016 年 6 月。萬卷樓圖書股份有限公司發行。➔ISBN：978-986-478-007-5。字數：445135

十九、《《楞嚴經》五十陰魔原文暨白話語譯之研究-附:《楞嚴經》想陰十魔之研究》。2016 年 6 月。萬卷樓圖書股份有限公司發行。➔ISBN：978-986-478-010-5。字數：183377

二十、《《持世經》二種譯本比對暨研究(全彩版)》。2016 年 6 月。萬卷樓圖書股份有限公司發行。➔ISBN：978-986-478-006-8。字數：127438

二十一、《袖珍型《佛說無常經》課誦本暨「臨終開示」(全彩版)》。2017 年 8 月。萬卷樓圖書股份有限公司發行。➔ISBN：978-986-478-111-9。【140 x 100 mm】規格(活頁裝)字數：16645

二十二、《漢譯《維摩詰經》四種譯本比對暨研究(全彩版)》。2018 年 1 月。萬卷樓圖書股份有限公司發行。➔ISBN：978-986-478-129-4。字數：553027

二十三、《敦博本與宗寶本《六祖壇經》比對暨研究(全彩版)》。2018 年 1 月。萬卷樓圖書股份有限公司發行。➔ISBN：978-986-478-130-0。字數：366536

二十四、《果濱學術論文集(二)》。2018 年 1 月。萬卷樓圖書股份有限公司發行。➔ISBN：978-986-478-131-7。字數：121231

二十五、《從佛典中探討超薦亡靈與魂魄之研究》。2018 年 1 月。萬卷樓圖書股份有限公司發行。➔ISBN：978-986-478-132-4。字數：161623

二十六、《欽因老和上年譜略傳》(結緣版，無販售)。2018 年 3 月。新北樹林區福慧寺發行。字數：9604

二十七、《《悲華經》兩種譯本比對暨研究(全彩版)》。2019 年 9 月。萬卷樓圖書股份有限公司發行。➔ISBN：978-986-478-310-6。字數：475493

二十八、《《悲華經》釋迦佛五百大願解析(全彩版)》。2019 年 9 月。萬卷樓圖書股份有限公司發行。➔ISBN：978-986-478-311-3。字數：83434

二十九、《《往生論註》與佛經論典之研究(全彩版)》。2019 年 9 月。萬卷樓圖書股份有限公司發行。➔ISBN：978-986-478-313-7。字數：300034

三十、《思益梵天所問經》三種譯本比對暨研究(全彩版)》。2020 年 2 月。萬卷樓圖書股份有限公司發行。➔ISBN：978-986-478-344-1。字數：368097

三十一、《蘇婆呼童子請問經》三種譯本比對暨研究(全彩版)》。2020 年 8 月。萬卷樓圖書股份有限公司發行。➔ISBN：978-986-478-376-2。字數：224297

*三十一本書，總字數為 6802951，即 680 萬 2951 字

✖萬卷樓圖書股份有限公司。地址：臺北市羅斯福路二段 41 號 6 樓之 3。電話：(02)23216565．23952992

果濱佛學專長

一、佛典生命科學。二、佛典臨終與中陰學。

三、梵咒修持學(含《蘇婆呼童子請問經》)。四、《楞伽經》學。五、《維摩經》學。

六、般若學(《金剛經》+《大般若經》+《文殊師利所說般若波羅蜜經》)。

七、十方淨土學。八、佛典兩性哲學。九、佛典宇宙天文學。

十、中觀學(中論二十七品)。十一、唯識學(唯識三十頌+《成唯識論》)。十二、《楞嚴經》學。

十三、唯識腦科學。十四、敦博本《六祖壇經》學。

十五、佛典與科學。十六、《法華經》學。十七、佛典人文思想。

十八、《華嚴經》科學。十九、唯識双密學(《解深密經+密嚴經》)。

二十、佛典數位教材電腦。二十一、中觀修持學(佛經的緣起論+《持世經》)。

二十二、《般舟三昧經》學。二十三、如來藏學(《如來藏經+勝鬘經》)。

二十四、《悲華經》學。二十五、佛典因果學。二十六、《往生論註》。

二十七、《無量壽經》學。二十八、《佛說觀無量壽佛經》。

二十九、《思益梵天所問經》學。

三十、《涅槃經》學。

三十一、三部《華嚴經》。

三十二、穢跡金剛法經論導讀。